教育部哲学社会科学重点研究基地重大项目成果

外商直接投资与
中国产业技术进步

WAISHANG ZHIJIE TOUZI
YU ZHONGGUO
CHANYE JISHU JINBU

蒋殿春　张 宇◎著

人民出版社

目　　录

表图索引

表索引

图索引

导　　论

技术进步是一个国家提高国际竞争力、经济保持可持续发展的重要因素。对于发展中国家，引进和吸收外国先进技术是一条快速提升国内技术水平，追赶西方发达国家的捷径。跨国公司是技术创新和技术转移的重要载体。我国改革开放以来实行的引进外资政策，其主要目的之一就是在于引进、学习和吸收国外先进的生产技术和企业管理诀窍。

经过三十多年的发展，我国吸引外商直接投资（Foreign Direct Investment，FDI）战略取得了举世瞩目的成就。据国家统计局数据，2012年我国累计外资企业年底登记户数为44万户，合同利用外资项目个数达24925个，实际使用外资金额1133亿美元，在外商投资企业中直接就业人员约占全国城镇劳动就业人口的6%。在工业部门，2011年年底外商投资企业产值占我国工业总产值的26%，工业增加值占26%，固定资产投资占20%（见图1）。在这种背景下，客观地评价改革开放以来跨国公司对国内产业技术进步的作用，系统地探讨其作用机制及其影响因素，并在此基础上进行政策分析，具有极其重大的实践意义。同时，对跨国公司在中国这一最大的发展中东道国技术转移和扩散效应进行系统研究，是对FDI理论和发展经济学的一项重要贡献。

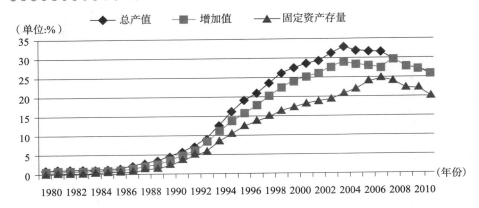

图1　外资企业在我国工业经济中的比重变化

注：以 1980 年不变价格计算。

数据来源：《中国统计年鉴》、《中国工业统计年鉴》各期。

一、　研究思想

国际直接投资以及跨国公司对东道国经济的影响是一个具有重要理论和现实意义的问题，其研究文献也非常多。奇怪的是，虽然 FDI 和跨国公司本身都涉及跨经济体的问题，迄今为止却还很少见到结合母国和东道国特定制度背景的研究。世界各国间制度各异——细微的差别先不论，就以经济中资源配置的基本制度来说，存在以价格机制为基础的市场体制与中央集权靠计划进行资源调拨的计划体制。从 20 世纪 70—80 年代开始，大多数社会主义国家纷纷进行经济转型，价格机制被不同程度地引入经济。但是，由于经济改革不可能一蹴而就，中国等转型经济体普遍存在市场制度不完善但却极具动态性的特征。早些年，由于 FDI 和跨国公司主要集中在市场体制国家，因此 FDI 和跨国公司的主流理论是以各国基本经济制度都是市场制度为前提而展开的。譬如，根据垄断优势理论（Hymer，1976），企业只有在拥有相对于东道国当地企业一定的竞争优势前提下才会到那里进行直接投资，竞争优势自然是市场内生的，是由规模经济等因素产生的——这里，隐含的假定是东道国和母国具有相似的市场制度，使得企业在母国积累和建立的优势资产能够在东道国起作用，并借以保证企业在那里的生存和发展。再比如内部化理论基于科斯（Coase，1937）的厂商理论，在国际背景中揭示了市场与企业分界的演化基础——市场与企业协调国际经济活动的效率，在此意义上跨国公司则代表了国际经济活动在市场与企业间分工的一种进化（Buckly和Casson，1976；Rugman，1986）。但是，国际间的制度不平衡并没有进入内部化理论的分析视野。在后来邓宁（Dunning，1981）发展的国际生产折中理论体系中，虽然自然禀赋等东道国本地因素得到了强调，但制度维度仍然被排除在外。

如果东道国经济中市场制度供给不足，政府严格控制价格机制的作用范围，而且在价格起作用的有限领域内其机制也极不完善——正像中国等转型经济体那样——那么上述理论都有必要进一步修正，至少应当充分考虑东道国特定的经济制度对外国投资者的影响，否则就无法解释许多我们观察到的现象。一个最明显的例子是石油开采和冶炼业的全球生产情况。该领域是跨国经营程度很高的行业，其原因在于该行业的寡头竞争特性，而在某一国家建立了垄断优势的企业常常能突破这种市场的高进入壁垒。因此，一些巨型石油公司的全球化经营程度非常高，如埃克森美孚、壳牌、BP和雪佛龙德士古等跨国公司，业务分布在 100 个国家和地区以上，油气储量、产量、炼油能力的 50% 以上在海外，营业收入的 50% 以上来自海外，资本支出的 60% 左右投向海外，海外员工比例也接近 60%。与此相对照的是，中国虽然其他行业的外资依存度很高，但在石油产业进入的外资却很少，究其原因很大程度上在于我国国有经济对该行业的行政性垄断，制度因素造成中国与世界其他东道国完全不同。另一个并不特别明显的例子是，在一些市场集中度较低的劳动密集型产业，按理论本应当很少出现 FDI，因为在这些产业不仅不易产生垄断优势，而且也很少有无形资产，很难产生内部化优势。但是，我们却观察到我国许多这样的行业却有大量的外资进入，如食品制造和纺织业便是如此，何况我国在这些领域还具有传统的技术优势。在这里，仍然是制度因素起到了很大作用——在我国经济向市场制度转型的过程中，传统的国有企业受行政保护而缺乏竞争力，私人企业等非公经济又受到制度歧视而发展受限，因此外国投资者无须任何技术优势便可进入并迅速发展（黄亚生，2005）。事实上，这些行业的外资企业在很大程度上赚取的利润都是非平等政策造成的制度租金。

本书的一个基本认识是：制度是经济中最基本的决定因素，它影响微观个体的激励结构，影响信息传播速度，影响交易成本。围绕本书的主题来说，我国特定的制度环境不仅造就了不一样的 FDI，而且还将对 FDI 在经济中的作用造成深远的影响。在笔者看来，评价"市场换技术"战略的成效可以分解为两个层面的问题：第一，跨国公司等海外投资者是否带来了先进技术（即后面所说的直接效应）。如果一个潜在的外国投资企业拥有多种备选的技术，利润最大化动机必然决定了它会选择其认为最为"恰当"的技术进入东道国——如果该技术最后让这个外资企业赚取了利润，那么它就是恰当的，具有经济上的正当性。如果这项技术并不是东道国所希望的——譬如说它可能并不比国内产业中的现有技术更先进，或者先进程度还不够，那么首先应当反思的就是我国的国内制度。应当思考为什么我们的制度会让这样的技术赚钱，而不是去谴责外资企业追求自身利润，因为这是企业的本能。同样，如果进入的外商本来就不具备更优秀的技术，那么肯定也是我们的制度出了问题，因为它无法吸引对经济最为有利的技术进入，反而让伪劣技术大行其道。第二，如果前一问题得到肯定的回答，那么由外资带入国内市场的先进技术，在多大程度上得到内资部门的学习、掌握和吸收（间接效应）。在这个环节，制度的影响更为深远，因为制度不仅决定了内资部门对外来技术的学习动机和能力，同时还决定了经济中资源的流动方向。如果我们的企业学习外来技术的效果不好，原因自然是企业学习动力不足，或者是吸收能力差。但是，深层的原因并不在此。企业追求新技术的动力和吸收外来技术的能力都是在一定制度环境中决定的。在特定制度中，企业选择是否学习和效仿新技术，是否投入更多资金和人力搞技术吸收能力建设、搞研发，都永远是正确的，是符合企业利润目标的。如果企业认为新技术不够重要，没有必要投入太多，那一定是经济中有比新技术更重要的因素（如"人脉"），或者是新技术的预期收益无法抵补其开发成本。决定经济中相对价格，并进而影响企业决策的正是制度。在一个完善的市场制度中，技术的价值可以充分实现，价格信号自然会调动企业追求技术的热情，并调动经济中的资源向技术活动集中。因此，如果跨国公司带来了较为先进的技术，而我们的企业未能较好地吸收，企业没有错，问题出在我们的制度。

二、　主要内容

　　跨国公司及 FDI 对中国产业技术进步的影响，不外乎两类：直接效应和间接作用。直接效应是指，由于外商投资会带来经济体之外的生产技术和管理技术，FDI 对其所在行业技术水平产生直接推动；间接效益指的是，FDI 引起东道国当地企业和产业生产效率发生变化和生产可能性边界移动。

　　直接效应主要取决于海外潜在投资者本身的技术状况、技术转移策略和我国产业的竞争状况。在投资企业方面，主要因素是它具有什么样的技术以及转移什么样的技术。如果是拥有先进技术的跨国公司，而且带来的技术也较国内技术先进，其投资自然就提升了国内产业技术水平；如果投资者技术较差，或者不愿转移先进的技术，直接效应自然就较差，甚至还可能降低国内产业的平均技术水平。这其中，国内制度的作用在于，它影响了国内企业——跨国公司等潜在投资者的竞争对手——的市场竞争力，而这会影响海外潜在投资者的投资和技术转移决策。正如黄亚生（2005）所揭示的，在经济改革过程中我国企业的竞争力是受制度压抑的，国内并不存在"合格"的竞争力量。加上我国为吸引外资而给予外国投资者在税收等方面的优惠待遇，作为对东道国产业竞争状况和外资政策的反应，投资者不必一定要拥有高技术，也没有必要转移自己最先进技术。当然，在许多情况下，外商投资者之间还有竞争，而这会加快其技术转移速度、提高转移技术的质量。综合这些因素，跨国公司等外商投资企业带来的技术究竟处于什么水平？总体情况怎样？东中西部不同区域的情况怎样？不同行业又有什么不同？要回答这些问题，靠理论分析显然是无能为力的。本书第一章和第二章将通过实证研究来勾勒我国改革开放以来的技术进步情况，并主要以全要素生产率（Total Factor Productivity，TFP）为标准，对比内外资企业的技术水平和增长状况。

　　在传统意义上，间接效应即为技术溢出（外溢）效应，这也是历来学界争论的焦点问题。国际直接投资理论认为，FDI 是囊括了资本、先进生产技术和管理技术等企业综合要素的国际转移，因此随着外国企业在东道国的投资和经营，往往会产生自外国企业至本地厂商的技术和知识扩散。但是，技术溢出过程不会自动发生，溢出接受方（内资企业）不仅需要具备一定的技术条件，而且还常常需要采取主动行为，如提高学习和模仿意识，加大消化吸收力度等。而正如前文所述，内资企业的技术积累以及技术学习动机，都取决于技术的预期收益和成本，而这些都是内生于制度的。

从现有对世界各国的实证研究文献观察，支持和拒绝 FDI 技术溢出假说的证据都有，从中很难得到肯定或否定的结论。比如，戈尔克和格里纳韦（Görg 和 Greenaway，2004）提供了一个检验 FDI 溢出效应假说的文献列表，包括 42 篇 2002 年前发表的英文学术论文，涉及世界范围内不同的国家，其中正面和负面的证据各占一半[1]。但是，如果我们将该列表中的东道国分类观察，却会出现一些值得深究的现象：以（非转型的）发展中经济体、发达国家和转型经济体为东道国的文献数量分别是 17、17 和 8，其中得到正向技术溢出效应的文献分别是 10、10 和 1。相较之下发达国家和发展中国家的研究结果基本一致，而来自转型经济体的证据却完全不同：除了 1 篇文献（Li 等，2001）对中国的研究得到了积极性结论，其他 7 篇文献都表明在除中国以外的其他转轨经济国家中 FDI 溢出效应不显著甚至为显著负值。从研究方法和模型设计上看，对转型经济的研究文献与其他组别的研究并无系统性差异。如果说使用企业层面的面板数据是造成转型经济体研究未发现 FDI 正向溢出效应的主要原因，在发达国家和发展中国家的研究文献中也不乏使用这种数据建模并得到正向效应的例子[2]。因此，用研究中的数据类型和模型差异并不能完全解释为什么转型经济体似乎更难获得 FDI 技术溢出利益。

如果将目光转向中国，更有趣的现象发生了：现存的实证研究结果不仅与其他转型经济体的证据大相径庭，而且即便与其他非转型经济体的研究结果相比也要乐观得多。哈勒和朗（Hale 和 Long，2006）列出了

---

[1] 参看第四章附表 4 - 2。

[2] 一般来讲技术溢出效应检验中最恰当的是企业面板数据（Görg 和 Strobl，2002）。在戈尔克和格里纳韦的文献列表中，发达国家的研究有 13 项使用了企业面板数据，其中有 6 项发现显著的 FDI 正效应；发展中经济体的研究中使用同类数据的文献有 4 篇，只有 1 篇发现正效应。据此，他们认为发达国家的检验结果较为可信，而发展中经济体的检验结果虽然正面结论也不少，但可能存在较大检验误差。

10 项国外学者对中国外商直接投资溢出效应的研究，其中有 9 篇的结果报告了显著的正向溢出效应[①]；之后的研究也发现了我国存在显著 FDI 溢出效应的证据（如 Buckley 等，2007）。在国内刊物发表的论文中，支持性证据更多，而且这些证据来自不同层面、基于不同模型：包括基于行业数据的研究（如王红领等，2006；陈涛涛，2003；等等）、基于地区数据的研究（如何洁，2000；潘文卿，2003；等等）以及企业微观数据的研究（如姚洋和章奇，2001；王志鹏和李子奈，2003；等等）；此外，与一般在全国范围内的分析不同，张建华和欧阳轶雯（2003）、林江和骆俊根（2005）等对局部省市的研究也发现了我国 FDI 溢出效应显著的证据。事实上，在严兵（2004）统计的 14 篇 1998—2003 年间发表的国内相关研究文献中，全部都发现了我国正向的 FDI 外溢效应。

　　以上的文献梳理凸显出两个令人困惑的问题：第一，是什么阻碍了除中国以外的其他转型经济体，致使它们吸收 FDI 技术扩散的表现远不如其他国家？第二，如果以上研究结果是可信的，那么在吸收 FDI 技术溢出效应方面，为什么中国这一典型的经济转型国家不仅远超过其他转型经济体，而且似乎也优于其他发达和发展中国家？是什么使得那些阻碍其他转型经济体的力量在中国会失效？或者，是否是研究者普遍夸大了跨国公司和 FDI 在中国产生的技术溢出效应？如果是，是什么原因导致了夸大？

　　目前似乎还很少有人注意到这两个问题，因此也没有对此专门的研究。借助于现有关于东道国影响因素的研究成果，似乎可以对此给出一定的解释。比如以东道国人力资本存量、经济发展阶段和初始技术水平等东道国技术吸收能力的差异，应当能够解释部分国际间 FDI 技术溢出效果的差异。但是这种回答没有针对性，比如它无法回答经济转型会如何影响吸收能力。而且就第二个问题，目前我们并没有证据、而且也无法想象中国国内产业的技术吸收能力会比英国和西班牙等发达国家还强[②]。此外，还有一些研究将不同的 FDI 效应归结于特定东道国内 FDI

[①]详见第四章附表 4 - 1。

[②]有多篇文献提出了英国和西班牙这两个发达国家 FDI 溢出效应不显著或为负的证据，参看戈尔克和格里纳韦（2004）。

的规模等因素①，在此也没有足够的说服力，因为研究者在一些比中国的 FDI 存量还多的国家（如英国）并没有得到如此"令人鼓舞"的结论。

本书的第三章和第四章便致力于回答上述两个问题。第三章是理论分析，探讨了我国经济转型过程中不完善的市场制度对技术溢出机制的潜在影响，并揭示转型经济中 FDI 可能存在与"标准"技术溢出机制不同的额外溢出路径。第四章是对我国 FDI 技术溢出效应的重新检验。基于我国经济转型中制度动态变化这一事实，第四章引入了一个重要的思想：只有在考虑了我国制度变迁对经济增长和技术进步作用的前提下，才可能客观评价跨国公司及 FDI 对我国经济的贡献。FDI 作为我国改革开放战略的结果之一，却并不是这种战略的全部——除此之外，还有市场制度建立和完善、国有企业改制重组及政府的经济职能转换等重要内容。因此，如果我们实证观察到国内企业（整体）的技术进步，那么这一进步至少应当从两个层面来进行解释：一个层面是制度因素本身的直接作用——由于国内企业中效率较高的民营企业比例提高，同时也由于原有的国有企业经过产权改革变为产权较为清晰的现代企业，市场制度逐步取代了原有的计划体制，企业有了更强烈的技术创新冲动，导致了集体性的生产效率提高；另一个层面，是 FDI 流入可能产生的技术外溢效应——通过竞争效应、技术模仿等渠道获得的技术提升。相反，如果将国内行业（或企业）自身人力资本积累和研发活动等因素所不能解释的生产率提高都简单地认定为 FDI 技术外溢效应，不仅会极大地夸大 FDI 的作用，同时也基本上抹杀了国内改革政策对促进生产效率的贡献。基于这一思想，我们在方程中引入了制度变量，用以描述制度变迁对内资企业技术进步的贡献。

由于制度变量的引入，中国等转型经济体中跨国公司技术溢出的机制也更为丰富了。长期以来，关于跨国公司及外商直接投资对中国经济的作用，我们都只限于从资本补充和技术引进的角度来认识，基本上忽略了 FDI 可能促进国内经济转型的制度效应。我们认为，我国改革开放

---

①程惠芳（2002）利用 65 个国家的样本进行的研究发现，人均收入较低的国家获取 FDI 技术溢出利益较少，但 FDI 在中国的技术外溢却异常显著，她认为是中国较大的 FDI 规模和国内人力资源存量使然。

的过程，纵然是政府强制的制度变迁，但 FDI 的大量进入在很大程度上促进了这一深刻的制度变迁进程。FDI 本身是我国改革开放的结果，但它反过来通过其在产权制度、政府管理体制和思想观念各方面的影响，提高制度变迁的收益流期望，降低制度创新的成本和风险，客观上帮助了我国经济体制改革的顺利进行。鉴于这一认识，我们提出了跨国公司和 FDI 在我国（及其他转型经济体）中额外一条潜在的技术溢出途径：制度渠道。即是说，跨国公司可能通过影响当地的制度，间接地影响当地企业的技术进步进程，并在第四章进行了检验。

第五至七章研究我国 FDI 技术溢出效应的影响因素。影响跨国公司东道国特定行业技术吸收能力的潜在影响因素很多，这些因素之间又相互影响，作用机制非常复杂，其中一些具体因素的实际作用尚存在争议。由于技术溢出涉及跨国公司等外商直接投资企业与东道国产业经济间的相互关系，是在内资企业与外资企业间的互动作用中产生的，影响因素基本上可分为跨国公司方面的因素和我国的产业因素。在跨国公司方面，可能影响其技术溢出绩效的因素包括母国特征、进入方式、投资目的等等。由于有些因素无法予以鉴定和区分（比如投资目的），同时资料和数据的可得性也存在限制，因此我们在第五章选取外资企业的进入方式（新建投资和并购）和股权结构进行分析。由于技术上无法将东道国所受的影响按跨国公司新建投资或是并购来进行分离，因此我们关于进入方式的分析主要是理论上的探讨。关于外资企业股权结构的分析，则是先在一个博弈论模型中作均衡分析，之后进行实证研究。

在东道国方面，第六至七章重点考察的是行业层面的影响因素，并从行业对外来技术的吸收能力的角度进行分析。我们认为，特定行业的技术吸收能力是东道国方面 FDI 溢出效应各影响因素的综合反映，在很大程度上决定了该行业"市场换技术"战略的成败。第六章在我国制度变迁背景下，利用计量模型检验行业层面的 FDI 技术溢出效应影响因素。第七章利用前一章的检验结果，并参照现有的实证文献，尝试对我国制造业 2005 年 FDI 技术吸收能力进行量化评价。我们将先构建单项影响因素的评分指标，然后利用主成分分析来构建综合吸收能力指数，基于该指数对 30 个行业的技术吸收能力进行了排序。最后，结合前面的九个单项指标评分和综合指数水平，对每一个行业的技术吸收能力进行了评定，并提出了针对性的改善建议。

第八章专门分析跨国公司对我国产业研发能力的影响。新技术研究和发展（R&D）是企业、产业乃至国家技术进步的基础，而跨国公司是技术创新和技术转移的重要载体。大量拥有先进技术的外国跨国公司来华生产和经营，在若干产业尤其是高科技行业已形成相当规模。本章首先描述了全球 R&D 格局以及我国 R&D 能力的差距，接下来围绕在华跨国公司的经济活动对内资企业的技术创新动机和创新能力的影响，进行深入的探讨。由于跨国公司对内资企业研发能力的影响与技术溢出效应机制类似，我们遵循第三章的分析方法，首先从微观角度，一一剖析不同渠道中内资企业 R&D 动机和能力可能遭受的影响；接下来从宏观角度分析跨国公司对我国技术创新体系的影响；最后，注意到最近在华跨国公司研发本地化风潮，我们特别对这一倾向的效应进行了针对性的分析。

为了更为具体地把握不同行业特征下 FDI 的不同作用，第九至十二章选取了四个代表性的行业进行了案例分析。其中，电子和通信行业、制药业都属于高科技产业，是目前以及未来国际产业技术发展的重要领域；化工行业和汽车制造业的技术动态性虽然稍逊，但是在我国国民经济中占有重要地位。对跨国公司进入较多的这四个行业进行分析和比较，有利于我们对跨国公司作用的全面理解。我们分别描述了这些行业的国际发展格局，考察了国内行业中主要跨国公司和内资企业的相对市场地位以及它们的技术力量对比，并以计量分析工具检验了行业内技术溢出效应的大小。

三、 FDI 的技术溢出效应不容乐观

改革开放以来，我国工业部门技术进步明显，全要素生产率稳步增长。跨国公司等外商投资企业凭借其先进的技术和研发实力，已成为国内大多数行业技术进步的主干力量。但是，跨国公司和 FDI 的积极作用主要仅限于对行业技术的直接提升，以及促进我国产业结构升级、促进国内市场化进程等宏观层面的影响。对于内资企业的技术发展，跨国公司的作用则多是负面的。

　　虽然各行业中内资部门的全要素生产率实现了较大的增长，但是其增长源泉主要是改革引致的制度变迁，而非在华跨国公司的贡献。由于我国经济转型过程中市场制度不完善，技术等知识产品的价格被贬低，错误的价格信号下资源难以向技术活动聚集，因此对传统的 FDI 技术溢出机制构成了约束。制度约束是在华跨国公司技术溢出效应不显著甚至为负的根本原因。

　　大量外商直接投资进入中国，不仅不能产生显著的技术溢出效应，而且还不利于本地企业的技术研发活动。一方面，跨国公司竞争效应挤压了内资企业利润空间，可能降低后者的 R&D 动机，同时使其融资地位进一步恶化；另一方面，跨国公司通过并购本地企业和在华设立研发机构等手段，汲取了大量本地技术人才和研发资源，包括原属于内资部门的资源，这无疑会加深其对人才等研发资源的垄断，并在研发领域的战略性竞争中进一步将内资企业推向不利地位。面临跨国公司在产品市场和研发环节的双重打压，内资企业的自主创新之路尤为艰难。

　　民营企业是社会主义市场经济中不可或缺的组成部分，对我国国民经济的发展作出了重要贡献，同时也是推动产业技术进步的重要力量。只有民营经济与国有经济共同健康发展，跨国公司对我国产业技术进步的作用才会得以充分的发挥。但是，长期实行计划体制已使得民营经济被打上深深的制度烙印，政府和社会对民营经济的排斥措施和心态虽已发生根本性改变，但其影响还长期存在，民营经济受歧视的现象仍然十分普遍。尽管党的十五大把非公有制经济定性为社会主义市场经济的重要组成部分，各级政府在扶持发展民营企业方面也做了大量工作，先后出台了不少相关政策，但普遍存在着政策不完善、不配套、不落实的问题。特别是在财税、融资政策等方面，与国有企业、外资企业相比，还不能一视同仁，投资待遇和机会平等的问题并没有得到完全解决。事实上，这已成为我国国内微观主体竞争力不足、无法充分吸收跨国公司技术利益的主要顽疾之一。

　　总之，国内转型过程中若干与市场体制不相容的制度安排，既是跨国公司技术溢出效应无法发挥的根本原因，同时也是阻碍产业中内资企业技术创造力成长的最大障碍。因此，无论是为了更有效地利用外商直接投资来促进内资企业的技术进步，还是为强化国内企业的技术创新活动，最根本的都是要完善相关的制度。

未来制度建设的基本导向应当是：进一步扩大市场边界，尽可能在更广泛的领域推进价格机制的资源配置作用，消除目前经济中行政性干预过多的状况；彻底取消之前外资企业独享的"超国民待遇"，同时取消现有在市场准入和金融服务等方面对国内民营资本的歧视，创建平等的企业经营环境。只有在一个以经济效率为基础的公平竞争环境中，才会完全释放现有企业的竞争潜力，才能不断涌现新的具有创新活力的企业力量，中国才会成为一个经济与技术同时飞跃的经济大国。

本书是在教育部哲学社科重点研究基地重大项目"跨国公司与中国产业技术进步"总报告的基础上修改完成的。该课题最初的研究人员包括王霞、黄静、夏良科、刘建、周星辰、周小峰、徐占杰、毛其淋和柳晓辉等研究生；之后在修改成书的过程中，谢培仪、夏蕾、柏馨、范玉琪、任红艳和胡晓阳等研究生参与了数据和内容更新的工作。蒋殿春负责书稿的内容框架和理论分析，张宇负责检验实证模型及分析，最后由蒋殿春统稿。

感谢人民出版社郑海燕主任，她对我们一再拖延交稿日期给予了最大的宽容和理解，她为本书出版付出的辛勤努力和表现出的专业素养令人敬佩。

蒋殿春

2016 年 12 月

第一章　中国工业技术进步格局

本章首先对技术进步概念和量化进行简单的梳理,然后借助各种产业技术发展指标,对我国改革开放以来的产业技术进步状况进行直观的刻画,分别从省市层面和行业层面分析其特征,并初步探讨其与跨国公司及FDI 之间的联系。

第一节　技术进步及其量化

一、技术进步

根据国际知识产权组织(World Intellectual Property Organization, WIPO)的定义,技术"是指制造一种产品或提供一种服务的系统知识,这种知识可能是一项产品或工艺的发明、一项外形设计、一种实用新型、一种动植物新品种,也可能是一种设计、布局、维修和管理的专门技能"(WIPO,1967)。根据这一定义,技术涵盖了所有能带来经济效益的科学知识和经验。

技术进步概念也有多种诠释,但一般来说存在狭义和广义的技术进步之分。狭义技术进步是指,通过使用效率更高的工具、改进工艺等有利因素,提高劳动生产率的过程,包括以下内容:(1)采用新技术设备和对旧设备进行改造;(2)采用新的能源和新的原料;(3)采用新工艺和改进旧工艺;(4)提高劳动者技能;(5)降低生产消耗,提高投入产出率;(6)生产前所未有的新产品和对原有产品进行改进;(7)对资源合理的开发与环境保护。[①] 这一定义中的技术基本上特指硬性技术,企业家才能的增长或者管

①谢富纪:《技术进步评价》,上海科技教育出版社 2004 年版,第 48 页。

理效率的提高并未明确地包括其中。从本书研究的角度来看,跨国公司国际直接投资过程中相当重要的管理诀窍(Know – how)等对经营绩效的贡献也被排除在外,这显然是不恰当的。相对而言,广义的技术进步更为合理。所谓广义技术进步,是指在一个经济系统的产出增长中剔除劳动和资本等生产要素投入量的增长带来的产出增长以后,所有其他要素产生作用的总和。它包括:(1)知识进展,包括生产设备的改进,生产工艺与方法的完善;(2)生产要素质量的提高;(3)规模经济性;(4)政策影响;(5)资源重新配置;(6)管理水平提高。[①] 经济学中有名的索洛剩余,就是衡量广义技术进步的一个具体工具。按照这一定义,不仅管理技能的提高,而且企业的产品品牌或公司商誉等无形资产的增长,也属于技术进步范畴。显然,广义的技术进步定义是与熊彼特的技术创新思想相吻合的。根据熊彼特的定义,技术创新或技术进步泛指"产生新产品、新过程、新市场、新原料和新组织的过程",因此技术创新既包括技术过程的创新,同时也包括组织过程和管理过程的创新。在现代商业竞争中,产品品牌等无形资产对企业的意义与先进的生产技术没有本质的差别,而且也属于知识产权保护之列,将它们划归于技术进步是恰当的。

值得注意的是,按照上述广义的定义,如果因制度环境发生了变化而使得经济效率有了提升,同样也属技术进步范畴。对一个经济体来说,制度变迁既可能从微观上切实改变生产者的效率,也可能在全社会的宏观层面对资源配置效率产生深刻的影响。举例来讲,一些国有企业原来举步维艰,进行民营化改制后,在生产技术没有显著更新、人员更少的情况下反而创造了可观的绩效;再比如,在 20 世纪 80 年代初我国进行了家庭联产承包责任制等改革之后,即便是农业生产技术水平很难说有多大的提高,但全国粮食产量却实现了巨大的飞跃。

不过依笔者之见,无论是狭义还是广义,上述关于技术进步的定义本质上都是从工程角度提出的,在经济分析中并不完全适用。原因在于,脱离一定的经济环境,不考虑特定的市场结构,谈企业或产业的技术创新和技术进步都是无意义的。一项新的产品技术或工艺技术,即使它在 WIPO

---

①谢富纪:《技术进步评价》,上海科技教育出版社 2004 年版,第 48 页。

或熊彼特定义上相对于现有技术来说属于创新,如果它无法得到市场的认同,无法令使用它的企业改善市场绩效,它就无法在经济学意义上称为技术进步。简言之,我们只将那些能创造(更多)经济价值的新技术归于技术创新,使用这样的新技术才可称为技术进步。举例来说,2004 年 TCL 并购法国汤姆逊并获得后者 CRT 彩电专利 34000 多项,其中不乏 CRT 彩电的核心技术,同时也有高清平板 OLED 显示技术。这些技术不可谓不先进,但是近几年来液晶和等离子彩电是市场主流,因而获得"先进"技术后 TCL 的利润快速下滑,很快从原来的赢利巨头沦落为亏损大户。对于 TCL,对于液晶和等离子电视时代的彩电行业,CRT 技术再先进也无法创造经济价值,不能称之为技术进步。与此相似,一项个人电脑软件只有是在基于 Windows 或 Machintosh 等主流平台开发的,才可能成为创新,否则对于开发企业毫无价值。与这两个例子相反,一些企业在生产技术上没有多大提高,但依靠产品包装或改进产品配送方式扩大市场份额,赢取市场利润,却是不折不扣的技术创新。再如,论机器设备和科技人员配备,我国的国有企业通常比同行业的民营企业先进和完善得多,但由于体制等原因,其生产效率极其低下,因此从价值创造角度来说,国有企业的技术水平可能低于民营企业。

从价值创造这一标准出发,技术进步是一个相对概念。这里所谓的"相对",不仅是从企业当前技术与过去技术相比较的意义上而言的,而且是从与竞争对手当前技术相比较的意义上来说的。在商业竞争中,仅只在自身技术基础上向前一步并不能保证更多的商业利润,只有比竞争对手进步更快方能让企业获得长足的发展。20 世纪 70—80 年代生产的上海牌(SH760)轿车与时下奇瑞汽车公司生产的奇瑞汽车相比,两者在各项技术指标上的优势完全可以用天壤之别来归纳。但是,面对当今欧美汽车巨头的技术优势,我国汽车工业近几十年的技术进步幅度却只能用"有限"来形容。正是深谙技术进步与商业利润的这种关系,许多国内企业才会在国外跨国公司巨大的技术优势面前"不思进取",轻视甚至放弃研发——即使加大研发力度最终改善了企业的生产技术,但由于竞争对手的技术优势太大,这种改善对于提高企业的经营绩效往往也于事无补。

在新古典经济学中,厂商面临的技术约束被高度概括为生产函数,或者等价地,描述为一个生产可能集。按照狭义技术进步的角度,只有在生产可能性前沿向外扩张,才意味着技术进步。不过,在现实世界中,由于各种原因,企业常常在其生产可能性前沿内生产:在一定投入下,它可能无法达到其最大可能的产值;或者,为达到一定的产出,它需要更多的投入。如果企业的生产前沿没有变化,但它的生产点由一个较远的位置逼近了生产前沿,这是否算是技术进步呢? 由于在这一过程中提高了投入产出率,因此无论是按照狭义还是广义的技术进步标准,这无疑都是技术进步。由于这一原因,稍后我们在进行曼奎斯特指数(Malmquist Index)分解时,对其中刻画生产点相对于技术前沿的变化——技术效率增长率,也归类于技术进步范畴。

二、技术进步的直接量化指标

在已有的研究中,存在着多种对技术进步或技术创新的衡量方式。具体而言,这些指标可以分为直接的技术指标与间接的技术指标两类。所谓直接技术指标,主要是可以直接反映或者直接影响企业技术水平和能力的指标。这些指标通常比较直观并易于获取,并可以在一定程度上反映出企业最本质的技术改进和提高,因此在很多文献当中,研究者常常利用这样一些指标来反映跨国公司给东道国技术进步带来的具体影响。常用的技术指标包括研发投入规模、专利数量和新产品产值等。

(一)R&D 投入

R&D 投入是可以直接影响企业本身技术水平的因素,因此在研究当中常用它来代表企业的技术进步动机或反映企业的技术水平。考虑到R&D 活动对技术影响的滞后作用,在实证检验过程当中常常采用 R&D 的滞后变量或者存量数据作为具体的技术指标。如詹姆斯和海因斯(James 和 Hines,1994)、伯恩斯坦(Bernstein,1996)以及伯恩斯坦和严(Bernstein 和 Yan,1997)就曾利用滞后一期的内外资企业 R&D 支出存量指标作为影响技术进步的变量,考察了 R&D 在国内外的溢出对东道国经济增长的促进作用。然而,虽然 R&D 投入能较好地反映企业的研发动机,但作为反映企业技术进步的指标,它显然有着自身的局限。第一,R&D 投入充其量只能解释依于研发活动的狭义技术进步,对更广泛意义上的技术改进(如通过技术转移或专利购买获得的技术进步)则无法准确反映;第二,R&D投入的强度会受到行业特征的影响,不同技术密集度的行业其R&D投入的程度自然无法相提并论;第三,不同企业在研发效率上具有差异,而且即使是同一企业进行的不同研发项目其风险大小也不一样,因此R&D的投入程度不能完全等同于企业的技术进步速度,单纯比较R&D投入自然也无法准确反映不同行业的技术进步状况;第四,在传统产业组织理论的结构—行为—绩效(S-C-P)框架中,R&D投入无疑是企业行为,而技术进步则属于绩效范畴,前者对后者虽有一定的决定性,但以其作为技术进步的衡量指标显然是不甚恰当的。

(二)专利应用数量

如果说R&D投入是从企业行为方面间接地衡量企业的技术变动,那么专利应用程度则更多地从结果的意义上反映了企业的技术进步。通常认为,企业所获得的专利数量与其技术水平之间是存在着密切联系的,同时也标志着企业生产过程的复杂程度和技术密集程度。因此文献中不乏以专利数量来反映企业的技术进步效果的处理,譬如用引进专利数量度量跨国公司所引发的技术转移效果和技术外溢效果(Branstetter,2006;Hu等,2005),或利用自主专利指标揭示FDI流入对我国自主创新的正面影响(Cheung和Lin,2004)。利用这一指标,刘云等(2003)发现了跨国公司在华的专利申请与国内的专利申请之间存在明显的替代和竞争关系;而王红领和李稻葵等(2006)也同样用专利数量考察了跨国公司对中国工业部门研发动力的影响。然而,专利只反映了企业自主研发的技术,却不能反映企业正在使用的技术。首先,在其他企业授权下,企业可能使用从外部购买的生产技术;其次,企业也可能会因某些原因让一些不合时宜的专利束之高阁;再次,某些难以描述的技术创新可能难以获得授权,如某些技术诀窍或经营关联经验等,这对于服务业企业来说非常普遍;最后,专利数量指标对重要创新和一般的创新赋予同样的比重,会出现不可避免的衡量偏差(Kamien和Schwartz,1982)。因此企业所拥有的专利数量与其技术水平的关联可能并不像一开始想象的那样密切,尤其是在中国轻专利保护的经济社会中更是如此。

（三）新产品产值

由于工艺创新和管理技术等创新很难量化，一些学者便利用企业的新产品开发数量或者新产品产值占其总产值的比例来替代企业技术进步和创新强度。蒋殿春和夏良科（2005）曾利用我国13个高新技术行业的新产品开发数量为考察对象，通过面板数据模型检验了FDI的流入对国内企业创新行为的影响。然而新产品产值虽然可以在一定程度上反映企业的创新动机和能力，但其局限性也是明显的：第一，根据上一节的讨论，技术进步不仅包括新产品创新，同时也包括新工艺方面的技术创新，以及组织和管理方面的创新，新产品产值衡量的只是企业众多可能的创新中非常狭窄的一个方面；第二，即便就新产品创新而言，"新产品产值"往往也可能因统计标准等问题出现较大误差。比方说在不同的产业，产品的新旧划分是根据不同的技术特性和标准进行的，因此在涉及多个产业的数据分析时这一指标的可比性可能较差。

总体来看，直接的技术指标测度了经济活动中最基本和最直接的技术行为。以这些指标为基础我们可以较为容易地对跨国公司进入给东道国技术进步所带来的影响进行进一步的考察和评估。然而这些指标也不约而同地具有度量角度狭窄等问题，因而无法全面地反映企业的技术进步状况。实际上，在现实的经济活动当中除了研发和创新活动等直接的技术改进之外，还存在着很多潜在的技术进步行为，包括先进管理措施的引进、人力资本水平的提升、相关工艺及技能在行业间的传播和扩散以及熟练程度的加强和成本的降低等等，这些技术进步的行为可能无法在直接的技术指标上得到有效的体现。因此仅仅依靠这些直接的技术指标很容易导致对企业技术进步情况的低估。

三、间接技术指标——全要素生产率

由于直接的技术指标在度量上的局限性，现有的研究更多地采用了一种间接的方式，即通过度量企业的绩效来间接反映企业的技术水平。虽然也有少数文献以企业的会计利润水平作为度量企业技术能力的标准并考察了FDI对其所造成的影响（Sembenelli和Siotis，2005），但更多的研究则是从效率角度来对企业的技术水平进行度量，其中最具代表性的就是劳动生产率和全要素生产率。

劳动生产率的测算相对简单，并可以被视为在单一投入要素情况下全要素生产率的一种特例，这里不做过多的探讨。而全要素生产率的测算则要相对复杂。所谓的全要素生产率(TFP)，就是指各种要素投入之外的技术进步对经济增长贡献的因素。由于 TFP 是生产单位在一定的技术环境和市场结构中最终所实现的经营结果，它不仅包含了管理技术进步等软技术改善，同时也体现了前文所强调的技术进步的"价值创造"标准和相对属性。但是，作为企业(行业)技术水平的综合量化值，TFP 也有其自身的局限，对此我们可在经典的索洛增长模型中进行分析。记企业(产业)的产出为 Y，使用两种要素投入：资本 K 和劳动 L；以 t 表示时间，则希克斯中性生产函数的一般形式为：

$$Y(t) = F(K, L, t) \tag{1.1}$$

如果生产函数是希克斯中性的，即时间因素对生产函数的影响独立于要素投入，则生产函数形式为：

$$Y(t) = A(t)f(K, L) \tag{1.2}$$

求全微分，有：

$$dY = f(K, L)dA + A\frac{\partial f}{\partial K}dK + A\frac{\partial f}{\partial L}dL \tag{1.3}$$

两端同时除以 Y，得到：

$$\frac{dY}{Y} = \frac{dA}{A} + \frac{\partial f}{\partial K}\frac{K}{f}\frac{dK}{K} + \frac{\partial f}{\partial L}\frac{L}{f}\frac{dL}{L} = \frac{dA}{A} + \alpha_K\frac{dK}{K} + \alpha_L\frac{dL}{L} \tag{1.4}$$

其中 α_K 和 α_L 分别为资本和劳动的产出弹性，而 dA/A 即为索洛余值，也就是全要素生产率(TFP)增长率。由于 TFP 增长率是要素投入之外的产出增长因素，索洛将其归于技术进步。

的确，TFP 描述了产出中不能被要素投入说明的因素，基本上符合广义技术进步的定义。而且，TFP 也符合我们关于技术进步必须创造经济价值的定义。按照 TFP 标准，尽管我国国有企业拥有较先进的机器设备和更多的技术管理人员，但其技术水平却比民营企业低，因为国有企业的运行效率太低。

但是，根据新制度经济学的观点，在制度环境发生变化的情形下，制度变迁对产出增长的作用是不可忽略的，甚至可能是最为重要的。因此，在转型经济中,dA/A 必然包含了制度变迁效应,而不单是技术进步的一种因素。具体到我国的情形,自 1978 年以来,我国实行的市场改革、所有制改革、国有企业改革等带来的经济效果,由于无法完全归入(1.4)式中的后两项,必然进入 TFP 中。这就是说,在我国经济转型过程中,TFP 极有可能同时包含了技术进步和制度变迁两种效应。如何在充分考虑到这两种效应交织作用的基础上评价国内产业技术进步,并进一步分析外国跨国公司及 FDI 在其中的作用,是我们研究中的一个中心任务。

第二节　数据包络分析（DEA）

一、DEA 及曼奎斯特生产率指数

传统上人们主要是用参数分析方法（即通常的计量分析方法）来估算 TFP 的。在现实估算过程中,最常采用的是包含资本 K 和劳动 L 两种要素的柯布—道格拉斯生产函数,其中 Y_t 为以增加值计算的现实产出水平,A_t 代表全要素生产率水平,α 与 β 则分别代表了资本与劳动的产出弹性。对该生产函数进行对数变换可得:

$$\ln(Y_t) = \ln(A_t) + \alpha\ln(K_t) + \beta\ln(L_t) \tag{1.5}$$

由于劳动投入与资本投入存在高度的相关性,为了避免回归过程中的多重共线性问题,通常假设生产函数是规模收益不变的,即,此时(1.5)式可进一步变化为:

$$\ln(Y_t/L_t) = \ln(A_t) + \alpha\ln(K_t/L_t) \tag{1.6}$$

通过对(1.6)式进行回归得到弹性系数 α,便可以计算出全要素生产率 A_t 的具体水平。

索洛余值为代表的全要素生产率计算方法无疑是对新古典增长理论的一个重要贡献,至今仍被广泛地应用于经济增长和技术进步等相关领域的研究当中。但是这一方法本身存在一些不可避免的缺陷:一方面,该方法需要事先设定一定的生产函数形式,并假定各要素的产出弹性长期保持不变。由于生产函数本身的不可知性,同时各要素的产出弹性可能因技术进步等因素发生变化,要获得准确的估计值非常困难。另一方面,生产函数参数(如(1.6)式中的 α)估计的有效性需要作进一步的检验。

由于本书旨在比较行业中外资企业和内资企业群体间的相对技术绩效,我们采用数据包络分析模型(Data Envelope Analysis,DEA)来计算行业(或部门)的相对全要素生产率。DEA 作为一种估计(全要素)生产率及其变化的非参数方法,不仅对样本容量的要求较低,而且对生产函数的具体设定没有要求,因此完全避免了由于随意假定生产函数而导致的衡量误差。另外,DEA 是一种生产单位技术水平的相对评价体系,完全适合这里的分析目的。DEA 的基本思路在于通过适当的线性规划方法得到样本中绩效最好的生产单位,并以其投入产出水平作为潜在的最大产出或最小投入水平,亦即潜在的技术前沿,然后通过对比各生产单位的实际投入(产出)水平与潜在生产技术前沿水平之间的距离来确定各生产单位的生产率状况,据此我们可找到同一时期生产最有效率的部门,以及各部门与生产最有效部门的差距。从动态发展的角度考虑,基于 DEA 方法的曼奎斯特生产率指数可以用来考察各部门时间序列上的生产率变动,并且该指数能够分解为技术效率的提高与技术进步,可进一步考察不同生产单位不同经济部门生产率提高的路径。

DEA 模型可对技术参数做多种设定(魏权龄,2004),这里的简单描述修改自颜鹏飞和王兵(2004)的研究。任选一个行业,将行业中内外资部门分别看成两个独立的生产单位,记为生产单位 1 和 2;假定这两个生产单位使用资本和劳动两种要素进行生产。记第 t 期该行业(最先进)的生产函数为 $y = f^t(K, L)$,则行业的生产可能集为:

$$S^t = \{ (K, L, y) \mid f^t(K, L) \geq y \} \tag{1.7}$$

假定生产可能集 S^t 是凸集,且满足以下两个条件:

(1)常规模收益公理(C):如果 $(K, L, y) \in \mathbf{S}^t$,那么任取 $\lambda \geq 0$,$(\lambda K, \lambda L, \lambda y) \in \mathbf{S}^t$;

(2)自由处置公理(S):如果 $(K_1, L_1, y_1) \in \mathbf{S}^t$,且 $K_1 \leq K_2$,$L_1 \leq L_2$,$y_1 \geq y_2$,那么必然有 $(K_2, L_2, y_2) \in \mathbf{S}^t$。

以上定义的行业生产可能集 $\mathbf{S}^t$ 构成了我们对其中不同生产部门技术绩效评价的参照。对于行业内的生产部门(内资或外资)来说,由于其生产技术未必是行业内现有的最先进技术,而且其生产中还可能存在技术资源浪费,使其未达到自己潜在的最高生产效率,因此它可能并不在行业的生产可能集边界(技术前沿)上生产[1]。如果时期 t 部门 $n(n=1,2)$ 的生产数据为 (K_n^t, L_n^t, y_n^t),那么以时期 t 行业技术前沿为标准,定义该部门的距离函数为[2]:

$$D^t(K_n^t, L_n^t, y_n^t) = \sup\{\theta \mid (K_n^t/\theta, L_n^t/\theta, y_n^t) \in \mathbf{S}^t\}$$
$$= [\inf\{\theta \mid (\theta K_n^t, \theta L_n^t, y_n^t) \in \mathbf{S}^t\}]^{-1} \tag{1.8}$$

其直观的解释是:如果将现有要素投入等比例地压缩后仍能获得产出 y_n^t,那么就意味着此时厂商的生产未处于行业技术前沿,而最大压缩比例就是 D^t。显然,只要 $(K_n^t, L_n^t, y_n^t) \in \mathbf{S}^t$,就有 $D^t(K_n^t, L_n^t, y_n^t) \geq 1$。当 $D^t(K_n^t, L_n^t, y_n^t) = 1$ 时,部门 n 的生产处于行业技术前沿上,其生产技术同时也是行业内最先进的技术;当 $D^t(K_n^t, L_n^t, y_n^t) > 1$ 时,部门 n 是在行业生产可能集的内点上生产,意味着它与另一部门存在技术差距。

上述理论分析在经验实证研究中的最大困难是确定行业参照技术。数据包络分析(DEA)提供的方法是,根据各生产单位(部门)的生产数据,潜在(行业最优)生产技术的生产可能集模拟为下述包络集:

$$\hat{\mathbf{S}}^t = \{(K^t, L^t, y^t) \mid y^t \leq \sum_n z_n^t y_n^t; \sum_n z_n^t K_n^t \leq K^t, \sum_n z_n^t L_n^t \leq L^t; z_n^t \geq 0, n = 1, 2\} \tag{1.9}$$

其中 z_n^t 表示部门 n 在构造生产前沿中的比重。记上述距离函数的倒数为 F^t,根据(1.8)式和(1.9)式,F^t 的计算归结为一个线性规划问题:

$$F^t(K_n^t, L_n^t, y_n^t) \equiv [D^t(K_n^t, L_n^t, y_n^t)]^{-1} = \min \theta^k$$
$$s.t. \ (\theta K_n^t, \theta L_n^t, y_n^t) \in \mathbf{S}^t \tag{1.10}$$

与 D^t 相反,如果 $F^t < 1$,则说明该部门位于技术前沿面内部,该值越接近1,表明该部门越靠近行业技术前沿。

随着时间变化,行业技术前沿及行业内各部门的生产状况也将发生变

---

[1] 标准的 DEA 假定所有生产单位都有同样的生产技术,从而某一生产单位未达到生产可能集前沿的原因只是指技术效率损失。这里的模型假定 FDI 企业与内资企业间存在现实的技术差异,因此后文对模型结果的解释也有所不同。

[2] 这里的定义是所谓基于投入(input-based)进行的,与之对应的另一种定义是基于产出的距离函数,详见 Fare, R. Grosskopf, S. and C. A. K. Lovell, *Production Frontiers*, Cambridge:Cambridge University Press, 1994。

化。仿照(1.8)式,可以一般性地定义部门 n 在 t 期的生产相对于 τ 期行业技术前沿的距离函数:

$$D^\tau(K_n^t, L_n^t, y_n^t) = \sup\{\theta \mid (K_n^t/\theta, L_n^t/\theta, y_n^t) \in \mathbf{S}^\tau\} \tag{1.11}$$

时期 t 到 $t+1$ 期间部门 n 的全要素生产率的增长可以用曼奎斯特生产率指数(Malmquist index)来表示(Caves 等,1982)。根据参照技术的不同,该指数的计算结果也不一样。下面是分别以时期 t 和时期 $t+1$ 的技术为参照的曼奎斯特指数定义:

$$m_n^t = \frac{D^t(K_n^t, L_n^t, y_n^t)}{D^t(K_n^{t+1}, L_n^{t+1}, y_n^{t+1})}, \quad m_n^{t+1} = \frac{D^{t+1}(K_n^t, L_n^t, y_n^t)}{D^{t+1}(K_n^{t+1}, L_n^{t+1}, y_n^{t+1})} \tag{1.12}$$

而为了避免随意选取参照技术引起的差异,通常使用上述二者的几何平均值:

$$
\begin{aligned}
M_n^t &= (m_n^t m_n^{t+1})^{1/2} = \left[\frac{D^t(K_n^t, L_n^t, y_n^t)}{D^t(K_n^{t+1}, L_n^{t+1}, y_n^{t+1})} \frac{D^{t+1}(K_n^t, L_n^t, y_n^t)}{D^{t+1}(K_n^{t+1}, L_n^{t+1}, y_n^{t+1})} \right]^{1/2} \\
&= \left[\frac{D^t(K_n^t, L_n^t, y_n^t)}{D^{t+1}(K_n^{t+1}, L_n^{t+1}, y_n^{t+1})} \right] \left[\frac{D^{t+1}(K_n^{t+1}, L_n^{t+1}, y_n^{t+1})}{D^t(K_n^{t+1}, L_n^{t+1}, y_n^{t+1})} \cdot \frac{D^{t+1}(K_n^t, L_n^t, y_n^t)}{D^t(K_n^t, L_n^t, y_n^t)} \right]^{1/2} \\
&= EC \cdot TC
\end{aligned}
\tag{1.13}
$$

该式第二行揭示了曼奎斯特指数中两个不同的增长效应:第一个方括号项定义为 EC,在 DEA 文献中称为技术效率增长率,是部门生产点与技术前沿间距离的变化,我们将其解释为该部门相对于行业前沿技术的追赶效应(catch-up);第二个方括号项 TC 是技术边界增长速度,反映的是部门自身最大潜在生产能力的增长。

二、技术效率的进一步分解

前一小节中测算各经济体投入效率及其进步率的前提假定是规模收益不变以及要素强可处置,而放松这一假设则有可能导致分析结论发生一定的改变。以规模收益状况为例,假设生产中投入一种要素 x,并产出一种产品 y,若我们考虑两个规模不同的部门(企业)A 与 B 的投入产出组合,则当规模收益不变时(见图 1-1(a)),生产前沿由 A 所确定,部门 B 是无效率的;然而在规模收益递减假定下,则 A 和 B 均位于生产前沿之上(见图 1-1(b))。

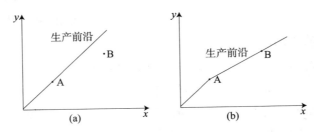

图1-1 不同规模收益假定下的技术前沿

因此,如果经济中存在规模收益和要素处置度的变化,那么基于不同的假设所得到的结果往往也会不同。由此我们也可以对原 DEA 分析方法所得到的技术效率及其进步率进行进一步的分解,具体方法如下:

首先,在要素强可处置(S)和规模收益不变(C)条件下可以求出技术效率 $F(C,S)$;放松规模收益不变的假设,可以求得规模收益非递增(N)条件下的技术效率 $F(N,S)$;由此可以定义投入的规模效率指数:

$$SI = F(C,S)/F(N,S) \qquad (1.14)$$

如果 $SI = 1$,则表明经济体不存在规模收益递减现象,如果 $SI < 1$,则说明经济体存在规模收益递减。

进一步放松要素强可处置的假设,可得到在规模收益非递增以及要素弱可处置(W)条件下的技术效率 $F(N,W)$,由此可定义要素投入拥挤度指数 $CNI = F(N,S)/F(N,W)$。因此可得:

$$F(C,S) = SI \cdot CNI \cdot F(N,W) \qquad (1.15)$$

其中,$F(N,W)$ 是在技术效率当中排除了规模因素和要素拥挤因素之后的效率,因此也被称之为"纯技术效率"。

由此我们也可以对生产率的变动率进行进一步的分解。在曼奎斯特指数分解当中,技术效率变动率 EC 是基于两个时期的技术效率 $F(C,S)$ 来测算的,即:

$$EC_{t+1} = F_{t+1}(C,S)/F_t(C,S) \qquad (1.16)$$

而根据前面的分析结果,EC 的变动可以被进一步分解为规模收益程度的变动(SC)、要素拥挤程度的变动(CNC)和纯技术效率的变动(PEC),即:

$$EC = SC \cdot CNC \cdot PEC \qquad (1.17)$$

其中:

$$SC_{t+1} = SI_{t+1}/SI_t$$

$$CNC_{t+1} = CNI_{t+1}/CNI_t$$

$$PEC_{t+1} = F_{t+1}(N,W)/F_t(N,W)$$

基于此,我们可以将纯技术效率 $F(N,W)$ 作为衡量经济体生产率水平的指标,并可以实现对全要素生产率增长率的进一步分解,即:

$$M_n^t = EC \cdot TC = (SC \cdot CNC \cdot PEC) \cdot TC \tag{1.18}$$

第三节 FDI 与中国产业技术进步:统计比较

纵观我国三十多年引进外资的历史,1992 年是一个重要的拐点。该年邓小平南方谈话的发表,促成全国范围内的全面开放格局,并极大地提高了外商的投资热情,从而使外商直接投资实现了飞跃性的高速增长。仅1992 年一年我国所批准的外商直接投资项目就达到 4.8 万余个,超过了过去 13 年的总和(4.2 万余个),外商直接投资实际金额超过 110 亿美元。之后,除了个别年份,我国 FDI 流入都呈增长之势(见图1−2)。2012 年,我国累计外资企业年底登记户数为 44 万户,合同利用外资项目达 24925个,实际使用外资金额 1117.2 亿美元,在外商投资企业中直接就业人员约占全国城镇劳动就业人口的 6%。[1]

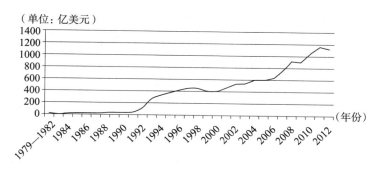

图 1−2 我国历年实际利用外商直接投资金额

数据来源:商务部:《中国外资统计 2013》,2013 年。

---

[1]数据来源:《中国统计年鉴 2013》,中国统计出版社 2013 年版。

我国外商投资企业的行业分布结构存在着明显的不平衡特征。外商投资于第二产业的比重最大,第三产业次之,投资于第一产业的比重非常小。从产业结构的变化看,虽然20世纪90年代初期投资于第二产业的外资比重有所下降,但从1995年开始,投资于第二产业的外资比重又开始迅速上升,近几年稳定在70%以上的水平。投资于第三产业的外资比重在1993年到达顶峰约50%以后逐年回落,近几年保持25%左右的水平。截至2012年年底,外商投资于第一、二、三产业的比重分别为2.26%、61.37%和36.37%,外商在第二产业的累计投资额在外商在华直接投资中占了3/5的比重(见图1-3)。

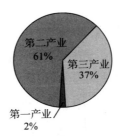

图1-3 截至2012年我国实际利用外资额的产业分布

数据来源:商务部:《中国外资统计2013》,2013年。

另一方面,过去三十多年我国经济保持高速增长,同时生产率也在不断提高。以现有的全要素生产率资料为例,改革开放以来全国范围内的全要素生产率不断提升。徐春骐等(2005)利用索罗余值法对我国1978—2002年间三次产业全要素生产率进行了测算,结果表明,在外商直接投资最为集中的第二产业,TFP增长最为强劲。事实上自20世纪90年代中期之后,第一和第三产业的生产率增长已经趋缓甚至下降,主要是第二产业生产率的快速提高带动了全国的TFP增长。第二产业的TFP加速增长恰好也是在1992年之后,与我国大规模FDI进入的时间吻合。

与此同时,我国产品出口规模急剧扩大,产业国际竞争力呈快速增长之势。如果将我国累计外商直接投资数据与我国产品出口数据进行比较(见图1-4),同样会发现两者有相似的上升趋势。这一比较似乎表明,跨国公司等外商直接投资企业的存在提高了我国产业的技术水平,促进了我国产业的国际竞争力。但是,即便两个经济变量变化趋势相同,还不能简单地据此推断二者间的因果关系。

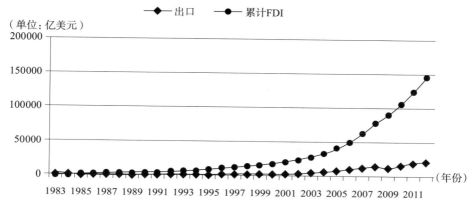

图 1-4 中国实际利用 FDI 累计规模与全国商品出口额

数据来源:各年《中国统计年鉴》,其中 1983 年数据为本年 FDI 流入量。

下面我们进一步以劳动生产率等多个指标进一步从不同侧面描述我国工业部门技术进步的整体状况。除非特别说明,本节涉及的所有数据均来自《中国工业经济统计年鉴》以及《中国科技统计年鉴》各期。

一、劳动生产率

由于 2008 年后我国公开的各类统计年鉴资料已经不再披露工业增加值数据,因此我们只能基于估算的增加值来计算 2008 年后的劳动生产率。具体的增加值估算办法为:以现有各工业行业 1996—2007 年工业增加值率为基础,针对每一类工业行业以自回归移动平均时间序列模型(ARMA 模型)建模,并基于该模型得到 2008—2011 年各行业工业增加值率的估测值,以此估测值为基础,乘以该行业相应年度的工业总产值可得到相应年度该行业的工业增加值估算值。本书涉及 2008 年后的工业增加值和劳动生产率均是按此方法进行估计的。

图 1-5 显示了我国 1980—2011 年期间工业部门的劳动生产率。从总体来看,我国工业部门的劳动生产率在改革开放以来出现了较快速度增长。1980 年我国工业部门的劳动生产率为 0.36 万元/人,而到了 2011 年,我国工业部门的劳动生产率达到了 6.07 万元/人(可比价格),增长了 15.91 倍,年增长率约为 9.55%。

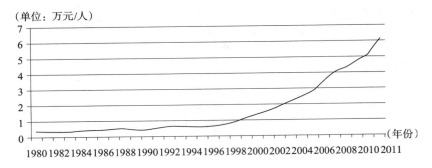

图 1 - 5　1980—2011 年中国工业部门劳动生产率

注:按 1980 年可比价格计算。

数据来源:课题组根据《中国工业经济统计年鉴》以及《中国科技统计年鉴》各期统计资料计算所得。

这一增长过程仍可以分为两个阶段:在 1980—1994 年期间,工业部门的劳动生产率由 0.36 万元/人增长到了 0.6 万元/人,增长了 1.67 倍,年增长率约为 3.48%;而在 1995—2011 年期间,劳动生产率由 0.59 万元/人增长到了 6.07 万元/人,增长了 9.29 倍,年增长率约为 15.73%。显然,工业部门劳动生产率的增长速度变化与外资进入的节奏也十分吻合。

二、专利授权状况

在 1987—2012 年期间,我国累计授予专利 611 万余件(见图1 -6),其中发明专利 111 万件,实用新型专利 268.9 万件,外观设计专利230.97万件。

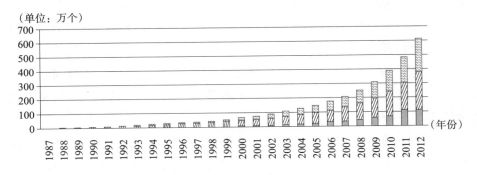

图 1 - 6　1987—2012 年中国三种专利累计授权数量

数据来源:中华人民共和国国家知识产权局。

2012 年我国三种专利授权总量为 125.5 万件,较之 1987 年的 0.68 万件增长了近 184.56 倍。其中,发明、实用新型和外观设计三种专利授权量分别达到了 21.71 万、57.12 万和 46.69 万件,分别较 1987 年增长了 514.47 倍、99.02 倍和 751.78 倍。

三、新产品生产状况

我国产业技术进步速度加快的另一个表现是新产品产值比例提高,经济中创造能力增强。根据图 1-7,1987—2011 年间我国大中型企业新产品生产比重虽有起伏,但向上增长的基本趋势明显。该指标在 1987 年仅为 7.3%,到 2011 年上升到了 16.4%,上升了一倍多,产品升级换代周期显著加快。

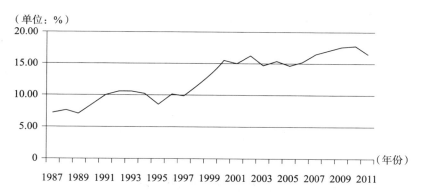

（单位：%）

图 1-7　1987—2011 年大中型工业企业新产品产值占工业总产值比重

数据来源:《中国科技统计年鉴》各期,中国统计出版社。

四、研发投入强度

研发投入是体现企业技术创新活动的另一个重要指标。我国工业企业的人均研发投入在 2000 年约为 0.12 元/人,到 2011 年则上升到了 0.81 元/人,增长近 6 倍,年均增长率达到了 18.7%。

五、科技人员投入

从科技活动人员投入来看,在 2000—2011 年期间,我国工业企业从业人员当中科技活动人员所占的比重由 1.1% 上升到 2.6%,上升约 1.4 倍。

其中,2004—2011 年期间是我国工业领域科技活动人员比重迅速增加的时期。这一时期从业人员中科技活动人员的比重由 1.25% 上升到了 2.57%,上涨一倍多。

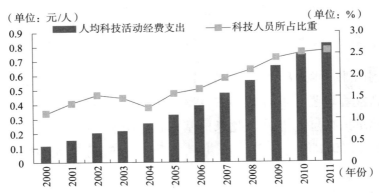

图 1-8　2000—2011 年大中型工业企业科技活动人员与经费

数据来源:《中国科技统计年鉴》各期,中国统计出版社。

上述数据比较说明,改革开放以来我国工业部门实现了较快的技术发展,而这种快速发展与跨国公司和外商直接投资的进入可能存在密切的联系。当然,国内产业取得的技术成就并不都是跨国公司的贡献,而后者在其中起到什么作用、起到多大的作用正是本书的主题。

第四节　中国工业技术进步的总体趋势

上一节以劳动生产率等指标刻画了我国改革开放以来产业技术进步的一些具体表现,以及跨国公司和外商直接投资在其中的潜在作用。但是,这些指标反映的仅是国内企业技术进步的某一侧面,而且它们与 FDI 之间的联系也仅只是趋势和节奏吻合,并不能断言跨国公司的具体作用。为了测量中国综合的产业技术进步率,我们采用第二节介绍的数据包络分析(DEA)方法,基于我国各时期投入和产出数据来估计我国产业的曼奎斯特指数,即全要素生产率变化情况。

一、测算方法、指标数据和价格调整

采用本章第二节描述的数据包络分析(DEA)方法,我们测算了

1980—2011 年间中国工业企业的全要素生产率,测算样本取中国历年的总体、国有、民营、内资和外资五方面的数据。由于样本数量有限,如果以规模收益可变和要素弱可处置的条件对各所有制形式的工业部门进行详细的分解,则会出现各所有制企业均处于生产边界上的情形,从而不利于对比分析,因此我们对宏观层面的测算是基于规模收益不变和要素强可处置的假设来进行的,生产率进步指数的分解也只涉及技术效率 EC 和技术边界 TC 的变动。

产出指标取各年度实际工业总产值,投入指标则取同期实际固定资产净值、中间品投入和从业人口数量。除非特别说明,估算过程中的所有数据均取自各期《中国工业统计年鉴》。由于统计年鉴所载的数据均为各年度的当年价值,其中含有价格变动因素,直接采用原数据进行分析必然会因价格水平的差异而导致结果出现偏差。因此在分析之前,首先需要对涉及价值形态的 GDP 和固定资产存量数据进行必要的价格调整。

对工业总产值的价格调整,我们利用中国历年的工业品出厂价格指数对工业总产值的名义值 Y_t 进行价格平减,得到历年工业总产值的实际值 $\bar{Y}_t$。

实际中间品投入的价格调整:利用历年工业品出厂价格指数对工业增加值名义值 y_t 进行平减,得到实际的工业增加值 $\bar{y}_t$。由实际工业总产值减去实际工业增加值可得到实际中间产品投入 $\bar{M}_t = \bar{Y}_t - \bar{y}_t$。由于 2008 年后我国公开的各类统计年鉴资料已经不再披露工业增加值数据,因此在 2008 年后的中间产品投入将基于上一节的方法估算得到。

对于固定资产存量的调整,我们采取永续盘存法来进行,其具体方法为:设每年的固定资产折旧率为 σ,以第 t 年和第 $t-1$ 年全国工业企业固定资产余额之差(扣除折旧),即 $K_t - \sigma K_{t-1}$ 作为当年新增固定资产投资 ΔK_t;另设第 t 年固定资产投资的价格指数为 P_t^K,则第 t 年的固定资产实际存量为:

$$\bar{K}_t = \sigma \bar{K}_{t-1} + \Delta K_t / P_t^K \qquad (1.19)$$

在实际计算中,我们取固定资产折旧率水平为 5%。

二、测算结果

表 1-1 显示的是 DEA 方法估算的 1980—2011 年间我国曼奎斯特指数,它反映了全要素生产率的年度变化,即 TFP_{t+1}/TFP_t。为了对比,我们

在该表中也列示了同期劳动生产率变动率(1980年的曼奎斯特指数和劳动生产率均定为1)。数据显示,在大部分年度,这两个指标都大于1,低于1的只有少数几个年份,意味着我国的生产率水平长期以来基本上都维持了增长的态势。尤其是1992年以后,全要素生产率增速较改革开放前半期有了明显的提升,平均年增长率为2%。如果同时参看图1-9,我国改革开放以来全国生产效率的进步就更为明显。2011年全国工业的全要素生产率较1980年增长了1.5倍。技术进步等因素引起的生产率提高已对我国的经济增长作出了显著贡献。

表1-1 中国工业部门生产率变化(1980—2011年)

年份	曼奎斯特指数	劳动生产率变动	年份	曼奎斯特指数	劳动生产率变动
1980	1	1	1996	1.02	1.08
1981	0.98	0.97	1997	1.03	1.15
1982	1.01	1.01	1998	1.02	1.25
1983	1.02	1.04	1999	1.02	1.26
1984	1.02	1.10	2000	1.01	1.20
1985	1	1.08	2001	1.01	1.15
1986	1	1.03	2002	1.02	1.17
1987	1	1.05	2003	1.01	1.19
1988	1	1.07	2004	1	1.11
1989	0.99	0.97	2005	1.02	1.15
1990	0.99	1.00	2006	1.02	1.20
1991	1	1.06	2007	1.03	1.16
1992	1.01	1.19	2008	1.01	1.06
1993	1.08	1.02	2009	1.03	1.12
1994	0.95	0.95	2010	1.04	1.08
1995	0.99	0.98	2011	1.07	1.19

数据来源:课题组计算。

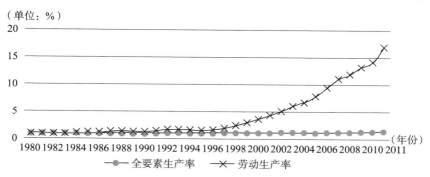

图 1 - 9　中国工业 1980—2011 年劳动生产率和全要素生产率累计变动率

数据来源:课题组计算。

　　劳动生产率的变化与全要素生产率的变化均呈增长趋势,但是也有值得注意的一个细节:1992 年以前二者的变化水平及趋势都基本吻合;从 1993 年开始,虽然二者仍然维持相同的变化方向,但全要素生产率的变化率在绝大多数年份(只有两年例外)都低于劳动生产率变化率。特别是在 1997 年之后,劳动生产率与全要素生产率的进步率出现了更为明显的分化。这表明,前半期我国的资本—劳动投入比基本没有变化,而 1993 年以后我国的资本—劳动投入比在逐年提高,经济增长中相当的份额来源于资金相对投入速度的提升——这可以用柯布—道格拉斯生产函数为例进行简单说明。假定生产函数形如:

$$Y_t = A_t K_t^a L_t^{1-a} \tag{1.20}$$

　　那么劳动生产率就是:

$$Y_t / L_t = A_t (K_t / L_t)^a \tag{1.21}$$

　　因此,如果资本劳动比 K_t / L_t 维持不变,劳动生产率 Y_t / L_t 的增长速度必定也与全要素生产率 A_t 的增长速度维持一致;反之,如果我们观察到 Y_t / L_t 的增长率高于 A_t 的增长率,那么一定是 K_t / L_t 在同期实现了增长。实际数据也对此作出了良好的支持(见图 1 - 10)。

　　1992 年,后随着外资进入速度加快和国内固定资产投资陡增,国内劳动生产率和全要素生产率也在加速增长,与前一时期的温和增长形成显著对比。1980—1992 年期间,全要素生产率平均年增长速度为 0.17%,劳动生产率年均增长率为 5.04%;1993—2011 年间全要素生产率和劳动生产率年均增长分别提高到 1.7% 和 14.3%。国内生产率的这种两阶段增长模式,与跨国公司和外商直接投资(FDI)进入中国的步伐颇为吻合:1992

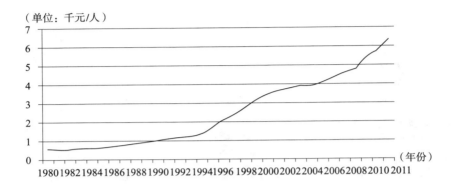

图 1-10 我国人均固定资产投资(1980—2011 年)

数据来源:根据《中国统计年鉴》相关数据计算整理。

年前我国 FDI 流入较少,而且多为劳动密集型行业的较小项目;1992 年之后,FDI 流入速度明显加快,同时大型跨国公司的数量也开始增多,资本密集型行业的 FDI 比重上升。由于外商直接投资企业,尤其是外国跨国公司技术水平和资本装备率都普遍高于我国本地企业的事实(参看下一章的比较),因此以上数据在一定程度上也反映了跨国公司在我国产业技术进步中的作用。

第五节　中国工业技术进步的地区与行业特征

为了从不同角度估计我国产业的技术进步,我们分别利用 1999—2011 年全国各省市数据和全国 2 位码行业数据,用 DEA 方法对我国工业企业的(相对)全要素生产率进行了估计。所有原始数据均来自《中国统计年鉴》各期,舍弃 1999 年以前的数据是为了避免年鉴公布指标统计口径改变所造成的偏差。

一、中国产业技术进步的地区特征

假设各地区工业部门的生产关系是一致且相互可比的,我们将中国 31 个省区市的总体、国有、民营、内资和外资部门看成是同一组样本,这样不仅可以对比不同所有制企业生产率的差异,同时也可以对比各地区之间的生产率水平。由于样本数量的丰富,使得我们可以对地区层面的数据进行更为详尽的分解,故而在分析当中,我们在技术效率 EC 和技术边界 TC 的基础上,进一步将技术效率 EC 分解为纯技术效率 PEC、规模收益 SC 和要素可处置度 CNC 的变化率。各地生产率测算结果及分解详见附表 1−1 至附表 1−3。

图 1−11 显示的是 2011 年各地的全要素生产率情况,很显然各省区市的技术水平很不平衡。从图中可以看出,我国工业部门 TFP 的地理分布基本上与经济发展水平相符,大致呈东、中、西部自高向低排列。天津的生产率水平是最高的,为技术前沿值 1[①];福建、上海、内蒙古、广东、山东、重庆和江苏的 TFP 也较高,位于 0.8 以上;而新疆则最低,全要素生产率水平仅为天津的 22%。TFP 最高的八个省区市除内蒙古与重庆外全部在沿海地区,

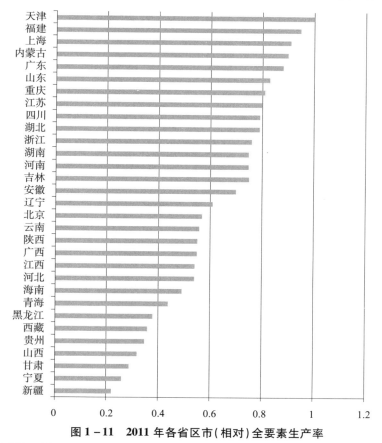

图 1−11 2011 年各省区市(相对)全要素生产率

数据来源:课题组计算。

---

①其中内蒙古地区全要素生产率水平较高可能源自于当时煤炭及资源行业需求旺盛、价格高涨等因素的影响。

而最低的八个中有 7 个为西部省份,另有一个为东北省份。有 9 个省区市(图中海南及以下)的 TFP 值只及甚至还不到最高的天津等地区 TFP 值的一半。

　　从生产率成长性角度来看,各省区市排位顺序又与技术水平的格局完全不同:技术水平处于前后两端的地区在近年来的上升势头相对较为缓慢,而技术水平处于中上游地区的增长却较迅速(见图 1 - 12)。其中,诸如湖南、江西、吉林等中等效率水平的地区表现出了较快的生产率增长速度,相比之下,上海、山东、江苏等生产率位居前列的地区生产率进步速度则位居中游。与图 1 - 11 相对照,随技术基础的提高,技术进步速度呈倒 U 型形态,这似乎暗示技术进步存在一个最低发展“门槛”:只有在初始技术达到一定的水平、有相当技术积累的条件下,才会实现技术进步的快速发展;

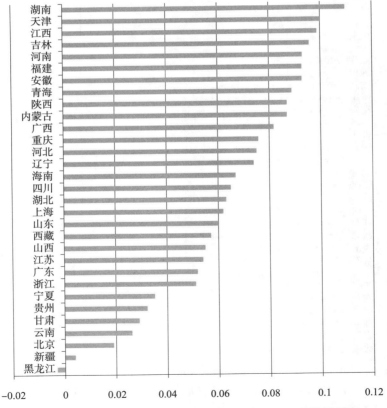

图 1 - 12　1999—2011 年各省区市工业部门 TFP 平均增长率

注:根据习惯,图中显示的值是按曼奎斯特指数减 1 后的百分比形态。以下图形中各类增长率的概念也作类似处理。

数据来源:课题组计算。

对于初始技术水平过低的地区,规模经济效应还未出现,技术积累尚不足以支持技术的快速成长。但是,超过了一定的水平之后,技术进步速度又体现了边际递减的迹象:2011 年 TFP 生产率大于 0.8 的地区中,山东的平均增长率位于第 19 位,上海位于第第 18 位。

为了进一步分析我国技术进步的源泉和结构,我们还对 TFP 曼奎斯特指数进行了分解,详细结果见附表 1－2 和附表 1－3。由于各地要素拥挤程度基本没有变化,CNC 值除山东以外其他省区市都为 1,图 1－13 只显示了 TFP 指数中技术前沿变化率 TC、纯技术效率变化 PEC 和规模收益变动 SC。

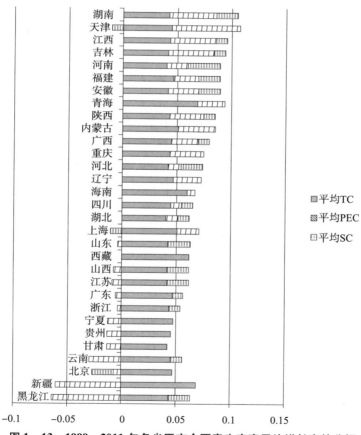

图 1－13　1999—2011 年各省区市全要素生产率平均增长率的分解

数据来源:课题组计算。

我们首先注意到,所有省区市的 TC 值都大于零,表明在 1999—2011 年间各地的技术前沿都实现了不同程度的外推效应,其中新疆、青海和西藏三个西部省区的幅度最大,但其余各地的值相差不大;其次,技术效率变化效应是构成各地 TFP 增长速度差异的主要因素:TFP 增长较快的省区市 PEC 值占比通常很高,说明这些省区市的生产率增长主要是由于技术效率的提高而引起的;相反,TFP 增速排名靠后的地区往往是被幅度较大、但符号为负的 PEC 值拖累。例如黑龙江、新疆和云南等,纯技术效率增长速度平均分别为 −6% — −3%,完全或基本上抵消了技术前沿和规模经济效应的增长。最后,规模经济效应在绝大部分省区市都有强化的趋势,而且也构成了技术快速成长地区主要的促进因素之一。但是,规模收益增长为负的恰好是京、津、沪三大直辖市,此外重庆和内蒙古等少数地区的规模收益为零增长。这意味着,我国经济发达地区、尤其是政府重点保证资源投入的地区的要素投入虽还未形成拥挤状况,但却已开始出现规模经济源泉逐步枯竭的趋势。

接下来我们结合区域的情况来进一步分析。从各地区的平均状况来看,华东和华中地区是我国工业生产率水平最高的两大区域(见图1–14)。这主要得益于该地区普遍较高的生产率水平;接下来依次为华北、华南、东北、西南和西北,其中华北地区天津和内蒙古具有较高的生产率水平,但受山西和河北等地区的拖累,其总体的生产率水平有一定的下滑;而华南地区尽管广东地区生产率水平相对较高,但广西和海南较低的生产率加剧了地区生产率的不平衡性,致使该地区平均生产率水平被拉低。西南地区的发展主要来自政府对重庆、四川经济圈的大力支持;最低的西北地区其生产率水平仅有华东地区的45%。生产率水平的区域分布与我国区域经济的发展状况是吻合的。

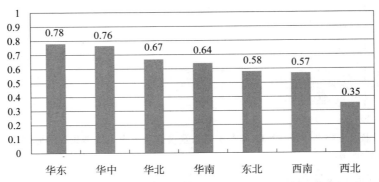

图1–14 2011年各地区工业部门相对全要素生产率

数据来源:课题组计算。

　　图 1–15 显示的是 1999—2011 年间 TFP 平均增长速度以及增长因素的分解。显然华中地区整体生产率增长幅度最高,达到 8.8%;华东、华北、华南和东北地区的平均增长幅度为 6.4%—7.3% 之间;西南和西北地区生产率进步率分别为 5.1% 和 4.9%。

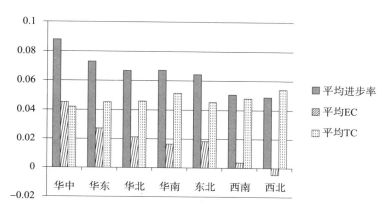

图 1–15　1999—2011 年各地区平均生产率增速及分解

数据来源:课题组计算。

　　就增长因素而言,与省市数据的比较结果类似,各地的技术前沿外推效应基本一致,大约为 4%—5%,但技术效率增长速度却较为悬殊,实际上构成了各地 TFP 增长率差异的主要原因。可以看到,除了西北地区之外,其余地区的平均 EC 是大于零的,说明这些地区技术相对落后的企业追赶速度较快。在这其中,华中地区表现出了最高的 EC 进步率,表明其追赶效应最为显著,这也与其生产率进步率位居全国前列存在直接的关系;但西南地区尽管也表现出了正向的追赶效应,但其具体程度非常之低,表明其与全国其他地区之间的生产率差距并未出现明显的弥合;而西北地区负面的 EC 甚至表明其与全国其他地区的生产率差距在逐渐拉大。值得注意的是,华东和华南是我国跨国公司最为活跃的地区,这两个地区的 EC 值相对较低的事实意味着,跨国公司和外商直接投资对本地企业的技术溢出效应可能并不乐观。

二、中国产业技术进步的行业特征

　　由于不同行业所具有的投入产出关系是不相同的,因此行业之间并不像地区层面那样具备可比性。所以我们的分析以每一个行业为基础来进行,将一个行业内总体、国有、民营、内资和外资企业的数据作为样本,来分析行业内不同所有制企业之间的效率差异。同样由于样本容量的限制,我们对行业的分解也是基于规模收益不变和要素强可处置的假设来进行的,生产率进步指数的分解也只涉及技术效率 EC 和技术边界 TC 的变动。

针对各个行业生产率水平的考察结果表明,我国各个行业的全要素生产率水平也存在较大差异(见图 1 – 16)。2011 年在技术动态性较强的领域,如通信设备、计算机及其他电子设备制造业等高技术产业的生产率水平较高,这主要是由于其本身技术含量就高,国际金融危机过后,世界主要发达国家发展制造业,使得高技术行业的技术前沿有了较大的进步,同时,我国转变发展方式、强调产业转型升级取得了一定的成果。低技术产业的总体效率水平排名第二位,说明对于低技术产业的发展比较成熟。然而随着行业技术含量的提升,我国工业部门的相对效率水平也逐渐下降。但是我国各技术层次的产业的平均 TFP 距离技术前沿还有很大差距,这说明,我国工业企业的技术活动还很缺乏效率,各层次内部的企业差距较大。我国机器设备等的投入、人力资源匮乏等可能是行业效率低下的主要原因。当然,由于以含有价格因素的工业总产值作为产出指标,即便我们以价格指数调整剔除了通胀因素,TFP 测算结果仍不可避免地存在偏差。一个典型的例子是烟草制品业,该行业在国家专卖制度保护下形成了国家的完全垄断,产品实行垄断价格,因此其工业增加值很高,由此测算得到的 TFP 自然就有高估成分。另一个例子是水的生产和供应业,由于政府对水的供应实行了价格控制,致使其产出价值受到人为压制,TFP 测算值对该行业的技术水平有低估之嫌。

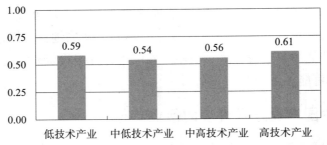

图 1 – 16　中国 2011 年各类行业的相对全要素生产率

数据来源:课题组计算。

从技术进步的速度来看,各行业间技术水平变化的差异也非常大,在2007年之前,各行业的TFP存在普遍波动的情形,说明各行业的发展并不稳定。在2007年以后受国际金融危机的影响,各行业的TFP普遍下滑,国际金融危机后,各行业的TFP出现了小幅的上升。生产率提高最快的是有色金属冶炼及压延加工业和黑色金属冶炼及压延加工业,TFP平均增长速度大于9%;生产率发展最慢的是水的生产和供应业,在这期间的平均增速为0.9%。1999—2011年期间,全部制造业工业企业的平均TFP增长速度为3.3%。中低技术产业的技术进步率是各类行业当中最快的,接下来依次是中高技术、低技术和高技术产业(见图1-17)。产业间存在倒U型技术进步形态:随着产业技术含量的提高,技术进步速度呈加快趋势;但是,在行业技术含量超过一定水平后,技术增长速度反而又不尽如人意。事实上我国高技术产业领域的技术进步速度是最慢的。

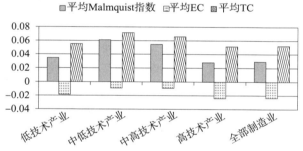

图1-17 1999—2011年我国各类产业平均生产率进步率及分解

数据来源:课题组计算。

推动我国高技术产业生产率提升的主要因素在于技术边界的提升。同时,这也是促进我国中低技术产业生产率增长的主要动力。就全部制造业而言,技术前沿外推带来的生产率增长平均为5%,而技术效率提升的增长则是-2%。并且从不同的产业来看,也存在着技术前沿外推较高,但技术效率出现负增长,这说明在各产业中,不同企业的差距较大,且受国际金融危机的影响,效率下降。

第六节 FDI的生产率效应:向量误差修正模型

前面的分析可以在一定程度上反映外商直接投资与我国产业技术进步

间的相互作用,但是却不能作为前者影响后者的直接证据。为了更深入地探讨这一问题,本节通过构建向量误差修正(VEC)模型来检验 FDI 对中国工业部门 TFP 的作用。需要注意的是,这里的"中国工业部门"既包含了内资企业,同时也包含了所有外商直接投资企业。关于 FDI 对内资企业生产率的作用,即技术溢出效应,鉴于其复杂性,将在后面专门论述。

由于市场化程度等制度因素会在根本上影响经济中微观个体的生产率水平,而我国又是一个典型的转型经济国家,制度背景具有明显的动态特征(见第三章的详细分析),因此为了区分制度因素对国内产业生产率水平的作用,我们的实证分析特别引入了制度变量。

一、变量选取与平稳性检验

由于我国改革开放的时间较短,因此分析中所能够选取的样本数量较为有限。而 VEC 模型具有较多被估参数的特点决定了模型的变量选取不宜过多。由于 VEC 模型中涵盖了各变量的滞后项,因此,一些未被考虑的因素可以在这些变量的滞后项中得到体现,故而缺省一些不必要的控制变量不会对模型的结果产生太多的影响。有鉴于此,我们在构建 VEC 系统模型时选择了三个主要变量:全要素生产率 TFP,外资流入程度 FDI 以及制度变量 Z。各变量的具体构建方式与数据来源如下:

全要素生产率(TFP):前文计算得到的中国工业部门在 1980—2011 年期间生产率的累计变动率,即累乘的曼奎斯特指数作为我国全要素生产率的指标。由于 1980 年的 TFP 值取为 1,该累乘项可以视为是我国工业部门各年的全要素生产率指数。

制度变量(Z):选择中国 1980—2011 年期间工业部门当中非国有部门的总产值、固定资产和劳动力占我国内资工业企业总产值、固定资产和劳动力的比重,并以算术平均法计算这三个指标的平均值作为制度变量 z 的指标。然后以 1980 年的制度变量为基期对该指标进行标准化得到制度变量 $Z_t = z_t/z_{1980}$[①]。

---

① 制度因素涉及面很广,许多时候又难以量化,至今也没有成型的衡量标准。这里采用的是较为简便的一种代理变量,即经济中非国有经济的比重。另一种较为全面的指标是各类综合市场化指数,如樊纲等(2007)以 23 个分类指标构造的市场化指数。理论上讲这样的市场化指数更为恰当一些,但由于这里检验的时间段为 1980—2011 年,许多统计指标已变换了统计口径,构造整个时间段上的市场化指数有一定难度。鉴于非国有经济发展在相当程度上也可以说是我国改革开放结果的综合反映,我们认为以其作为我国市场化制度变迁的代理变量仍是有相当说服力的。

外资变量(FDI):1980—2011 年期间我国工业部门当中三资企业的总产值、固定资产和劳动力占全国工业企业总产值、固定资产和劳动力的比重,并以算术平均的方式计算这三个指标的平均值作为外资流入程度 fdi 的指标。最后,以 1980 年外资流入程度为基期对这一指标进行标准化得到外资流入变量,即 $FDI_t = fdi_t / fdi_{1980}$。

为了克服模型中可能存在的异方差现象,对各变量均取对数处理。本节所有的检验均采用计量经济分析软件 Eviews 5.1 进行。滞后期的确定以施瓦茨信息准则(SIC)判断。

在 VEC 模型的估计中,需要各变量为一阶平稳,即 I(1)过程。因此,在构建模型之前,需要先对变量的单整性进行检验。表 1 - 2 显示了各变量及其一阶差分变量的 ADF 检验结果。检验表明,三个变量的原变量均为非平稳变量,而三个变量的差分变量均表现出平稳性特征,因此,三个变量均为一阶单整变量,符合 VEC 模型的假定要求。

表 1 - 2 制度约束与外资依存度变量的平稳性检验

变量	检验方式	临界值5%	临界值10%	检验结果
$\ln(TFP_t)$	C,T,0	− 3.562882	− 3.215267	不平稳
$\ln(Z_t)$	C,N,0	− 1.952066	− 1.610400	不平稳
$\ln(FDI_t)$	C,N,2	− 1.952910	− 1.610011	不平稳
$\Delta\ln(TFP_t)$	C,T,0	− 3.568379	− 3.218382	平稳
$\Delta\ln(Z_t)$	C,N,0	− 1.952473	− 1.610211	平稳
$\Delta\ln(FDI_t)$	C,N,8	− 1.957204	− 1.608175	平稳

二、协整性与格兰杰因果性检验

在确定了变量具有一阶单整性的基础上,可以考虑对变量之间的协整关系以及因果关系进行进一步的检验。

由于 VEC 模型本质上是多个变量的分布滞后模型的一个扩展,因此变量之间的协整性检验以及 VEC 模型的建立都需要确定模型的最优滞后期。我们以六种主要的判别准则对模型的最优滞后期进行检验,其中的三种判别准则(FPE、AIC 与 HQ)表明模型的最优滞后期为 4 期,一种准则

（LR）支持 2 期滞后，一种准则（SC）支持 1 期（见表 1-3）。根据这一结果，我们选择 4 期作为模型的滞后期。

表 1-3 VEC 模型最优滞后期检验

Lag	LogL	LR	FPE	AIC	SC	HQ
0	8.493536	NA	0.000134	-0.406929	-0.262947	-0.364115
1	138.9568	222.2707	1.66e-08	-9.404207	-8.828279*	-9.232954
2	151.8998	19.17489*	1.28e-08	-9.696285	-8.688412	-9.396591
3	160.4650	10.78575	1.42e-08	-9.664074	-8.224255	-9.235940
4	174.2155	14.25974	1.16e-08*	-10.01596*	-8.144196	-9.459387*
5	180.9268	5.468485	1.81e-08	-9.846429	-7.542719	-9.161415

注：带有"*"标记的为最优滞后期水平。

根据基于向量自回归模型的协整检验方法，对三个变量之间的协整性进行检验，结果如表 1-4 所示。检验结果拒绝了三个变量不存在协整关系的原假设，由此证明这三个变量之间存在协整关系。

表 1-4 制度约束与外资依赖的协整性检验

协整关系个数	特征值	迹统计量	临界值	置信概率
0 个	0.740874	61.89080	42.91525	0.0002
至多 1 个	0.488736	25.42890	25.87211	0.0567
至多 2 个	0.237339	7.315439	12.51798	0.3127

由于 VEC 系统的建立本身不依赖任何经济理论的假定，因此如果系统中的某些变量属于外生因素，即与其他变量之间不存在因果性联系，那么虽然这些变量存在统计上的相关关系，但这种关系可能并不具有任何的实际意义。因此，在建立具体的计量模型之前，我们首先需要对变量之间是否存在真正意义上的因果联系进行检验。

在变量之间具有协整性的基础上，我们可以进一步对 $\ln TFP$、$\ln Z$ 和 $\ln FDI$ 三个变量进行格兰杰因果检验（Granger Causality Test）以确定变量之间是否存在因果联系。

在滞后 4 期的情况下对三个变量进行格兰杰因果检验结果如表 1-5

所示。检验结果表明,制度变迁和外资流入都是造成我国生产率增长的原因。

表 1－5　制度变迁、外资流入与生产率变化的格兰杰因果检验

原假设	滞后期	Chi－sq	置信概率	因果关系
$\ln Z$ 是 $\ln TFP1$ 的原因	4	8.874544	0.0643	是
$\ln FDI$ 是 $\ln TFP1$ 的原因	4	21.19163	0.0003	是
$\ln TFP1$ 是 $\ln Z$ 的原因	4	5.290113	0.2588	不是
$\ln FDI$ 是 $\ln Z$ 的原因	4	13.68067	0.0084	是
$\ln TFP1$ 是 $\ln FDI$ 的原因	4	2.876942	0.5786	不是
$\ln Z$ 是 $\ln FDI$ 的原因	4	3.26362	0.5147	不是

三、向量误差修正（VEC）估计

在确定了各变量的单整性、协整性以及因果关系的基础上,我们可以进一步构建向量误差修正模型(VEC)来具体分析制度约束对我国的外资依存程度所产生的影响。

在滞后期为 2 的情况下,可以建立包含 $\ln TFP$、$\ln Z$ 和 $\ln FDI$ 三个变量的 VEC 模型如下:

$$\begin{cases} \Delta\ln(TFP_t) = \sum_{i=1}^{2}\alpha_i\Delta\ln(TFP_{t-i}) + \sum_{i=1}^{2}\beta_i\Delta\ln(Z_{t-i}) + \\ \sum_{i=1}^{2}\gamma_i\Delta\ln(FDI_{t-i}) + \varphi ecm_{t-1} + C \\ \Delta\ln(Z_t) = \sum_{i=1}^{2}\alpha_i\Delta\ln(Z_{t-i}) + \sum_{i=1}^{2}\beta_i\Delta\ln(TFP_{t-i}) + \\ \sum_{i=1}^{2}\gamma_i\Delta\ln(FDI_{t-i}) + \varphi ecm_{t-1} + C \\ \Delta\ln(FDI_t) = \sum_{i=1}^{2}\alpha_i\Delta\ln(FDI_{t-i}) + \sum_{i=1}^{2}\beta_i\Delta\ln(Z_{t-i}) + \\ \sum_{i=1}^{2}\gamma_i\Delta\ln(TFP_{t-i}) + \varphi ecm_{t-1} + C \end{cases} \quad (1.19)$$

其中 ecm 为误差修正项。如果变量之间存在的长期协整关系为如下形式:

$$\ln(TFP_t) = \theta_1\ln(Z_t) + \theta_2\ln(FDI_t) + c \quad (1.20)$$

则误差修正项为 $ecm_t = \ln(TFP_t) - \theta_1\ln(Z_t) - \theta_2\ln(FDI_t) - c$。

在该 VEC 系统中,误差修正项的系数 φ 反映了变量之间的均衡关系

偏离长期均衡状态时,将其调整到均衡状态的速度;而所有作为解释变量的差分项系数则反映了各变量的短期波动对解释变量短期变化的影响;协整方程则反映了各变量之间的长期均衡关系。对该系统进行估计,所得结果见表1-6。

表1-6　制度变迁、外资流入与生产率变化的 VEC 模型估计

	$\Delta\ln TFP$	$\Delta\ln Z$	$\Delta\ln FDI$
CointEq1	- 1.037986	2.993964	1.337671
	(0.37026)	(0.97559)	(1.25344)
$\Delta\ln TFP(-1)$	0.174976	- 0.497333	2.177242
	(0.41624)	(1.09673)	(1.40908)
$\Delta\ln TFP(-2)$	- 0.426782	- 0.570325	- 0.859969
	(0.39413)	(1.03848)	(1.33424)
$\Delta\ln TFP(-3)$	- 0.421942	0.573409	1.106900
	(0.39520)	(1.04128)	(1.33784)
$\Delta\ln TFP(-4)$	- 0.066181	1.531246	- 0.428884
	(0.36955)	(0.97370)	(1.25101)
$\Delta\ln Z(-1)$	- 0.079013	0.792729	0.286940
	(0.06420)	(0.16917)	(0.21734)
$\Delta\ln Z(-2)$	- 0.223023	- 0.036501	0.182877
	(0.10829)	(0.28532)	(0.36658)
$\Delta\ln Z(-3)$	- 0.07561	0.529813	0.280752
	(0.07014)	(0.18481)	(0.23745)
$\Delta\ln Z(-4)$	- 0.15581	0.156200	0.072052
	(0.08871)	(0.23374)	(0.30031)
$\Delta\ln FDI(-1)$	- 0.054867	0.115646	1.040172
	(0.09472)	(0.24957)	(0.32065)
$\Delta\ln FDI(-2)$	- 0.19782	0.597991	0.066263
	(0.13835)	(0.36453)	(0.46835)

续表

	ΔlnTFP	ΔlnZ	ΔlnFDI
ΔlnFDI(− 3)	− 0.339507	0.476326	0.658031
	(0.12832)	(0.33811)	(0.43440)
ΔlnFDI(− 4)	− 0.141668	0.361198	0.140896
	(0.13409)	(0.35331)	(0.45393)
C	0.143142	− 0.247254	− 0.187765
	(0.03776)	(0.09949)	(0.12783)
协整方程			
R − squared	0.657165	0.807598	0.836296
Adj. R − squared	0.314329	0.615196	0.672592
S. E. equation	0.020317	0.053531	0.068777
Akaike AIC	− 4.648606	− 2.710957	− 2.209753
Schwarz SC	− 3.97669	− 2.039042	− 1.537837
F − statistic	1.916852	4.197444	5.108584

回归模型总体上取得了较好的拟合效果。而对该系统方程进行 1—4 阶的 LM 检验也表明,模型当中不存在明显的一阶及高阶自相关,同时模型将变量进行对数化处理,减少了异方差性。因此该回归结果是可以接受的(见表 1－7)。

表 1－7 制度变迁、外资流入与生产率变化的 VEC 模型相关检验

自相关(LM 检验)							
1 阶		2 阶		3 阶		4 阶	
统计量	概率	统计量	概率	统计量	概率	统计量	概率
8.11372	0.5227	7.586607	0.5763	9.468931	0.3952	7.434973	0.5919

从协整方程所体现出的长期关系来看,制度变迁和外资流入均与我国工业生产率水平呈正相关。其中制度变迁对技术进步影响的弹性系数约为 0.9264,而外资流入对技术进步影响的弹性系数则为 0.2591。

四、脉冲响应分析

在 VEC 模型的基础上,我们可以通过脉冲响应分析方法来更详细地考察变量之间影响的相互关系。

由于 VEC 模型本质上属于一种非理论性的模型,它无须对变量作出任何先验性的约束。因此在对此类模型进行考察时,往往不具体讨论一个变量变化对另一个变量的影响,而是分析当一个误差项发生变化,或者模型受到某种冲击时对系统的动态影响,该种分析也被称为脉冲响应分析。

图 1-18 显示了制度变量和外资变量一个单位的正向冲击对全要素生产率变化所产生的影响。从私人部门的制度约束情况来看,当变量 $\ln Z_t$ 本期出现一个单位的正向冲击之后,制度变化会引起生产率在长期内提高,即有积极影响。这一现象表明,制度变迁对技术进步具有一个正向的冲击,而且这一冲击具有较长的持续效应。而从外资流入程度来看,外资冲击会使得生产率在长期内下降,即存在消极影响。

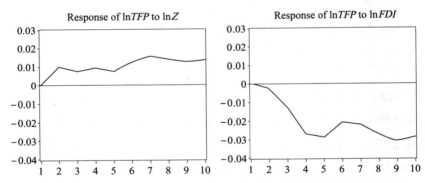

图 1-18　制度变迁和外资流入对全要素生产率影响的脉冲响应分析

数据来源:课题组计算。

附表

附表1-1 1980—2011年中国工业部门技术进步率

	全要素生产率			劳动生产率			资本贡献率		
	进步率	EC	TC	进步率	EC	TC	进步率	EC	TC
1980—1981	0.98	0.97	1.02	0.99	1.04	0.96	0.97	1.03	0.94
1981—1982	1.01	1	1.01	1.03	0.98	1.05	0.99	1.05	0.95
1982—1983	1.02	1.02	1	1.06	0.98	1.08	1.02	0.99	1.03
1983—1984	1.02	1.02	1	1.11	0.91	1.21	1.07	0.92	1.16
1984—1985	1	1	1	1.09	0.93	1.18	1.01	0.93	1.08
1985—1986	1	1	1	1.05	1.02	1.03	0.97	1.02	0.95
1986—1987	1	1	1	1.09	0.84	1.29	1.01	0.99	1.01
1987—1988	1	1	1	1.11	0.93	1.19	1.03	0.98	1.05
1988—1989	0.99	0.99	1	1.01	1	1.02	0.92	1.01	0.91
1989—1990	0.99	0.99	1	1.03	0.94	1.09	0.95	0.97	0.98
1990—1991	1	1	1	1.07	0.99	1.08	1	0.97	1.04
1991—1992	1.01	1.02	0.99	1.22	1.05	1.17	1.13	0.92	1.23
1992—1993	1.08	1	1.07	0.83	0.77	1.08	0.81	1.49	0.54
1993—1994	0.95	1	0.95	1.08	1.06	1.02	0.97	1.01	0.96
1994—1995	0.99	0.92	1.07	0.98	0.93	1.04	0.76	0.98	0.77
1995—1996	1.02	0.92	1.11	1.08	0.99	1.09	0.89	0.99	0.89
1996—1997	1.03	1.18	0.87	1.14	1.03	1.1	1.01	1	1
1997—1998	1.02	1	1.02	1.24	1.07	1.15	1.09	0.94	1.15
1998—1999	1.02	1	1.02	1.24	1.12	1.11	1.07	0.88	1.21
1999—2000	1.01	1	1.01	1.2	1.07	1.12	1.1	1.05	1.05
2000—2001	1.01	0.98	1.03	1.15	1.08	1.07	1.1	0.73	1.51
2001—2002	1.02	1.02	1	1.17	1.08	1.09	1.13	1.39	0.82
2002—2003	1.01	1	1.01	1.21	1.08	1.12	1.16	1.1	1.06
2003—2004	1	1	1	1.16	1.15	1.01	1.16	1.12	1.04

续表

	全要素生产率			劳动生产率			资本贡献率		
	进步率	EC	TC	进步率	EC	TC	进步率	EC	TC
2004—2005	1.02	1	1.02	1.14	1.01	1.13	1.09	1.03	1.06
2005—2006	1.02	1	1.02	1.14	0.96	1.19	1.07	0.98	1.1
2006—2007	1.03	1	1.03	1.16	0.95	1.21	1.1	0.98	1.12
2007—2008	1.01	1	1.01	1.04	0.96	1.09	1	1.04	0.96
2008—2009	1.03	1	1.03	1.14	1.07	1.07	1	0.98	1.02
2009—2010	1.04	1	1.04	1.12	0.95	1.18	1.06	1.07	0.99
2010—2011	1.07	0.99	1.08	1.19	1.04	1.14	1.08	0.99	1.09

数据来源:课题组计算。

附表 1-2　各地区相对全要素生产率

	1999	2000	2001	2002	2003	2004	2005
华北	0.48	0.50	0.49	0.54	0.51	0.60	0.67
北京	0.61	0.69	0.62	0.70	0.65	0.74	0.76
天津	0.48	0.56	0.58	0.66	0.65	0.78	0.92
河北	0.63	0.62	0.57	0.59	0.53	0.57	0.63
山西	0.35	0.33	0.34	0.37	0.35	0.38	0.37
内蒙古	0.31	0.29	0.33	0.40	0.39	0.52	0.65
东北	0.56	0.54	0.51	0.53	0.48	0.52	0.56
辽宁	0.45	0.48	0.43	0.44	0.44	0.50	0.59
吉林	0.41	0.45	0.47	0.53	0.50	0.55	0.55
黑龙江	0.83	0.70	0.64	0.62	0.50	0.51	0.54
华东	0.73	0.72	0.73	0.78	0.74	0.78	0.78
上海	1.00	0.99	1.00	1.00	1.00	1.00	1.00
江苏	0.88	0.88	0.90	0.93	0.93	0.95	0.95
浙江	0.79	0.81	0.81	0.85	0.80	0.73	0.66
安徽	0.50	0.47	0.50	0.56	0.51	0.60	0.62
福建	0.72	0.74	0.66	0.80	0.69	0.75	0.73
江西	0.33	0.31	0.37	0.44	0.37	0.47	0.49
山东	0.86	0.84	0.87	0.87	0.85	0.94	1.00

	1999	2000	2001	2002	2003	2004	2005
华中	0.58	0.58	0.56	0.58	0.49	0.54	0.60
河南	0.60	0.60	0.56	0.56	0.53	0.53	0.63
湖北	0.69	0.68	0.64	0.65	0.45	0.49	0.55
湖南	0.45	0.46	0.49	0.53	0.49	0.59	0.62
华南	0.60	0.56	0.55	0.58	0.55	0.56	0.61
广东	0.93	0.94	0.94	0.93	0.96	0.90	0.99
广西	0.41	0.35	0.34	0.39	0.33	0.41	0.42
海南	0.45	0.38	0.36	0.42	0.36	0.38	0.42
西南	0.47	0.42	0.45	0.50	0.43	0.50	0.50
重庆	0.35	0.36	0.41	0.48	0.44	0.55	0.51
四川	0.44	0.46	0.48	0.58	0.50	0.61	0.67
贵州	0.41	0.33	0.35	0.39	0.34	0.40	0.38
云南	0.80	0.74	0.75	0.80	0.67	0.69	0.67
西藏	0.36	0.21	0.24	0.25	0.20	0.23	0.25
西北	0.35	0.35	0.40	0.40	0.29	0.36	0.39
陕西	0.38	0.39	0.40	0.43	0.37	0.47	0.49
甘肃	0.34	0.27	0.34	0.38	0.27	0.30	0.31
青海	0.29	0.28	0.41	0.43	0.25	0.33	0.39
宁夏	0.30	0.28	0.33	0.30	0.23	0.35	0.36
新疆	0.46	0.53	0.53	0.46	0.33	0.36	0.41

数据来源:课题组计算。

附表 1-2(续)　各地区相对全要素生产率

	2006	2007	2008	2009	2010	2011
华北	0.64	0.65	0.65	0.66	0.69	0.67
北京	0.64	0.63	0.58	0.63	0.66	0.57
天津	1.00	1.00	1.00	1.00	1.00	1.00
河北	0.60	0.58	0.55	0.60	0.62	0.54
山西	0.33	0.32	0.34	0.30	0.33	0.32
内蒙古	0.64	0.70	0.76	0.79	0.82	0.90
东北	0.53	0.54	0.55	0.56	0.60	0.58

	2006	2007	2008	2009	2010	2011
辽宁	0.62	0.65	0.62	0.61	0.65	0.61
吉林	0.52	0.60	0.62	0.66	0.73	0.75
黑龙江	0.45	0.38	0.42	0.41	0.41	0.38
华东	0.77	0.75	0.75	0.79	0.81	0.78
上海	1.00	0.99	0.92	0.88	0.98	0.91
江苏	0.97	0.92	0.81	0.90	0.83	0.80
浙江	0.64	0.62	0.78	0.77	0.78	0.76
安徽	0.58	0.58	0.58	0.66	0.66	0.70
福建	0.74	0.71	0.85	0.87	0.96	0.95
江西	0.47	0.41	0.46	0.57	0.60	0.54
山东	1.00	1.00	0.88	0.87	0.84	0.83
华中	0.58	0.66	0.72	0.74	0.76	0.76
河南	0.67	0.88	0.89	0.83	0.82	0.75
湖北	0.48	0.53	0.58	0.64	0.74	0.79
湖南	0.59	0.58	0.69	0.74	0.73	0.75
华南	0.59	0.58	0.65	0.63	0.63	0.64
广东	0.97	0.90	0.90	0.90	0.88	0.88
广西	0.40	0.39	0.53	0.54	0.52	0.55
海南	0.40	0.46	0.51	0.46	0.50	0.49
西南	0.48	0.46	0.53	0.56	0.56	0.57
重庆	0.54	0.51	0.63	0.74	0.79	0.81
四川	0.66	0.75	0.72	0.78	0.81	0.79
贵州	0.37	0.31	0.36	0.32	0.31	0.35
云南	0.60	0.53	0.62	0.63	0.59	0.56
西藏	0.22	0.22	0.30	0.33	0.29	0.36
西北	0.35	0.33	0.38	0.36	0.35	0.35
陕西	0.46	0.50	0.58	0.59	0.61	0.55
甘肃	0.27	0.24	0.30	0.28	0.26	0.29
青海	0.35	0.35	0.39	0.38	0.37	0.44
宁夏	0.32	0.29	0.31	0.30	0.26	0.26
新疆	0.35	0.28	0.30	0.24	0.24	0.22

数据来源：课题组计算。

附表 1 – 3　1999—2011 年各地区全要素生产率平均进步率及其分解

	平均曼奎斯特指数	平均 EC	平均 TC	平均 PEC	平均 SC	平均 CNC
华北	1.067	1.021	1.046	1.019	1.002	1.000
北京	1.019	0.974	1.047	0.994	0.980	1.000
天津	1.100	1.052	1.045	1.063	0.990	1.000
河北	1.075	1.031	1.043	1.011	1.020	1.000
山西	1.055	1.013	1.042	0.993	1.020	1.000
内蒙古	1.087	1.033	1.052	1.033	1.000	1.000
东北	1.064	1.018	1.045	1.005	1.013	1.000
辽宁	1.074	1.026	1.047	1.026	1.000	1.000
吉林	1.096	1.052	1.042	1.042	1.010	1.000
黑龙江	0.997	0.956	1.044	0.937	1.020	1.000
华东	1.073	1.027	1.045	1.014	1.013	1.000
上海	1.062	1.011	1.051	1.020	0.990	1.001
江苏	1.054	1.012	1.042	0.992	1.020	1.000
浙江	1.051	1.007	1.044	0.997	1.010	1.000
安徽	1.093	1.049	1.042	1.028	1.020	1.000
福建	1.093	1.043	1.047	1.023	1.020	1.000
江西	1.099	1.052	1.044	1.042	1.010	1.000
山东	1.060	1.017	1.043	0.997	1.020	1.000
华中	1.088	1.045	1.042	1.024	1.020	1.000
河南	1.093	1.050	1.041	1.019	1.030	1.000
湖北	1.063	1.021	1.041	1.011	1.010	1.000
湖南	1.110	1.064	1.043	1.043	1.020	1.000
华南	1.067	1.016	1.051	1.009	1.007	1.000
广东	1.052	1.005	1.047	0.995	1.010	1.000
广西	1.082	1.035	1.045	1.025	1.010	1.000
海南	1.067	1.007	1.060	1.007	1.000	1.000
西南	1.051	1.003	1.048	1.000	1.004	0.999
重庆	1.076	1.031	1.044	1.031	1.000	1.000
四川	1.065	1.020	1.045	1.010	1.010	1.000
贵州	1.032	0.987	1.046	0.987	1.000	1.000
云南	1.026	0.981	1.046	0.971	1.010	1.000
西藏	1.057	0.995	1.062	1.000	1.000	0.995
西北	**1.049**	**0.995**	**1.054**	**0.994**	**1.002**	**0.999**
陕西	1.087	1.041	1.044	1.031	1.010	1.000

续表

	平均曼奎斯特指数	平均 EC	平均 TC	平均 PEC	平均 SC	平均 CNC
甘肃	1.029	0.987	1.043	0.987	1.000	1.000
青海	1.089	1.019	1.069	1.025	1.000	0.994
宁夏	1.035	0.988	1.048	0.988	1.000	1.000
新疆	1.004	0.940	1.069	0.940	1.000	1.000

数据来源：课题组计算。

附表 1−4　各行业全要素生产率

行业	1999	2000	2001	2002	2003	2004	2005
低技术产业	0.73	0.72	0.70	0.67	0.65	0.65	0.66
农副食品加工业	0.77	0.79	0.79	0.79	0.80	0.84	0.88
食品制造业	0.67	0.69	0.67	0.63	0.63	0.58	0.65
饮料制造业	0.62	0.62	0.58	0.52	0.50	0.48	0.52
烟草制造业	0.99	0.99	0.99	0.99	0.99	0.99	0.99
纺织业	0.65	0.67	0.64	0.60	0.59	0.61	0.61
纺织服装、鞋、帽制造业	0.90	0.90	0.87	0.85	0.86	0.86	0.82
皮革、毛皮、羽毛（绒）及其制品业	0.91	0.92	0.91	0.91	0.93	0.93	0.90
木材加工及木、竹、藤、棕、草制品业	0.65	0.66	0.63	0.59	0.59	0.60	0.64
家具制造业	0.80	0.79	0.79	0.75	0.74	0.79	0.76
造纸及纸制品业	0.57	0.54	0.52	0.47	0.46	0.45	0.42
印刷业和记录媒介的复制	0.60	0.58	0.56	0.51	0.49	0.45	0.45
文教体育用品制造业	0.87	0.84	0.82	0.78	0.81	0.78	0.75
水的生产和供应业	0.64	0.59	0.58	0.53	0.41	0.44	0.49
中低技术产业	0.61	0.62	0.61	0.58	0.59	0.58	0.59
石油加工、炼焦及核燃料加工业	0.63	0.78	0.78	0.81	0.87	0.91	0.92
橡胶制品业	0.66	0.66	0.61	0.59	0.62	0.60	0.59
塑料制品业	0.70	0.72	0.68	0.65	0.64	0.61	0.64
非金属矿物制品业	0.52	0.50	0.50	0.46	0.47	0.45	0.45
黑色金属冶炼及压延加工业	0.48	0.48	0.50	0.45	0.52	0.62	0.62
有色金属冶炼及压延加工业	0.57	0.62	0.59	0.52	0.56	0.63	0.65
金属制品业	0.77	0.79	0.76	0.74	0.77	0.78	0.80

行业	1999	2000	2001	2002	2003	2004	2005
电力、热力的生产和供应业	0.76	0.69	0.72	0.69	0.58	0.42	0.45
燃气生产和供应业	0.48	0.43	0.45	0.42	0.38	0.37	0.37
中高技术产业	0.63	0.66	0.64	0.62	0.64	0.67	0.67
化学原料及化学制品制造业	0.54	0.57	0.54	0.49	0.51	0.56	0.56
化学纤维制造业	0.48	0.54	0.48	0.43	0.47	0.46	0.50
通用设备制造业	0.66	0.67	0.66	0.65	0.69	0.75	0.77
专用设备制造业	0.68	0.69	0.67	0.67	0.65	0.68	0.68
交通运输设备制造业	0.67	0.69	0.70	0.72	0.76	0.75	0.70
电气机械及器材制造业	0.80	0.85	0.83	0.82	0.84	0.89	0.91
高技术产业	0.81	0.84	0.81	0.77	0.78	0.75	0.76
医药制造业	0.74	0.76	0.72	0.64	0.60	0.53	0.53
通信设备、计算机及其他电子设备制造业	0.93	0.96	0.94	0.94	0.96	0.96	0.95
仪器仪表及文化、办公用机械制造业	0.77	0.82	0.79	0.77	0.81	0.84	0.86
制造业平均	0.68	0.69	0.67	0.64	0.64	0.64	0.65

数据来源:课题组计算。

附表1-4(续)　各行业全要素生产率

行业	2006	2007	2008	2009	2010	2011
低技术产业	0.53	0.39	0.44	0.54	0.65	0.59
农副食品加工业	0.56	0.40	0.53	0.60	0.81	0.70
食品制造业	0.51	0.36	0.41	0.52	0.62	0.58
饮料制造业	0.48	0.38	0.41	0.47	0.52	0.52
烟草制造业	0.99	0.99	0.99	0.99	0.99	0.99
纺织业	0.48	0.34	0.38	0.49	0.60	0.55
纺织服装、鞋、帽制造业	0.59	0.36	0.44	0.64	0.85	0.71
皮革、毛皮、羽毛(绒)及其制品业	0.61	0.36	0.45	0.67	0.96	0.75
木材加工及木、竹、藤、棕、草制品业	0.51	0.35	0.42	0.57	0.71	0.65
家具制造业	0.53	0.34	0.41	0.58	0.76	0.64

续表

行业	2006	2007	2008	2009	2010	2011
造纸及纸制品业	0.39	0.33	0.35	0.37	0.40	0.39
印刷业和记录媒介的复制	0.42	0.35	0.37	0.41	0.45	0.46
文教体育用品制造业	0.55	0.35	0.42	0.57	0.76	0.63
水的生产和供应业	0.46	0.42	0.33	0.41	0.42	0.33
中低技术产业	0.51	0.43	0.47	0.51	0.57	0.54
石油加工、炼焦及核燃料加工业	0.85	0.82	0.88	0.83	0.84	0.85
橡胶制品业	0.47	0.34	0.38	0.46	0.55	0.50
塑料制品业	0.49	0.34	0.40	0.52	0.65	0.58
非金属矿物制品业	0.42	0.35	0.37	0.42	0.46	0.44
黑色金属冶炼及压延加工业	0.50	0.51	0.56	0.50	0.49	0.51
有色金属冶炼及压延加工业	0.63	0.58	0.57	0.54	0.62	0.59
金属制品业	0.55	0.35	0.42	0.56	0.72	0.61
电力、热力的生产和供应业	0.45	0.46	0.46	0.45	0.48	0.49
燃气生产和供应业	0.35	0.33	0.35	0.38	0.42	0.42
中高技术产业	0.50	0.37	0.43	0.51	0.63	0.56
化学原料及化学制品制造业	0.44	0.38	0.43	0.42	0.47	0.46
化学纤维制造业	0.45	0.44	0.42	0.41	0.49	0.46
通用设备制造业	0.54	0.35	0.42	0.56	0.67	0.61
专用设备制造业	0.52	0.35	0.41	0.54	0.67	0.59
交通运输设备制造业	0.50	0.38	0.45	0.53	0.71	0.58
电气机械及器材制造业	0.57	0.34	0.45	0.61	0.84	0.68
高技术产业	0.53	0.37	0.44	0.54	0.65	0.61
医药制造业	0.47	0.37	0.41	0.48	0.55	0.54
通信设备、计算机及其他电子设备制造业	0.55	0.40	0.47	0.56	0.69	0.64
仪器仪表及文化、办公用机械制造业	0.57	0.35	0.43	0.58	0.73	0.65
制造业平均	0.52	0.40	0.44	0.52	0.62	0.57

数据来源:课题组计算。

附表1－5　各行业全要素生产率平均进步率及其分解

行业	平均曼奎斯特指数	平均 EC	平均 TC
低技术产业	1.035	0.982	1.055
农副食品加工业	1.055	0.990	1.063
食品制造业	1.042	0.989	1.056
饮料制造业	1.045	0.985	1.061
烟草制造业	1.069	1.001	1.069
纺织业	1.041	0.986	1.057
纺织服装、鞋、帽制造业	1.017	0.980	1.040
皮革、毛皮、羽毛(绒)及其制品业	1.020	0.985	1.037
木材加工及木、竹、藤、棕、草制品业	1.050	0.999	1.052
家具制造业	1.025	0.983	1.043
造纸及纸制品业	1.029	0.968	1.062
印刷业和记录媒介的复制	1.037	0.976	1.063
文教体育用品制造业	1.017	0.975	1.046
水的生产和供应业	1.009	0.945	1.068
中低技术产业	1.062	0.991	1.071
石油加工、炼焦及核燃料加工业	1.119	1.026	1.090
橡胶制品业	1.037	0.977	1.060
塑料制品业	1.034	0.985	1.050
非金属矿物制品业	1.045	0.986	1.058
黑色金属冶炼及压延加工业	1.091	1.007	1.086
有色金属冶炼及压延加工业	1.094	1.003	1.090
金属制品业	1.031	0.982	1.050
电力、热力的生产和供应业	1.048	0.963	1.085
燃气生产和供应业	1.058	0.990	1.069
中高技术产业	1.055	0.991	1.066
化学原料及化学制品制造业	1.063	0.987	1.078
化学纤维制造业	1.084	0.999	1.087
通用设备制造业	1.051	0.993	1.059
专用设备制造业	1.040	0.990	1.056

行业	平均曼奎斯特指数	平均EC	平均TC
交通运输设备制造业	1.054	0.990	1.065
电气机械及器材制造业	1.037	0.986	1.052
高技术产业	1.028	0.976	1.051
医药制造业	1.029	0.975	1.054
通信设备、计算机及其他电子设备制造业	1.017	0.968	1.048
仪器仪表及文化、办公用机械制造业	1.038	0.985	1.052
制造业平均	1.033	0.978	1.056

数据来源:课题组计算。

第二章　技术梯次：不同所有制的比较

　　在我国产业技术进步进程中,由于不同制度特征,不同所有制企业的技术水平及增长情况可能存在较大的差异。对不同所有制企业技术绩效的比较,有助于我们揭示这些制度特征对企业技术进步的促进作用,以及各类企业技术进步的相互影响和作用。尤其,外商投资企业相对于内资企业来讲处于什么样的技术水平,二者间的差距随时间变化有何变化趋势,外资企业在内资企业的技术进步中起什么样的作用,都是本书研究的基本问题。为此,我们将国内的企业分为两类:外资企业组与内资企业(或称本地企业)组。外资企业组包括所有外商独资、中外合资和中外合营企业;本地内资企业包括前述"三资企业"以外的所有企业。由于内资企业组中所有制状况不同,技术起点和创新激励等方面都可能产生显著差异,因此我们进一步将其细分为国有(包括国有控股)及民营企业两个小类。对不同类别企业技术绩效的比较将在全国、地区和行业的层面上分别进行。

第一节　我国工业总体的技术梯次特征

一、内资企业与外资企业的技术分化

　　首先我们考察全国范围内改革开放以来不同类型企业的技术进步情况。由于统计口径的变化,对于各类企业样本数据的采集也存在一定的问题。在1992年之前,统计年鉴当中没有明确披露外资工业部门的相关数据,所以我们用统计数据中除了国有经济、集体经济、个体经济之外的"其他经济"相关数据代替外资工业数据。由于"其他经济"当时占

全部工业产值的比重十分有限,这种替代的方式不会产生严重的偏差。在 1992 年之后,我们则直接以统计年鉴当中披露的外商投资企业和港澳台投资企业数据作为外资工业企业的相关指标。在得到外资企业的相关变量之后,用全国总体工业数据减去外资工业数据得到内资企业的相关数据。对于内资企业,我们又进一步将其划分为国有企业和民营企业,具体的指标确定方式为:以统计年鉴公布的国有(国有控股)企业数据作为国有经济指标,在前述的内资工业企业数据基础上减去国有经济相关指标得到民营企业的相关指标。

为了对比不同类型企业的生产率水平,我们利用 DEA 分析计算了各类企业的相对全要素生产率、劳动生产率和资本贡献率。计算指标选择描述如下:

产出变量:各类工业企业在 1980—2011 年期间的实际工业总产值。先从统计年鉴中查取公布的当年名义值,再以各年度工业品出厂价格指数来剔除价格变化。

投入变量:实际固定资产存量,由各类工业企业固定资产年平均净值余额采用永续盘存法进行价格平减(具体方法见第一章);实际中间品投入,由各类型企业的实际工业总产值与实际工业增加值之差得到;劳动力则由各类企业的从业人口数量确定。

首先比较内资企业和外资企业的生产率水平,详细数据见附表 2-1。数据显示,除了个别年份,无论是全要素生产率、劳动生产率还是资本贡献率,外资企业在改革开放的整体阶段内均处于相对领先的地位。

从全要素生产率的情况看(见图 2-1),除了 2011 年外资企业的效率水平略为偏低之外,其余年份的外资企业均处在生产前沿水平上,蒋殿春和黄静(2006)将这种情况描述为我国产业内的技术"二元结构"。改革开放以来内资企业同外资企业之间的技术差距变化可分两个阶段:1980—1995 年期间双方的技术差距在不断拉大,并于 1996 年达到峰值,该年内资企业的 TFP 水平仅相当于外资企业的 0.82。自 1997 年开始,内资企业的相对 TFP 却一直在增长,与外资企业之间的效率差距不断缩小,表现出了明显的追赶和逼近趋势。到 2011 年内资企业的效率水平大于外资企业。

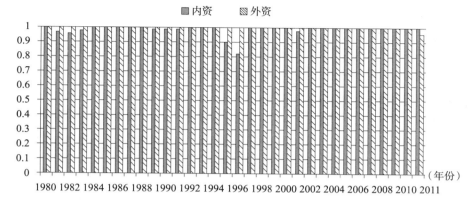

图 2 - 1　1980—2011 年内资和外资企业相对全要素生产率

数据来源：课题组计算。

图 2 - 2 显示,内外资的劳动生产率也同样存在着类似的变动趋势。自改革开放之初开始到 1996 年,我国内资部门与外资部门的劳动生产率差距在逐渐拉大,在 1997—2002 年期间内资企业的劳动生产率仅相当于外资企业的一半左右。而从 2003 年开始,内外资企业之间的劳动生产率差异有逐渐缩小的趋势,2010 年后内资企业劳动生产率开始超越外资企业。

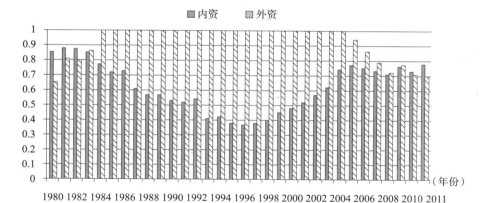

图 2 - 2　1980—2011 年内资和外资企业相对劳动生产率对比

数据来源：课题组计算。

全要素生产率的增长情况也体现了内资企业和外资企业间明显的分化特征(见附表 2 - 2)。由于多数时候外资企业要明显高于内资企业,因此二者的累计增长自然是前者更高：在 1980—2011 年期间,外资企业的全要素生产率累计增长了 3.87 倍,年均增长速度达到了 4.32%,而内资企业的全要素生产率则仅增长了 1.38 倍,年均增长速度仅为 1.01%(见图 2 -3)。外资企业 TFP 水平的高增长既可以解释为已有外企技术水平在不断更新和进化,也可以说是新建外资质量的不断提高所致——由于技术水平更高的外资项目不断进入,外资部门的整体技术水平也就随之提高。当然,也许这两方面的效应兼而有之。

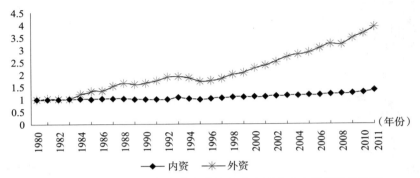

图 2 - 3   1980—2011 年内资和外资企业全要素生产率累计变动率

数据来源:课题组计算。

　　进一步考察技术进步的源泉可以看出,推动内外资企业进步的主要动力仍然是生产边界的外移,而非技术效率的改进。从技术效率的改进情况来看(见图 2 - 4),外资企业由于始终处于技术前沿水平,因此其技术效率值保持为 1 未发生变化,仅在 2011 年出现了一定的下滑;而内资企业的技术效率则在 20 世纪 90 年代前中期出现了比较明显的下降,此后又重新恢复到 1 左右,这表明内资企业在 90 年代中期之前同外资企业之间的技术差距在逐渐扩大,而在之后内外资企业之间的技术差距保持在一个相对稳定的水平。

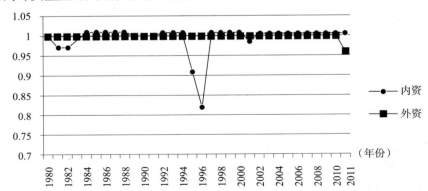

图 2 - 4   1980—2011 年内资和外资企业技术效率(EC)累计变动率

数据来源:课题组计算。

而从技术边界的进步情况来看(见图 2－5),外资企业则要明显快于内资企业。在 1980—2011 年期间,外资企业的累计技术边界进步率达到了 4.02,年平均进步率约为 4.59%,而同期内资企业的技术边界累计进步则只有 1.70,年平均进步率约为 1.72%。

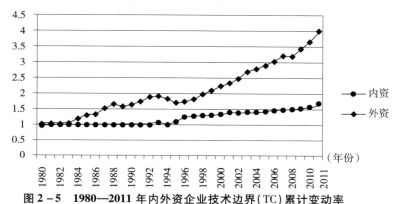

图 2－5 1980—2011 年内外资企业技术边界(TC)累计变动率

数据来源:课题组计算。

二、内资企业内部的技术趋势

内资企业内部的技术进步状况也存在一定的差别。我们将内资企业分为国有和民营两个部分,进一步考察其生产率水平的变化。

就全要素生产率水平而言(见图 2－6),民营部门的全要素生产率并不低于国有企业,甚至在 1992 年之前的三年以及 1995 年、1996 年,国有企业的全要素生产率与民营企业还有一定的差距,其余年份国有企业与民营企业均处于生产前沿水平。除 2011 年,其余年份的外资企业全要素生产率均处于生产前沿。

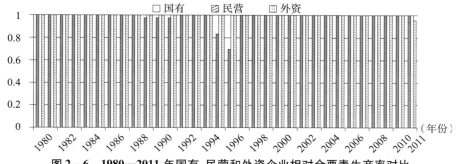

图 2－6 1980—2011 年国有、民营和外资企业相对全要素生产率对比

数据来源:课题组计算。

国有企业和民营企业之间在劳动生产率（见图 2 - 7）和资本贡献率（见图 2 - 8）方面的表现却存在很大的差别。从劳动生产率水平来看，国有企业在大多数时期要明显高于民营企业，仅在 20 世纪 90 年代国有企业改革期间，因改革造成的冲击使得国有企业的劳动生产率短暂地落后于非国有企业，但在 2000 年之后便开始回升，并一直保持对非国有企业的领先态势；而从资本贡献率来看，民营企业则要明显领先于国有企业，其原因主要是国有企业和民营企业具有不同的资本劳动比率。国有企业资本装备率相对较高，因此表现出了较高的劳动生产率和相对较低的资本贡献率，而民营企业资本装备率较低，其劳动生产率水平也相应低下，但同时造成了其资本贡献率的提高。

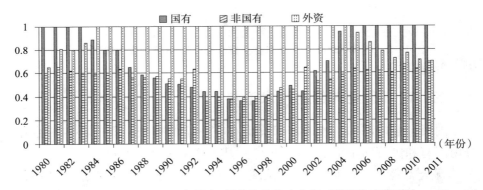

图 2 - 7　1980—2011 年国有、民营和外资企业相对劳动生产率对比

数据来源：课题组计算。

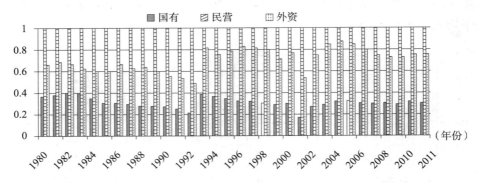

图 2 - 8　1980—2011 年国有、民营和外资企业相对资本贡献率对比

数据来源：课题组计算。

从全要素生产率的进步情况来看（见图 2－9），国有工业部门的技术进步稍快于民营部门。在 1980—2011 年期间，国有企业全要素生产率累计进步率为 2.13，年平均增长 2.47%，而民营企业全要素生产率累计进步率为 1.83，年平均增长率约为 1.98%。但是，平均增长率数据并不能代表二者完全的增长历程。事实上，在大部分年份，民营部门的增长率都优于国有部门，只是到了 1996 年之后，经历了国有企业改革后的国有部门的 TFP 增长突然加速，才提高了平均增长率。从图 2－9 可以清楚地看到，1993 年前国有部门的 TFP 累计增长幅度一直都低于民营部门，直至 1996 年前者才实现超越。

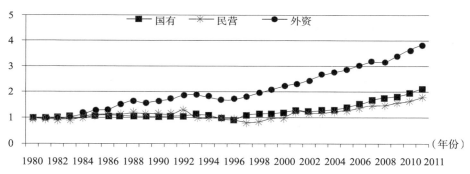

图 2－9 1980—2011 年各类企业全要素生产率累计变动率

数据来源：课题组计算。

下面我们利用曼奎斯特指数的分解来进一步考察国有和民营部门的技术进步源泉。由图 2－10 和图 2－11 可知，两个部门的平均增长率虽相差无几，但其中的内容却大相径庭。国有企业的生产率增长有两个突出特征：其一是在部分年份技术前沿（TC）和技术效率（EC）都有变化，TFP 增长呈现"混合"增长特征——两种效应皆有，尽管在特定年份某种效应可能为负；其二是这两种效应往往呈此消彼长之势，并以 20 世纪 90 年代中期为界形成了前后两个完全不同的增长时期：前期增长技术前沿和效率前沿都有变化，且在这一时期技术效率 EC 在部分年度为负值，事实上拖累了部门生产率增长速度；90 年代中期以来，基本上全是技术前沿的贡献，技术外推效应也明显强于前半期。

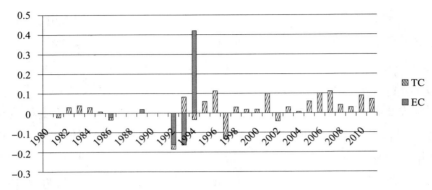

图 2-10　国有部门 TFP 增长率分解

数据来源:课题组计算。

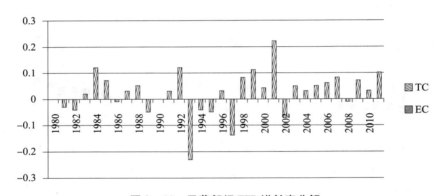

图 2-11　民营部门 TFP 增长率分解

数据来源:课题组计算。

我们认为,国有企业前后两个时期内 TFP 增长内容的变化,与政府在国有企业中的作用有很大关联:长期以来,国家为国有企业购置了大量进口生产设备,并在科技人才等方面予以特别的支持,因此国有企业的技术外推效应在整个改革开放期间都较为明显。1992 年之后,由于我国确立了社会主义市场经济的大方向,技术外推效应增强;但随着政府经济功能的逐渐转变,这种由于政府对国企特殊支持产生的技术外推效应在 20 世纪 90 年代中期后有弱化趋势。

另外,国有企业虽有较优良的设备和厚实的科技人才储备,但制度扭曲引起的错误激励长时期影响了这些技术资源的使用效率,这自然反映到了 EC 上。由于对国有企业的行政保护力度大,国有企业在政府的保护伞下缺乏进取精神,因此技术效率在 1992 年之前为负值;随着国有企业改革的深入,最近十年来通过产权改革等一系列措施注入了与市场经济相一致的经营激励,才导致企业的技术效率从负值变为正值,但近十几年来技术效率几乎没有变化,自身进步效果不明显。

与此对照,民营部门的 TFP 增长则是另一番景象:在考察时段内 TFP 基本上全部为单纯技术外推效应引致。这一情况实际上从侧面反映了非国有企业特别是外商投资企业基本上始终处于我国工业生产的前沿边界的事实:由于其投入产出水平始终位于生产前沿,故此其生产率水平的提升也主要通过先进技术设备的采用等手段外推技术边界,而技术效率则保持相对稳定不变。

第二节 地区层面的技术梯次特征

一、技术性说明

本节我们在要素弱可处置和规模收益非递减假设下,利用地区层面的国有、民营、内资、外资和总体工业企业 1999—2011 年间的相关指标进行 DEA 分析,来考察各地区不同类型企业的相对生产率水平及其进步情况,并重点分析外资企业在其中的作用。分析仍然以各地区相应类型工业企业的实际工业增加值作为产出变量,以实际中间品投入、实际固定资产和劳动力作为投入变量来进行。全部样本数据取自《中国工业经济统计年鉴》各期。各指标的价格调整方法如下:

工业增加值:以各地区 i 第 t 年的工业品出厂价格定基指数 P_t^i 对地区 i 在 t 年时工业名义增加值 Y_t^i 进行平减得到各地区实际总产出。

固定资产净值:对固定资产存量的价格调整采用常用的永续盘存法,首先由地区 i 在各时期的固定资产年末余值之差(扣除折旧影响)作为当年的新增固定资产投资,即 $\Delta K_t^i = K_t^i - (1 - \sigma) K_{t-1}^i$,其中 σ 为每年的固定资产折旧率(实际计算中取 5%)。设第 t 年固定资产投资的价格定基指数为 P_t^K,则第 t 年的固定资产实际存量为:

$$\bar{K}_t^i = (1 - \sigma) \bar{K}_{t-1}^i + \Delta K_t^i / P_t^K \tag{2.1}$$

劳动力:由于以人数为单位的从业人员数量不涉及价格变动,故而不需对此指标进行价格调整。我们以各地区历年各类工业部门从业人员总数作为劳动力投入指标。

二、计算结果分析

首先我们按前述的 DEA 方法估计了 1999—2011 年间内资部门和外资部门的相对 TFP 水平,详细结果参见附表 2 – 5。很明显,经过前期的追赶,各地区的内资企业生产率普遍高于外资企业,以 2011 年为例,经过了前期较快的增长之后,全国内资部门的平均 TFP 水平已是外资企业的 1.2 倍。从地区层面上看,同样存在着内资企业与外资企业之间的技术二元结构。但是,外资部门中各地的生产率水平也相差很大:华北、华东和华南地区的外资企业 TFP 水平在全国处于较高的地位,而西北地区外资企业的效率相对低下(见图 2 – 12)。如果与各地区的内资部门生产率比较,华南地区的内外资企业生产率基本持平;东北、华东、华中、西南、西北内资企业的生产率已经超过了外资企业的生产率,只有华北地区,外资企业的生产率还大大高于内资企业的生产率。

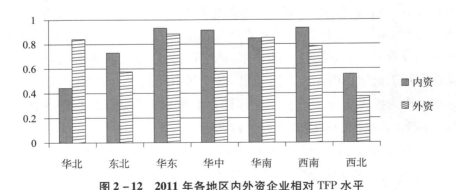

图 2 – 12 2011 年各地区内外资企业相对 TFP 水平

数据来源:课题组计算。

从地区层面考察,内资企业内部也同样存在着技术分化的现象。各地区的民营企业效率普遍高于当地的国有企业(华东、西北除外,国有企业生产效率略高于民营企业):以 2011 年全国平均水平而论(见图2 – 13),国有企业的 TFP 水平相当于民营企业的 87%。二者间差异最大的是在华中和西南地区,国有部门平均生产率水平都只相当于民营部门的67%;而在华南地区,国有企业也达到了与民营和外资经济相当的 TFP 水平,这在一定程度上说明,在市场化程度较高的地区,国有企业的生产率水平差距也较小。此外,除了华中和西南地区,其他区域内国有和民营部门的 TFP 水平也有一定的同向相关性。

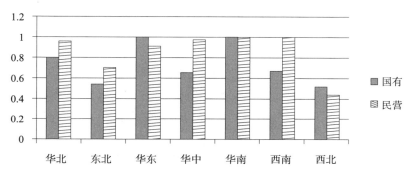

图 2 - 13　2011 年各分地区国有和民营企业相对 TFP 水平

数据来源:课题组计算。

再来考察各地 1999—2011 年间的 TFP 增长状况。图 2 - 14 显示,内资部门,特别是国有部门在各地区都表现了较外资部门更为强劲的生产率增长势头。因此,这些年内外资企业间的生产率差距是在逐步收敛的。但是,同一个图形中也显示,各地区内资部门的生产率增长主要是国有部门的贡献,因为民营部门的 TFP 增长率不仅远低于区内国有部门,而且还往往低于区内外资部门的增长速度。

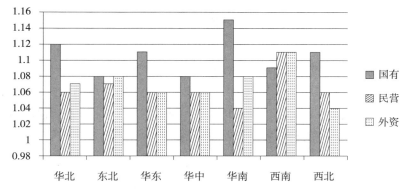

图 2 - 14　1999—2011 年全国各区域各类企业全要素生产率平均变动率

数据来源:课题组计算。

通过对 TFP 增长的分解,我们发现技术边界的外移仍然是推动外资企业和内资企业技术进步的一个主要源泉(见图 2 - 15)。外资企业技术边界外移的速度通常要快于内资企业,这意味着外资企业仍然是我国技术创新的领导力量。华南内资企业和外资企业技术边界的进步速度持平;华东与华北内外资企业技术边界的进步水平也相差无多;表明在这些经济发达地区中,内资企业在新技术的应用方面已经能够跟上外资企业的步伐。

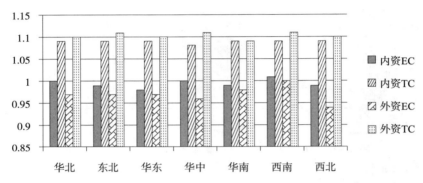

图 2 - 15   1999—2011 年中国各区域内外资企业 TFP 平均增长率分解

数据来源:课题组计算。

第三节   行业层面的技术梯次特征

一、技术性说明

本节我们在要素强可处置和规模收益不变假设下,利用行业层面的国有、民营、内资、外资和总体工业企业 1999—2011 年间的相关指标进行 DEA 分析,从行业层面考察我国技术水平的梯次特征。投入产出变量的选择与上一节一致,即以各行业的实际工业总产出作为产出变量,以各行业的实际中间品投入、实际固定资产净值和劳动力作为投入变量来进行。全部样本数据取自《中国工业经济统计年鉴》各期。各指标的价格调整方法如下:

工业增加值:以不同行业第 t 年的工业品出厂价格定基指数 P_t^n 对各行业 n 的工业名义总产出进行平减得到不同行业的实际总产出 $\overline{Y}_t^n = Y_t^n / P_t^n$。

中间品投入:将工业总产出名义值 Y_t^n 与工业增加值名义值 y_t^n 相减得

到中间投入量的名义值 M_t^n；利用投入产出表相关行业 n 中各类中间品 j 的投入比例 θ_n^j 得到各种中间投入量 $M_t^n\theta_n^j$，以各种要素当年的价格指数对各种中间要素投入量进行平减得到实际的中间投入量，即：

$$\overline{M}_t^n = \sum_{j=1}^{m}(M_t^n\theta_n^j/P_t^j) = M_t^n\sum_{j=1}^{m}(\theta_n^j/P_t^j) \tag{2.2}$$

固定资产净值：对固定资产存量的价格调整采用常用的永续盘存法，首先由各行业 n 在各时期的固定资产年末余值之差（扣除折旧影响）作为当年的新增固定资产投资，即 $\Delta K_t^n = K_t^n - (1-\sigma)K_{t-1}^n$，其中 σ 为每年的固定资产折旧率（实际计算中取 5%）。设第 t 年固定资产投资的价格定基指数为 P_t^K，则第 t 年的固定资产实际存量为：

$$\overline{K}_t^n = (1-\sigma)\overline{K}_{t-1}^n + \Delta K_t^n/P_t^K \tag{2.3}$$

劳动力投入：由于以人数为单位的从业人员数量不涉及价格变动，故而不需对此指标进行价格调整。我们以各行业相应类型企业历年的从业人员总数作为各地区工业部门劳动力投入指标。

二、计算结果分析

就生产率水平而言（详见附表 2 - 9），整体上外资企业更接近技术前沿水平，例如 2011 年在全部制造业范围内，内资部门的平均 TFP 生产率只相当于外资部门平均水平的 88%。这表明对于大多数产业而言，外资企业的进入在总体上提升了行业的技术水平。当然也有部分低技术产业由于限制外资进入（如烟草制品业）或外资企业不具备相应的比较优势（如皮革、毛皮、羽毛制品业和纺织服装、鞋、帽制造业），外资企业的效率水平要低于内资企业。

如果从行业大类的角度来考察，我们也可以比较明显地看出不同类型行业的技术梯次特征。图 2 - 16 显示，内资企业在低技术和中高技术领域更接近于技术前沿水平；在高技术产业当中，外资企业则更接近于行业的技术前沿，并且随着行业技术含量的增加拥有更加明显的技术优势。在高技术产业当中，内资企业的效率则仅相当于外资企业的 88%。这一结果显示了内外资企业所具有的不同优势：内资企业通常在一些劳动密集型的低技术领域具有较强的优势，而外资企业则在资本和技术密集型产业中处于领先地位。应当说，这里数据所反映的情况与我们的经验和直觉是一致的。

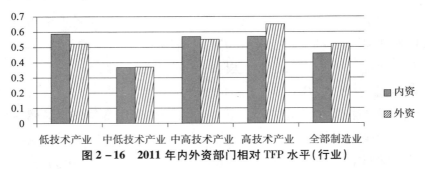

图 2－16　2011 年内外资部门相对 TFP 水平（行业）

数据来源：课题组计算。

　　如果进一步考察内资企业内部的技术分化状况，也可以看出，民营企业在绝大多数的行业中都具有较国有企业更高的生产效率。虽然在个别产业如石油加工、炼焦及核燃料加工业和烟草制造业中民营企业效率十分低下，但这主要是由于该行业存在严重的市场准入障碍，以至于行业内的民营企业无法实现有效的生产规模。

　　另一方面，除了在高技术产业当中民营企业无法达到外资企业的效率水平之外，在其余的绝大多数产业当中，民营企业一般更加接近于行业的技术前沿水平，而在纺织、家具以及文教用品制造等低技术产业领域中，民营企业甚至会具有较外资企业更高的效率水平。其原因在于在这些行业当中，不需要依靠复杂的工艺和先进的技术，其经营绩效主要取决于有效的管理以及对市场需求的适应能力。在管理方面，民营企业完全可以通过对外资企业的模仿和学习来加以实现，同时，对本土市场的熟悉和适应也使得非国有企业往往具有较外资企业更高的优势，由此导致了在低技术产业、中低技术产业和中高技术产业中，民营部门充当技术进步先导的现象。

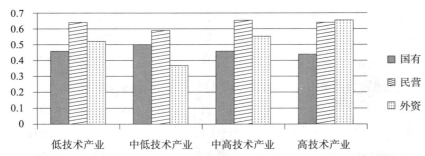

图 2－17　2011 年各类产业国有、民营与外资企业全要素生产率对比

数据来源：课题组计算。

而从总体情况来看,在不同技术类别的产业当中,民营企业也都具有较国有企业更高的效率水平。在中低技术产业当中,民营企业和国有企业的技术水平没有明显差距,并且均要高于同行业的外资企业。在中高技术产业当中,民营企业较外资企业更接近于行业的技术前沿水平,并对国有企业具有明显的优势;而在高技术产业当中,民营企业虽然无法达到外资企业的效率水平,但同外资企业之间的差距也较国有企业更小。在高技术产业当中,民营企业的效率相当于外资企业的98%,而国有企业的效率仅相当于外资企业的68%(但电子信息行业国有和民营企业的生产率格局恰好相反)。

现在转而比较生产率增长速度。1999—2011年间,我国制造业中各行业的TFP水平都实现了较快的增长,而内资企业的生产率进步速度普遍高于同行业的外资企业(见图2－18):就整个制造业而言,1999—2011年内资企业的TFP增长率是外资企业TFP增长率的1.25倍。将制造业进行分类观察,发现双方生产率增长的差异在低技术产业、中低技术产业和高技术产业中表现得尤为明显,而在中高技术产业当中却基本一致,而且在水的生产和供应业、食品制造业、金属制品业以及电力、热力的生产和供应业、化学原料及化学制品制造业和交通运输设备制造业当中,内资企业的技术进步速度还要略低于外资企业。这说明内资部门在传统的劳动密集型产业领域中的技术优势可能在逐渐扩大,而在技术和资本密集型领域当中也实现了一定程度的逼近,但这种追赶效果随着行业技术含量的增加而减弱。

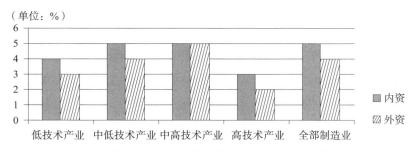

图2－18 1999—2011年各类产业内外资企业TFP平均增长率

数据来源:课题组计算。

从内资部门内部来看,图2－19则显示,除了高技术产业领域,国有企业的 TFP 增长速度都比民营企业的增长速度快许多。在低技术、中低技术和中高技术产业领域,民营企业的 TFP 增长率不仅远低于国有企业,而且也低于外资企业,因此在此期间基本上是国有部门的高增长支撑了整个内资部门的 TFP 增长速度。这说明,虽然在大部分行业民营部门的生产率水平较高,但其增长速度已经放缓,而国有部门与之的差距在逐渐收窄。这也说明,单纯将国有企业进行私有化改革,可能并不能达到促进技术进步的效果,其他相关的制度改革同样是必要的。

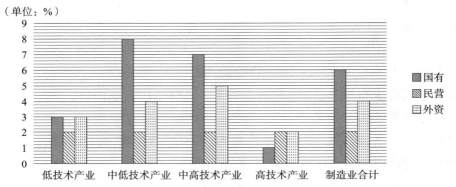

图 2-19 1999—2011 年各类产业不同所有制企业 TFP 平均增长率

数据来源:课题组计算。

附表

附表2-1 内、外资企业相对全要素生产率、劳动生产率和资本贡献率

年份	全要素生产率		劳动生产率		资本贡献率	
	内资	外资	内资	外资	内资	外资
1980	1	1	0.85	0.65	0.44	0.66
1981	0.97	1	0.88	0.81	0.45	0.69
1982	0.96	1	0.87	0.8	0.47	0.67
1983	0.98	1	0.85	0.86	0.47	0.63
1984	1	1	0.77	1	0.43	0.6
1985	1	1	0.72	1	0.4	0.6
1986	1	1	0.73	1	0.41	0.67
1987	1	1	0.61	1	0.41	0.63
1988	1	1	0.57	1	0.4	0.64
1989	0.99	1	0.57	1	0.4	0.6
1990	0.99	1	0.53	1	0.39	0.56
1991	0.99	1	0.52	1	0.38	0.54
1992	1	1	0.54	1	0.35	0.49
1993	1	1	0.41	1	0.51	0.82
1994	1	1	0.42	1	0.51	0.76
1995	0.9	1	0.38	1	0.49	0.79
1996	0.82	1	0.37	1	0.48	0.83
1997	1	1	0.38	1	0.47	0.82
1998	1	1	0.4	1	0.44	0.8
1999	1	1	0.45	1	0.38	0.72
2000	1	1	0.48	1	0.39	0.77
2001	0.98	1	0.52	1	0.28	0.54
2002	1	1	0.57	1	0.39	0.75
2003	1	1	0.62	1	0.42	0.85
2004	1	1	0.74	1	0.48	0.88
2005	1	1	0.77	0.94	0.51	0.85

续表

年份	全要素生产率		劳动生产率		资本贡献率	
	内资	外资	内资	外资	内资	外资
2006	1	1	0.75	0.86	0.5	0.8
2007	1	1	0.73	0.79	0.5	0.75
2008	1	1	0.71	0.72	0.53	0.74
2009	1	1	0.76	0.77	0.52	0.73
2010	1	1	0.73	0.71	0.56	0.76
2011	1	0.96	0.78	0.7	0.56	0.76

数据来源:课题组计算。

附表2-2　内、外资企业全要素生产率变动率

年份	曼奎斯特指数		EC		TC	
	内资	外资	内资	外资	内资	外资
1980	1	1	1	1	1	1
1981	0.98	1.02	0.97	1	1.02	1.02
1982	1.01	0.98	1	1	1.01	0.98
1983	1.02	1.03	1.02	1	1	1.03
1984	1.02	1.15	1.02	1	1	1.15
1985	1	1.1	1	1	1	1.1
1986	1	1.01	1	1	1	1.01
1987	1	1.16	1	1	1	1.16
1988	1	1.09	1	1	1	1.09
1989	0.99	0.96	0.99	1	0.99	0.96
1990	0.99	1.04	1	1	1	1.04
1991	1	1.05	1	1	1	1.05
1992	1	1.09	1.01	1	0.99	1.09
1993	1.07	1.01	1	1	1.07	1.01

续表

年份	曼奎斯特指数		EC		TC	
	内资	外资	内资	外资	内资	外资
1994	0.95	0.96	1	1	0.95	0.96
1995	0.99	0.93	0.9	1	1.09	0.93
1996	1.02	1.02	0.9	1	1.13	1.02
1997	1.02	1.05	1	1	1.02	1.05
1998	1.02	1.08	1	1	1.02	1.08
1999	1.02	1.06	1	1	1.02	1.06
2000	1.01	1.07	1	1	1.01	1.07
2001	1.01	1.04	0.98	1	1.04	1.04
2002	1.02	1.06	1.02	1	1	1.06
2003	1.01	1.09	1	1	1.01	1.09
2004	1	1.03	1	1	1	1.03
2005	1.02	1.04	1	1	1.02	1.04
2006	1.01	1.05	1	1	1.01	1.05
2007	1.02	1.06	1	1	1.02	1.06
2008	1.01	0.99	1	1	1.01	0.99
2009	1.02	1.08	1	1	1.02	1.08
2010	1.03	1.06	1	1	1.03	1.06
2011	1.07	1.06	1	0.96	1.07	1.1
平均变动	1.01	1.04	1.00	1.00	1.01	1.05

数据来源:课题组计算。

附表 2-3 国有、民营企业相对全要素生产率、劳动生产率和资本贡献率

年份	全要素生产率		劳动生产率		资本贡献率	
	国有	民营	国有	民营	国有	民营
1980	1	1	1	0.58	0.37	1
1981	1	1	1	0.65	0.38	1
1982	1	1	1	0.62	0.4	1
1983	1	1	1	0.59	0.4	1

年份	全要素生产率		劳动生产率		资本贡献率	
	国有	民营	国有	民营	国有	民营
1984	1	1	0.89	0.59	0.35	1
1985	1	1	0.8	0.6	0.31	1
1986	1	1	0.8	0.63	0.31	1
1987	1	1	0.65	0.56	0.3	1
1988	1	1	0.58	0.56	0.28	1
1989	0.98	1	0.56	0.57	0.28	1
1990	0.98	1	0.51	0.55	0.27	1
1991	0.98	1	0.5	0.55	0.25	1
1992	1	1	0.48	0.63	0.22	1
1993	1	1	0.44	0.36	0.39	1
1994	1	1	0.44	0.4	0.37	1
1995	0.84	1	0.38	0.38	0.35	1
1996	0.7	1	0.36	0.39	0.33	1
1997	1	1	0.36	0.4	0.32	1
1998	1	1	0.39	0.41	0.31	1
1999	1	1	0.44	0.47	0.29	1
2000	1	1	0.49	0.46	0.3	1
2001	1	1	0.44	0.64	0.17	1
2002	1	1	0.61	0.53	0.27	1
2003	1	1	0.7	0.54	0.29	1
2004	1	1	0.95	0.6	0.32	1
2005	1	1	1	0.63	0.33	1
2006	1	1	1	0.62	0.31	1
2007	1	1	1	0.61	0.3	1
2008	1	1	1	0.6	0.31	1
2009	1	1	1	0.67	0.29	1
2010	1	1	1	0.63	0.32	1
2011	1	1	1	0.69	0.31	1

数据来源：课题组计算。

附表 2－4　国有、民营企业全要素生产率变动率

年份	曼奎斯特		EC		TC	
	国有	民营	国有	民营	国有	民营
1980	1	1	1	1	1	1
1981	0.98	0.97	1	1	0.98	0.97
1982	1.03	0.96	1	1	1.03	0.96
1983	1.04	1.02	1	1	1.04	1.02
1984	1.03	1.12	1	1	1.03	1.12
1985	1.01	1.07	1	1	1.01	1.07
1986	0.99	0.99	1	1	0.99	0.99
1987	1	1.03	1	1	1	1.03
1988	1	1.05	1	1	1	1.05
1989	0.98	0.95	0.98	1	1	0.95
1990	0.99	1	1	1	1	1
1991	0.99	1.03	1	1	1	1.03
1992	1.01	1.12	1.02	1	0.98	1.12
1993	1.08	0.77	1	1	1.08	0.77
1994	0.97	0.96	1	1	0.97	0.96
1995	0.89	0.95	0.84	1	1.06	0.95
1996	0.93	1.03	0.84	1	1.11	1.03
1997	1.23	0.86	1.42	1	0.87	0.86
1998	1.03	1.08	1	1	1.03	1.08
1999	1.02	1.11	1	1	1.02	1.11
2000	1.02	1.04	1	1	1.02	1.04
2001	1.1	1.22	1	1	1.1	1.22
2002	0.96	0.93	1	1	0.96	0.93
2003	1.03	1.05	1	1	1.03	1.05
2004	1.01	1.03	1	1	1.01	1.03
2005	1.06	1.05	1	1	1.06	1.05
2006	1.1	1.06	1	1	1.1	1.06

续表

年份	曼奎斯特		EC		TC	
	国有	民营	国有	民营	国有	民营
2007	1.11	1.08	1	1	1.11	1.08
2008	1.04	0.99	1	1	1.04	0.99
2009	1.03	1.07	1	1	1.03	1.07
2010	1.09	1.03	1	1	1.09	1.03
2011	1.07	1.1	1	1	1.07	1.1
平均	1.02	1.02	1.00	1.00	1.03	1.02

数据来源:课题组计算。

附表 2 - 5 1999—2011 年中国各地区内外资企业相对全要素生产率

	1999		2000		2001		2002		2003		2004		2005	
	内资	外资	内资	外资	内资	外资	内资	外资	内资	外资	内资	外资	内资	外资
华北	**0.55**	**0.82**	**0.54**	**0.98**	**0.54**	**0.85**	**0.55**	**0.9**	**0.56**	**0.85**	**0.63**	**0.91**	**0.69**	**0.96**
北京	0.45	1	0.45	1	0.45	1	0.56	1	0.46	1	0.62	1	0.59	1
天津	0.39	0.68	0.36	0.69	0.41	0.81	0.47	0.99	0.51	0.74	0.61	0.99	0.73	1
河北	0.61	0.59	0.61	0.46	0.57	0.42	0.58	0.47	0.52	0.39	0.55	0.53	0.6	0.59
山西	0.34	0.52	0.32	0.47	0.33	0.49	0.36	0.78	0.35	0.4	0.39	0.3	0.37	0.31
内蒙古	0.3	0.62	0.28	0.41	0.32	0.66	0.38	0.71	0.36	0.71	0.48	1	0.64	0.68
东北	**0.6**	**1**	**0.57**	**0.67**	**0.55**	**0.69**	**0.55**	**0.71**	**0.52**	**0.67**	**0.55**	**0.71**	**0.62**	**0.63**
辽宁	0.41	0.7	0.43	0.61	0.39	0.57	0.4	0.56	0.4	0.48	0.45	0.6	0.55	0.57
吉林	0.36	1	0.39	0.91	0.4	1	0.44	1	0.37	1	0.45	1	0.45	1
黑龙江	0.83	0.64	0.71	0.41	0.64	0.44	0.62	0.47	0.5	0.3	0.52	0.34	0.55	0.33
华东	**0.9**	**1**	**0.87**	**0.98**	**0.88**	**0.99**	**0.89**	**1**	**0.88**	**1**	**0.92**	**0.98**	**0.96**	**0.96**
上海	0.72	1	0.68	1	0.68	1	0.71	1	0.7	1	0.76	1	0.82	1
江苏	0.83	0.81	0.83	0.9	0.86	0.81	0.88	0.9	0.85	0.88	0.9	0.8	0.88	0.87
浙江	0.76	0.6	0.79	0.56	0.77	0.67	0.83	0.78	0.76	0.68	0.69	0.66	0.65	0.56
安徽	0.48	0.57	0.44	0.47	0.48	0.57	0.53	0.65	0.47	0.53	0.56	0.72	0.57	0.74
福建	0.55	0.75	0.5	0.73	0.54	0.66	0.64	0.88	0.52	0.72	0.63	0.8	0.65	0.76
江西	0.32	0.5	0.31	0.32	0.36	0.54	0.42	0.54	0.35	0.47	0.46	0.48	0.48	0.5
山东	0.84	0.69	0.82	0.64	0.84	0.76	0.84	0.8	0.85	0.64	0.93	0.73	1	0.76

续表

	1999		2000		2001		2002		2003		2004		2005	
	内资	外资	内资	外资	内资	外资	内资	外资	内资	外资	内资	外资	内资	外资
华中	**0.66**	**0.8**	**0.63**	**0.77**	**0.64**	**0.66**	**0.62**	**0.67**	**0.55**	**0.56**	**0.58**	**0.64**	**0.64**	**0.68**
河南	0.58	0.7	0.56	0.95	0.55	0.55	0.55	0.53	0.52	0.43	0.53	0.41	0.64	0.46
湖北	0.65	1	0.66	0.84	0.61	0.7	0.63	0.68	0.41	0.57	0.44	0.77	0.47	0.85
湖南	0.43	0.63	0.44	0.58	0.48	0.58	0.52	0.54	0.48	0.38	0.58	0.55	0.61	0.54
华南	**0.74**	**0.94**	**0.76**	**0.95**	**0.71**	**0.94**	**0.73**	**0.95**	**0.73**	**0.97**	**0.69**	**0.89**	**0.75**	**0.97**
广东	0.8	0.94	0.84	0.97	0.79	0.96	0.81	0.95	0.79	0.98	0.72	0.9	0.8	0.99
广西	0.39	0.57	0.33	0.37	0.33	0.4	0.36	0.55	0.3	0.41	0.38	0.5	0.4	0.56
海南	0.43	0.75	0.37	0.37	0.36	0.42	0.41	0.49	0.35	0.39	0.37	0.46	0.45	0.47
西南	**0.58**	**0.66**	**0.57**	**0.67**	**0.59**	**0.61**	**0.63**	**0.58**	**0.59**	**0.46**	**0.65**	**0.59**	**0.67**	**0.6**
重庆	0.33	1	0.33	1	0.39	0.76	0.46	0.59	0.42	0.51	0.51	0.69	0.49	0.67
四川	0.42	0.72	0.43	0.64	0.46	0.64	0.56	0.68	0.48	0.5	0.59	0.6	0.66	0.67
贵州	0.41	0.43	0.33	0.3	0.35	0.4	0.39	0.19	0.33	0.35	0.4	0.3	0.38	0.28
云南	0.8	0.77	0.74	0.59	0.75	0.58	0.81	0.52	0.67	0.38	0.7	0.43	0.67	0.44
西藏	0.36	0.07	0.21	0.06	0.24	0.1	0.25	0.04	0.2	0.02	0.23	1	0.23	0.68
西北	**0.43**	**0.79**	**0.43**	**0.73**	**0.41**	**0.66**	**0.41**	**0.71**	**0.35**	**0.49**	**0.41**	**0.52**	**0.46**	**0.52**
陕西	0.35	1	0.35	1	0.37	1	0.39	0.91	0.34	0.6	0.45	0.71	0.47	0.71
甘肃	0.34	0.48	0.27	0.29	0.34	0.52	0.37	0.54	0.26	0.39	0.3	0.33	0.31	0.24
青海	0.29	0.56	0.27	1	0.41	0.99	0.42	1	0.24	0.44	0.32	0.45	0.4	0.45
宁夏	0.29	0.6	0.27	0.46	0.32	0.62	0.29	0.49	0.22	0.37	0.35	0.27	0.35	0.39
新疆	0.45	0.68	0.53	0.25	0.53	0.39	0.46	0.34	0.34	0.34	0.36	0.33	0.41	0.34

数据来源:课题组计算。

附表2-5(续) 1999—2011年中国各地区内外资企业相对全要素生产率

	2006		2007		2008		2009		2010		2011	
	内资	外资	内资	外资	内资	外资	内资	外资	内资	外资	内资	外资
华北	**0.75**	**0.88**	**0.78**	**0.82**	**0.89**	**0.98**	**0.9**	**0.97**	**0.92**	**0.91**	**0.94**	**0.84**
北京	0.51	0.77	0.51	0.67	0.44	0.68	0.45	0.77	0.47	0.85	0.45	0.7
天津	0.83	1	0.79	1	0.81	1	0.82	0.96	0.81	0.96	0.84	0.92
河北	0.56	0.55	0.54	0.45	0.71	0.63	0.74	0.53	0.72	0.41	0.68	0.39
山西	0.32	0.33	0.32	0.25	0.34	0.25	0.3	0.21	0.33	0.19	0.32	0.19

续表

	2006		2007		2008		2009		2010		2011	
	内资	外资	内资	外资	内资	外资	内资	外资	内资	外资	内资	外资
内蒙古	0.63	0.57	0.74	0.55	0.83	0.82	0.94	0.86	0.92	0.74	0.97	0.86
东北	**0.64**	**0.6**	**0.67**	**0.63**	**0.69**	**0.62**	**0.68**	**0.62**	**0.74**	**0.6**	**0.73**	**0.57**
辽宁	0.54	0.57	0.57	0.5	0.54	0.46	0.56	0.47	0.6	0.45	0.57	0.4
吉林	0.42	1	0.45	1	0.48	1	0.5	1	0.56	1	0.57	1
黑龙江	0.45	0.28	0.39	0.2	0.41	0.35	0.4	0.36	0.4	0.28	0.38	0.26
华东	**0.96**	**0.96**	**0.97**	**0.92**	**0.89**	**0.91**	**0.93**	**0.93**	**0.91**	**0.94**	**0.93**	**0.88**
上海	0.72	0.94	0.72	0.84	0.59	0.86	0.56	0.9	0.58	1	0.57	0.88
江苏	0.92	0.82	0.88	0.78	0.76	0.69	0.85	0.77	0.79	0.69	0.77	0.65
浙江	0.61	0.5	0.59	0.47	0.75	0.59	0.76	0.56	0.75	0.61	0.73	0.56
安徽	0.53	0.62	0.54	0.5	0.55	0.54	0.61	0.63	0.62	0.62	0.64	0.57
福建	0.61	0.76	0.59	0.63	0.67	0.84	0.71	0.8	0.79	0.93	0.81	0.88
江西	0.47	0.48	0.4	0.29	0.45	0.31	0.56	0.4	0.6	0.39	0.55	0.33
山东	0.99	0.74	0.99	0.72	0.85	0.63	0.85	0.61	0.81	0.57	0.82	0.49
华中	**0.7**	**0.57**	**0.83**	**0.63**	**0.89**	**0.69**	**0.88**	**0.62**	**0.9**	**0.63**	**0.91**	**0.57**
河南	0.67	0.43	0.87	0.45	0.87	0.53	0.81	0.52	0.8	0.48	0.75	0.41
湖北	0.41	0.71	0.46	0.66	0.49	0.73	0.55	0.66	0.63	0.73	0.69	0.6
湖南	0.58	0.45	0.57	0.39	0.7	0.39	0.75	0.37	0.74	0.37	0.75	0.4
华南	**0.83**	**0.9**	**0.81**	**0.84**	**0.84**	**0.87**	**0.88**	**0.86**	**0.87**	**0.83**	**0.85**	**0.85**
广东	0.87	0.93	0.83	0.85	0.84	0.85	0.9	0.86	0.87	0.82	0.84	0.85
广西	0.38	0.54	0.35	0.41	0.47	0.63	0.47	0.69	0.47	0.62	0.51	0.52
海南	0.42	1	0.37	0.81	0.34	1	0.36	0.95	0.36	0.95	0.37	0.93
西南	**0.72**	**0.62**	**0.77**	**0.6**	**0.81**	**0.63**	**0.89**	**0.75**	**0.93**	**0.73**	**0.93**	**0.78**
重庆	0.52	0.74	0.43	0.68	0.55	0.71	0.82	0.93	0.9	0.86	0.89	1
四川	0.65	0.65	0.72	0.61	0.69	0.63	0.75	0.66	0.78	0.61	0.76	0.54
贵州	0.37	0.38	0.31	0.25	0.35	0.46	0.32	0.4	0.3	0.3	0.35	0.3
云南	0.61	0.42	0.53	0.33	0.62	0.44	0.62	0.47	0.58	0.43	0.55	0.41
西藏	0.22	0.52	0.2	1	0.29	0.76	0.31	0.79	0.28	0.69	0.35	0.72
西北	**0.43**	**0.47**	**0.47**	**0.38**	**0.55**	**0.45**	**0.54**	**0.46**	**0.56**	**0.38**	**0.55**	**0.37**
陕西	0.44	0.56	0.48	0.47	0.56	0.58	0.55	0.66	0.58	0.58	0.52	0.5
甘肃	0.27	0.34	0.24	0.22	0.3	0.3	0.28	0.28	0.26	0.28	0.29	0.22

续表

	2006		2007		2008		2009		2010		2011	
	内资	外资	内资	外资	内资	外资	内资	外资	内资	外资	内资	外资
青海	0.35	0.38	0.35	0.33	0.37	0.54	0.38	0.45	0.36	0.43	0.44	0.38
宁夏	0.31	0.44	0.29	0.35	0.3	0.39	0.29	0.35	0.26	0.27	0.26	0.26
新疆	0.36	0.21	0.28	0.19	0.3	0.24	0.24	0.24	0.24	0.22	0.23	0.19

数据来源：课题组计算。

附表2-6 1999—2011年中国各地区国有、民营企业相对全要素生产率

	1999		2000		2001		2002		2003		2004		2005	
	国有	民营	国有	民营	国有	民营	国有	民营	国有	民营	国有	民营	国有	民营
华北	0.49	0.84	0.49	0.8	0.47	0.83	0.49	1	0.48	0.79	0.58	0.78	0.66	0.74
北京	0.54	1	0.55	0.68	0.53	1	0.56	0.87	0.52	0.45	0.71	1	0.7	1
天津	0.36	0.57	0.41	0.5	0.42	0.7	0.44	0.97	0.48	1	0.68	0.72	0.91	0.76
河北	0.47	0.82	0.47	0.83	0.42	0.87	0.45	0.93	0.36	0.82	0.38	0.93	0.45	0.84
山西	0.28	0.51	0.25	0.41	0.28	0.49	0.3	0.62	0.26	0.51	0.29	0.58	0.29	0.52
内蒙古	0.3	0.4	0.27	0.43	0.29	0.61	0.33	0.85	0.28	0.59	0.4	0.75	0.59	0.85
东北	0.59	0.43	0.57	0.38	0.57	0.44	0.6	0.44	0.57	0.36	0.62	0.43	0.66	0.55
辽宁	0.36	0.51	0.41	0.39	0.38	0.5	0.42	0.49	0.41	0.4	0.48	0.55	0.56	0.67
吉林	0.37	1	0.39	0.35	0.42	0.21	0.48	0.16	0.46	0.13	0.53	0.17	0.51	0.39
黑龙江	0.85	0.4	0.71	0.39	0.64	0.46	0.63	0.5	0.54	0.32	0.56	0.37	0.62	0.37
华东	0.73	1	0.91	1	1	1	1	1	1	1	1	1	1	1
上海	1	0.24	1	0.29	1	0.32	1	0.39	1	0.28	1	0.33	1	0.34
江苏	0.62	0.91	0.61	0.98	0.6	0.98	0.64	1	0.56	0.94	0.69	0.97	0.68	0.95
浙江	0.57	0.78	0.62	0.84	0.7	0.83	0.86	0.82	0.72	0.73	1	0.72	1	0.66
安徽	0.45	0.47	0.37	0.44	0.43	0.58	0.5	0.53	0.43	0.47	0.49	0.7	0.55	0.74
福建	0.59	0.23	0.55	0.37	0.66	0.44	0.78	0.55	0.62	0.46	0.56	0.86	0.64	0.93
江西	0.3	0.51	0.29	0.47	0.34	0.5	0.4	0.55	0.29	0.5	0.37	0.8	0.38	0.75
山东	0.64	1	0.67	1	0.64	1	0.66	0.98	0.58	1	0.64	1	0.87	1
华中	0.55	0.92	0.53	0.88	0.53	0.82	0.53	0.9	0.44	0.78	0.45	0.83	0.53	0.86
河南	0.46	0.65	0.43	0.64	0.42	0.7	0.46	0.74	0.4	0.75	0.37	0.83	0.95	0.92
湖北	0.51	1	0.52	1	0.51	0.97	0.53	1	0.38	0.79	0.41	0.83	0.49	0.7

续表

	1999		2000		2001		2002		2003		2004		2005	
	国有	民营	国有	民营	国有	民营	国有	民营	国有	民营	国有	民营	国有	民营
湖南	0.39	0.47	0.37	0.46	0.43	0.55	0.45	0.69	0.38	0.6	0.49	0.77	0.54	0.82
华南	**0.74**	**0.99**	**0.8**	**0.97**	**0.72**	**0.95**	**0.76**	**0.92**	**0.79**	**0.9**	**0.74**	**0.9**	**0.84**	**0.94**
广东	1	1	1	1	1	1	1	1	1	1	1	1	0.95	1
广西	0.35	0.58	0.3	0.51	0.29	0.53	0.33	0.48	0.26	0.37	0.34	0.48	0.36	0.58
海南	0.41	0.79	0.31	1	0.31	0.86	0.37	0.75	0.31	0.64	0.4	0.52	0.48	0.66
西南	**0.55**	**0.5**	**0.53**	**0.55**	**0.54**	**0.56**	**0.59**	**0.7**	**0.52**	**0.63**	**0.59**	**0.7**	**0.62**	**0.74**
重庆	0.31	1	0.3	1	0.35	1	0.41	1	0.35	1	0.46	0.74	0.42	0.75
四川	0.36	0.5	0.33	0.5	0.4	0.56	0.47	0.71	0.37	0.61	0.51	0.74	0.52	0.83
贵州	0.38	0.6	0.3	0.52	0.32	0.6	0.36	0.64	0.28	0.58	0.34	0.71	0.36	0.66
云南	0.85	0.38	0.77	0.35	0.78	0.48	0.86	0.47	0.77	0.38	0.84	0.45	0.89	0.43
西藏	0.33	0.64	0.2	0.37	0.19	0.75	0.21	0.53	0.17	0.39	0.2	0.65	0.2	0.59
西北	**0.4**	**0.42**	**0.42**	**0.35**	**0.39**	**0.41**	**0.4**	**0.45**	**0.36**	**0.33**	**0.42**	**0.41**	**0.48**	**0.4**
陕西	0.33	0.37	0.33	0.33	0.35	0.45	0.38	0.41	0.32	0.35	0.43	0.5	0.48	0.47
甘肃	0.31	0.49	0.26	0.32	0.32	0.39	0.33	0.52	0.24	0.31	0.28	0.36	0.29	0.42
青海	0.29	0.34	0.31	0.23	1	0.34	1	0.43	0.36	0.32	0.42	0.3	0.53	0.24
宁夏	0.28	0.37	0.25	0.28	0.3	0.4	0.26	0.44	0.18	0.38	0.3	0.52	0.32	0.49
新疆	0.46	0.36	0.61	0.26	0.65	0.39	0.66	0.39	1	0.22	0.22	0.47	0.48	0.21

数据来源:课题组计算。

附表 2－6(续)　1999—2011 年中国各地区国有、民营企业相对全要素生产率

	2006		2007		2008		2009		2010		2011	
	国有	民营	国有	民营	国有	民营	国有	民营	国有	民营	国有	民营
华北	**0.67**	**0.74**	**0.7**	**0.75**	**0.76**	**0.95**	**0.77**	**0.99**	**0.79**	**0.96**	**0.8**	**0.96**
北京	0.48	0.8	0.57	1	0.53	1	0.55	1	0.58	0.87	0.56	0.53
天津	1	0.86	0.91	0.61	0.92	1	0.9	0.97	0.88	0.87	0.92	0.87
河北	0.37	0.78	0.36	0.62	0.48	0.86	0.47	0.92	0.44	0.88	0.42	0.74
山西	0.27	0.38	0.28	0.26	0.28	0.36	0.25	0.34	0.26	0.37	0.24	0.39
内蒙古	0.5	0.97	0.5	1	0.67	1	0.62	1	0.53	1	0.6	1

续表

	2006		2007		2008		2009		2010		2011	
	国有	民营	国有	民营	国有	民营	国有	民营	国有	民营	国有	民营
东北	**0.62**	**0.56**	**0.64**	**0.51**	**0.64**	**0.59**	**0.56**	**0.66**	**0.59**	**0.74**	**0.54**	**0.7**
辽宁	0.48	0.66	0.49	0.53	0.49	0.57	0.41	0.61	0.41	0.68	0.38	0.61
吉林	0.5	0.39	0.53	0.28	0.57	0.4	0.57	0.45	0.58	0.48	0.58	0.51
黑龙江	0.51	0.34	0.44	0.2	0.43	0.45	0.35	0.58	0.33	0.6	0.31	0.54
华东	**1**	**0.99**	**1**	**0.96**	**1**	**0.9**	**1**	**0.93**	**1**	**0.9**	**1**	**0.91**
上海	0.79	0.59	0.9	1	1	0.39	1	0.37	1	1	1	1
江苏	0.63	1	0.61	0.94	0.57	0.81	0.6	0.92	0.53	0.86	0.53	0.83
浙江	1	0.64	1	0.61	1	0.75	1	0.78	1	0.78	1	0.73
安徽	0.49	0.76	0.48	0.45	0.48	0.67	0.5	0.7	0.47	0.74	0.45	0.8
福建	0.54	0.87	0.52	0.6	0.66	0.77	0.68	0.91	0.74	0.95	0.65	1
江西	0.36	0.76	0.29	0.47	0.34	0.48	0.36	0.7	0.34	0.71	0.3	0.64
山东	0.71	1	0.65	1	0.56	0.89	0.52	0.9	0.51	0.82	0.48	0.82
华中	**0.46**	**0.94**	**0.65**	**1**	**0.68**	**1**	**0.64**	**0.98**	**0.68**	**0.96**	**0.65**	**0.97**
河南	0.33	1	0.53	1	0.47	1	0.4	0.96	0.39	0.92	0.36	0.83
湖北	0.39	0.72	0.45	0.46	0.56	0.6	0.56	0.61	0.6	0.66	0.59	0.81
湖南	0.49	0.79	0.47	0.5	0.51	0.88	0.48	0.85	0.48	0.85	0.45	0.86
华南	**0.93**	**0.96**	**0.93**	**0.97**	**1**	**1**	**1**	**0.98**	**1**	**0.97**	**1**	**1**
广东	1	1	1	1	1	1	1	1	1	1	1	1
广西	0.34	0.59	0.32	0.37	0.44	0.65	0.46	0.61	0.42	0.53	0.45	0.55
海南	0.45	0.61	0.49	0.41	0.43	0.5	0.48	0.58	0.49	0.59	0.42	0.62
西南	**0.61**	**0.75**	**0.64**	**0.76**	**0.66**	**0.86**	**0.72**	**0.94**	**0.74**	**0.99**	**0.67**	**1**
重庆	0.48	0.73	0.48	0.67	0.52	0.9	0.7	1	0.7	1	0.65	1
四川	0.48	0.84	0.48	0.85	0.47	0.84	0.45	0.86	0.45	0.91	0.43	0.9
贵州	0.35	0.56	0.28	0.33	0.3	0.54	0.26	0.51	0.27	0.51	0.26	0.54
云南	0.76	0.48	0.65	0.31	0.72	0.49	0.7	0.54	0.63	0.51	0.6	0.47
西藏	0.18	0.34	0.19	0.33	0.22	0.6	1	0.6	0.23	0.41	1	0.42
西北	**0.44**	**0.39**	**0.47**	**0.25**	**0.53**	**0.41**	**0.5**	**0.52**	**0.51**	**0.5**	**0.52**	**0.44**
陕西	0.47	0.47	0.54	0.24	0.57	0.51	0.52	0.72	0.54	0.66	0.49	0.56

续表

	2006		2007		2008		2009		2010		2011	
	国有	民营	国有	民营	国有	民营	国有	民营	国有	民营	国有	民营
甘肃	0.26	0.38	0.24	0.23	0.31	0.26	0.27	0.32	0.28	0.31	0.35	0.3
青海	0.41	0.33	0.45	0.32	0.44	0.45	0.43	0.94	0.38	0.65	0.46	0.53
宁夏	0.27	0.44	0.28	0.34	0.28	0.47	0.26	0.48	0.27	0.4	0.32	0.32
新疆	0.39	0.22	0.32	0.19	0.32	0.3	0.27	0.31	0.29	0.26	0.27	0.19

数据来源:课题组计算。

附表2-7 1999—2011年各地区内外资企业技术进步率及分解

	平均曼奎斯特指数		平均 EC		平均 TC		平均 PEC		平均 SIC		平均 CNC	
	内资	外资	内资	外资	内资	外资	内资	外资	内资	外资	内资	外资
华北	**1.09**	**1.07**	**1.00**	**0.97**	**1.09**	**1.10**	**1.05**	**1.00**	**0.96**	**0.97**	**1.00**	**1.00**
北京	1.09	1.07	0.98	1.00	1.10	1.13	1.00	0.97	0.98	1.00	1.00	1.00
天津	1.14	1.11	1.04	1.07	1.09	1.15	1.07	1.03	0.97	0.99	1.00	1.00
河北	1.07	1.05	0.98	0.99	1.09	1.10	1.01	0.97	0.97	1.00	1.00	1.00
山西	1.06	1.02	0.98	0.98	1.08	1.09	0.99	0.92	0.99	1.00	1.00	1.00
内蒙古	1.17	1.13	1.06	1.05	1.10	1.11	1.10	1.03	0.96	0.96	1.00	0.99
东北	**1.07**	**1.08**	**0.99**	**0.97**	**1.09**	**1.11**	**1.02**	**0.95**	**0.97**	**0.99**	**1.00**	**1.03**
辽宁	1.09	1.07	1.00	0.99	1.09	1.12	1.03	0.95	0.98	1.00	1.00	1.01
吉林	1.12	1.13	1.03	1.03	1.09	1.09	1.04	1.00	0.99	1.00	1.00	1.00
黑龙江	1.02	1.02	0.94	0.93	1.09	1.09	0.94	0.93	1.00	1.00	1.00	1.00
华东	**1.07**	**1.06**	**0.98**	**0.97**	**1.09**	**1.10**	**1.00**	**0.99**	**0.98**	**0.98**	**1.00**	**1.00**
上海	1.06	1.07	0.97	1.01	1.10	1.14	0.98	0.98	0.99	0.98	1.00	1.00
江苏	1.06	1.04	0.98	0.99	1.08	1.10	0.99	0.98	0.99	0.97	1.00	1.00
浙江	1.06	1.06	0.98	1.04	1.09	1.14	0.99	0.99	0.99	1.00	1.00	1.00
安徽	1.09	1.11	1.00	0.99	1.08	1.10	1.02	1.00	0.98	1.00	1.00	1.00
福建	1.11	1.10	1.02	1.01	1.09	1.14	1.03	1.01	0.98	0.99	1.00	1.00
江西	1.12	1.05	1.03	1.00	1.09	1.08	1.05	0.97	0.99	1.00	1.00	1.00
山东	1.05	1.04	0.97	0.97	1.08	1.10	1.00	0.97	0.97	0.99	1.00	1.00
华中	**1.08**	**1.06**	**1.00**	**0.96**	**1.08**	**1.11**	**1.03**	**0.97**	**0.97**	**0.99**	**1.00**	**1.00**
河南	1.08	1.06	1.00	0.98	1.08	1.08	1.02	0.96	0.98	1.00	1.00	1.00
湖北	1.06	1.06	0.98	1.01	1.08	1.12	1.01	0.96	0.98	1.00	1.00	1.00

续表

	平均曼奎斯特指数		平均 EC		平均 TC		平均 PEC		平均 SIC		平均 CNC	
	内资	外资	内资	外资	内资	外资	内资	外资	内资	外资	内资	外资
湖南	1.11	1.06	1.03	1.00	1.09	1.09	1.04	0.96	0.98	1.00	1.00	1.00
华南	**1.08**	**1.08**	**0.99**	**0.98**	**1.09**	**1.09**	**1.01**	**0.99**	**0.98**	**0.99**	**1.00**	**1.00**
广东	1.08	1.08	0.99	1.01	1.09	1.14	1.00	0.99	0.98	0.99	1.00	1.00
广西	1.10	1.10	1.01	1.02	1.09	1.10	1.02	0.99	0.98	1.00	1.00	1.00
海南	1.08	1.17	0.99	0.99	1.09	1.12	1.01	1.02	1.00	1.00	1.00	1.01
西南	**1.10**	**1.11**	**1.01**	**1.00**	**1.09**	**1.11**	**1.04**	**1.01**	**0.97**	**0.99**	**1.00**	**1.00**
重庆	1.16	1.17	1.07	1.05	1.09	1.09	1.09	1.09	1.00	1.00	1.00	1.04
四川	1.11	1.08	1.02	1.00	1.09	1.09	1.05	0.98	0.97	1.00	1.00	1.00
贵州	1.07	1.04	0.98	0.97	1.09	1.10	0.99	0.97	1.00	1.00	1.00	1.00
云南	1.04	1.07	0.96	0.97	1.09	1.12	0.97	0.95	0.99	1.00	1.00	1.00
西藏	1.11	1.31	0.99	1.00	1.12	1.13	1.00	1.21	1.00	1.00	0.99	1.00
西北	**1.08**	**1.04**	**0.99**	**0.94**	**1.09**	**1.10**	**1.02**	**0.94**	**0.97**	**1.00**	**1.00**	**1.00**
陕西	1.10	1.05	1.01	1.01	1.09	1.10	1.03	0.99	0.94	1.00	1.00	1.00
甘肃	1.07	1.03	0.98	1.01	1.08	1.10	0.99	0.94	1.00	1.00	1.00	1.00
青海	1.18	1.09	1.03	1.03	1.14	1.13	1.04	0.97	1.00	1.00	1.00	1.00
宁夏	1.08	1.00	0.99	1.01	1.09	1.11	0.99	0.93	1.00	1.00	1.00	1.00
新疆	1.08	0.99	0.94	0.95	1.14	1.14	0.94	0.90	1.00	1.00	1.00	1.00

数据来源：课题组计算。

附表 2-8　1999—2011 年各地区国有、民营企业技术进步率及分解

	平均曼奎斯特指数		平均 EC		平均 TC		平均 PEC		平均 SIC		平均 CNC	
	国有	民营	国有	民营	国有	民营	国有	民营	国有	民营	国有	民营
华北	**1.12**	**1.06**	**1.01**	**0.99**	**1.11**	**1.06**	**1.04**	**1.01**	**0.97**	**0.98**	**1.00**	**1.00**
北京	1.13	0.97	1.00	0.95	1.13	1.02	1.00	0.95	0.99	0.53	1.00	1.00
天津	1.23	1.09	1.07	1.04	1.15	1.05	1.08	1.04	0.99	0.87	1.00	1.00
河北	1.09	1.05	0.99	0.98	1.10	1.07	0.99	0.99	0.99	0.74	1.00	1.00
山西	1.06	1.03	0.98	0.98	1.09	1.06	0.99	0.98	0.99	0.39	1.00	1.00
内蒙古	1.17	1.12	1.05	1.06	1.11	1.06	1.06	1.08	0.99	1	1.00	1.00
东北	**1.08**	**1.07**	**0.98**	**1.02**	**1.10**	**1.06**	**0.99**	**1.04**	**0.98**	**0.97**	**1.00**	**1.00**

续表

	平均曼奎斯特指数		平均 EC		平均 TC		平均 PEC		平均 SIC		平均 CNC	
	国有	民营	国有	民营	国有	民营	国有	民营	国有	民营	国有	民营
辽宁	1.12	1.06	0.99	1.00	1.12	1.06	1.00	1.02	0.99	0.61	1.00	1.00
吉林	1.12	1.09	1.03	1.04	1.09	1.05	1.04	0.95	0.99	0.51	1.00	1.11
黑龙江	1.01	1.10	0.93	1.02	1.09	1.07	0.92	1.03	1.01	0.54	1.00	1.00
华东	**1.11**	**1.06**	**0.99**	**0.99**	**1.12**	**1.07**	**1.03**	**0.99**	**0.97**	**1.00**	**1.00**	**1.00**
上海	1.15	1.20	1.01	1.13	1.14	1.07	1.00	1.13	1.01	1	1.01	1.00
江苏	1.09	1.06	0.99	0.99	1.10	1.07	0.99	0.99	1.00	0.83	1.00	1.00
浙江	1.19	1.07	1.04	0.98	1.14	1.08	1.05	0.99	1.00	0.73	1.00	1.00
安徽	1.09	1.10	0.99	1.03	1.10	1.06	1.00	1.05	0.99	0.8	1.00	1.00
福建	1.15	1.15	1.01	1.11	1.14	1.04	1.01	1.13	1.00	1	1.00	1.00
江西	1.09	1.07	1.00	1.01	1.08	1.06	1.00	1.02	1.00	0.64	1.00	1.00
山东	1.06	1.04	0.97	0.97	1.10	1.07	0.98	0.98	0.99	0.82	1.00	1.00
华中	**1.08**	**1.06**	**0.99**	**1.00**	**1.09**	**1.06**	**1.01**	**0.99**	**0.98**	**0.99**	**1.00**	**1.00**
河南	1.06	1.07	0.98	1.00	1.08	1.07	0.98	1.02	1.00	0.83	1.00	1.00
湖北	1.13	1.01	1.01	0.97	1.12	1.05	1.01	0.98	1.00	0.81	1.00	1.00
湖南	1.09	1.11	1.00	1.03	1.09	1.07	1.01	1.05	0.99	0.86	1.00	1.00
华南	**1.15**	**1.04**	**1.01**	**1.00**	**1.14**	**1.04**	**1.03**	**1.00**	**0.98**	**1.00**	**1.00**	**1.00**
广东	1.15	1.02	1.01	1.01	1.14	1.02	1.00	1.00	1.00	1	1.01	1.00
广西	1.13	1.07	1.02	1.00	1.10	1.07	1.02	1.00	1.00	0.55	1.00	1.00
海南	1.12	1.07	0.99	0.98	1.12	1.09	1.00	0.98	1.00	0.62	0.99	1.00
西南	**1.09**	**1.11**	**0.99**	**1.03**	**1.10**	**1.07**	**1.02**	**1.06**	**0.98**	**0.97**	**1.00**	**1.00**
重庆	1.14	1.00	1.05	1.01	1.09	0.99	1.06	1.00	0.99	1	1.00	1.01
四川	1.09	1.10	1.00	1.03	1.09	1.07	1.01	1.05	0.99	0.9	1.00	1.00
贵州	1.06	1.06	0.97	0.99	1.10	1.07	0.97	0.99	1.00	0.54	1.00	1.00
云南	1.09	1.09	0.97	1.02	1.12	1.07	0.97	1.02	1.00	0.47	1.00	1.00
西藏	1.13	1.02	1.00	0.96	1.13	1.06	1.10	0.97	1.00	0.42	0.91	1.00
西北	**1.11**	**1.06**	**1.00**	**1.00**	**1.11**	**1.07**	**1.02**	**1.00**	**0.98**	**0.99**	**1.00**	**1.00**
陕西	1.11	1.11	1.01	1.04	1.10	1.07	1.03	1.04	0.98	1.00	1.00	1.00
甘肃	1.11	1.02	1.01	0.96	1.10	1.06	1.01	0.96	1.00	1.00	1.00	1.00

续表

	平均曼奎斯特指数		平均 EC		平均 TC		平均 PEC		平均 SIC		平均 CNC	
	国有	民营	国有	民营	国有	民营	国有	民营	国有	民营	国有	民营
青海	1.17	1.11	1.03	1.04	1.13	1.07	1.04	1.04	1.00	1.00	0.99	1.00
宁夏	1.12	1.07	1.01	0.99	1.11	1.08	1.01	0.99	1.00	1.00	0.99	1.00
新疆	1.09	1.02	0.95	0.95	1.14	1.08	0.96	0.95	1.00	1.00	1.00	1.00

数据来源：课题组计算。

附表 2－9　1999—2011 年中国各行业内、外资全要素生产率对比

行业	1999		2000		2001		2002		2003		2004		2005	
	内资	外资	内资	外资	内资	外资	内资	外资	内资	外资	内资	外资	内资	外资
低技术产业	**0.68**	**0.71**	**0.68**	**0.72**	**0.66**	**0.69**	**0.63**	**0.64**	**0.62**	**0.64**	**0.61**	**0.61**	**0.63**	**0.62**
农副食品加工业	0.76	0.83	0.79	0.81	0.78	0.82	0.78	0.84	0.8	0.83	0.82	0.88	0.87	0.91
食品制造业	0.69	0.63	0.68	0.70	0.67	0.67	0.63	0.64	0.63	0.64	0.59	0.56	0.64	0.65
饮料制造业	0.67	0.57	0.65	0.56	0.61	0.53	0.5	0.52	0.46	0.49	0.46	0.53	0.5
烟草制造业	0.99	0.72	0.99	0.92	1	0.77	1	0.83	1	0.64	0.99	0.7	1	0.58
纺织业	0.65	0.66	0.66	0.68	0.64	0.65	0.61	0.59	0.6	0.59	0.62	0.58	0.63	0.58
纺织服装、鞋、帽制造业	0.89	0.92	0.89	0.91	0.87	0.87	0.85	0.85	0.85	0.88	0.84	0.88	0.85	0.79
皮革、毛皮、羽毛（绒）及其制品业	0.88	0.94	0.91	0.93	0.91	0.91	0.94	0.89	0.97	0.89	0.97	0.9	0.98	0.84
木材加工及木、竹、藤、棕、草制品业	0.67	0.61	0.68	0.61	0.66	0.56	0.63	0.49	0.62	0.52	0.62	0.55	0.67	0.56
家具制造业	0.80	0.80	0.78	0.81	0.78	0.80	0.76	0.74	0.73	0.74	0.77	0.8	0.77	0.76
造纸及纸制品业	0.60	0.51	0.58	0.49	0.56	0.47	0.52	0.46	0.5	0.4	0.49	0.37	0.5	0.37
印刷业和记录媒介的复制	0.59	0.63	0.56	0.62	0.54	0.61	0.5	0.53	0.49	0.47	0.48	0.48	0.44	0.46
文教体育用品制造业	0.89	0.86	0.88	0.82	0.84	0.81	0.83	0.75	0.87	0.77	0.84	0.75	0.82	0.71
水的生产和供应业	0.64	0.51	0.59	0.67	0.58	0.63	0.53	0.53	0.41	0.44	0.44	0.56	0.5	0.49
中低技术产业	**0.51**	**0.5**	**0.49**	**0.52**	**0.49**	**0.5**	**0.47**	**0.47**	**0.41**	**0.43**	**0.41**	**0.41**	**0.42**	**0.46**
石油加工、炼焦及核燃料加工业	0.62	0.92	0.77	1	0.76	1	0.79	1	0.85	1	0.92	0.99	0.92	1

续表

行业	1999		2000		2001		2002		2003		2004		2005	
	内资	外资	内资	外资	内资	外资	内资	外资	内资	外资	内资	外资	内资	外资
橡胶制品业	0.69	0.61	0.69	0.61	0.66	0.54	0.64	0.52	0.67	0.54	0.68	0.51	0.67	0.49
塑料制品业	0.73	0.66	0.75	0.69	0.71	0.65	0.7	0.59	0.69	0.58	0.67	0.55	0.71	0.56
非金属矿物制品业	0.55	0.49	0.52	0.49	0.5	0.49	0.47	0.46	0.48	0.4	0.46	0.39	0.47	0.39
黑色金属冶炼及压延加工业	0.48	0.67	0.48	0.65	0.49	0.66	0.45	0.65	0.51	0.75	0.61	0.91	0.6	0.84
有色金属冶炼及压延加工业	0.56	0.66	0.61	0.68	0.58	0.69	0.52	0.56	0.55	0.64	0.63	0.65	0.65	0.71
金属制品业	0.81	0.72	0.81	0.76	0.81	0.68	0.79	0.68	0.8	0.71	0.8	0.75	0.82	0.77
电力、热力的生产和供应业	0.77	1	0.68	1	0.72	0.95	0.68	0.94	0.56	0.87	0.39	0.83	0.43	0.77
燃气生产和供应业	0.49	1	0.43	1	0.46	0.74	0.44	0.83	0.38	0.68	0.38	0.48	0.39	0.47
中高技术产业	**0.62**	**0.7**	**0.65**	**0.74**	**0.63**	**0.73**	**0.61**	**0.72**	**0.62**	**0.77**	**0.66**	**0.66**	**0.68**	**0.71**
化学原料及化学制品制造业	0.52	0.65	0.54	0.74	0.87	0.72	0.46	0.68	0.48	0.7	0.53	0.73	0.56	0.61
化学纤维制造业	0.46	0.68	0.51	0.71	0.81	0.51	0.43	0.51	0.49	0.52	0.49	0.49	0.52	0.53
通用设备制造业	0.67	0.66	0.66	0.69	0.88	0.69	0.66	0.66	0.7	0.7	0.75	0.76	0.78	0.73
专用设备制造业	0.67	0.77	0.67	0.82	0.86	0.83	0.64	0.86	0.62	0.82	0.67	0.75	0.67	0.71
交通运输设备制造业	0.66	0.80	0.68	0.77	0.8	0.82	0.69	0.86	0.69	1	0.68	0.93	0.66	0.8
电气机械及器材制造业	0.82	0.78	0.85	0.84	1	0.79	0.84	0.78	0.86	0.8	0.91	0.85	0.94	0.86
高技术产业	**0.77**	**0.98**	**0.8**	**0.99**	**0.75**	**0.98**	**0.71**	**0.97**	**0.72**	**0.97**	**0.65**	**0.65**	**0.64**	**0.97**
医药制造业	0.74	0.79	0.75	0.83	0.81	0.78	0.63	0.66	0.59	0.64	0.52	0.59	0.52	0.57
通信设备、计算机及其他电子设备制造业	0.82	0	0.86	1	1	1	0.82	1	0.86	1	0.79	1	0.76	1
仪器仪表及文化、办公用机械制造业	0.66	0.94	0.69	0.98	0.91	1	0.59	1	0.63	0.96	0.67	0.97	0.67	1
制造业合计	**0.56**	**0.69**	**0.57**	**0.72**	**0.54**	**0.69**	**0.5**	**0.66**	**0.49**	**0.68**	**0.51**	**0.69**	**0.68**	**0.53**

数据来源:课题组计算。

附表 2 - 9(续)　1995—2011 年中国各行业内、外资全要素生产率对比

行业	2006		2007		2008		2009		2010		2011	
	内资	外资	内资	外资	内资	外资	内资	外资	内资	外资	内资	外资
低技术产业	**0.51**	**0.49**	**0.36**	**0.35**	**0.42**	**0.39**	**0.53**	**0.48**	**0.64**	**0.56**	**0.59**	**0.52**
农副食品加工业	0.56	0.55	0.38	0.46	0.5	0.63	0.6	0.6	0.81	0.8	0.7	0.66
食品制造业	0.51	0.51	0.36	0.35	0.41	0.41	0.53	0.51	0.64	0.59	0.58	0.56
饮料制造业	0.48	0.47	0.38	0.38	0.42	0.39	0.5	0.43	0.57	0.43	0.56	0.44
烟草制造业	1	0.53	0.99	0.44	0.99	0.37	0.99	0.44	0.99	0.44	1	0.38
纺织业	0.49	0.46	0.34	0.33	0.39	0.37	0.5	0.45	0.63	0.53	0.56	0.5
纺织服装、鞋、帽制造业	0.59	0.59	0.36	0.37	0.44	0.44	0.65	0.62	0.89	0.8	0.72	0.68
皮革、毛皮、羽毛(绒)及其制品业	0.63	0.59	0.36	0.36	0.46	0.44	0.69	0.65	1	0.91	0.76	0.74
木材加工及木、竹、藤、棕、草制品业	0.53	0.46	0.36	0.34	0.42	0.38	0.59	0.48	0.73	0.58	0.66	0.54
家具制造业	0.53	0.53	0.35	0.34	0.43	0.4	0.61	0.53	0.81	0.68	0.67	0.58
造纸及纸制品业	0.44	0.35	0.34	0.31	0.37	0.3	0.43	0.31	0.49	0.31	0.45	0.3
印刷业和记录媒介的复制	0.41	0.43	0.35	0.35	0.37	0.37	0.42	0.4	0.47	0.39	0.47	0.42
文教体育用品制造业	0.57	0.54	0.35	0.34	0.42	0.41	0.62	0.53	0.79	0.73	0.67	0.6
水的生产和供应业	0.46	0.43	0.41	0.43	0.32	0.4	0.41	0.4	0.43	0.43	0.32	0.39
中低技术产业	**0.38**	**0.4**	**0.36**	**0.35**	**0.36**	**0.37**	**0.34**	**0.35**	**0.36**	**0.37**	**0.37**	**0.37**
石油加工、炼焦及核燃料加工业	0.85	0.99	0.8	1	0.87	0.96	0.83	0.96	0.83	0.98	0.85	1
橡胶制品业	0.5	0.42	0.35	0.32	0.4	0.35	0.52	0.38	0.64	0.42	0.56	0.41
塑料制品业	0.52	0.46	0.34	0.34	0.41	0.38	0.56	0.45	0.72	0.54	0.62	0.5
非金属矿物制品业	0.44	0.38	0.35	0.33	0.39	0.33	0.45	0.33	0.49	0.33	0.47	0.33
黑色金属冶炼及压延加工业	0.48	0.73	0.48	0.75	0.54	0.77	0.47	0.74	0.47	0.68	0.49	0.69
有色金属冶炼及压延加工业	0.61	0.73	0.56	0.68	0.57	0.62	0.54	0.56	0.63	0.58	0.59	0.59
金属制品业	0.56	0.52	0.35	0.34	0.42	0.4	0.59	0.48	0.77	0.6	0.63	0.56
电力、热力的生产和供应业	0.44	0.71	0.45	0.67	0.45	0.67	0.44	0.68	0.47	0.67	0.48	0.69

续表

行业	2006		2007		2008		2009		2010		2011	
	内资	外资	内资	外资	内资	外资	内资	外资	内资	外资	内资	外资
燃气生产和供应业	0.36	0.42	0.33	0.43	0.33	0.47	0.35	0.46	0.4	0.47	0.43	0.42
中高技术产业	**0.5**	**0.5**	**0.34**	**0.41**	**0.40**	**0.46**	**0.53**	**0.5**	**0.64**	**0.63**	**0.57**	**0.55**
化学原料及化学制品制造业	0.45	0.58	0.34	0.56	0.4	0.54	0.44	0.52	0.49	0.52	0.48	0.54
化学纤维制造业	0.44	0.54	0.42	0.53	0.42	0.49	0.41	0.47	0.52	0.51	0.49	0.48
通用设备制造业	0.55	0.51	0.35	0.35	0.42	0.42	0.58	0.49	0.69	0.6	0.63	0.54
专用设备制造业	0.52	0.53	0.35	0.35	0.41	0.41	0.55	0.51	0.62	0.62	0.59	0.58
交通运输设备制造业	0.49	0.63	0.33	0.56	0.39	0.56	0.52	0.65	0.67	0.79	0.56	0.61
电气机械及器材制造业	0.58	0.56	0.37	0.34	0.48	0.41	0.64	0.57	0.89	0.76	0.7	0.63
高技术产业	**0.52**	**0.56**	**0.36**	**0.41**	**0.42**	**0.48**	**0.52**	**0.56**	**0.64**	**0.68**	**0.57**	**0.65**
医药制造业	0.46	0.49	0.37	0.39	0.4	0.43	0.47	0.51	0.54	0.58	0.55	0.54
通信设备、计算机及其他电子设备制造业	0.55	0.59	0.36	0.43	0.42	0.5	0.54	0.57	0.73	0.68	0.59	0.66
仪器仪表及文化、办公用机械制造业	0.55	0.58	0.37	0.34	0.43	0.42	0.56	0.6	0.65	0.85	0.61	0.7
制造业合计	**0.44**	**0.49**	**0.34**	**0.33**	**0.37**	**0.39**	**0.42**	**0.47**	**0.47**	**0.56**	**0.46**	**0.52**

数据来源:课题组计算。

附表 2-10 1999—2011 年中国各行业国有、民营全要素生产率对比

行业	1999		2000		2001		2002		2003		2004		2005	
	国有	民营	国有	民营	国有	民营	国有	民营	国有	民营	国有	民营	国有	民营
低技术产业	**0.57**	**0.86**	**0.56**	**0.86**	**0.54**	**0.66**	**0.53**	**0.79**	**0.46**	**0.76**	**0.48**	**0.74**	**0.51**	**0.76**
农副食品加工业	0.77	0.99	0.64	0.99	0.61	0.94	0.57	0.93	0.59	0.9	0.57	0.9	0.64	0.93
食品制造业	0.67	0.87	0.59	0.8	0.58	0.76	0.52	0.73	0.47	0.73	0.4	0.66	0.49	0.7
饮料制造业	0.62	0.81	0.6	0.78	0.56	0.77	0.53	0.7	0.45	0.66	0.47	0.6	0.47	0.63
烟草制造业	0.99	0.65	1	0.56	1	0.79	1	0.65	1	0.65	1	0.61	1	0.87
纺织业	0.65	0.77	0.54	0.78	0.5	0.74	0.44	0.71	0.41	0.68	0.37	0.68	0.38	0.68
纺织服装、鞋、帽制造业	0.9	0.94	0.65	0.94	0.64	0.9	0.55	0.89	0.58	0.88	0.57	0.86	0.52	0.87
皮革、毛皮、羽毛(绒)及其制品业	0.91	0.98	0.53	0.98	0.67	0.97	0.46	1	0.58	1	0.42	1	0.47	1

续表

行业	1999		2000		2001		2002		2003		2004		2005	
	国有	民营	国有	民营	国有	民营	国有	民营	国有	民营	国有	民营	国有	民营
木材加工及木、竹、藤、棕、草制品业	0.65	0.98	0.45	0.96	0.47	0.92	0.44	0.87	0.35	0.83	0.36	0.78	0.38	0.82
家具制造业	0.8	0.87	0.51	0.84	0.47	0.83	0.43	0.81	0.42	0.78	0.7	0.78	0.7	0.77
造纸及纸制品业	0.57	0.82	0.47	0.86	0.47	0.79	0.45	0.74	0.38	0.71	0.36	0.68	0.38	0.69
印刷业和记录媒介的复制	0.6	0.8	0.53	0.76	0.52	0.72	0.5	0.66	0.43	0.62	0.43	0.54	0.45	0.54
文教体育用品制造业	0.87	1	0.59	0.96	0.61	0.91	0.51	0.91	0.5	0.95	0.5	0.9	0.4	0.88
水的生产和供应业	0.64	0.6	0.6	0.53	0.58	0.56	0.53	0.55	0.41	0.45	0.45	0.37	0.51	0.45
中低技术产业	**0.53**	**0.84**	**0.5**	**0.82**	**0.51**	**0.49**	**0.49**	**0.75**	**0.43**	**0.75**	**0.4**	**0.75**	**0.45**	**0.75**
石油加工、炼焦及核燃料加工业	0.63	0.96	0.81	0.87	0.81	0.45	0.91	0.71	1	0.95	1	0.78	1	0.67
橡胶制品业	0.66	0.99	0.55	0.98	0.5	1	0.5	0.87	0.52	0.84	0.42	0.9	0.48	0.8
塑料制品业	0.7	0.87	0.49	0.87	0.46	0.82	0.45	0.82	0.37	0.81	0.38	0.77	0.37	0.79
非金属矿物制品业	0.52	0.74	0.48	0.68	0.46	0.64	0.44	0.61	0.37	0.6	0.37	0.56	0.39	0.55
黑色金属冶炼及压延加工业	0.48	0.92	0.49	0.98	0.48	0.97	0.46	0.88	0.42	0.86	0.49	0.91	0.47	0.9
有色金属冶炼及压延加工业	0.57	0.91	0.5	0.96	0.48	0.89	0.44	0.91	0.4	0.9	0.44	0.94	0.45	0.93
金属制品业	0.77	0.91	0.56	0.91	0.55	0.9	0.49	0.89	0.5	0.89	0.5	0.88	0.54	0.89
电力、热力的生产和供应业	0.76	0.12	0.7	0.18	0.73	0.24	0.7	0.26	0.58	0.01	0.42	0.24	0.46	0.49
燃气生产和供应业	0.48	0.6	0.43	1	0.46	0.65	0.43	0.44	0.38	0.68	0.38	0.47	0.37	0.7
中高技术产业	**0.52**	**0.94**	**0.53**	**0.93**	**0.51**	**0.63**	**0.48**	**0.87**	**0.51**	**0.87**	**0.53**	**0.86**	**0.52**	**0.88**
化学原料及化学制品制造业	0.54	0.93	0.45	0.9	0.45	0.87	0.43	0.85	0.38	0.82	0.37	0.81	0.38	0.85
化学纤维制造业	0.48	1	0.47	1	0.44	0.81	0.43	0.76	0.36	0.74	0.33	0.76	0.34	0.69
通用设备制造业	0.66	0.92	0.52	0.89	0.51	0.88	0.51	0.87	0.56	0.84	0.61	0.86	0.66	0.86
专用设备制造业	0.68	0.94	0.51	0.93	0.49	0.86	0.48	0.87	0.48	0.85	0.5	0.87	0.51	0.85
交通运输设备制造业	0.67	0.89	0.64	0.68	0.65	0.8	0.66	1	0.71	0.88	0.7	0.65	0.63	1

续表

行业	1999		2000		2001		2002		2003		2004		2005	
	国有	民营	国有	民营	国有	民营	国有	民营	国有	民营	国有	民营	国有	民营
电气机械及器材制造业	0.8	0.98	0.63	1	0.59	1	0.55	1	0.55	1	0.66	1	0.74	1
高技术产业	**0.79**	**0.89**	**0.82**	**0.89**	**0.77**	**0.69**	**0.73**	**0.88**	**0.73**	**0.71**	**0.68**	**0.63**	**0.61**	**0.67**
医药制造业	0.74	0.88	0.7	0.86	0.64	0.81	0.56	0.73	0.53	0.65	0.44	0.57	0.43	0.59
通信设备、计算机及其他电子设备制造业	0.93	1	0.91	1	0.88	1	0.8	1	0.88	1	0.84	1	0.74	1
仪器仪表及文化、办公用机械制造业	0.77	0.95	0.54	0.99	0.47	0.91	0.44	0.85	0.45	0.82	0.5	0.85	0.49	0.81
制造业合计	**0.51**	**0.88**	**0.49**	**0.87**	**0.5**	**0.83**	**0.48**	**0.77**	**0.42**	**0.78**	**0.38**	**0.77**	**0.38**	**0.78**

数据来源：课题组计算。

附表 2–10 续　1999—2012 年中国各行业国有、民营全要素生产率对比

行业	2006		2007		2008		2009		2010		2011	
	国有	民营	国有	民营	国有	民营	国有	民营	国有	民营	国有	民营
低技术产业	**0.5**	**0.54**	**0.46**	**0.35**	**0.45**	**0.42**	**0.48**	**0.57**	**0.47**	**0.73**	**0.46**	**0.64**
农副食品加工业	0.45	0.58	0.36	0.38	0.43	0.5	0.47	0.62	0.61	0.83	0.6	0.71
食品制造业	0.44	0.53	0.35	0.36	0.37	0.42	0.4	0.55	0.4	0.69	0.4	0.61
饮料制造业	0.44	0.52	0.4	0.37	0.41	0.42	0.41	0.54	0.41	0.64	0.46	0.6
烟草制造业	1	0.6	1	0.32	1	0.42	1	0.45	1	0.47	1	0.59
纺织业	0.35	0.51	0.31	0.34	0.3	0.4	0.31	0.52	0.31	0.66	0.3	0.58
纺织服装、鞋、帽制造业	0.47	0.59	0.37	0.36	0.4	0.44	0.52	0.66	0.63	0.9	0.58	0.73
皮革、毛皮、羽毛（绒）及其制品业	0.52	0.63	0.36	0.36	0.46	0.46	0.46	0.69	0.53	1	0.49	0.76
木材加工及木、竹、藤、棕、草制品业	0.37	0.57	0.32	0.36	0.32	0.43	0.32	0.6	0.32	0.76	0.34	0.68
家具制造业	0.5	0.53	0.32	0.35	0.45	0.43	0.58	0.61	0.85	0.81	0.57	0.67
造纸及纸制品业	0.36	0.5	0.31	0.34	0.3	0.4	0.31	0.5	0.31	0.61	0.3	0.53
印刷业和记录媒介的复制	0.43	0.46	0.38	0.34	0.37	0.39	0.38	0.47	0.38	0.54	0.37	0.53
文教体育用品制造业	0.41	0.58	0.34	0.35	0.36	0.43	0.41	0.63	0.45	0.81	0.41	0.68
水的生产和供应业	0.48	0.41	0.42	0.38	0.31	0.34	0.41	0.38	0.42	0.38	0.31	0.46

续表

行业	2006		2007		2008		2009		2010		2011	
	国有	民营	国有	民营	国有	民营	国有	民营	国有	民营	国有	民营
中低技术产业	**0.47**	**0.53**	**0.48**	**0.35**	**0.5**	**0.43**	**0.46**	**0.54**	**0.5**	**0.64**	**0.5**	**0.59**
石油加工、炼焦及核燃料加工业	1	0.51	1	0.41	1	0.52	1	0.56	1	0.53	1	0.55
橡胶制品业	0.41	0.54	0.32	0.35	0.34	0.42	0.39	0.57	0.47	0.7	0.48	0.58
塑料制品业	0.35	0.54	0.33	0.34	0.34	0.42	0.37	0.58	0.39	0.75	0.34	0.64
非金属矿物制品业	0.37	0.48	0.33	0.36	0.31	0.41	0.33	0.49	0.33	0.56	0.32	0.53
黑色金属冶炼及压延加工业	0.45	0.58	0.47	0.54	0.54	0.69	0.44	0.66	0.47	0.7	0.46	0.62
有色金属冶炼及压延加工业	0.49	0.73	0.5	0.61	0.5	0.66	0.36	0.69	0.42	0.83	0.45	0.7
金属制品业	0.46	0.58	0.33	0.35	0.39	0.43	0.45	0.61	0.53	0.8	0.48	0.65
电力、热力的生产和供应业	0.46	0.38	0.47	0.76	0.48	1	0.47	1	0.5	0.69	0.51	1
燃气生产和供应业	0.34	1	0.32	1	0.32	1	0.32	1	0.36	1	0.37	1
中高技术产业	**0.43**	**0.58**	**0.37**	**0.35**	**0.4**	**0.43**	**0.43**	**0.6**	**0.5**	**0.75**	**0.46**	**0.65**
化学原料及化学制品制造业	0.34	0.59	0.32	0.35	0.32	0.46	0.3	0.57	0.32	0.7	0.33	0.61
化学纤维制造业	0.33	0.58	0.29	0.51	0.28	0.51	0.28	0.51	0.28	0.63	0.28	0.55
通用设备制造业	0.51	0.58	0.34	0.38	0.39	0.44	0.5	0.6	0.56	0.73	0.49	0.67
专用设备制造业	0.44	0.58	0.33	0.36	0.37	0.4	0.46	0.6	0.53	0.77	0.48	0.65
交通运输设备制造业	0.5	0.65	0.47	0.32	0.51	0.45	0.5	0.6	0.71	0.6	0.56	0.58
电气机械及器材制造业	0.52	0.6	0.41	0.36	0.5	0.48	0.56	0.66	0.72	0.93	0.62	0.71
高技术产业	**0.45**	**0.56**	**0.35**	**0.37**	**0.39**	**0.43**	**0.42**	**0.57**	**0.47**	**0.71**	**0.44**	**0.64**
医药制造业	6	0.49	0.35	0.37	0.35	0.42	0.36	0.5	0.37	0.6	0.4	0.59
通信设备、计算机及其他电子设备制造业	0.48	0.62	0.34	0.38	0.43	0.45	0.43	0.64	0.52	0.94	0.45	0.7
仪器仪表及文化、办公用机械制造业	0.46	0.6	0.36	0.37	0.4	0.45	0.44	0.6	0.44	0.73	0.51	0.64
制造业合计	**0.36**	**0.55**	**0.37**	**0.35**	**0.39**	**0.42**	**0.37**	**0.57**	**0.4**	**0.71**	**0.39**	**0.63**

数据来源:课题组计算。

附表2-11 1999—2011年中国各行业内、外资企业全要素生产率平均进步率及分解

行业	平均曼奎斯特指数		平均EC		平均TC	
	内资	外资	内资	外资	内资	外资
低技术产业	**1.04**	**1.03**	**0.99**	**0.97**	**1.05**	**1.05**
农副食品加工业	1.06	1.05	0.99	0.98	1.06	1.07

续表

行业	平均曼奎斯特指数		平均 EC		平均 TC	
	内资	外资	内资	外资	内资	外资
食品制造业	1.04	1.05	0.99	0.99	1.05	1.06
饮料制造业	1.04	1.05	0.98	0.98	1.06	1.07
烟草制造业	1.07	0.99	1.00	0.95	1.07	1.05
纺织业	1.04	1.04	0.99	0.98	1.05	1.06
纺织服装、鞋、帽制造业	1.02	1.02	0.98	0.97	1.04	1.04
皮革、毛皮、羽毛（绒）及其制品业	1.02	1.02	0.99	0.98	1.04	1.04
木材加工及木、竹、藤、棕、草制品业	1.05	1.05	1.00	0.99	1.05	1.06
家具制造业	1.02	1.02	0.98	0.97	1.04	1.05
造纸及纸制品业	1.04	1.01	0.98	0.96	1.06	1.05
印刷业和记录媒介的复制	1.04	1.03	0.98	0.97	1.06	1.06
文教体育用品制造业	1.02	1.02	0.98	0.97	1.04	1.05
水的生产和供应业	1.01	1.03	0.94	0.98	1.07	1.05
中低技术产业	**1.05**	**1.04**	**0.97**	**0.98**	**1.08**	**1.07**
石油加工、炼焦及核燃料加工业	1.12	1.07	1.03	1.01	1.09	1.06
橡胶制品业	1.04	1.03	0.98	0.97	1.06	1.06
塑料制品业	1.04	1.03	0.99	0.98	1.05	1.06
非金属矿物制品业	1.04	1.01	0.99	0.97	1.06	1.05
黑色金属冶炼及压延加工业	1.09	1.09	1.00	1.00	1.09	1.09
有色金属冶炼及压延加工业	1.10	1.09	1.00	0.99	1.09	1.10
金属制品业	1.02	1.04	0.98	0.98	1.05	1.06
电力、热力的生产和供应业	1.04	1.06	0.96	0.97	1.09	1.10
燃气生产和供应业	1.06	1.01	0.99	0.93	1.07	1.09
中高技术产业	**1.05**	**1.05**	**0.99**	**0.98**	**1.06**	**1.07**
化学原料及化学制品制造业	1.06	1.08	0.99	0.98	1.07	1.09
化学纤维制造业	1.08	1.07	1.01	0.97	1.08	1.10
通用设备制造业	1.05	1.05	1.00	0.98	1.06	1.06
专用设备制造业	1.04	1.03	0.99	0.98	1.05	1.05
交通运输设备制造业	1.04	1.07	0.99	0.98	1.06	1.09
电气机械及器材制造业	1.04	1.03	0.99	0.98	1.05	1.05

续表

行业	平均曼奎斯特指数		平均 EC		平均 TC	
	内资	外资	内资	外资	内资	外资
高技术产业	**1.03**	**1.02**	**0.97**	**0.97**	**1.05**	**1.05**
医药制造业	1.03	1.03	0.97	0.97	1.05	1.06
通信设备、计算机及其他电子设备制造业	1.02	1.02	0.97	0.97	1.05	1.06
仪器仪表及文化、办公用机械制造业	1.05	1.02	0.99	0.98	1.06	1.05
制造业合计	**1.05**	**1.04**	**0.98**	**0.98**	**1.07**	**1.06**

数据来源:课题组计算。

附表 2 - 12 1999—2011 年中国各行业国有、民营企业全要素生产率平均进步率及分解

行业	平均曼奎斯特指数		平均 EC		平均 TC	
	国有	民营	国有	民营	国有	民营
低技术产业	**1.03**	**1.02**	**0.98**	**0.98**	**1.05**	**1.05**
农副食品加工业	1.07	1.03	0.99	0.97	1.07	1.06
食品制造业	1.03	1.02	0.97	0.97	1.06	1.05
饮料制造业	1.03	1.03	0.97	0.97	1.06	1.05
烟草制造业	1.08	1.09	1.00	0.99	1.08	1.10
纺织业	1.01	1.03	0.95	0.98	1.06	1.05
纺织服装、鞋、帽制造业	1.04	1.02	0.98	0.98	1.05	1.04
皮革、毛皮、羽毛(绒)及其制品业	1.04	1.02	0.99	0.98	1.05	1.04
木材加工及木、竹、藤、棕、草制品业	1.02	1.01	0.97	0.97	1.04	1.04
家具制造业	1.08	1.02	1.00	0.98	1.07	1.04
造纸及纸制品业	1.01	1.01	0.96	0.97	1.05	1.05
印刷业和记录媒介的复制	1.01	1.02	0.96	0.97	1.05	1.05
文教体育用品制造业	1.02	1.01	0.97	0.97	1.06	1.04
水的生产和供应业	1.01	1.02	0.94	0.98	1.07	1.04
中低技术产业	**1.08**	**1.02**	**1.00**	**0.97**	**1.08**	**1.06**
石油加工、炼焦及核燃料加工业	1.13	1.02	1.04	0.95	1.09	1.07
橡胶制品业	1.06	0.99	0.99	0.95	1.07	1.04
塑料制品业	1.03	1.02	0.97	0.98	1.06	1.05
非金属矿物制品业	1.01	1.03	0.96	0.97	1.05	1.05

续表

行业	平均曼奎斯特指数		平均 EC		平均 TC	
	国有	民营	国有	民营	国有	民营
黑色金属冶炼及压延加工业	1.07	1.04	0.99	0.97	1.08	1.08
有色金属冶炼及压延加工业	1.08	1.06	1.00	0.98	1.08	1.08
金属制品业	1.04	1.01	0.98	0.97	1.06	1.05
电力、热力的生产和供应业	1.05	1.25	0.96	1.20	1.09	1.05
燃气生产和供应业	1.04	1.51	0.98	1.04	1.06	1.44
中高技术产业	**1.07**	**1.02**	**0.99**	**0.97**	**1.08**	**1.05**
化学原料及化学制品制造业	1.04	1.03	0.97	0.97	1.07	1.06
化学纤维制造业	1.00	0.98	0.95	0.95	1.04	1.03
通用设备制造业	1.07	1.02	0.99	0.97	1.07	1.05
专用设备制造业	1.05	1.02	0.99	0.97	1.06	1.05
交通运输设备制造业	1.08	1.03	0.99	0.97	1.09	1.07
电气机械及器材制造业	1.07	1.02	1.00	0.98	1.07	1.05
高技术产业	**1.01**	**1.02**	**0.95**	**0.97**	**1.06**	**1.05**
医药制造业	1.01	1.01	0.95	0.97	1.06	1.05
通信设备、计算机及其他电子设备制造业	1.00	0.87	0.94	0.97	1.06	0.89
仪器仪表及文化、办公用机械制造业	1.06	1.01	1.00	0.97	1.06	1.04
制造业合计	**1.06**	**1.02**	**0.98**	**0.97**	**1.08**	**1.05**

数据来源:课题组计算。

第三章　转型经济中的 FDI 技术
扩散：理论分析

前两章的数据揭示，与我国本地企业相比较，外国跨国公司等外商投资企业的生产率水平较高，表明其较先进的生产技术和管理水平；同时，内资企业在近十年来生产率增长明显加速，并逐渐拉近了与外商投资企业间的距离。那么在这个过程中，跨国公司对我国内资企业的技术进步和生产率提升起到了什么作用？也就是说，跨国公司及其对我国的直接投资是否产生了对本地企业有益的技术溢出效应？

关于跨国公司和国际直接投资的技术溢出效应，西方学者的理论分析已写进教科书并被奉为信条。尽管也不乏针对转型经济体的经验实证分析，而且也得到了与成熟市场中截然不同的分析结论，但学者们似乎只满足于以诸如"技术差异"和"人力资本积累"等可能影响技术溢出效应的潜在因素来对此进行解释。至于东道国经济制度的影响——尽管看起来那么直接和明显——人们却一直视而不见。外商来华直接投资三十多年的历史，一直伴随着中国国内经济制度的改革，而且也是我国改革开放战略的一部分。这期间，国内远不完善但却一直动态变化的制度不仅直接决定了 FDI 的进入速度和进入领域，同时也对 FDI 潜在的技术溢出产生了特定的约束。

这种制度的约束会影响 FDI 技术溢出的机制、方向及大小。本章将在理论上探讨我国不完善的经济体制对 FDI 技术溢出机制的影响：传统的溢出效应在这种特殊的制度环境中是否具有条件？是否存在其他与成熟市场中不同的独特的传导机制？

第一节　来华直接投资的技术含量：
　　　　为什么总低于预期？

在一般的层面上，FDI可能由两条路径影响东道国产业技术水平。其一是直接路径，由于外商直接投资企业的生产技术和管理技术相对于东道国当地技术的差异，FDI对其所在行业技术水平的直接推动；其二是技术溢出：由于FDI的存在，引起东道国当地企业和产业生产效率变化和生产可能性边界的移动。这一节我们先考虑直接效应，分析外商直接投资企业带来的技术水平。

外商对华直接投资的技术选择，一方面受其母公司现有的技术存量约束，另一方面又取决于我国的市场制度和环境。根据垄断优势理论，企业只有在拥有相对于东道国当地企业一定的竞争优势前提下才会到那里进行直接投资（Hymer，1976）；而从内部化理论看来，对外直接投资企业的竞争优势更多地源于其较为先进的生产技术或管理诀窍等无形资产（Buckly和Casson，1976）。因此，许多理论文献断言，来华投资的外国企业会自然而然地带来先进的生产技术或管理技术，并进而产生溢出效应。但是，在中国由计划经济向市场经济转型的过程中，套用前述的西方理论需要十分小心。实际上，我们认为在华直接投资企业的总体质量低于预期，技术含量相对较低，许多FDI项目根本不具备产生技术溢出效应的基本条件，而这种现象在改革开放前半期最为显著。其原因需要分几个方面进行分析。

一、"超国民待遇"降低了外商的进入门槛

第一，为了吸引外资，我国一直对外商投资企业实行各种国内企业无法享受的优惠：除了企业所得税税率和税前扣除等优惠，还有土地、贷款、用汇等优惠与便利；除了国家层面上的统一优惠法规，地方政府明里暗里给予外商的利益输送更是花样百出，优惠幅度也十分巨大。例如，长三角地区有些地方把外企实际需要上缴的所得税先在地方财政上"入库"，然后再取出来，按约定比例以"企业发展奖励基金"的名义返还给企业；一些

地方通过类似的"税收返还"办法，以"零地价"或者"土地买一送一"来招商；有的地方财政不但补贴土地差价，还补贴各种规费[1]。在"超国民待遇"政策框架下，外商无须任何技术或管理上的优势，便能坐享制度租金，并不必然发生教科书上伴随 FDI 一起流入的先进技术。相反，在这种政策环境中极有可能发生相当数量技术落后的 FDI 或"假 FDI"[2]。

二、传统体制因素约束了国内企业发展空间

长期以来，体制因素限制了国内企业的发展空间，外商投资企业无须任何技术优势便可在国内市场立足发展。就个体私人企业和乡镇企业等民营企业而言，黄亚生（2005）明确指出，它们位于"政治性次序"的最底层，民营企业在市场准入、税收和融资安排等方面都受到了明显的歧视。经济资源的分配脱离经济因素，屈从于企业的政治地位，这种扭曲的制度下民营企业是最大的牺牲者。民营企业面对的制度歧视包括：对私有财产的法律保护不够；行业准入方面还存在许多限制，一方面金融保险等外资可以进入的领域仍然不同程度地限制民营企业，另一方面允许进入的领域也存在门槛过高、审批手续过于复杂的问题；此外，非公经济在土地制度、人才引进、信息获得、户籍管理等方面还存在不公平的待遇。但是，民营企业所受的歧视不仅仅在于这些存在于文件中的正式条款，更严重的是还存在于各级政府及不少公众的观念中。譬如，"在国企改革中，不少地方政府认为把产权转让给其他国企是'改制不彻底'，转让给民营企业要承担经营风险之外的政治风险"[3]。此外，流传于各种媒体和坊间的民营资本"原罪说"等都是国内制度对民营企业的歧视。毫无疑问，在这种制度性的歧视下中国民营企业的经营环境极其艰难：不用比较技术，它与备受制度和政策青睐的外商企业竞争必然落败。

再说国有企业。按说，国有企业长期以来受制度的保护，应具备较高的市场竞争力，从而维持一个较高的 FDI 技术门槛。但是，即便是国家长

---

[1]车晓蕙、陈钢：《招商引资"让利竞赛"谁得益》，《人民日报海外版》2003 年 11 月 17 日第 2 版。
[2]对国内资本先投资海外、再回流中国的"假 FDI"，虽然其存在性早已不是秘密，但其规模大小并无统计，其估计也极其困难。最高的估计来自世界银行（World Bank, 1996），称 1992 年中国的"假 FDI"占 FDI 流入总量的 25%。
[3]国家发改委宏观院《深化中央企业改革》课题组：《国企改革出现新情况和新问题》，《中国改革报》2007 年 8 月 2 日。

期以来对其大量投资,而且其所有者(各级政府)在市场中同时还兼任"裁判"角色,国有企业整体竞争力低下、绝大部分国企陷于亏损却是不争的事实。细究之下不难发现它们基本上都源自资源的垄断(如石油、天然气和银行业等),其经营领域长时间对民营资本和外国资本进行了严格的限制。

因此可以说,因体制性的缺陷和束缚,以及包括国有和民营企业在内的国内企业市场竞争力低下,我国没有筹码逼迫拥有先进技术的外国跨国公司带来更高的技术,也没有力量将那些根本没有任何技术含量的外国资本拒之门外①。

三、不完全市场制度扭曲了新技术的价值

在转型经济过程中,由于市场制度不健全,竞争机制不完善,技术的重要性远不如成熟市场中那样高。在我国,行政划分形成的人为市场割据以及部分生产资料的政府垄断在相当程度上制约了竞争机制的发挥,官员腐败和寻租行为普遍,人脉关系构成了企业获得利润的重要因素。在这样的制度环境中,一方面竞争不充分使得先进技术的预期收益大打折扣,另一方面其他决定利润的非经济因素又进一步扭曲了企业的激励。因此,即使跨国公司母公司拥有先进的生产技术和管理技能,也未必会转移至中国②。

四、严重的非对称信息导致广泛的逆向选择现象

对于提高产品质量的生产技术而言,要获取最大商业利润,市场信息和有公信力的质量评测机构等因素非常重要。在经济转型过程中,市场内信息传导机制不畅,同时市场也缺乏有效率的监管,消费者难以了解有关产品品质的信息。在这样的信息不对称环境下,相当一部分外商极有可能会选择转移其先进程度较低的生产技术到中国投入生产,一方面因为严重

---

① 当然,并不能就此断言所有外资企业的技术水平都低,而是说外国投资者在中国不仅不存在一般情况下会碰到的额外障碍,反而还具有国内本地企业所不具有的一些先天性制度优势。因此,它们无须额外的技术优势来弥补根本不存在的"外来者"差距。由于进入门槛被人为压低,因此一些在正常情况下无法进入的外国企业进行了投资,它们是压低整个外资企业平均技术水平的最大因素。

② 有人可能会争论说,外商对于国内商业环境较为生疏,这反而会迫使它转移更先进的技术来克服本地企业在非经济因素上的优势——有可能如此,但外商企业涉足商业贿赂的案例也十分普遍(见邹德萍和铁金伟,2006),让我们对外商是否真的在非经济因素上处于劣势产生怀疑。

的逆向选择效应降低了先进技术的市场收益,而且越先进的技术受影响越大;另一方面一些企业会利用"外商"的信号效应取巧——消费者倾向于认为外商企业的技术自然很高,其产品品质有保证,因此 FDI 企业无须先进技术便能获得市场的认知。当然,这些理由并不足以完全否定外资企业技术的先进性,但它们足以让我们怀疑在国内市场体制完善之前,引进的外资质量可能并不如想象中那样乐观。

黄亚生(2005)关于中国 FDI 类型的经验实证分析对上述理论分析提供了直接的证据。他基于详尽数据进行的国际比较无可辩驳地证明,中国吸引的外商直接投资与进入其他东道国的 FDI 存在诸多的不同,在此值得转述其中两点:第一,在中国大陆投资的外商企业规模非常小。而且,这一结论并不仅限于来自港、澳、台的投资,对于其他母国的在中国大陆投资企业也同样适合。比如,"在 1995 年时,来自中国的香港、台湾和澳门的投资者所承诺的单位 FDI 项目的外国资本的平均价值分别是 240 万美元、120 万美元和 210 万美元。来自日本、韩国、泰国、加拿大和美国的投资者的相同度量值分别是 260 万美元、150 万美元、210 万美元、180 万美元和 220 万美元"(黄亚生,2005)。外商企业规模较小,虽不能直接推断其转移的技术缺乏先进性,但至少说明其技术缺乏规模经济特征。第二,中国的 FDI 行业分布非常广,出现在几乎所有行业;与此相反,其他东道国内 FDI 倾向于集中在少数行业,譬如"在墨西哥和巴西有 80% 的外国子公司处于 4 个企业集中度均超过 50% 的行业中"(黄亚生,2005)。此外,不仅是资本密集型、寡头竞争性行业这些公认为传统 FDI 具有较大优势的领域,在劳动密集型行业和完全竞争性行业也存在大量的外商投资企业。这只能说明,FDI 大量进入中国的原因,可能并不在于特殊行业属性赋予外国跨国公司的垄断优势(如技术优势和资本优势),也不完全在于中国低廉的劳动力成本和经济高增长伴随的市场成长预期[1],而一定有某种体制性因素在起作用,因为它对经济体内所有行业都在起作用。

---

[1]因为要素价格和市场扩张潜力同样会吸引国内资本,因此这些因素虽然会吸引更多的 FDI,但不会引起 FDI 相对于国内投资比重的急剧增长(参见[美]黄亚生:《改革时期的外国直接投资》,钱勇、王润亮译,新星出版社 2005 年版,第 45 页)。

第二节　制度约束下技术的"标准"溢出渠道

鉴于我国经济制度的特殊性,FDI技术传播和溢出的渠道也很可能与西方主流学者的标准论述有很大不同。一方面,某些理论上的溢出渠道可能受不成熟的市场体制遏制或弱化;另一方面,由于经济制度的动态变迁及其与FDI的互动关系,也可能产生一些在静态制度环境内完全不存在的全新溢出途径。

一、市场视角:错误的市场信号

根据理论分析和实际经验,西方学者将FDI在东道国产生技术溢出效应的主要渠道归纳为四种:

1.模仿——示范

由于东道国企业和跨国公司子公司之间存在技术差距,本土企业通过学习、模仿其行为可以提高自身的技术水平。此外,外资企业在产品选择、销售策略及管理理念等非物化的技术上也会对本土企业产生示范作用从而逐步提高自身的技术水平(Kokko,1992;Das,1987)。

2.技术人员流动

跨国公司大多拥有较为完善的员工培训体系,以满足其对高素质员工的要求。而这些资源是很难完全控制的,这些高素质的人才可能进入本土企业或自己创办新的企业,由此促进本土企业技术水平的提高(Haacker,1999)。

3.竞争

外企的进入会抢占本属于本土企业的市场,所以,本土企业为保持其市场地位,继续生存下去,必定会尽力提升自身的技术水平,比如通过提高自身资源的利用效率,加快技术更新的速度等。也有理论分析表明,在理想的情况下,最初的溢出效应促进了当地企业的技术进步,并缩小了二者之间的技术差距,跨国公司为维护其在竞争中的技术比较优势势必进行新的技术开发或从母国引进更先进的技术,导致了一轮又一轮的溢出(Wang

和 Blomström，1992）。

4. 关联

主要发生在产业之间，跨国公司在东道国的子公司可能与当地供应商等上游企业发生后向联系，与销售商等下游企业发生前向联系。一旦建立了这种联系，跨国公司子公司便可能向当地上游供货商提出较高的产品技术标准，以适应自己较高水准的生产和经营体系，或直接向其提供技术支持以帮助其改善产品质量，产生后向关联溢出；另外，有证据表明，跨国公司向本地下游企业提供了高质量的中间投入产品，带动后者产品或生产工艺技术的改善，甚或向本地销售商输送营销等方面的知识或无形资产，从而产生前向关联效应（Aitken 和 Harrison，1991）。

但是，这些溢出渠道发生作用的重要前提之一，是东道国具备基本的市场制度，即主要由市场机制配置经济资源。这是因为只有在市场能较为合理地为新知识和新技术定价，使用新技术能为企业带来足够的期望利润的情况下，本地企业才会有激励进行技术模仿和吸收，或在竞争加剧的情况下加强自身研发的力度。同时，也只有在市场体制下，人力资本得到合理的回报，企业乃至社会的技术活动才会具有效率。但是，在我国改革开放的绝大部分时间内，国内并不具备有效的市场和制度环境；在这种环境中，一方面，新技术严重贬值，造成企业进行技术改造和更新的激励不足，另一方面，企业和个人技术活动的效率十分低下。因此，FDI 技术溢出机制受到强有力的制约。

良好的知识和技术溢出环境首先需要市场向经济中的个体发出正确的价格信号，激发个体的学习和创造力，并将资源聚集至技术活动中来。但是由于我国缺乏市场体制的历史和传统，而体制改革不可能一蹴而就，技术在不完善的市场内能实现的价值过低，在错误的价格信号下经济资源难以向知识学习和技术创新方向聚集，经济中的知识和技术扩散机制受到阻遏。

首先，不同时期都存在程度不同的一些不合理的计划体制残余，它们常常会贬低技术创新的市场价值，因而企业缺乏更新自身技术的积极性，即使存在低成本的技术学习机会也无法转化成实在的技术积累。江小涓（1999）便描述了产品市场引入竞争但投入要素市场仍实行计划管制情况下的企业面临的矛盾:"第一,产品质量好、市场需求量大的企业,由于受到投入品配额的限制,扩大生产受影响;第二,产品质量差、效益差的企业,可以通过暗中有偿转让投入品实物或指标,维持生存,而以有偿方式得到投入品的企业,由于成本增加,竞争优势被减弱;第三,由于企业现有生产能力是计划分配投入品的主要基数,为了得到更多的计划内投入品,一些原本准备关闭的企业或生产线被保留下来"。在这样的经营环境中,"产品质量好、市场需求量大的企业"显然具有较为先进的生产或管理技术,但却根本无法建立本应属于它的竞争优势;相反,企业经营不善,也可以安全生存下去。

其次,市场制度不健全扭曲了新技术价值,抑制了国内企业的学习冲动和创新动机。无论是行政划分形成的市场割据,还是政府及国有部门对部分生产资料和市场的垄断,都侵蚀了先进技术可能带来的合理回报;尤其,普遍的腐败和寻租行为更进一步动摇了正常的商业伦理。在这样的制度环境中,一方面,竞争不充分使得先进技术的预期收益大打折扣,另一方面,技术学习和创新活动的机会成本被推高[1],难以产生技术革新冲动。

再次,无效率甚至违背经济规律的要素配置规则抑制了整个经济的创造性,FDI 的示范、竞争等技术溢出渠道难以起作用。有效的金融体系能够发现潜在的企业家,能够将民间储蓄迅速聚集并转移至最能提高效率的经济活动上,能分散创新者面临的风险,并发现技术创新的真正价值(Levine 和 King,1993)。相反,在不发达甚至扭曲的金融市场上,企业家才能被埋没,富有市场前景的创新机会得不到资金支持,巨大的创新风险主要由创新者承担,创新源泉枯竭。

最后,羸弱的专利保护制度表面上看纵容了模仿者,会增强示范—模仿效应,实际上却降低了企业自主研发的价值,增加了研发风险,不利于企业吸收能力的积累和长期的技术发展。

技术和知识贬值最为明显的表现就是知识分子的收入低,而这一点对经济系统创造力的影响也最为深远。知识分子不仅绝对收入水平低,而且与其他职业相比较,相对收入也不高。技术创新需要掌握知识的人,但在

---

[1]员工技术培训、设立研发项目等都需要大量资金,这些资金若用于建立人脉关系也许会有更高和更确定的利润保证。

经济转型过程中,市场价格信号不是鼓励人去学习知识和应用知识,而是鼓励大家追逐权势,追逐"关系",寻租现象普遍。虽说在 20 世纪 90 年代之后情况有了很大的变化,人的知识和才能得到了市场的认可,但经济中行政性力量等干扰因素仍还广泛存在,人力资本价值扭曲的现象仍不少见。在知识不受尊重、得不到应得回报的环境中,很难想象会产生技术学习冲动和创新激情。

二、国有企业视角

总体上,FDI 很难对国有企业产生正向技术溢出效应。原因在于:

第一,不少国有企业凭借行政性保护和资源垄断,其所受的市场冲击已在相当程度上被抵消。行政性垄断的一个明显例证,是少数行业中国有企业的高利润率。据统计,国有企业和国有控股企业从 1998 年到 2012 年实现利润从 214 亿元提高到 15176 亿元,14 年的时间增长了近 70 倍,这在全世界是绝无仅有的。

然而,众所周知的是,通信、能源、电力和交通等类型国有企业是通过行政垄断价格在民众中取得收益的,这种利润来源于高度集中的垄断。国有资本不仅在电信、电力、矿业、铁路和城市供水等自然垄断领域享有不可动摇的地位,还在更为广泛的"支柱产业"受到公开的政策庇护。刘小玄(2003)指出,在酒类、化工原料、化学药品、部分化纤、机械、专用设备和机械、各类机车和汽车、轮船、医药、金属冶炼等行业,国家依靠规模审批障碍、融资筹资障碍和对市场范围的行政划分,为这些行业内的国有企业建立了有效的保护,使其在很大程度上回避了实际的和潜在的竞争,并享受垄断利润[1]。事实上,除了上述的"支柱产业",国有企业对资本等生产资源的垄断在整个经济中所有行业都容易找到其影子。其最明显的表现,就是我国中央集权的银行体系传统上一直是以支持国有企业为主要目标,而且不计成本。在这种体制下,"当国有企业(SOEs)的财务状况持续恶化的时候,SOEs 的固定资产投资的快速增长就发生了。……SOEs 的固定资产投资是由银行贷款来提供融资的"(黄亚生,2005)。"在高通货膨胀的年

---

[1]刘小玄:《中国转轨过程中的产权和市场——关于市场、产权、行为和绩效的分析》,上海三联书店 2003 年做,第 107—112 页。

份里,真实贷款利率通常是负的,这是对国家所有的贷款接收方的补贴。譬如,在 1989 年和 1993 年时,生产者商品的价格分别上升了 19% 和 24%,但是,运营资本贷款利率却分别保持在 11.3% 和 11.0%。……实际上,许多贷款更像是赠款"(黄亚生,2005)。由于具有低价甚至免费获取生产资料的垄断地位,即便是其经营领域面临外资企业的竞争,许多国有企业还能保持规模的不断扩张。因此,政府对一些国有企业的行政保护实际上已阻断了 FDI 竞争效应和示范效应的发挥机制。

第二,即使国有企业面临的竞争真的升级了,软预算约束条件下也很难产生技术创新的激励,这不仅是因为这些企业在相当长的时期内缺乏完整的经营自主权,而且管理者的激励结构也存在不同程度的扭曲。由于产权关系不明晰,以及国有产权的监督负责机制不完善,在外部竞争压缩了企业利润空间甚至威胁到企业生存的时候,软预算约束常常成为许多国有企业处理危机时依赖的机制,因为国有产权的收益可以赖账不还或者无限期地拖延下去。在这里,软预算问题的严重性还不在于它导致国有产权收益的损失,而是它产生了错误的激励,使得企业不是从提高技术和管理水平去寻找生存发展之道,而是习惯性地以简单的方法攫取制度租金,并成为一种风气。正如刘小玄(2003)所述,"对于国有企业来说,虽然它们各自具有不同的效率,但是,那些效率低下、成本高且为负利润的企业往往能够得到更多的所有者权益的让步,而效率较高、成本较低且正利润的企业则较少得到各种优惠。这实际上是鼓励了成本高、效率低的企业,使得那些成本较低的企业试图通过各种方法来得到这种优惠"。

同时,国有企业缺乏完整的自主经营权更进一步影响了企业主动升级技术的动力。在面临竞争压力的时候,企业经营者常常认定企业必须进行的技术升级等任务是上级主管部门的事,或至少要由后者埋单。遗憾的是,在经济转轨过程中,国企经营者这种明显带有计划经济烙印的预期是理性和现实的——政府常常不会让他们失望。譬如,"在 1982 年时,中国国务院起草了《关于对现有企业有重点、有步骤地进行技术改造的决定》。在这个文件和其他一系列相关文件中,国务院刻画了通过引进国外资本和技术实现技术跳跃的目标。在这个计划下,550 个关键企业和研究所被确定为需要国家重点资助的关键部门和实体。电子业和机械制造业,这是两个充斥着 SOEs 的行业,在政府的技术计划中给予了优先权"(黄亚生,2005)。由于旧体制下国有企业的经营激励严重扭曲,竞争效应和技术模仿效应都难以发挥。

第三,由于政企不能完全分离,国有企业经营者并不是经市场淘汰和筛选机制后涌现的企业家或具有管理专才的人员,而是由行政安排,这种体制在很大程度上阻碍了企业的学习和技术创造力。经营管理者缺乏从企业内部挖掘技术进步潜力的激励。原因在于技术活动不仅时间较长——可能超过经营者的任期,而且失败的概率高,对经营者的政治前途不利。在跨国公司涌入国内并激化了市场竞争的情况下,国有企业经营者往往也趋向于在外部企业市场,如通过国际许可证安排或者进口机器设备等手段,来"升级"企业技术。这种选择最大的好处是,预期见效快,风险较小,而且很多情况下不用企业埋单。

第四,国有企业僵化的人事制度和分配制度不仅强有力地阻碍了高水平的技术和管理人员流入,反而会在外资的冲击下导致严重的人才流失,因此所谓的"人员流动效应"几乎可以肯定是负面的。[1] 中国社会调查事务所对北京、上海、武汉、重庆和广州五市 500 家大中型国有企业进行问卷调查,有效的 327 份答卷表明,这些企业的科技人才流失的情况不容乐观,尤其是中青年科技骨干的流失情况非常严重,而流失的人才去向中相当部分去了外资企业。该次调查显示,被调查企业共引入各类科技人才 7813 人,流出各类科技人才为 5521 人,流出引入比达到 0.71。人才流失最严重的一家企业的流出引入比高达 1.79,即每引进一名科技人才,该企业就要流出 1.79 名人才(周双萍、武文奇,2006)。这次调查结果还显示,几乎所有的国企都认为人才流失对企业的生产和发展造成了严重的负面影响:有六成以上的企业因为人才的流失导致原来的生产和科研开发不能按计划实施,有七成左右的企业认为人才流失导致的技术流失和商业秘密泄露造成的危害尤其明显,还有五成的企业表示人才流失已严重影响了本企业培

---

[1]有研究表明,FDI 在中国产生的行业内溢出效应不佳的主要原因在于,外资企业吸引了大批本地企业最优秀的技术人才,而这种人才"逆向"流动的原因主要是外资企业能提供更高的薪资:一个技术人员从中国企业跳槽到外资企业,就有望获得较他之前高50%—1000% 的薪水。参见 Zhou D. , Li S. and Tse D. K. , "The Impact of FDI on the Productivity of Domestic Firms: The Case of China", *International Business Review*, Vol. 11, 2002, pp.465 – 484。

养人才的积极性。赛迪顾问 2008 年的调查结果显示,我国外资、民营企业中的高级技术人员和管理人员,70% 都来自国有企业,据在对京、沪两市478 家资产规模在 5000 万元以上的企业中高层管理人员的调查,已有 59.8% 的国有企业潜藏着人力资源危机,35.1% 的国企甚至认为人才流失的情况对其企业产生了较严重的影响。

外资冲击下国有经济技术力量受损不仅体现在所有国有企业的零散性(虽然数量不一定小)人才流失,更体现在外资并购国有企业时国有经济中技术资源(科技人员、国有企业的进口设备等物化技术)的系统性流失,包括被并购企业原来拥有的知识信息、高新技术人才、产品品牌和研发基础设施等等。外资并购目标常常是行业内的龙头或骨干企业,其中不乏国家在各主要工业行业培养的重点企业,代表了我国制造业的前沿水平,是我国工业和科技自主发展、追赶国际先进水平的基础。另外,各级政府在推进企业改革进程时又奉行所谓的"靓女先嫁"策略,许多行业原来的龙头或骨干企业纷纷落入外资之手,企业原有的技术积累和创新基础随之流失。

三、民营企业视角

与大多数国有企业相比,民营企业具有经营机制方面的优越性,民营企业家对企业具有自然的责任感,也具有较强的技术创新激励。当今世界上各行业顶尖的跨国公司,基本上全部是公众公司或私营企业。而在高技术产业领域,则更是清一色的非国有企业在纵横驰骋。但在我国,在民营企业与跨国公司之间,后者的技术溢出渠道也不通畅。个中原因,主要在于其恶劣的制度环境。如果说国有企业是因为政府不当的过度保护而缺乏技术学习和创新动机以及能力,那么以私人企业为代表的民营企业则是因制度歧视和打压,无力进行正常的生产经营和技术发展。

根据黄亚生(2005)的研究,改革时期的中国经济具有三个突出的制度特征:第一,经济资源和商业机会是根据企业的所有制属性而不是经济效率进行分配的,其次序从高到低排列分别是国有企业、集体企业和私人企业;第二,私有产权缺乏恰当的保护,私人企业不具有完整的政治合法性;第三,经济条块分割,要素市场和资本市场在不同的地区整体性很差。

在中国,民营企业特别是私人企业长期受到系统性的歧视。这种歧视首先体现在法律上:一项对 20 世纪 80 年代私人企业的研究[①]指出:"在许多地方,私人企业的财产和商标,甚至是私人投资者的民事权利,都得不到法律的有效保护。经常发生侵犯权利的现象。因为侵犯者通常是政府部门、司法部门或有关系的企业,大多数私人企业家只能保持沉默"。这种现象的根本原因,黄亚生认为是私人企业根本不具备健全的制度地位。"在 1988 年之前,私人企业的产权没有得到宪法的认可。1982 年的《宪法》第 11 条仅承认个体企业的财产权,个体企业的定义是自我雇佣的企业。对私营企业界所有权的沉默是源于意识形态的考虑——即对这类企业的剥削的恐惧。在 1988 年时,对第 11 条进行了修正,包括一款,允许私人企业并许诺保护它们的'合法的权利和利益'。然而,整个修正条款保留了国家执行'对经济中的私人部门进行引导、监督和控制'的权力。这个修正案同时仔细地将私人部门从属于'社会主义公有经济的补充'……直至 1999 年 3 月,中国宪法才承认私人部门是中国经济的一个组成部分,并对私人企业赋予了与其他企业一样平等的地位。私人经济现在才是中国经济的一个组成部分,而不再是中国经济的一个补充"(黄亚生,2005)。

在法律地位低下、产权得不到有效保护的情况下,民营企业面临巨大的制度风险。这种风险严重缩短了企业期望生命周期,迫使其采取短期利益的行为。全国工商联 2005 年的调研结果表明,我国民营企业平均寿命为2.9年。其中,寿命不足五年的占60%,寿命十年以上的仅为15%[②]。与此相比较,美、日等18个国家的企业平均寿命为98年[③]。国家工商总局于 2013 年 7 月发布的《全国内资企业生存时间分析报告》也称,我国近半数企业年龄在五年以下,垄断性行业企业普遍"长寿",民营资本集中行业企业相对"短命"。报告显示,企业成立后 3—7 年为退市高发期,即企业生存的"瓶颈

---

①中国社科院工业经济研究所(1988),转引自[美]黄亚生:《改革时期的外国直接投资》,钱勇、王润亮译,新星出版社 2005 年版,第 133 页。

②参见黄孟复:《中国民营企业发展报告2004》,社会科学文献出版社 2005 年版,第 416 页。

③参见许学锋:《民营企业成长的三大极限》,《中国高新区》2007 年第 7 期。

期"。截至 2012 年年底,我国实有企业 1322.54 万户。其中,生存时间五年以下的企业占总量的 49.4%。从 2000 年以来新设立企业退出市场情况来看,企业当期平均死亡率呈倒 U 型分布:成立当年平均死亡率为 1.6%,第二年为 6.3%,第三年最高,为 9.5%,之后维持在 8% 以上高位。

企业寿命如此之短固然与我国建立市场体制时间不长、企业家尚在学习和适应市场规则有关,但与包括私人业主在内的民营企业家缺乏制度安全感也有直接和间接的联系。在对产权的安全性缺乏信心的情况下,企业经营者的主观贴现率极高,在短时间内赚足利润成为大多数民营企业家的首要目标。在这种情况下,技术活动由于周期长、见效慢,很难进入企业的视野,即使模仿也往往停留在产品外观和包装等较低层次。

法律地位的低下直接决定了民营企业在经济中的地位,非公经济在商业机会、土地制度、人才引进、信息获得、户籍管理等方面都遭受不公平的待遇。在很长时间内,许多行业是禁止民营资本进入的。即使后来大多数行业都开始允许民营企业进入,其时间却一般都要晚于对外资的开放。其结果,外商投资企业凭借资本实力和技术很快占据了行业垄断地位,而国内民营企业在创业之初便面临严酷的生存压力。由于国内民营企业发展时间短,基础过于薄弱,一般企业无力进行技术吸收投入,更无法进行自主创新,较为现实的选择只是对现有产品或生产过程的渐变性改良。但是,因为企业规模普遍较小,渐变性技术改进很难改变这些企业的市场地位,因而对其价值不大,这是绝大多数中小型民营企业面临的技术困境。

对于民营企业而言,技术活动最大的障碍是融资困难。由于银行系统的主要支持对象是国有企业,新成立的证券市场也旨在"为国有企业解困",包括私人企业在内的内资民营企业融资地位极端困难。加上技术吸收和技术研发等投入项目不仅周期长,而且充满风险,民营企业为技术活动融资几乎不可能。

一些具有创新活力、技术进步较快、业绩增长迅速的民营企业,却常常成为外国资本兼并收购的对象,出现技术"外流"。问题的严重性在于,在制度歧视背景下,国内民营企业也乐意成为外资收购的目标,因为这样便可以享受外资的优惠待遇。

第三节　制度变迁与产业技术进步

前面我们着重分析了国内不完善的制度对跨国公司技术溢出机制的约束。但是,我国经济向社会主义市场经济转型的另一个特征是制度的动态性:尽管国内市场化体制及相关制度都不完善,但它们一直在随时间的变化而在不断变迁。而且,总的来讲,改革开放三十多年来国内制度基本上都在向好的方向发展①。制度变迁一方面直接促进了国内企业生产率的提高,促进了产业技术进步,另一方面它也为 FDI 技术溢出奠定了越来越有利的条件。

一、经济转型下的国内经济制度变迁

从 1978 年开始,中国经济体制改革三十多年来已经取得了巨大成就。在农村,推行了家庭联产承包责任制,农产品由统购统销向营销市场化的制度变迁已初步完成,绝大多数农产品取消了国家定价,基本上实现了农产品由市场自行调节。在城市,一方面对国有企业先后进行了以放权让利、利改税、经营承包责任制为主要内容的改革,1992 年后更着重于产权改革,加快了现代企业制度的改革步伐;另一方面,城乡集体经济、外资、合资、联营、股份制经济和私营、个体经济等非国有经济迅速发展。在微观企业改革的同时,价格制度、投资制度、金融制度、财政制度等也发生了深刻的变化,商品和要素市场的竞争机制基本建立,原来高度集中的计划经济体制已被社会主义市场体制所取代。

1. 微观企业制度变迁②

（1）国有企业改革

国有企业制度变迁具体可划分为四个阶段：（1）1978—1983 年的放权让利。通过放权让利,企业有了一定的经营自主权和部分决策权,通过利润留成的奖金分配,企业有了一定的激励机制。（2）1983—1986 年的利

---

①当然,改革的艰难性决定了制度演进并不是单向的和完全平滑的,期间也会存在一定的反复。譬如,近年来政府对经济的行政干预就有强化的趋势,国有经济在一些行业内的垄断地位也有所加强。

②除非另有说明,这里制度改革的内容均引自黄新华:《市场化改革以来中国经济制度变迁的内容探析》,《经济纵横》2004 年第 8 期。

改税。一开始是将所有大中型企业过去向主管部门上缴利润的制度，改变为实现利润的55%向国家缴纳企业所得税，税后余利较大的企业与主管部门再实行利润分成或向政府交纳调节税。接下来从1984年开始，建立以工业征收产品税、商业征收营业税为主的税收制度，同时开征增值税、房地产税、资源税等税目。利改税改革措施标志着我国开始以法律的形式取代行政形式来明确企业与政府之间的利益分配关系，在规范政府与企业之间的关系上是一大制度变革。（3）1987—1991年的经营承包责任制。承包经营责任制以契约的形式进一步扩大了企业经营自主权，强化了企业利益主体地位，承包合同也为企业设定了明确的目标责任，给企业一个比过去大得多的边际留成率，产生了一定的激励和约束效果。（4）1992年至今建立现代企业制度。1992年党的十四大提出建立社会主义市场经济体制的总目标，并把建立现代企业制度作为国有企业改革的目标模式，产权制度成为改革重点。党的十四届三中全会作出了关于建立现代企业制度的决定，特别强调国有企业必须从产权制度和管理制度上进行根本改造，通过规范化的公司制改革，建立产权清晰、权责明确、政企分开、管理科学的企业制度，以适应市场经济的要求。党的十五大又进一步提出所有制结构调整，即建立公有制为主体，多种所有制经济共同发展的基本经济制度，从而把国有企业改革纳入整个社会经济所有制结构改革之中。

经过多年的改革，财政与国有企业间的关系发生了显著的变化：首先是大幅度减少了财政对企业的亏损补贴。企业的亏损补贴曾经是我国财政的一个大问题。在20世纪90年代初我国财政收入中对亏损企业的补贴曾经达到了20%，而2002年的企业亏损补贴不到财政收入的2%。[1] 由于财政补贴和财政让税这两大输血管道被逐渐堵死，随着国有银行的商业化改革结束，传统的预算软约束现象已得到相当程度的遏制[2]。

（2）就业制度的变迁

从计划就业向市场就业过渡，伴随着国有企业富余人员逐渐从国有

---

[1]特约评论员：《国有企业改革的成果与深化》，《中国电力企业管理》2003年第8期。

[2]但是，仍存在一些其他渠道的利益输送。如上市的国有控股企业通过"隧道效应"侵占中小股东利益，国内不完善的资本市场为其创造了另一种软约束机制。隧道效应是指控股股东利用金字塔式的股权结构将底层公司的资金通过证券回购、资产转移、利用转移定价进行内部交易等方式转移到控股股东手中，从而使底层公司小股东利益受到侵害的行为（Johnson等，2000）。在法律不够完备，保护小股东的法律软弱无力时，这种现象广泛存在。

企业转移到非公有制经济部门，这一过程大致经历了两个阶段。第一阶段是双轨经济体制下的就业制度变革。在双轨经济体制下，国有企业的劳动力需求逐渐从统分统配的用工制度向更加灵活、具有契约性质的劳动合同制转化。尽管国有企业并不能自由解雇计划经济体制下所雇佣的劳动者，但已经拥有招聘和解雇新职工的自主权；其他类型的企业，则基本按照市场经济原则在劳动力市场上自由招聘所需要的劳动力。第二阶段是与现代企业制度相适应的劳动力市场全面启动的就业制度变革。20 世纪 90 年代以来，为推动国有企业实施现代企业制度的改革，在 1993—1994 年试点的基础上，为分流下岗职工而实施的再就业工程在全国范围内推行。再就业工程的实施，加快了中国劳动力市场的发育和成熟。

（3）非国有经济的迅速发展

非国有经济包括城乡集体经济、外资、合资、联营、股份制经济和私营、个体经济等与国有制经济有不同的产权关系的经济实体。改革之初，我国国有经济占绝对统治地位。经过三十多年的改革，非国有经济逐渐发展壮大起来。1980 年非国有经济产值占工业总产值比重仅为 24%，就业比重为 35%，全社会固定资产年平均净值余额中非国有经济所占的比例也仅为 10%；到了 2011 年年底，这三个指标分别达到了 48%、52% 和 29%（见图 3 - 1）。

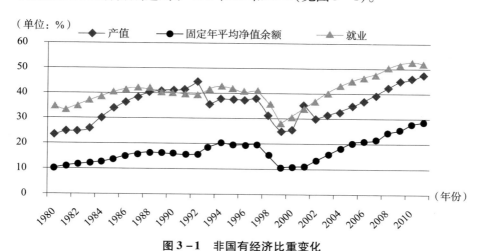

图 3 - 1　非国有经济比重变化

注：由于《中国统计年鉴》统计口径的变化，因此这里 1998 年以前是全部企业数据，而之后为"规模以上"企业数据。因为我国非国有企业（尤其是国内民营企业）规模普遍较小，新的统计规则造成了大批非国有企业未进入统计范围，因此出现了图中 1999 年非国有经济数据较上年大幅回落的现象。

数据来源：《中国统计年鉴》，中国统计出版社。

2. 宏观经济制度改革

如果说农村和城市经济制度的变迁更多的是塑造了面向市场经济的微观主体——农户、居民和企业，那么，宏观经济制度的变迁则重塑了转轨经济中的政府及其职能。

（1）计划制度的变迁

以指令性计划配置社会资源是计划经济体制的核心，经过三十多年的改革，中国高度集中的计划体制已发生深刻的变迁，突出地表现在：指令性计划大幅度减少，生产资料和消费资料市场化程度逐步扩大；国家直接计划管理的范围大为缩小，企业决策权特别是生产经营权、产品定价权、产品销售权、物资采购权、留用资金支配权已经或基本落实；行政管理手段逐步削弱，经济手段、法律手段的调控作用不断增强；计划管理职能有了根本性变化，计划方法得以改进。

（2）投资制度的变迁

党的十一届三中全会以前，与计划经济模式相适应，中国投资制度的主导模式是集权投资模式，以行政办法管理投资，资金无偿使用，偏重于指令性控制，企业没有投资决策权，只是听命使用资金，充当国家的报账单位。党的十一届三中全会后，随着经济体制改革的展开，投资制度发生了相应的变迁。主要表现在：通过简政放权，地方和企业的投资决策权日益扩大，初步形成了投资主体多元化、资金来源多渠道的格局；对投资项目实行分类管理，建立和完善了政策性融资体系，培育并强化了投资主体的自我约束机制；证券市场稳步发展，为投资主体服务的工程咨询、设计、审计、建设监理、设备采购等市场服务体系逐步发育壮大。

（3）金融制度的变迁

改革开放以来，金融制度的变迁主要表现在四个方面：一是以国有商业银行为主体、多种金融机构组成的金融组织体系基本形成。截至2014年4月，共形成5家国有商业银行、3家政策性银行、12家股份制商业银行、4家资产管理公司、1家邮政储蓄银行、134家城市商业银行、139家农商行、57家农合行、69家农信社、47家外资行、62家信托公司、115家财务公司、15家金融租赁公司、16家汽车金融公司、5家货币经纪公司、4家消费金融公司、多家村镇银行和遍布城乡的邮政储汇等非银行金融机构。二是金融市场在规范中发展。全国统一的银行间拆借市场已经建立,其利率已由市场形成;资本市场的发展取得了巨大的成绩,从 20 世纪 90 年代初成立上海和深圳证券交易所,到现在短短二十多年时间,沪、深两个证券交易所上市公司已达 2537 家(截至 2014 年 4 月),股权分置制度改革基本完成,成功解决了长期困扰我国证券市场最大的制度障碍;从 1996 年 12 月 1 日起,人民币经常项目下已可实行自由兑换。三是随着 1995 年《中国人民银行法》的颁布,中国人民银行已开始向真正的中央银行转变。中国人民银行依法独立制定和执行货币政策,基础货币的调控权已集中到总行,利率等货币政策在调控货币供应量中的作用得到更多的运用。四是 2003 年,随着中国银行业监督管理委员会的成立,金融监管体制逐步健全。

(4)财政制度的变迁

1980 年,财政制度作为整个经济体制改革的突破口,率先打破了统收统支的局面,实行"划分收支、分级包干"的办法。以后又进行了几次较大的改革。1992 年,在前一时期改革的基础上,提出了分税制财政制度改革试点方案;1994 年,在全国范围内实行分税制财政制度。分税制财政制度的实行对建立健全分级预算制度,硬化各级预算约束起到了重要的作用。

(5)价格制度的变迁

计划经济体制下价格制度的主要弊端是:价格决策权高度集中,定价权主要集中在政府;价格体系严重扭曲,基础产品价格长期偏低。在这种情况下,实行政府定价与市场形成价格双轨并存的制度,逐步扩大市场价格的比重,最终形成以市场价格为主的新的价格制度。

(6)对外贸易制度的变迁

经济体制改革以来,对外贸易制度的变迁大致经历了以下三个阶段:第一阶段(1979—1990 年),通过下放对外贸易经营权和推行对外贸易承包经营责任制,打破了对外贸易的垄断体制。第二阶段(1991—1993 年),通过调整汇率、实行外汇双轨制、统一外汇留成等措施,取消了国家给予外贸企业的财政补贴,使外贸企业开始走上自主经营、自负盈亏、自我发展、自我约束的道路。第三阶段(1994 年至今),与经济体制改革的目标模式相一致，对外贸易制度变迁的目标是，统一政策、放开经营、平等竞争、自负盈亏、工贸结合，推行代理制，建立与市场经济体制和世界贸易组织相适应的全方位对外开放的外贸体制。

（7）社会保障制度的变迁

经济体制改革以来，针对计划经济体制下社会保障制度存在的弊端，社会保障制度的改革被提上了改革的议程，1993 年党的十四大通过的《中共中央关于建立社会主义市场经济体制若干问题的决议》，明确提出了社会保障制度改革的总体目标，建立包括社会保险、社会救济、社会福利、优抚安置等在内的社会保障体系。2003 年，《中共中央关于完善社会主义市场经济体制若干问题的决定》则进一步确立了加快建设与经济发展水平相适应的社会保障体系的制度要求。但是，我国社会保障制度建设才刚刚起步，医疗保险还处在试点阶段，社会保障的综合性和社会化程度都还有待提高。

二、经济转型与产业技术进步

与 FDI 等外在因素对经济冲击、传染的影响方式不同，制度变迁会从根本上改变经济人、经济组织以及它们间的交易行为，进而影响经济效率和技术进步，因而其影响也更为深刻和长远。三十多年渐进改革带来的制度变化，涉及产权制度、所有制结构、分配制度和竞争性价格建立等经济中方方面面的变革。这些变革重塑了经济中的激励机制，节约了交易费用，对经济中资源配置效率产生了深刻的影响。霍尔和琼斯（Hall 和 Jones，1999）定义了一种经济制度指标，并证明该指标 1% 的增长会带来人均产出增长 5%。

具体地，我国经济改革引起的制度变化对产业技术进步的影响主要体现在以下四个方面：

1. 产权制度改革

市场交易实质上是权利间的交换，产权状态影响了人们在交易中的预期。在传统的计划体制下，私有产权不被承认，自然也不受法律保护。在这种情况下，一方面创新者的利益无法得到基本的保证，另一方面技术模仿（如企业的商标被模仿、新产品的配方被盗用、发明的新技术被窃取等等)也无法受到惩治,经济中的技术创造力极其低下。通过建立现代企业制度,明晰国有企业产权,同时对私有产权予以承认和保护,便大大降低了技术创新活动收益的不确定性。比如说,一旦排他性的知识产权建立起来,产权主体就可在法律允许的范围内和不损害他人权益的条件下自由支配、处分产权,并独立承担产权行使的后果。权利的明晰化和对称性使行为人在行使产权时具有稳定的预期,他将全面权衡成本和利益的关系,以效用最大化的原则来支配和处分技术创新成果的产权,效用的最大化将会导致创新者创新积极性的最大化。[1] 同时,产权改革带来了交易行为的规范化。产权制度不仅能够界定产权的最终归属,保护创新者的权益,而且还可通过产权的界定形成一套公平、有序和规范的交易规则,以规范技术创新成果作为商品的交易行为,降低交易费用,提高交易的效率,从而也提高创新者的创新积极性。

2. 所有制改革增强了经营者激励并促进了民营企业的成长

在旧有体制下,国有企业理论上归全民所有,事实上却是不归任何人所有;经济中极其有限的非公经济只是作为一种次要的补充而存在。公有产权最大的问题,在于"没能将任何人实施他的共有权利时所带来的成本集中于他身上"(Demsetz, 1967)。因而,这是一种滋生经济外部性的无效率的制度。改革开放以来,一方面,国有经济经过调整,大多数无效率的企业转变为民营企业;另一方面,国家在大多数行业逐渐对私营等民营企业开放。产业中所有制结构的变化改变了产业的竞争规则,为产业注入了技术创新的活力。制度变化带来效率改进的证据有很多。比如,姚洋和章奇(2003)的研究证明,民营企业的生产效率比国有企业高 42.46%;张新和蒋殿春(2002)的研究表明,不同的公司治理结构导致了中国上市公司和非上市企业间完全不同的价值创造能力:前者的经济创值率(EVA Ratio)平均较后者高 3%。

3. 国有经济内部的放权让利等改革大幅健全了经营者自主经营权

微观主体投资和生产决策自主化的结果,是信息成本的节约:经济

---

① 孙捷等:《市场制度创新、技术创新及其互动机制》,《商业研究》2006 年第 15 期。

个体直接在其掌握的各种信息基础上决定投资和生产,完全省去了计划部门向各种市场相关者采集信息的成本,同时也最大限度地避免了采信过程中造成的衰减和扭曲。由于逐渐建立了权责对应制度,国有企业内部道德风险降低。另外,预算软约束被逐渐硬化,政府向企业间的利益输送渠道逐渐堵死,企业经营绩效成为其生存和发展的唯一保证,因此技术创新的价值得以提升,企业进行技术创新的积极性被调动起来。

4. 竞争性价格体制得以建立并不断扩大其范围

价格左右了人们的经济活动,是市场经济的核心。如果新技术生产的产品不能得到应有的价格,人们的创新热情自然会大打折扣,同时,经济中的资源也会流向其他无效率的经济活动。改革开放最为重要的成果之一,便是在广大的范围内逐渐建立了一套基于市场竞争的价格体系。以改革以来前半期的成果为例,1979 年我国的商品价格市场化程度仅为 11.6%,到 1992 年就已提高至 81.8%,提高了 70 个百分点;同期,投资价格市场化程度由 23.1% 提高到 71.7%(卢中原、胡鞍钢,1993)。市场调节经济的作用不断增强,经济得以通过价格真实反映市场需求为科技创新提供了内在动力。市场需求是技术创新的源泉,把科技活动与市场需求紧密结合起来是技术创新的必由之路。市场机制内在功能的充分实现可将多种多样的市场需求信息真实地、完整地输出给企业及其他技术创新的主体,从而诱发技术创新的动机和行为。而对市场信息的准确捕捉,是技术创新主体确定正确的市场方位和创新方向,提高创新效益的重要前提,创新效益的提高将进一步地推动技术创新。多样化、多层次的市场需求会引发企业从事产品(包括消费品和资本品)的创新,进一步引发产品的开发、设计、工艺、装备、材料及管理技术等一系列创新活动,这些创新活动不仅可以满足市场的需求,而且可以进一步丰富和扩大市场的需求,从而形成一种良性循环(孙捷等,2006)。

三、制度的动态性质与 FDI 技术溢出

我国经济改革属于渐进式改革,从改革效果来看,制度的渐变性也非常明显。比如,"直到改革开始 10 余年后的 90 年代中期,中国的经济体制

在以下方面仍然明显偏离甚至背离正统经济学的教义：国有企业仍然没有进行大规模的私有化；城乡集体企业继续在没有清晰界定产权的环境中运行；不同类型的企业面对不同的法律、财税和预算约束环境；金融部门的改革仍然达不到对企业形成财务硬约束的程度；政府对企业的干预程度大大超出市场经济所允许的限度"（江小涓，1999）。

改革过程中旧体制的痕迹在不同程度上制约了外资技术溢出效应的发挥，那么随着改革的不断深入，在市场化程度不断提高的情况下，是否意味着 FDI 溢出效应必然增强呢？也不尽然。我们可以从下面几方面对此提出反论：

1. 技术溢出本身是"市场失灵"的表现之一，并不是市场制度越完善的环境越容易发生技术外溢

举例来说，知识产权保护是市场体制的基本制度之一，但这种制度越完善，技术溢出效应往往越低，因为它使得技术模仿更为昂贵了。再如，某些对行业中内资（主要是国有企业）的补贴，可以在一定程度上使得外溢效应更大，其道理与战略性贸易政策一样——"政府的行动能够改变由国内外企业参加的战略性博弈。在可赢利的市场上，国内企业会由于外国企业的收缩而受益"（Brander 和 Spencer，1985）。

2. 竞争压力过大可能会直接摧毁国内企业的技术学习能力

随着时间的推移，外商直接投资在经济中的比重越来越高，这一方面虽然在某些方面会增加技术溢出的机会（知识源增多，流动速度加快，对于模仿和学习的本地企业来说，有了更多的目标选择机会，可能获得更理想的学习效果），但另一方面也会反过来产生负面影响。比如，随着行业中外资企业数量增多，本地企业面临的竞争压力会越来越大，导致利润降低，甚至出现一些企业被完全逐出市场。在这个过程中，虽然企业为尽快摆脱困境对新技术的渴求越来越强，但却越来越无力为研发所需的庞大预算融资。即是说，对于本地企业获取外溢效应而言，外资企业在产业中的比重可能存在一个临界值，当外资企业的水平超过了这个"最佳"水平，其边际效应就成为负值。事实上，由于我国在规范市场竞争行为方面的立法严重滞后，外资企业依靠资本实力、技术优势和政策

偏向很容易在行业中形成垄断①,在这种情况下,本地企业的创新动机会遭受彻底压制。

此外,经济中外资企业阵营的壮大同时也会出现另一种效应:它们可能形成国内阵容强大的利益团体,对各级政府有相当大的影响力。这种情况在中国这种一开始以诸多优惠政策吸引外资的东道国尤其常见:外资企业或者是集体向各级政府施压,索取更优惠的政策或补贴,或者在我国考虑逐渐降低外资"超国民待遇"的时候,进行阻挠。在这种情况下,FDI通过影响我国制度变迁过程,阻碍本地企业的技术进程。

3.除了东道国的经济制度,技术溢出的程度还取决于外国投资者的类型、技术复杂度和进入方式等因素

在国内制度不断完善的同时,虽然国有企业效率提高、民营企业阵营不断壮大,但外商直接投资的投资规模、产业流向、投资方式和投资来源地等也发生了很大的变化。在改革开放初期,国内企业所处的制度环境较为恶劣,企业的技术起点也非常低,但整个20世纪80年代和90年代初期的FDI主要来自港澳台地区,且大多为中小型劳动密集型加工企业。这些企业虽然规模不大,生产技术相对简单,但有易于模仿的优点。更为重要的是,在当初的历史条件下,这些企业以市场为中心的经营理念、灵活而不失规范的组织形式、纪律严明的生产线管理及严格的质量控制,都为初涉市场的内地企业作出了极好的表率。在这种示范作用下,珠三角地区集体和私人企业在短时间内得到了很大的发展。此外,由于这些企业吸纳了大量农村劳动力,实际上促进了我国劳动用工制度市场化进程。1992年之后,由于国内经济制度持续改善,政治风险大幅下降,西方跨国公司开始陆续进入中国。在跨国公司进入比例增加、技术先进程度更高的情况下,国内企业的技术学习和提升空间自然会大大提升,但是由于这些企业技术复杂

①比如蓝庆新(2007)便指出,"在轻工、医药、机械、电子等行业中,跨国公司子公司所生产的产品已占据国内1/3以上的市场份额。如移动通讯行业,摩托罗拉、诺基亚和爱立信三家企业2005年的市场占有率达到90%以上;软饮料行业,可口可乐基本垄断了国内大中城市的饮料市场,啤酒业国内生产能力超过5万吨的啤酒厂合资率已经达到70%。一些传统的优势产业也面临着被外资垄断的风险。比如,大豆作为中国农业第一个开放的领域,开放于中国加入世界贸易组织前的1996年。不到10年,这个最早开放的领域正陷入被外资全面控盘的境地。目前,ADM、邦基、嘉吉、路易达孚等四家跨国公司垄断了中国80%的进口大豆货源,而且,这些跨国公司在中国拥有40%以上的压榨能力。中国完全国内独资,并且能与跨国公司竞争的加工企业只有九三油脂一家,而在外资夹击下,九三油脂集团正在与外资治谈,计划出售49%的股份"。

度较高,同时也具有极强的技术保护意识和能力,本地企业还存在模仿、吸收和消化较为困难的问题,技术溢出效果很难说就一定更好。

4. 外资企业的股权结构也会对技术外溢造成显著的影响

一般而言,外商投资企业的技术水平会随着跨国公司股权份额的增加而增加,但这未必会对内资企业的技术水平提升起到更积极的作用,因为一方面此时跨国公司对技术的控制更为严密,另一方面技术本身的复杂性也造成了本地企业消化吸收的障碍,技术传输渠道很可能在很大程度上受到抑制[①]。综合这两个方面不同的因素,外资企业中外方股份同技术溢出效果间可能呈倒 U 型:随着外方股份的增加,溢出效应一开始就上升,但超过某一临界水平后,又反过来趋于下降(张宇,2006)。

随着我国对外商投资企业股权限制的取消,近年来扩股增权已成了外商投资中国的发展趋势之一,越来越多的跨国公司倾向于在华建立独资企业或控股企业。据统计,我国近年来外商独资企业在各种形式外资企业中的比重不断上升,至2001 年首次突破了50% ,2003 年更是达到了66% ,在 2012 年年底达到了82%(见图 3 – 2)。在外资企业中外方股权显著提高的情况下,即便是国内制度更有利于技术扩散,最终的效果也可能是不确定的。

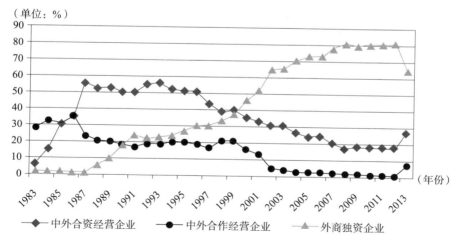

图 3 – 2　我国分类型外商投资企业数量比重

数据来源:根据《中国统计年鉴》以及《中国外资统计》数据整理。

[①]详见第五章的理论和实证分析。

第四节　转型经济中特有的 FDI 溢出途径——制度渠道

　　长期以来,关于外商直接投资对中国经济的作用,人们都只限于从资本补充和技术引进的角度来认识,基本上忽略了 FDI 可能促进国内经济转型的制度效应,这可能大大低估了外商直接投资对中国经济的影响。我们认为,我国改革开放的过程,纵然是政府强制的制度变迁,但 FDI 的大量进入在很大程度上也介入了这一深刻的制度变迁进程。FDI 本身是我国改革开放的结果,但它反过来通过其在产权制度、政府管理体制和思想观念各方面的影响,提高制度变迁的收益流期望,降低制度创新的成本和风险,客观上帮助了我国经济体制改革的顺利进行。这种制度效应主要源于以下六个因素:第一,因为相当一部分 FDI 企业(尤其是跨国公司)长期在成熟的市场经济中孕育发展,国内传统的制度限制了其收益流的充分实现,因此来华投资之后对制度变迁有着天然的需求。第二,随着 FDI 的流入,大量国外的先进技术也随之进入中国,新技术与传统制度间的冲突凸显了制度变迁的潜在收益,同时国内原有的要素相对价格发生变化,也将诱致与之相适应的制度安排。第三,随着经济中外商直接投资比重的提高,中央政府和各地方政府的政策偏好也会随之发生偏移,这意味着经济中最重要的制度供给方有了更多的制度创新激励。第四,通过竞争和模仿效应,FDI 有助于持续地培育具有清晰产权、良好内部治理结构和规范管理的当地企业,这些现代企业是社会主义市场经济最重要的微观主体。第五,在华投资的跨国公司会在文化、教育、道德和伦理等意识形态领域对中国社会产生深刻的影响,在一定程度上遏制制度变迁中的"搭便车"现象。第六,由于 FDI 企业在来华投资之前独立于中国经济,且绝大多数来自成熟的市场经济体,大规模 FDI 企业的存在有助于我国制度变迁最大限度地克服"路径依赖"效应,冲破改革阻力。

　　既然制度会从根本上改变微观个体的激励,因此,跨国公司就有可能通过对当地市场制度的作用间接地影响本地企业的技术进步步伐。这一溢出渠道在成熟的市场经济中自然是可忽略的,但对于中国这样的转型经济体却可能十分重要。像中国这样巨大的转型经济体在如此短暂的时间内引入如此巨量的外商直接投资,在世界经济历史上也无先例。大量外商直接投资涌入中国,必然会从多方面对国内经济制度环境产生反作用,进而对本地企业技术进步产生广泛而长远的影响。跨国公司和 FDI 可能影响我国内资企业技术进程的渠道可以用图 3 - 3 来简单表示。

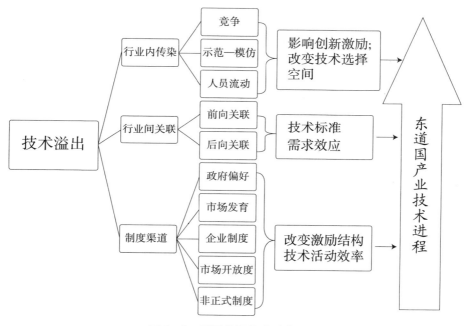

图 3 - 3　跨国公司技术溢出机制

资料来源:笔者自绘。

可以预期,制度渠道的影响有的是正面的,对我国社会主义市场经济建设起到促进的作用,但同时也必然会存在一些负面的影响,下面我们进行具体分析。

一、FDI 对我国国内制度的正向影响

正如孙杰(1996)等所意识到的,外商直接投资促进了我国市场中排他性制度安排的转变,促进了企业制度及相关制度的变迁,促进了人力资本的增长,外商直接投资在我国的制度创新方面起着不能低估的作用;宋焕军(1997)也认为,外商投资企业涌现出来的活力,促进了全国统一市场的发育,推进了国有企业经营机制的转变,同时也促进了宏观经济管理模

式的变革。具体地①：

1. 推动了产权制度的变迁

制度变迁的核心是产权制度的构建,产权制度安排的实质是构建一套具有"排他性"意义的制度,产权制度的界定同时要求相应的实施机制以及意识形态的激励和约束作用,以确保产权制度的有效性。FDI 的进入将强化市场经济的运行机制,迫使政府取消给予国有经济的种种优惠政策,实行统一的国民待遇,为民营经济创造更多的发展机会,进而推动产权制度变迁。

2. 促进了现代企业制度的建立

在向社会主义市场经济转型过程中,外商投资在改革内资企业方面发挥了特殊的作用。直接的方式是通过合资经营,间接的是通过经营管理的示范,并通过前后向的产业联系,使内资企业走向市场。改革开放前,在延续了数十年的计划经济制度下,我国几乎没有真正意义上的现代企业。在我国建立现代化企业制度改革的进程中,FDI 起到了显著的促进作用:第一,外资企业作为现代企业制度的代表,进入中国后,无疑为政府进行国有企业改革提供了活生生的现代企业制度范本,为国内企业学习模仿先进企业制度提供了最佳平台,加速了我国企业制度的改革步伐。第二,一批外商投资企业进入中国后,以其相对优越的治理结构、灵活的分配手段、先进的管理方式、巧妙的营销策略,同本地企业在市场上展开了全方位的竞争,涉及原材料、能源、资金、技术、人才、产品价格、质量、售后服务等诸多领域。竞争迫使本地企业向外商投资企业学习,借鉴其成功经验,改造企业的治理结构和组织体系,逐渐成为符合市场经济需要的市场微观主体。第三,外商通过与中国国有企业搞合资或合作经营,不仅向本地合作企业提供了资本和技术,同时也转移了成套的企业制度,使后者在组织结构、激励机制、会计、风险管理等方面都全面地与市场相适应。一般来讲,合资企业部分地或全部地采纳了外商合作伙伴的管理制度。第四,在跨国公司与当地企业的合作过程中,外资企业将强制性要求作为其关联或关系企业的当地企业进行符合市场经济运行规则的改革,从而产生强制性制度变迁。

---

① 本小节余下内容主要参考了王霞:《FDI 对中国制度变迁的影响——兼论中国外资政策的选择》,南开大学 2007 年博士学位论文,第三章。

3.加快了市场化改革的步伐

（1）FDI 迫使政府加快转变职能

FDI 的大量进入一方面对市场竞争的公平性、法律法规的完备性、政府工作的效率和透明度提出更高的要求,迫使地方政府加快转变职能,规范政府在市场经济中的行为,提高工作效率,加速了市场经济体制的形成。另一方面,政府机构和人员在与外商接触、交往过程中也提高了对外交流能力,了解了国际规则和发达市场经济体制运行的方式,提高了这些机构和人员遵守法制和提高效率的意识,提升了他们运用市场调节手段管理经济的能力和水平,促进了政府职能的转换。

（2）FDI 推动了分配制度及劳动人事制度的变迁

外商投资企业多实行按要素分配的制度（在中外合资企业、中外合作企业中,公有资本与外商投资并存,按劳分配与按要素分配并存）。按要素分配的结果是,劳动者所获收入高低取决于工作强度、工作时间和工作效率,劳动贡献越大,所获收入越高。这样的结果比起国有企业"平均主义"的分配方式,对于劳动者来说更具吸引力。公有制企业为了调动劳动者积极性,纷纷放弃平均式的分配方式,转而模仿外商投资企业对劳动者个人的分配方式中有益的做法。外商投资企业的发展,促使我国分配方式从原来单一的按劳分配向按劳分配与按要素分配同时并存变迁。

与此同时,为了吸引 FDI 并确保外资企业的正常运营,东道国必须保证劳动力要素在各部门间的自由流动。这就必须打破原来的雇佣终身制,进行劳动用工制度的改革,实行劳动合同制,按照企业的需要确定职工人数,并建立起配套的劳动人事社会保障制度。而外资企业的工资水平远远高于国有经济的现实,加速了劳动力流动的倾向。于是,外资企业凭借其高额工资和先进科学的劳动人事制度,吸引了众多的人才涌入,对我国传统的劳动人事制度提出了巨大的挑战。为了应对外资企业的需求,同时也是为了实现人力资源的有效配置,东道国企业必须进行劳动人事制度的改革。

（3）推进了资源配置的市场化

外商投资企业从诞生之日起,就依存于市场,其产品生产经营所需的各种生产要素均需通过国内外的市场取得。外商投资企业这种以市场为基础的资源配置方式,使得长期存在的指令性计划及以计划为基础配置资源的方式显露出多重矛盾。首先,在不同的资源配置方式的竞争中,生存在计划经济体制下的国有企业的自主能动性、积极性被抑制,在与外商投资企业的竞争中总体上陷入被动。其次,全社会部分资源通过指令性计划手段配置,而另一部分资源则通过市场途径配置,会产生双重体制上的摩擦,"寻租行为"和腐败现象扩大。再次,当政府只能依赖控制部分资源来实现自身追求的经济目标——总量平衡、结构协调、经济增长时,显得力不从心。外商投资企业的快速发展,同其他非公有制经济一道,影响着社会总供求关系、就业总量、货币需求,从而影响着经济总量的平稳关系。外商投资企业的投资方向、产业分布以及产品结构,影响着社会的经济结构。外商投资企业的发展状况以及它与内资企业的竞争与协作关系,决定着社会的经济增长速度和效益。政府仅对部分资源配置施加影响,通过指令性计划贯彻政府意图,并不能确保宏观经济目标的实现,也不能保证政府干预的有效性。当计划经济这种资源配置方式遇到重重矛盾之时,也是其寻求出路之际。传统计划经济被市场经济取代是不可避免的选择。外商直接投资企业这种以市场为基础配置资源的方式对传统计划经济的瓦解起到了促进作用。

(4)促进了国内要素市场的发育和竞争规则的完善

无论出于为外商提供良好投资环境的目的,还是为了通过进一步对外开放来调节我国市场的供求失衡,金融市场、生产资料市场、房地产市场和人才市场的开放,以及一系列使国内市场与国外市场接轨的改革,都极大地促进了市场体系的发育和完善。此外,国内企业对外资企业优惠待遇的攀比,某些外商的垄断行为,以及实施国民待遇的客观需要等,使政府认识到营造公平竞争环境的重要性,加速了完善竞争规则的步伐。

总之,外资流入使封闭条件下形成的指令性计划体系和行政命令左右经济活动的陈旧管理模式受到了严重冲击。由于外资企业及与之有关的一切对外经济活动,都必须在很大程度上根据市场状况从事经营,并主要通过市场手段配置资源,因而外资企业的经营理所当然地绕开了计划和行政控制;而当它们从自主经营中获得经营优势的时候,国内企业便同时获得了要求走向市场、给予经营自主权的理由,指令性计划日趋缩小,并失去了原有的刚性,行政命令干预经济的"市场"没有了。而且,以利用外资为先导的全方位开放,也使政府逐渐认识到了利用国内外两种资源、两个市场的重要性,促使政府更主动地选择了以调控市场为中心的宏观经济管理方式。

4.促进了相关法律法规的建立和完善

外商投资企业在建立社会主义市场经济主体的有关法律体系的过程中也发挥了有益的作用。我国最早以法律手段调节公司行为的管理体制首先是围绕引进外资工作展开的,如中外合资经营企业的一系列法规、相关的外汇管理条例、商标、品牌和专利等知识产权保护制度、与国际惯例相近的会计制度和审计制度、相关的外汇管理体制、土地开发和物业管理体制等,也因外资管理工作得到建立、加强和完善,而后对国内其他部门产生影响,大大地推动了市场发育和各种规范制度的建立。

5.加快了对外开放的进程,提高了对外开放度

随着外商直接投资规模的不断扩大,中国对外开放的程度也会相应加深。通过大量地吸引外商直接投资将本国经济在不同程度上纳入跨国公司的国际生产与营销网络,带动了本国经济的对外开放,扩大本国的对外贸易,改变了本国的进出口结构,提高了本国经济的外向型程度。此外,外资促进了我国涉外经济法律和法规体系的建设,增强了市场经济的法律意识,促使我们更加自觉地去研究和借鉴国外经济管理法规以及各种国际惯例,使我国的法律制度更加符合市场经济的运行规则和国际通行的做法。

6.推动非正式制度的变迁

非正式制度也称"非正规约束",是人们在长期交往中无意识形成的,具有持久的生命力。它主要包括价值信念、伦理规范、道德观念、风俗习惯、意识形态等因素(段晓峰,1998)。诺斯(North,1990)指出,"即使是在最发达的经济中,正式规则也只是决定选择的约束中的一个小部分(尽管是非常重要的部分)","我们日常与他人发生相互作用时,无论是在家庭、外部社会关系中,还是在商业活动中,控制结构差不多是由行为规范、行为准则和习俗来确定的"。[①] 可见,非正式制度安排,即地方文化和居民行为特点、文化习

---

① [美]道格拉斯·C.诺斯:《制度、制度变迁与经济绩效》,刘守英译,上海三联书店1994年版,第49页。

俗等在推动制度变迁的过程中发挥了重要作用。苏联传统社会体制的选择以及我国渐进式改革思路的选择,虽然有许多复杂因素,但非正式制度因素的存在起到了很重要的作用。在外资企业与当地企业合作交往的过程中,会使当地居民有更多机会接触外国的思想观念、文化意识和风俗习惯,了解符合市场经济规则和国际惯例的标准,获得更多走出国门的机会,这些都会促使当地居民更快接受与市场经济发展相适应的新观念、新思想,从而推动当地的制度环境向更有利于市场经济发展的方向演进。

总之,在我国经济体制转变中,外商投资起到了积极的引导、借鉴和推动作用。外商投资企业的内部经营机制和所要求的外部运作机制以及政府管理体制,是与我国改革开放发展方向相吻合的,体现了国内经济体制改革和对外经济贸易体制改革的方向。可以说,外商投资对我国经济变革的推动作用,在很大程度上表现为在体制变革中所发挥的这种无形作用。而从长远的观点看,这种无形的作用往往要比有形的经济效应重要得多。

二、FDI 对我国国内制度的消极影响

按照新制度经济学的观点,制度变迁是经济主体或行动团体之间博弈所达成的新的制度安排(Davis 和 North,1971)。大量 FDI 的进入改变了国内利益格局,而 FDI 对国内制度的影响不可能与改革者的预期目标完全吻合,某些 FDI 导致的因素甚至与我国市场转轨目标完全背离。另外,由于我国对外开放时间尚短,缺乏经验,在引入外资的过程中,相关法律法规的不健全、经验上的缺乏、管理上的漏洞,也使得外资有机会利用我国这些不足,对制度变迁产生一些消极影响。

1. 形成了新的企业歧视

以前,国内不同所有制企业存在特定的歧视性待遇,国有资本在行业进入、融资安排等方面都享有民营资本所不具有的优势。外商直接投资作为一项制度安排,在改善内资企业制度创新环境的同时,也引起内资企业制度创新环境的不利变化。外商在经营中享有的种种或明或暗的优惠政策,使得外资企业与内资企业处于不平等竞争的市场环境中。在新的优先次序下,民营企业的地位更为低下:其政治身份、融资条件、税收政策和商业机会等不仅远不如国有企业,在外商投资企业面前也要矮三分。相对于

国有企业,外商投资企业的政治地位虽然较低,不具有对方所拥有的资源垄断权力,但却长期享有税收等政策优惠。

除了国家政策规定的优惠条款,外商投资企业得到的制度补贴实际上要大得多。如不少人指出这样的事实:在"筑巢引凤"的口号下,许多地方政府为吸引外资,可谓高招迭出。比如说,在地价、厂房租售价格、税收等方面推出一系列地方性优惠政策,什么"两免六减半""七免七减半"等,甚至突破了国家土地、税收法规的底线。而且,有些地方还会给予外资"高人一等"的人身待遇,给外商办一张"绿卡",一旦出现违章、违规行为,在有关部门的关照之下可以一路"绿灯"放行。[①]

这种新的企业歧视进一步扭曲了企业的行为。对于外资企业,容易从"与政府搞好关系"去寻求利益,降低了自身技术转移和更新的动机;对于内资企业,则易萌发以"转变身份"来摆脱歧视的动机:许多内地资本首先外流,然后以"外资"身份回到国内,形成在我国颇成规模的"回流 FDI"。据世界银行(World Bank, 1996)估计,1992 年这类"外资"可能占中国外资总额的 25%。实际上这种往返 FDI 既没有带来资本也没有转移技术,对本地企业的技术带动更无从说起。

2. 外资企业已形成了庞大的利益集团,在某些方面已成为我国进一步市场化改革的障碍

基于所有制属性的企业歧视显然是与我国市场经济的转型目标相背离的,它只能是经济转轨中的一个暂时现象。但是,由于长期实行对外资的"超国民待遇"政策,外资企业已成为中国转型制度中最大的利益集团之一。一旦我国进一步的制度改革触及其既得利益,外资企业自然会产生抵触行为。各级政府在改革过程中,一些预期会影响外资利益的改革措施也因"投鼠忌器"而延迟。比如,我国《反垄断法》在立法和税制统一等过程中,都可看得到在华跨国公司的消极影响。再如,《劳动合同法》草案在征求意见时,一位来自上海跨国企业人力资源协会的代表公然宣称:"如果实施这样的法律,我们将撤资。"[②]

---

① 林金芳:《政府"媚商",外资才会嚣张》,《中华工商时报》2006 年 5 月 30 日。
② 林金芳:《政府"媚商",外资才会嚣张》,《中华工商时报》2006 年 5 月 30 日。

3. 加大了地区之间的制度差异

制度总是依照一定的路径发展下去的,即存在路径依赖问题。正如戴维斯和诺斯(1971)所说:"当人们最初的路径选择是正确的,那么,沿着既定的路径,经济和政治制度的变迁可能进入良性循环的轨道,并迅速得到优化;反之,则可能顺着最初所选择的错误路径走下去,并造成制度被锁定在无效率的状态之中。"事实上,这种现象已被我国区域制度变迁的实际情况所验证。

在改革开放起始阶段,我国各区域之间面对的是几乎完全相同的制度环境,地区之间不存在制度差距。改革开放以后,中国区域制度的变迁呈现出明显的不平衡状态,衡量区域制度变迁程度的非国有化程度、政府行政效率、资本要素市场化程度、经济外向化程度四大指标,均呈现由东到西梯度递减的态势(徐俊武,2006)。虽然目前我国区域之间的制度性差距与各区域自身条件及中国改革开放以来实行的区域推进政策有密切关系,但是,根据上一小节关于 FDI 对制度变迁作用的分析,各地区吸收 FDI 的不同无疑加剧了这种制度发展不平衡。在改革开放之初,东部地区凭借已有的经济基础、良好的区位优势,以及国家政策的有力扶持,吸引了大量 FDI,在全国率先打破了国有经济一统天下的单一所有制格局,促进了外商独资、中外合资、个体、私营等各种非国有经济形式的发展,对于培养市场主体、提高市场化水平,促使地方政府职能转变等方面都产生了积极的促进作用,从而加快了东部地区制度变迁的进程,使东部地区市场运行趋于有序和高效。而制度环境的完善强化了东部地区对 FDI 的吸引力,加强了 FDI 在区位选择上对东部地区的偏好,最终使东部地区形成了 FDI 和制度变迁相互推进、相互支持的良性循环。

相对于东部地区而言,中西部地区在经济基础、制度环境、区位条件等方面均处于劣势,在吸引 FDI 上不具备竞争力,导致中西部地区 FDI 长期落后于东部地区。FDI 的落后影响了中西部地区的经济发展和制度变迁,而制度变迁的滞后则进一步恶化了中西部地区的制度环境,降低了中西部对 FDI 的吸引力,使中西部最终陷入制度僵化——制度环境落后——引资不力——经济发展缓慢——制度僵化的恶性循环(徐俊武,2006)。

4. 加剧了地方政府之间优惠政策的竞争

在中国改革开放的三十多年中，政策优惠一直是吸引外资的重要动力，为了能够吸引到外商直接投资，各地区展开了激烈的引资政策竞争，纷纷通过设立开发区、减免税、无偿提供土地使用、低价转让国有资产的权益等手段，将国家的外资优惠政策用到了极限。这种粗放式的政策竞争，第一，造成政府只重外资数量而疏于外资管理的局面，是导致我国出现假合资、假亏损、假出口、假破产、外商合资嫁接国有企业过程中国有资产流失等现象的重要原因，对我国制度环境的建设和完善产生了一定的负面影响；第二，一些质量不高的外资为了获取外资优惠政策也进入我国，由于其本身没有多少先进性可言，所以不仅无助于我国制度的完善，甚至会带来一些不利影响；第三，优惠政策在某些方面还助长了"寻租"现象。政府每给一个优惠政策，就相当于给了一笔租金。优惠政策可以成为个别政府官员利用的"租"，FDI 可以通过"寻租"来得到更大的利益。我国各地区之间的优惠政策大战无疑增加了这种"寻租"机会，不利于政府职能的转换。

5. 在一定程度上助长了政府对经济的行政干预

根据我们前面的分析，一般情况下，FDI 为了进入东道国市场，必然要求政府减少干预，放松对经济的管制；东道国政府为了吸引到外商的投资，也应不断减少行政干预。但是，基于对我国现实情况的了解，外资有时也会利用我国政府急于吸引外资的心理主动寻求相关政府部门的干预。其原因，一是为了获取市场先机或巩固先入优势。外商出于自身利益的需要，有可能借助行政干预力强的政府，阻挡其他竞争者进入市场，从而形成新的"市场壁垒"。二是为了实现自己的并购等目的。毕竟我国还处于转轨时期，政府对企业、市场的干预还较多，有些外商为了达到自己的目的，在中外合资、外资并购项目中，往往会要求政府出面加以劝说、协调、解决，为自己争得更多的利益。而从政府方面来说，首先，为了与其他国家竞争，或各地、各级政府为了相互之间的竞争，加大干预力度也是常见的政府行为。其次，在政绩驱动下，政府使用行政资源大力引进投资和技术，也在一定程度上强化了对经济的行政干预。再次，在我国，由于转型的困难，不少国内企业面临困境，只好把与外商合资当成是企业生存与发展的现实出路。

合资企业享受着国家的优惠政策,而国内企业则承担着沉重的税赋,生产成本高、管理体制约束多,政府无力负担解困的责任。这既为外资长驱直入提供了可乘之机,政府也乐意用行政干预手段,促成困难企业摆脱困境。

6. 在一定程度上强化了东道国政府单纯追求"指标"的倾向

FDI 对投资环境的选择,在一定程度上强化了东道国政府单纯追求"指标"的倾向。政府治理,一方面意味着对人们行使属于社会的权力,另一方面也意味着治理者(政府及其公职人员)切实履行社会契约规定的条件。但在现实中,政府治理社会和经济活动的主要驱动力是政府行政官员职务的晋升和各种行政奖励,而跨国公司从事经济活动的动力则是直接的物质利益。

政府官员的晋升或奖励与其所取得的政绩直接相关。追求政绩的行为往往与官员的任职紧密联系。具体来说,行政工作人员是政府的主体,而行政首长或领导干部是起决定作用的政府官员。他们都有一定的任职期限,任职期满可能导致权力转移。受此影响,政府行政行为也具有明显的时间效应。在我国,每届政府都要按任职目标或施政纲领来开展工作,社会公众也通过政府的任期目标的实现与否来评价政府工作成绩,上级政府、同级党委和人大也根据任职目标来考核政府工作。这样,在任职期限内的政绩最大化就成为政府官员行为的激励因素。

各级政府及官员为了实现任期内的政绩最大化,仅就与跨国公司打交道的情况来看,有以下特征:一是对任期内的项目优先予以安排,甚至不惜给予十分优惠的条件,而对周期长的项目或可能要在下一任政府才会见效的项目则不愿花太多精力;二是尽可能将资源转化为现实生产力,掠夺性地使用可"变现"的社会资源,如政府财政收入、政府储备以及土地等自然资源,以致忽略社会经济的可持续发展;三是为了动员各种要素的投入,不惜对经济运行进行过多干预,以加快任期目标的提前实现甚至超额实现;四是为了稳定政府行政人员的工作情绪,在公务员收入不高的情况下,通过创收等方式提高本部门行政人员的收入,从而使集体和个人"寻租"现象普遍发生;五是为了吸引外资和大型跨国公司的进入,甚至不顾重复建设严重或对本地产业的冲击,盲目上项目。显然,政府的政绩追求和任职期限为跨国公司对其施加压力和影响提供了内在动因。为了吸引跨国公司投资,在地方政府中普遍存在多占有和多支配行政资源的行为方式(彭澎,2004)。

第四章 制度变迁与 FDI 技术溢出：实证研究

关于 FDI 技术溢出效应的检验一直是学术界的重要研究领域。结合上一章的理论分析,我们认为之前的相关研究大多夸大了外商直接投资在中国的技术溢出效应,因为它们忽略了国内经济制度变迁的生产率效应。本章首先对现有相关文献进行简单的评价,之后在明确控制制度变迁影响的情况下,对外商直接投资的生产率效应进行了重新检验。

第一节 文献综述：中国为什么特殊

关于外商直接投资在中国的技术外溢效应的实证研究很多。尽管有的研究否定了在我国存在 FDI 外溢效应的假说(如张海洋,2005),但绝大部分实证检验都得到了肯定性的结论,认为 FDI 的进入在不同程度上促进了国内产业的技术进步。例如,赖明勇等(2005)、王成岐和张嫚(2005)、喻世友等(2005)、陈涛涛(2003)、程惠芳(2002)、姚洋和章奇(2001)以及沈坤荣和耿强(2000)等的实证研究结果均支持外溢效应的存在性;王红领和李稻葵等(2006)证实 FDI 促进了国内企业的技术创新能力提升;张建华和欧阳轶雯(2003)、林江和骆俊根(2005)在省市层面也发现了 FDI 技术外溢效应的证据。在严兵(2004)所列的 14 篇 1998—2003 年间发表的国内相关研究文献中,全部都发现了正向的 FDI 外溢效应;同时,哈勒和朗(Hale 和 Long,2006)也列出了 10 篇国外学者对中国外商直接投资外溢效应的研究文献,其中有 9 篇的结果表明正向的外溢效应十分显著,仅有一篇未发现其显著性[1]。有趣的是,以其他国家为分析对象的结果却要悲观得多:在戈尔克和

————————
①详见本章附表 4-1。

格里纳韦(Görg 和 Greenaway, 2004)所列的 42 篇世界各国 FDI 行业内技术外溢效应的实证文献中,仅有 20 篇发现了正的技术外溢;同时,在其中 8 篇东道国为转轨经济国家的研究中,只有 1 篇得到了存在正向技术外溢效应的结论。[①] 这些实证研究,除了统计分析,大多采用各种回归技术,在东道国控制人力资源积累和研发(R&D)投入等企业和行业层面因素的基础上,检验 FDI 对国内产业技术绩效的解释力。

这种对比引出一个自然的问题:我们是否高估了外商直接投资在我国产生的外溢效应? 或者,学者们是否低估了 FDI 在其他东道国的技术贡献? 如果皆不是,那么就必须解释为什么中国能取得较其他 FDI 东道国更为显著的技术外溢利益。要回答这一问题,我们认为必须考虑我国转轨经济的背景,因为经济转轨过程既在很大程度上决定了国内企业的经济效率,同时又影响了 FDI 技术外溢效应的发挥。

现存经验实证研究的问题主要体现在三个方面:第一,由于完全无视我国的转型经济特征,简单地套用国外现成的理论和实证模型构造,一方面使得实证模型中应有的重要解释变量缺失,严重影响了分析结论的可信度,另一方面也忽视了 FDI 在转型经济中可能存在的独特溢出机制。第二,回归方程中外资变量的内生性问题。FDI 倾向于发生在东道国生产效率原本就较高的行业或地区,因此即使回归结果发现东道国企业的生产效率与 FDI 关系显著,也可能是 FDI 受投资地较高生产率吸引的自然反映,而不能断言 FDI 对当地生产率具有促进作用(Aitken 和 Harrison, 1999; Hale 和 Long, 2006)。第三,过于强调绝对意义上的技术进步,即国内产业(企业)的技术成长率,较少讨论国内企业相对于外商投资企业的技术差距变化,而后者可能才是我国企业和产业国际竞争力最直接的表现。本章针对上述问题,在上一章理论分析的基础上,重新评估 FDI 对我国产业技术进步的作用,并从实证角度检验 FDI 技术溢出在转型经济和成熟经济中的不同。

FDI 作为我国改革开放战略的结果之一,却并不是这种战略的全部——除此之外,还有市场制度建立和完善、国有企业改制重组及政府的经济职能转换等重要内容,而这些制度直接影响了企业的创新激励和经营绩效。据此,如果我们实证观察到国内企业(整体)的技术进步,那么这一进步至少应当从两个层面进行解释:一个层面是制度因素本身的直接作用——由于国内企业中效率较高的民营企业比例提高,同时也由于原有的

---

①详见本章附表 4-2。

国有企业经过产权改革变为产权较为清晰的现代企业,市场制度取代了原有的计划体制,企业有了更强烈的技术创新冲动,导致了集体性的生产效率提高;另一个层面,是 FDI 流入可能产生的技术溢出效应——通过竞争效应、技术模仿等渠道获得的技术提升。相反,如果将国内行业(或企业)自身人力资本积累和研发活动等因素所不能解释的生产率提高都简单地认定为 FDI 技术溢出效应,不仅会极大地夸大 FDI 的作用,同时也基本上抹杀了国内改革政策对促进生产效率的贡献①。

第二节　模型、变量定义和数据调整

一、模型

国际上检验 FDI 溢出效应通常有两种建模方法:一种是以劳动生产率或全要素生产率为因变量,把 FDI 作为其中的一个解释变量来直接测度溢出效应系数,许多经典文献就是采用了这种方法(Caves,1974;Globerman,1979;Blomström,1986;陈涛涛,2003;姚洋和章奇,2001;等等);另一种仍然以产值或产值增长率等作为被解释变量,将国外资本与国内资本作差异化处理,作为独立的投入要素纳入到生产函数,国外资本项的回归系数度量的就是溢出效应(Aitken 和 Harrison,1999;Borensztein 等,1998;潘文卿,2003)。为估计我国 FDI 的溢出效应,我们将国内企业分为由外资企业构成的"外资部门"和余下的"内资部门"②,以内资部门的全要素生产率作为被解释变量,遵循前面第一种建模思路来建立多元回归模型。为了便于对比,我们先采用通常的做法,不考虑国内制度变迁因素,考虑下面的回归方程:

$$\ln TFP^D = C + \sum_n b_n \ln(X_n^D) + \alpha \ln(FDI) + u \qquad (4.1)$$

其中 TFP^D 是内资部门的曼奎斯特指数,亦即 TFP 累计增长率;X_n^D 为内资部门自身技术投入的若干控制变量,FDI 为外资存量,u 为残差。在该模

---

①在讨论 FDI 的经济增长效应时,大多数文献也局限于物质资本积累与技术变革的新古典增长模型,未明确考虑制度变迁所带来的深刻影响。

②这里的区分完全根据《中国统计年鉴》的划分和定义。具体取不同类别企业数据时,实际上是以制造行业中"国有及规模以上非国有工业企业"的相关指标作为全国工业部门的相关指标,"国有企业"指标直接取统计年鉴中"国有及国有控股工业企业"相关数据,"外资企业"直接取统计年鉴中"三资工业企业"数据;"民营企业"指标以"国有及规模以上非国有工业企业"相关数据减去"国有及国有控股工业企业"和"三资工业企业"相关数据计算,而"内资企业"相关指标则由"国有企业"与"民营"两部分相加获得。

型中,$\ln FDI$ 项的估计系数 α 便代表外资技术溢出效应大小。

但是,第三章的分析已明确揭示,要评价中国等转型经济中的 FDI 溢出效应,制度的动态性因素不容忽视。制度是经济中最本原的决定因素,它规定了竞争规则,决定了微观个体的激励方向,因此也决定了产业技术发展路径和速度。在评价 FDI 在中国的技术溢出效应时,现存的研究往往忽视转型过程中制度改善对国内企业生产率的直接促进作用。在我国由改革推动的制度变迁过程中,国内商品和要素市场逐步发育,更富效率的民营企业队伍逐步壮大,国有企业也通过一系列的改革逐步理顺经营机制,金融领域市场化程度在逐步提高。这些制度改进,必将对国内生产效率和技术进步进程产生深刻的影响。在微观层面,随着企业微观制度的完善和市场体系逐步建立并走向完善,企业效率提高,创造性被激发;从宏观上讲,随着劳动力和资本等要素由边际生产力低的农业部门向边际生产力高的第二和第三产业转移,由生产效率较低的国有企业向效率较高的民营企业转移,即使没有外商直接投资,经济体制改革也必然会带来产业生产效率的改进。简言之,在转型经济中,制度变迁是解释生产率增长的一个不可或缺的变量,如果直接估计模型(4.1),将产业中不能为人力资本水平和研发活动等因素所解释的生产率提升简单归于 FDI 技术溢出效应,无疑会夸大 FDI 的贡献。

对于绝大多数研究者所使用的行业或地区加总数据来说,模型(4.1)的矛盾更为明显:因为同一行业(地区)内企业所有制的构成在不同年代是不同的①,而不同所有制企业的生产效率又差异较大,因此即使所有其他因素(包括 FDI)保持不变,我们也会观察到这个行业(地区)的生产效率随着时间在变化,但方程(4.1)右边没有哪一个解释变量能解释这种变化。同样,在横截面数据中,由于所有制改革在不同行业(地区)进展也不完全一致,因此不同的行业(地区)中企业的所有制结构也不相同,模型(4.1)同样无法解释这种差异。由于 FDI 的流入速度与国内所有制改革趋势趋同,无视制度变迁的结果必然是高估 FDI 的贡献。

---

①以全国的数据为例,1982—1998 年效率低下的国有企业在全国工业企业中的比例从最初的 74.45% 下降到 28.34%;在本书所取的数据年度 1999—2005 年间,在全国所有产值 500 万元以上的企业中,国有企业的占比也从 48.92% 持续下降到 33.28%。数据来源:《中国统计年鉴》各期。

　　在新制度经济学中,制度变量已被明确地纳入标准的经济增长模型之中。根据这种模型,全要素生产率(TFP)不宜按索洛模型中那样解释为要素投入之外单纯的技术进步。应当说,TFP 同时包含了制度促进因素和技术进步因素。因此,我们在模型(4.1)的基础上引入国内经济制度变量 Z,建立下列模型:

$$\ln TFP^D = C + \sum_n b_n \ln(X_n^D) + \alpha \ln(FDI) + \beta \ln(Z) + u \qquad (4.2)$$

　　正如前文所言,FDI 本身是我国制度变迁中重要的一环,同时也会影响国内价格机制等其他改革的效果。为了考虑 FDI 与我国国内制度变迁相互作用的事实,在估计上述两个模型之后,我们进一步考虑将二者的交叉变量纳入分析。考虑将制度变迁对国内技术进步的影响系数 β 视为 FDI 流入程度的函数,即:

$$\beta = \gamma_z \ln(FDI) + \lambda_z$$

　　同样,可以将技术溢出系数 α 视为制度变量的函数,即:

$$\alpha = \gamma_f \ln(Z) + \lambda_f$$

将其代入检验方程(4.2)中,整理可得:

$$\ln TFP^D = C + \sum_n b_n \ln(X_n^D) + \lambda_f \ln(FDI) + \lambda_z \ln Z + \gamma \ln(FDI) \cdot \ln(Z) + u$$

$$(4.3)$$

其中 $\gamma = (\gamma_f + \gamma_z)$。根据交叉项系数的经典解释(Jaccard 和 Turrisi,2003),模型(4.2)描述一种"无条件的"(unconditional)关系:α 是 $\ln Z$(及其他所有解释变量)为平均值时 FDI 对 TFP 的影响,反之 β 也是 $\ln(FDI)$ 取平均值时制度的影响。与此相对,加上交叉项之后,模型(4.3)则解释为一种"有条件的"(conditional)关系:λ_f 是 $\ln(Z) = 0$ 条件下 FDI 对 TFP 的影响,而 λ_z 是 $\ln(FDI) = 0$ 条件下制度的贡献。这样一来,FDI 和国内制度变迁的效应得以更好地分离;同时,二者的交叉项系数 γ 则代表了两种效应的合力:一是制度变迁通过促进 FDI 技术溢出效果而对国内部门的技术进步所造成的影响(γ_f);二是代表 FDI 的流入通过影响制度变迁的技术促进效果而对国内部门形成的另一种技术溢出(γ_z)。对该系数的考察也因此为我们提供了一条检验制度是否是 FDI 技术溢出渠道的重要线索。

我们将分别用行业面板数据和地区面板数据来估计上述三个方程。行业面板数据的分析主要反映 FDI 行业内(横向)溢出效应,行业样本为中国 1999—2008 年间 31 个制造业的行业面板数据,共计 310 个样本。所有数据均来自《中国工业经济统计年鉴》《中国统计年鉴》《中国科技统计年鉴》各期。对于地区层面数据,许多学者(如 Görg 和 Strobl,2002;Hale 和 Long,2006,等等)指出,FDI 溢出效应的计量检验最好采用企业层面数据,这可以避免加总数据造成的重要信息损失;同时,面板数据模型因为能捕捉样本点的动态变化,因此优于截面数据模型。十分遗憾,我国不仅没有涵盖改革时期的企业层面面板数据,而且现有全国范围内的企业层面数据大多太旧。因此,本书决定选取省、自治区、直辖市层面加总数据,这样既能反映最新的趋势,同时也能与大多数国内文献进行比较。即便如此,仍存在统计口径变化问题:1998 年前我国工业经济的统计口径为"独立核算工业企业",在此后则变为"规模以上工业企业"。同时,考虑到市场化指数最新可得数据为 2009 年,因此,本书的最终样本取自《中国工业经济统计年鉴》及《中国科技统计年鉴》各期所载的 31 个省、自治区、直辖市 1999—2009 年间的数据,共计 341 个样本数据。

二、变量定义

1. 制度变量

制度变迁的度量,国内学者通常利用产权制度、市场化程度、分配制度、对外开放度以及政府干预等方面的指标来建立制度指数,如樊纲(2003)、樊纲和王小鲁等(2004,2007)、金玉国(2001)和叶飞文(2004)等。由于外资企业已成为国内经济的一部分,直接影响了我国的市场化程度和对外开放度,并间接地影响分配格局,如果 Z 取综合性指标将不利于分离制度效应和 FDI 溢出效应。另外,行业内的制度因素与地区内的制度因素重点也有差异。因此,我们在进行行业层面分析和地区层面分析的时候采取了不同的制度变量构造方法。

在行业分析中,出于相关数据的可得性因素,我们主要以行业内企业的所有制结构来构造制度代理变量,

Z_{it} = 行业 i 第 t 期内资非国有企业劳动力占比

以内资企业中非国有企业占比来度量行业制度变化自然是不完全的,但该指标也可视为是各种制度改革措施在行业内的综合结果之一,而且一个行业的整体经营效率与行业内私有经济的发展状况紧密相关;另外,被解释变量 TFP 是非外资的国有和民营企业共同的平均生产率水平,二者在行业中结构的变化会直接影响行业的 TFP 值,客观上也需要有一个较为直接的解释变量体现这种变化。因此,行业中非国有企业占比仍然是一个良好的制度代理变量。

在地区层面,由于制度的牵涉面过于庞杂并难以度量,现有研究并没有形成一个统一的量化标准。其中,影响较大的是樊纲和王小鲁等(2004,2007)连续测算的我国各省市的市场化指数。该指数涵盖了政府与市场的关系、非国有化水平、产品市场和要素市场的发育,以及市场中介组织发育及法律制度环境等方面内容,共 23 个指标。由于综合性强且具有连续性,因此我们以樊纲等人的测算结果为基础,经适当调整后作为模型中的制度变量数据[1]。

对上述指数进行调整的原因在于该指数已经包含了部分 FDI 的信息。如果不将其剔除,可能引起解释变量间的共线性问题,并导致 FDI 系数的低估。具体调整方法是:(1)分别以民营的总产值、固定资产和劳动力比重替换原有的三个非国有化指标;(2)删去原指数中的外商直接投资占GDP 比重并按新权重重新调整余下 22 个指标的指数贡献,得到调整后的市场化指数 z_{it}^{M};(3)为模型解释方便,将该指标进行进一步的标准化处理:将全部省市在样本时段内最低的市场化指数记为 z_{min}^{M},令 $Z_{it}^{M} = z_{it}^{M}/z_{min}^{M}$。这样定义的市场化指数 Z_{it}^{M} 为一个位于 $[1, \infty)$ 区间上的正数;该指标越大,则

---

[1]由于计算方法调整,各年度的《中国市场化指数》存在口径差异。为了保证连续性,我们直接使用了《中国市场化指数 2006》所刊载的 2001—2005 年间的市场化指数,而 1999—2000 年的指数是利用后五年的指数计算平均增长率后向前估算得到的。

相应的市场化程度越高。

由于制度因素并无"标准"的量化方法,为了对比,除了使用上面定义的 Z_{it}^M,我们也考虑了另一种制度代理变量:内资部门中私有经济的发展程度。这一变量虽然只涉及地区市场化进程中的一个方面,但它直接反映了一个地区的经济活力,与模型中的被解释变量关系最为密切。由于私有化程度可以反映为产值比重、固定资产比重和劳动力比重等若干形式,出于全面性考虑,我们同时取各省市民营工业的这三个比重值计算算术平均值作为私有化程度指标,记为 z_{it}^P;再以前述方法进行标准化处理,得另一制度指标 $Z_{it}^P = z_{it}^P / z_{\min}^P$。在对模型(4.2)和(4.3)进行估计的时候,我们将分别用上述两个指数作为制度变量,并比较其结果。

2. FDI 变量

在外资变量的选择上同样存在着多种可能。为了避免指标选择对结果造成的影响,我们通过构建一个综合性的外资指标来衡量各省市的外资流入程度,即用一个省市(行业)相应年度中三资工业企业的总产值、固定资产和劳动力占该省市(行业)工业总产值、固定资产和劳动力的比重三个指标的平均数作为外资变量 fdi_{it} 的指标,并作标准化处理: $FDI_{it} = fdi_{it} / fdi_{\min}$。

3. 其他控制变量

为与 FDI 等变量保持一致,所有控制变量也取对数形式。由于行业层面与地区层面内资企业技术进步的影响因素存在一些差异,因此在模型控制变量的选取方面也有所差异,具体的指标选择及界定方式详见表 4-1。

表 4-1 控制变量的选择及其定义(省略 ln 符号)

	指标	变量	定义
行业层面	研发经费投入[注]	RI_{it}^D	年度 t 行业 i 中内资部门科技活动经费内部支出总额占该行业当年工业总产值的比重
	人力资本投入	RP_{it}^D	年度 t 行业 i 中内资部门科技活动人员总数占该行业当年全部从业人员的比重
	技术基础	PT_{it}^D	年度 t 行业 i 中内资部门人均拥有的专利数量

	指标	变量	定义
地区层面	研发经费投入	RI_{it}^{D}	年度 t 省市 i 规模以上内资工业企业人均科技活动经费投入
	技术基础	TB_{it}^{D}	年度 t 省市 i 内资部门的 DEA 纯技术效率（或称 Farrell 效率），它等于 DEA 分析中距离函数的倒数。由于绝大多数省市外商投资企业都处于技术前沿面上，因此 TB 也可视为是内外资企业间的技术差距：TB 值越大表示二者差距越小
	人力资本水平	HC_{it}^{D}	年度 t 省市 i 内资工业企业科技活动人员中科学家和工程师所占比重
	人均资本存量	K_{it}^{D}	年度 t 省市 i 内资工业企业固定资产/内资企业从业人员
	经济发展水平	$PGDP_{it}$	年度 t 省市 i 经 GDP 平减指数调整后的实际人均 GDP

注：考虑到研发投入对技术提升的滞后作用，在实际检验的控制变量选择上将研发投入的滞后一期变量也作为控制变量引入模型。

三、TFP 计算和相关数据调整

本章三个模型的被解释变量都是内资部门（含国有和民营）自 1999 年开始的累计 TFP 增长率，TFP 及其增长率的计算对最终的实证分析结果至关重要。为了避免人为设定参数造成的误差，我们摒弃先估计生产函数再计算余值的传统测算方法，采用数据包络分析（DEA）方法来计算 TFP 及其增长率。DEA 方法计算的 TFP 是一个相对生产率概念，与传统方法估计的结果没有可比性，但增长率应当是相同的（参见本书第一章）。具体地，以行业（或地区）内资企业、外资企业和行业总体的实际工业增加值作为产出变量，以行业（地区）内资企业、外资企业和行业总体的实际固定资产净值年平均余额和从业人员作为投入变量，利用 DEA 方法计算相应行业（地区）内资部门和外资部门的距离函数（投入效率）以及 TFP 变动的曼奎斯特指数。[1] 计算中所用的投入产

---

[1] DEA 是以线性规划方法根据不同决策单位的投入产出数据来构造生产可能性前沿（边界），理论上讲这要求模型中所有决策单位的生产技术在同期相同，但使用效率存在差异。因此以省际数据为基础进行 DEA 分析时实际上暗含了一个假设前提，即：一旦某省发生技术进步，这个进步会无阻力地扩散到其他省份。考虑到各省生产结构的差异、技术的独占性等问题，这有可能导致对结果的不正确解释，因此"追赶效应"的说法适用范围更广（郑京海和胡鞍钢，2005）。近年来这种全要素生产率测算方法在我国也得到了广泛运用，如颜鹏飞和王兵（2004）等。

出变量定义为:

工业产出 Y_{it} = 年度 t 行业(地区)i 相关部门工业增加值

资本投入 K_{it} = 年度 t 行业(地区)i 相关部门固定资产净值年平均余额

劳动力投入 L_{it} = 年度 t 行业(地区)i 相关部门从业人员年平均人数

由于统计年鉴所载数据为当年价格计算的名义值,需要对其中涉及价值形态的指标进行价格调整,具体方法如下(以行业层面数据为例,地区的调整是由各地区的行业数据按同样方式进行调整后加总而得):

工业总产值与工业增加值:首先以行业 n 第 t 年的工业品出厂价格定基指数($P_{1999}^n = 1$)对行业名义工业总产出进行平减,得到各行业的实际总产出 $\bar{Y}_t^{ni} = Y_t^n / P_t^n$。以各行业的工业总产出名义值 Y_t^n 与工业增加值名义值 y_t^n 之差作为该行业当年中间投入量的名义值 M_t^n;由投入产出表[1]所计算出的该行业各种中间要素投入比例和各种要素当年的价格指数($P_{1999}^j = 1$)对中间要素投入进行平减得到实际的要素投入量 $\bar{M}_t^n$:

$$\bar{M}_t^n = \sum_{j=1}^m (M_t^n \theta_n^j / P_t^j) = M_t^n \sum_{j=1}^m (\theta_n^j / P_t^j) \tag{4.4}$$

其中 θ_n^j 为行业 n 中第 j 种要素所占的比重;最后由调整后的实际总产出与实际中间投入量之差可得该行业的实际工业增加值:即 $\bar{y}_t^n = \bar{Y}_t^n - \bar{M}_t^n$。

固定资产存量:价格调整采用常用的永续盘存法,设备年度固定资产投资的价格定基指数为($P_{1999}^K = 1$),可计算得第 t 年的固定资产实际存量为:

$$\bar{K}_t^n = (1-\sigma)\bar{K}_{t-1}^n + \Delta K_t^n / P_t^K \tag{4.5}$$

其中 ΔK_t^n 为当年的新增固定资产投资,以行业 n 在各时期的固定资产年末余值之差(扣除折旧影响)获得,即 $\Delta K_t^n = K_t^n - (1-\sigma)K_{t-1}^n$,其中 σ 为每年的固定资产折旧率(实际计算中取 5%)。

第三节　行业内溢出效应检验

我们先采用截面数据加权(cross section weighting)的固定效应模型回归方法估计上述模型,因为截面加权方法有助于避免因不同行业间经济规

---

[1]由于各地区的投入产出表和价格指数资料不完备,我们在这里统一用全国各行业的投入产出表(2000)和价格定基指数(1999 = 1)进行计算,资料来自于《中国统计年鉴》各期。这实际上等于假定全国各地区在生产中所蕴含的投入产出关系是相同的,同时各种生产要素的价格在地区间也是没有显著差异的。

模和技术水平差异可能造成的截面异方差。但是，这一方法可能会因解释变量的"内生性"(endogeneity)而导致估计偏差。这是因为 FDI 倾向于发生在东道国生产效率原本就较高的行业或地区，因此即使回归结果发现东道国企业的生产效率与 FDI 关系显著，也不能断言后者对前者有促进作用(Aitken 和 Harrison,1999；Hale 和 Long,2006)。在内生性问题存在的情况下，解释变量与误差项间存在相关关系。

注意到近年发展起来的广义矩方法(GMM)能较好地克服内生性问题，我们进一步采用 GMM 对两个模型进行估计。遵循 sys - GMM 方法[1]，我们首先以正交离差技术(orthogonal deviation technique)消除截面固定效应，并以 White Period 方式进行截面加权；在工具变量的选取方面，按照一般的做法，选择了解释变量的全部已知值(即模型各解释变量及其一阶以上滞后变量)作为工具变量。为检定工具变量过度识别约束的有效性，我们进行了 Sargan 检验(简记为 S - Test)。模型(4.1)和(4.2)的估计结果列于表 4 - 2[2]。

表 4 - 2　行业层面估计：模型(4.1)和(4.2)

解释变量	模型(4.1)		模型(4.2)	
	FE(C - S Weighting)	GMM	FE(C - S Weighting)	GMM
$\ln RI_{it}^{D}$	0.0050 (0.0111) [0.654]	0.0083 (0.0058) [0.152]	0.0080 (0.0071) [0.263]	0.0051 (0.0100) [0.611]
$\ln RI_{i,t-1}^{D}$	0.0126 (0.0041**) [0.002]	0.0131 (0.0047***) [0.006]	0.0224 (0.0044***) [0.000]	0.0131 (0.0041***) [0.001]
$\ln RP_{it}^{D}$	−0.0182 (0.0178) [0.309]	0.0123 (0.0089) [0.166]	0.0017 (0.0135) [0.902]	0.0114 (0.0123) [0.354]

[1]在应用中有两种广义矩方法：差分 GMM(diff - GMM)和系统 GMM(sys - GMM)。由于 diff - GMM 中滞后水平只是一阶差分方程较弱的工具变量，因此通常也认为 sys - GMM 是估计动态面板数据模型更恰当的方法(Blundell 和 Bond,1998)。

[2]考虑到 FDI 技术溢出可能需要一定的过程，我们对 FDI 变量取滞后一期值的模型也做了估计，结果与这里报告的结果基本一致，比如 FDI 的系数为负或不显著，制度变量的系数显著为正。参照赤池信息标准(AIC)和施瓦兹信息标准(SIC)，我们最终维持以当期的 FDI 作为外资变量。

续表

解释变量	模型(4.1)		模型(4.2)	
	FE(C－S Weighting)	GMM	FE(C－S Weighting)	GMM
$\ln PT_{it}^D$	0.1161 (0.0116***) [0.000]	－0.0037 (0.0022*) [0.095]	0.0790 (0.0104***) [0.000]	－0.0027 (0.0028) [0.345]
$\ln FDI_{it}$	0.2049 (0.0168***) [0.000]	－0.0045 (0.0079) [0.573]	0.1081 (0.0177***) [0.000]	－0.0221 (0.0131*) [0.090]
$\ln Z_{it}$	—	—	0.1861 (0.0163***) [0.000]	0.0370 (0.0186**) [0.047]
C	0.3492 (0.0704***) [0.000]	—	0.3066 (0.0342***) [0.000]	—
$R^2(Ad－R^2)$	0.8583 (0.8379)	—	0.8831 (0.8657)	—
s. e.	0.1164	—	0.1113	—
DW	1.0023	—	0.8364	—
Arellano－Bond Test		－1.3259(order2) [0.1849]	—	－1.2573(order2) [0.2086]
S－Test	—	24.8338 [1.0000]		23.8184 [1.0000]
H－Test	54.5048 [0.0000]	—	58.5560 [0.0000]	—

注:( )内为标准差,[ ]内为该统计量的置信概率。其中"＊＊＊"、"＊＊"与"＊"分别表示该变量通过1%、5%和10%的显著性检验,下同。

从模型(4.1)和(4.2)的估计结果来看,两个模型均取得了较好的拟合效果。根据豪斯曼(Hausman)检验值,采取固定效应对模型进行估计是适当的;Sargan检验的结果没有拒绝工具变量的有效性,因此可以认为在GMM估计中所使用的工具变量也是有效的。

首先,两个模型中上一年的研发投入对提高生产率都有显著贡献,而当年研发投入的系数因未来得及产生效果,因此并不显著。人力资本投入在两个模型中均不显著,对提高生产率无显著影响。技术基础在横截面加权平均的固定效应模型里对提高生产率有显著正效应，而在模型（4.1）的 GMM 模型里并不显著，在模型（4.2）的 GMM 模型里不显著，说明技术基础对于提高生产率的正效应是由于内生性造成的。

两个模型估计结果中最重大的差异是外资项的系数：如果仅看模型（4.1）的检验结果，在不考虑制度因素的情况下，在固定效应模型里，$\ln(FDI)$ 的系数为正，并达到了 1% 的统计显著水平，而在 GMM 模型里外资项没有通过显著性检验，说明外资项对于提高生产率的正效应为固定效应模型中内生性造成的。在模型（4.2）中，通过引入国内经济制度变迁因素后，我们观察到制度变量对国内企业技术进步存在非常显著的正向影响，而 FDI 系数在固定效应模型中减小，在 GMM 模型中符号为负数并通过了显著性检验。两个模型相比，仅就技术性而言，模型（4.2）明显优于模型（4.1）：它不仅具有较高的拟合优度，同时估计的标准差也较低。但是，促使我们更信赖模型（4.2）的理由不仅在于这些统计检验值，更重要的是模型（4.2）更符合中国经济的转型特征。因此我们认为，工业行业中内资部门生产率的改善除了自身研发投入等因素之外，主要源自我国自身的制度变迁，而非 FDI 流入所产生的技术溢出。表 4－2 不仅证实了这些年国内制度改革在提高生产率方面的积极作用，同时也彰显出遗漏制度变量将产生的必然结果——夸大 FDI 的溢出效应。

为了考虑 FDI 与制度间的相互作用，下面我们转而分析模型（4.3）。如表 4－3 所示，在加入了交互项后，模型（4.3）的各项统计检验值较模型（4.2）稍有改进，说明其稳健性得到进一步增强。由于加入交互项后，各回归变量的系数实际上体现了当制度变量为 0 值时的弹性效应，因此在显著性方面与模型（4.2）存在一定的差异。下面只关注 FDI、制度变量及二者交叉项的估计系数。

表 4－3　行业层面估计：模型（4.3）

解释变量	FE（C－S Weighting）	GMM
$\ln RI_{it}^{D}$	0.0382 （0.0083＊＊＊） ［0.000］	0.0093 （0.0081） ［0.249］

续表

解释变量	FE(C - S Weighting)	GMM
$\ln RI^{D}_{i,t-1}$	0.0145 (0.0054*) [0.008]	0.0058 (0.0070) [0.408]
$\ln RP^{D}_{it}$	0.0056 (0.0168) [0.739]	0.01021 (0.0176) [0.562]
$\ln PT^{D}_{it}$	0.0627 (0.0086**) [0.000]	0.0023 (0.0016) [0.155]
$\ln FDI_{it}$	0.4249 (0.0390***) [0.000]	0.0491 (0.0414) [0.236]
$\ln Z_{it}$	0.3767 (0.0218***) [0.000]	0.0958 (0.0469**) [0.041]
$\ln FDI_{it} \cdot \ln Z_{it}$	0.1351 (0.0085***) [0.000]	0.0599 (0.0311*) [0.054]
C	1.0763 (0.0564***) [0.000]	—
$R^2(Ad - R^2)$	0.9211(0.9090)	—
s. e.	0.1027	—
DW	1.0022	—
Arellano - Bond Test		-1.1642(order2) [0.2443]
S - Test	—	23.0154 [1.0000]
H - Test	92.5424[0.0000]	—

在模型(4.3)中,截面数据加权的固定效应回归和广义矩方法回归结果都表明,$\ln Z$ 的系数为正,且通过显著性水平检验。在截面加权固定效应回归中,$\ln FDI$ 的系数显著为正,在广义矩方法回归中 $\ln FDI$ 的系数不显

著,说明剔除内生性因素,外资项对提高生产率无显著影响。根据交叉项模型的系数解释(Jaccard 和 Turrisi,2003)[①],这意味着:当行业中外资存量处于最低水平时,制度变量对内资部门生产率的作用仍然是正的和显著的。

另一个值得关注的项是交叉项 $\ln Z \cdot \ln(FDI)$,其系数为正,且在两个回归中通过显著性检验。这表明,外商直接投资与国内制度改进二者的协同作用对国内企业生产率产生了积极的影响。这种影响可作双向的解释:一方面,国内制度的完善可能有助于 FDI 正向外溢效应的发挥;另一方面,外商直接投资企业的存在可能通过影响国内制度变迁过程,间接地影响国内企业的生产率。单独看模型(4.3)并不能确认这两种效应的作用方向和大小,但同时比较模型(4.2)和(4.3)的确可以为我们提供分离这两种效应的线索。我们注意到,$\ln Z$ 项在模型(4.3)中的系数较其在模型(4.2)中的系数大得多,由于模型(4.3)中的制度变量系数体现了当 $\ln(FDI) = 0$,即 FDI $=1$ 时制度变迁对生产率的影响程度,这暗示,制度变量在外商直接投资较高的情况下作用力更强。

就模型(4.2)的结果来看,当在引入制度变量之后,FDI 变量在传统的固定效应模型中表现出一定的正向溢出效果,但在控制了内生性的 GMM 回归当中则体现出一定的负面溢出效应,由此我们可以认为,在以往研究中所观察到的 FDI 正向溢出效应实际上可能是因变量内生性问题导致的溢出效应的高估,而在控制了内生性问题后,由制度渠道传导的 FDI 外溢效应应该是负向的。这个结果似乎有悖常理,因为只要 FDI 的流入没有挤占本国民营部门享有的资源,那么由于民营部门可以更好地吸收外商先进的技术,民营部门在内资部门中比重的增加必然会改进内资部门的全要素生产率。对这一"悖论"的回答仍然要结合我国转轨时期的国情。由于政府对民营投资的种种歧视和限制以及给予 FDI 的种种优惠性政策,FDI 的增长在很大程度上是通过牺牲国内优质的民营企业而实现的。由于国内资源分配中歧视规则的存在(黄亚生,2005),

---

[①]根据该解释,如果回归方程中包含变量 A 和 B 以及二者的交叉项 A×B,那么无论该交叉项的系数是否显著,A 的回归系数都应解释为在 B=0 条件下 A 的影响;与之相对,在不包含交叉项的模型中,A 的系数则是在 B 取平均值时 A 的影响。B 的系数也作类似解释。

一些优秀的民营企业为了获取必要的发展资源被迫选择与外商合资,而余下的民营资本即我们现在所观察到的民营部门在很大程度上是因为发展潜力不佳而遭外商"遗弃"的弱势企业。换言之,我们目前所观察到的外商投资企业中有相当部分极有可能是国内民营部门优质资产"FDI化"的结果。在这种情况下,FDI流入的增加不仅不会导致民营部门的技术水平改善,甚至有可能因挤出民营部门的优质资产而造成民营部门的技术水平下降。这时,即使FDI推进了国内制度变迁,但却可能弱化了制度变迁的效果,从而引起内资部门的生产率下降。

最后我们注意到,在上述三个模型中,GMM估计所得的FDI系数都较FE中小,或者转为不显著,这说明由于FDI内生性影响,通常的回归模型的确在一定程度上存在夸大FDI外溢效应的倾向。

第四节 地区内溢出效应检验

地区层面依旧采用截面加权固定效应回归方法(FE)与广义矩回归方法(GMM)分别估计模型(4.1)、模型(4.2)与模型(4.3)。

首先在不包含制度变量的情况下对模型进行回归,结果见表4-4,从回归结果来看,两种方法下FDI都表现出了一定的正向显著性。

表4-4 地区层面估计:模型(4.1)

解释变量	FE	GMM
$\ln(TFP^D_{i,t-1})$	0.8448 (8.54***)	0.8718 [23.56***]
$\ln(R^D_{i,t-1})$	0.0224 (1.98**)	0.0160 [1.78*]
$\ln(R^D_{i,t})$	0.0120 (0.63)	0.0156 [0.83]
$\ln(HC^D_{it})$	0.0070 (0.81)	0.0063 [0.24]
$\ln(k^D_{i,t})$	−0.0835 (−8.38***)	−0.3584 [−2.68***]

续表

解释变量	FE	GMM
$\ln(TB_{it}^{D})$	0.0550 (4.16***)	0.0694 [5.72***]
$\ln(PGDP_{it})$	0.0798 (1.72*)	0.0234 [1.43]
$\ln(FDI_{it})$	0.0257 (2.30**)	0.0147 [1.85*]
C	−0.5300 (−1.47)	0.2360 [2.27**]
R^2(adjusted−R^2)	0.9411 [0.9327]	—
s. e.	0.0474	
F Statistic	113.0748 [0.0000]	
Hausman Test	34.5307 [0.0001]	
Sargan Test		23.3737 [1.0000]
Hadri Z Stat	5.6782[0.0000]	6.1584 [0.0000]
PP − Fisherχ^2Stat	175.8630 [0.0000]	175.974[0.0000]
Arellano − Bond AR(1)	—	−3.3545 [0.0008]
Arellano − Bond AR(2)	—	0.7694 [0.4417]

继续在两种不同的制度变量下对模型(4.2)进行估计,结果见表 4 – 5①。两种制度取值和两种回归均取得了较高的拟合程度,豪斯曼检验的结果证实了模型中固定效应的存在性;同时针对 GMM 的 Sargan 检验也表明工具变量选择是合适的。此外为保证估计结果的有效性,我们对模型的残差项进行了两方面检验。一是平稳性检验,我们对模型(4.1)的残差分别进行了 Hadri Z 共同单位根检验和 PP – Fisherχ^2 个体单位根检验,结果

①考虑到 FDI 技术溢出可能需要一定的过程,我们对包含 FDI 滞后一期变量的模型也做了估计,结果与表 4 – 5 报告的结果基本一致,比如 FDI 的系数为负或不显著,制度变量的系数显著为正。参照赤池信息标准(AIC)和施瓦兹信息标准(SIC),我们最终维持以当期的 FDI 作为外资变量。

均拒绝了残差项含有单位根的原假设,由此可以认为模型的回归残差是平稳序列;二是自相关性检验,针对动态面板 GMM 估计,一个必要的前提条件是模型不存在明显的二阶自相关,因此阿雷拉诺和邦德(1991)构建了基于 GMM 估计的自相关检验统计量。在此,我们利用该统计量来检验GMM 估计中残差的自相关情况,结果表明,模型的残差没有明显的一阶和二阶自相关性。因此,估计结果是可以信赖的。

表 4 - 5　地区层面估计:模型(4.2)

解释变量	制度变量:调整的市场化指数		制度变量:私有化经济比重	
	FE	GMM	FE	GMM
$\ln(TFP^D_{i,t-1})$	0.7612	0.8588	0.8264	0.8452
	(6.99***)	(23.35***)	(8.17***)	(22.60***)
$\ln(R^D_{i,t-1})$	0.0152	0.0220	0.0171	0.0209
	(1.70*)	(2.13**)	(1.66*)	(1.99**)
$\ln(R^D_{i,t})$	0.0051	-0.0045	0.0051	-0.0085
	(0.35)	(-0.34)	(0.33)	(-0.66)
$\ln(HC^D_{it})$	0.0039	0.0113	0.0007	0.0138
	(0.16)	(0.45)	(0.024)	(0.56)
$\ln(k^D_{i,t})$	-0.0983	-0.0332	-0.0743	-0.0258
	(-6.25***)	(-2.51**)	(-6.91***)	(-2.02**)
$\ln(TB^D_{it})$	0.0421	0.0576	0.0540	0.0711
	(4.53***)	(4.86***)	(4.22***)	(6.34***)
$\ln(PGDP_{it})$	0.0804	0.0220	0.0479	0.0270
	(1.96*)	(1.46)	(1.24)	(1.94*)
$\ln(Z^M_{it})$	0.1296	0.0430	—	—
	(3.23***)	(2.01**)		
$\ln(Z^P_{it})$	—	—	0.0436	0.0343
			(2.1992**)	(3.32***)
$\ln(FDI_{it})$	0.0130	0.0037	0.0138	0.0124
	(1.05)	(0.47)	(1.08)	(1.59)
C	-0.6794	0.1937	-0.2906	0.0210
	(-2.11**)	(2.04**)	(-1.00)	(2.25**)
R^2 (adjusted-R^2)	0.9441 [0.9359]	—	0.9437(0.9355)	—

续表

解释变量	制度变量：调整的市场化指数		制度变量：私有化经济比重	
	FE	GMM	FE	GMM
s. e.	0.0466	—	0.0468	—
F Statistic	115.9340[0.0000]	—	115.1152[0.0000]	—
Hausman Test	41.6060[0.0000]	—	42.8601[0.0000]	—
Sargan Test	—	21.9453[1.0000]	—	23.9923[1.0000]
Hadri Z Stat	6.0377[0.0000]	6.3517[0.0000]	5.3469[0.0000]	6.3315[0.0000]
PP – Fisherχ^2 Stat	165.2250[0.0000]	165.588[0.0000]	153.2150[0.0000]	180.928[0.0000]
Arellano – Bond AR(1)	—	−2.8195[0.0048]	—	−3.3258[0.0009]
Arellano – Bond AR(2)	—	0.6402[0.5221]	—	0.2398[0.8105]
Redundant Variable Test	20.0243[0.0000]	—	12.9010[0.0004]	—

现在来分析各解释变量的估计系数。当年 R&D 的系数并不显著，而上年 R&D 的系数显著为正，这证实了研发投入的时滞特征：研发活动会提高企业生产效率，但至少要在一年后才会有效果，而当期的 R&D 因为占用生产资金反而会影响企业产出。变量 TB 的系数显著为正，表明雄厚技术基础都会促进技术进步，这与经验预期相符，但人力资本质量对全要素生产率影响并不显著，表明我国的人力资本可能因存在无效率的配置而影响了其作用的发挥。另外，资本装备率水平 $\ln k$ 的估计系数显著为负，一个可能的解释是，尽管提高资本装备率可能会提高地区的劳动生产率，但却会降低资本的产出效率。这一结果也暗示，我国的技术进步基本上是资本增进型的。

估计结果首先表明，在考虑到制度变迁因素之后，模型中 FDI 变量系数的取值和显著性都有了不同程度的降低，对比表 4 – 4 的结果可知，在不考虑制度变迁因素的影响时，单纯观察 FDI 同国内企业生产率之间的关系容易倾向于高估 FDI 的技术溢出效应。

在制度变量取调整后的市场化指数 Z^M 以及私有化比例 Z^P 时,两种方法估计的制度变量系数都显著,FDI 的系数都不能通过显著性检验。这说明,在不控制内生性问题的情况下的确存在高估 FDI 溢出效应的趋向。总之,如果以 GMM 方法为标准,模型(4.2)的检验结果表明 FDI 在我国的溢出效应并不显著,而改革引致的国内制度变迁强有力地推动了内资企业的生产率增长。

同时,两种不同制度变量下 FDI 系数的细微差异也揭示了一个有趣的现象:虽然不具显著性,但 FDI 系数在制度变量取市场化指数 Z^M 的情况下其取值以及显著性仍要略高于以私有化程度度量制度变量时的情形,我们认为这是由于 Z^P 只反映了产业中所有制结构的变化,而没有涵盖产权改革和市场发育等其他制度内容——因此,一部分未被 Z^P 所涵盖的制度变迁对生产率增长的推动作用就体现为"FDI 的贡献"。

表 4 - 6   地区层面估计:模型(4.3)

解释变量	制度变量:调整的市场化指数		制度变量:私有化经济比重	
	FE	**GMM**	**FE**	**GMM**
$\ln(TFP_{i,t-1}^D)$	0.7227 (6.69***)	0.8616 (23.77***)	0.7778 (7.36***)	0.8282 (22.31***)
$\ln(R_{i,t-1}^D)$	0.0086 (0.34)	0.0276 (2.63***)	0.0136 (1.17)	0.0325 (3.07***)
$\ln(R_{i,t}^D)$	0.0103 (0.74)	−0.0141 (−1.07)	0.0118 (0.74)	−0.0120 (−0.97)
$\ln(HC_{it}^D)$	0.0051 (0.23)	0.0155 (0.64)	0.0147 (0.62)	0.0223 (0.94)
$\ln(k_{i,t}^D)$	−0.1021 (−6.22***)	−0.0238 (−1.79*)	−0.6349 (−8.14***)	−0.0258 (−2.06**)
$\ln(TB_{it}^D)$	0.0499 (5.66***)	0.0571 (4.97***)	0.0656 (4.96***)	0.0765 (6.89***)
$\ln(PGDP_{it})$	0.1129 (2.59**)	0.0332 (2.11**)	0.0551 (1.41)	0.0305 (2.35**)
$\ln(Z_{it}^M)$	−0.0173 (−0.42**)	−0.0419 (−0.86)	—	—

续表

解释变量	制度变量：调整的市场化指数		制度变量：私有化经济比重	
	FE	GMM	FE	GMM
$\ln(Z_{it}^{P})$	—	—	-0.0880 (-4.44^{***})	-0.1149 (-3.05^{***})
$\ln(FDI_{it})$	-0.0408 (-1.76^{*})	-0.0294 (-1.57)	-0.0165 (-0.93)	-0.0287 (-2.41^{**})
$\ln(Z_{it}^{M}) \cdot \ln(FDI_{it})$	0.0312 (3.04^{***})	0.0170 (1.97^{**})	—	—
$\ln(Z_{it}^{P}) \cdot \ln(FDI_{it})$	—	—	0.0255 (4.11^{***})	0.0277 (3.92^{***})
C	-0.7010 (-2.21)	—	-0.2517 (-0.86)	0.4441 (4.07^{***})
$R^2(adjusted-R^2)$	$0.9465(0.9385)$	—	$0.9452(0.9369)$	—
s. e.	0.0461	—	0.0462	—
F Statistic	$117.9598[0.0000]$	—	$114.8974[0.0000]$	—
Hausman Test	$52.0173[0.0000]$	—	$55.2266[0.0000]$	—
Sargan Test	—	$21.6163[1.0000]$	—	$22.7306[1.0000]$
Hadri Z Stat	$5.6357[0.0000]$	$6.2588[0.0000]$	$5.2178[0.0000]$	$5.2499[0.0018]$
PP $-$ Fisher χ^2 Stat	$161.3620[0.0000]$	$171.682[0.0000]$	$134.9990[0.0000]$	$159.233[0.0229]$
Arellano $-$ Bond AR(1)	—	$-2.7903[0.0053]$	—	$-3.1182[0.0018]$
Arellano $-$ Bond AR(2)	—	$-0.0562[0.9552]$	—	$0.7267[0.4675]$
Redundant Variable Test	$8.1588[0.0046]$	—	$9.3328[0.0025]$	—

现在转向模型（4.3）（参看表 4－6），在添加制度与 FDI 的交叉项之后，调整 R^2、Hausman 检验、Sargan 检验等统计量均无异常，残差平稳性和自相关检验结果也与前一模型类似。为考察交叉项的必要性，我们特别进

行了多余变量检验,结果表明该变量并不是冗余的。由于各控制变量系数符号及其显著性与模型(4.2)保持一致,下面只关注 FDI、制度变量及二者交叉项的估计系数。鉴于 GMM 方法更为细致可信,我们主要基于 GMM 的估计结果进行分析。

　　表4-6 显示,制度与 FDI 的交叉项的系数显著为正,表明二者间的确存在很强的相互作用:国内制度的完善能有效促进 FDI 技术溢出机制的效率——这从反面印证了我们的理论分析;反之,FDI 的存在又强化了国内制度变迁效应——这毫不奇怪,因为开放政策是我国市场化改革的一个组成部分,FDI 本身也是制度变迁的表现之一。进一步,我们注意到表中两种制度变量的系数都保持了显著的正值,但 FDI 项的系数为负并且在市场化指数变量模型中通过了 10% 水平的显著性检验。下面我们将模型(4.3)与(4.2)的结果进行对比分析。首先看制度变量系数:模型(4.3)表明,当 $\ln(FDI_{it}) = 0$,即地区内外资存量处于最低水平时,制度变量对内资部门生产率的作用仍然是显著为正的;但与模型(4.2)比较,这里制度变量的系数和 t 统计量都有所降低。这意味着地区的 FDI 水平的确会影响当地制度变迁的效应:FDI 从最低水平升至全国平均水平时,制度变迁对当地生产率的推动作用随之增大。再看 FDI 项的系数:在模型(4.2)的基础上加入交叉项之后,FDI 的系数从非显著的负值变为显著的负值(Z^M 模型),或者从非显著的正值转变为非显著的负值(Z^P 模型),这表明随着制度环境从全国平均水平降至最差,FDI 对内资企业生产率增长的正面作用降低,这证明制度的改进有助于 FDI 技术溢出机制的发挥,一定的国内制度环境已成为 FDI 发挥积极作用的前提条件。

附表

附表 4－1 近年来关于中国 FDI 溢出效应的实证研究

文献	被解释变量	FDI 度量	系数	回归方法
省市层面数据				
Liu（2002）	TFP Y/L	总体平均	－0.149—0.462＊＊ 0.310—0.843＊＊	weighted RE，FE
Huang（2004）	TFP Y/L	省市平均	－0.007—0.006＊＊ －0.012＊—0.013＊	OLS
CL（2004）	专利	省市平均	0.01—0.48＊＊＊	OLS，FE，RE
产业层面数据				
Liu（2002）	TFP Y/L	产业平均	0.02—0.04 －0.13—0.02	weighted RE，FE
LLP（2001）	Y/L	产业平均	0.00＊＊—0.0001＊＊	3SLS
LPVW（2001）	Y/L	产业平均	0.13＊＊—0.16＊＊	3SLS
BCW（2002）	Y/L 高新技术	产业平均	0.044＊＊—0.098＊＊ 0.43＊＊—0.51＊＊	OLS
	新产品产值		0.31＊＊—0.38＊＊	
	出口		0.25＊＊—0.48＊＊＊	
企业层面数据				
HJ（2002）	TFP	产业平均	－1.36＊——0.27	OLS，FE
WL（2006）	TFP	产业和省市平均	0.25＊＊＊—0.30＊＊＊	FE（非企业）
		产业平均	0.012—0.12	
		省市平均	0.48＊＊＊—1.24＊＊＊	
CH（2004）	Y/L	产业平均	0.36—0.96＊＊	OLS

注：＊、＊＊和＊＊＊分别表示在 10%、5% 和 1% 水平上显著。

资料来源：Hale, G. and C. Long, "What Determines Technological Spillovers of Foreign Direct Investment: Evidence from China", *Federal Reserve Bank Working Paper*, Vol. 13, 2006。

附表 4 − 2　国外关于 FDI 行业内技术溢出效应的文献

文献	对象经济体	时期	数据结构	数据类型	研究结果
发展中经济体					
Blomström and Persson（1983）	墨西哥	1970	横截面	产业	+
Blomström（1986）	墨西哥	1970/1975	横截面	产业	+
Blomström and Wolff（1994）	墨西哥	1970/1975	横截面	产业	+
Kokko（1994）	墨西哥	1970	横截面	产业	+
Kokko（1996）	墨西哥	1970	横截面	产业	+
Haddad and Harrison（1993）	摩洛哥	1985—1989	面板	企业 产业	+ ?
Kokko and others（1996）	乌拉圭	1990	横截面	企业	?
Blomström and Sjöholm（1999）	印度尼西亚	1991	横截面	企业	+
Sjöholm（1999a）	印度尼西亚	1980—1991	横截面	企业	+
Sjöholm（1999b）	印度尼西亚	1980—1991	横截面	企业	+
Altken and Harrison（1999）	委内瑞拉	1976—1989	面板	企业	−
Kathuria（2000）	印度	1976—1989	面板	企业	?
Kokko and others（2001）	乌拉圭	1988	横截面	企业	?
Kugler（2001）	哥伦比亚	1974—1998	面板	产业	?
Lopez − Cordova（2002）	墨西哥	1993—1999	面板	企业	− ,?
Görg and Strobl（2002c）	加纳	1991—1997	面板	企业	+
发达国家					
Caves（1974）	澳大利亚	1966	横截面	产业	+
Globerman（1979）	加拿大	1972	横截面	产业	+

续表

文献	对象经济体	时期	数据结构	数据类型	研究结果
Liu and others（2000）	英国	1991—1995	面板	产业	+
Driffield（2001）	英国	1989—1992	横截面	产业	+
Girma and others（2001）	英国	1991—1996	面板	企业	?
Girma and Wakelin（2001）	英国	1980—1992	面板	企业	?
Harris and Robinson（2004）	英国	1974—1995	面板	企业	?
Girma and Wakelin（2002）	英国	1988—1996	面板	企业	?
Haskel and others（2002）	英国	1973—1992	面板	企业	+
Girma（2002）	英国	1989—1999	面板	企业	?
Girma and Görg（2002）	英国	1980—1992	面板	企业	?
Ruane and Ugur（2002）	爱尔兰	1991—1998	面板	企业	+
Barrios and Strobl（2002）	西班牙	1990—1994	面板	企业	?
Dimelis and Louri（2002）	希腊	1997	横截面	企业	+
Castellani and Zanfei（2002b）	法国、意大利、西班牙	1992—1997	面板	企业	仅意大利为 +
Keller and Yeaple（2003）	美国	1987—1996	面板	企业	+
Görg and Slrobl（2003）	爱尔兰	1973—1996	面板	企业	+
转型经济体					
Djankov and Hoekman（2000）	捷克	1993—1996	面板	企业	−
Kinoshita（2001）	捷克	1995—1998	面板	企业	?
Bosco（2001）	匈牙利	1993—1997	面板	企业	?
Konings（2001）	保加利亚	1993—1997	面板	企业	−
	波兰	1994—1997			?

续表

文献	对象经济体	时期	数据结构	数据类型	研究结果
	罗马尼亚	1993—1997			−
Damijan and others(2003)	保加利亚、捷克、爱沙尼亚、匈牙利、波兰、罗马尼亚、斯洛伐克、斯洛文尼亚	1994—1998	面板	企业	? or − 仅罗马尼亚为 +
Javorcik（2004）	立陶宛	1996—2000	面板	企业	?
Zukowska – Gagelmarm(2000)	波兰	1993—1997	面板	企业	−

注:(1)"＋"表示发现 FDI 的显著正效应;"－"为显著负效应;"?"为无显著效应或不明确。(2)为方便读者与参考文献定位,表中文献不翻译成中文。

资料来源:Görg, H. and D. Greenaway, "Much Ado about Nothing? Do Domestic Firms Really Benefit from Foreign Direct Investment?", *World Bank Research Observer*, Vol. 19, No. 2, Autumn 2004, pp. 171 – 197。

第五章　技术溢出影响因素:跨国公司特征

理论上影响跨国公司及其对华投资的技术溢出效应的潜在因素可能有很多。宏观层面,包括经济中基础设施建设状况和政府的相关政策等,微观层面则包括外国投资企业在东道国的战略取向、东道国本地企业的技术吸收能力等因素,同时在行业层面还包括行业技术特质和东道国市场结构等。关于外商直接投资技术溢出效应的影响因素,虽说理论上已有大量探讨,而且也产生了一些富有启发意义的成果,但相关的经验实证研究却并不多见。从目前现有的实证研究文献看,内外资企业的技术差距、行业的资本密集度和市场结构等因素受到重点关注(如陈涛涛,2003),但对跨国公司方面的因素探讨较少。本章将在理论上对跨国公司不同的进入方式以及股权结构影响技术溢出的机制进行分析。至于东道国方面的因素,我们将在第六和第七章从我国产业技术吸收综合能力的角度进行剖析。

第一节　进入方式：新建投资与并购的不同影响

随着我国逐步兑现对其他 WTO 成员方的承诺,大幅度放宽对外商在华投资的有关限制,如持股比例、转让技术等附加条件等,再加上资本市场的日益开放,给外资在华并购我国重要行业、企业提供了诸多方便条件。来自各方面的报道都说明外资对我国重要企业的并购,成为在华扩张延伸的日益重要的手段。2003 年前,外资在中国并购仅占它们在华直接投资总额的 5%,但 2004 年 1 月—2006 年 6 月期间,这一比例突然上升到 63.6%,增加了近 12 倍(高梁,2007)。关于跨国公司进入东道国的方式会对技术溢出效应带来什么样的影响,目前的理论和实证研究并不多,而且也没有明确的结论。虽然一般的理论认为并购容易带来市场垄断,降低社会福利,但有理论模型表明,跨国并购相对于新建投资来讲可能会导致跨国公司更多的技术转移,为东道国带来更多福利(Mattooa 等,2004)。而另一项对中国高科技行业的实证研究表明,新建投资同时存在行业内和行业间技术溢出,而外资并购似乎只存在行业间溢出效应(Liu 和 Zhou,2008)。下面我们分别从 FDI 技术溢出的不同渠道对跨国公司的两种进入方式进行初步的比较分析。

一、竞争效应

外资并购与新建投资的不同,首先在于前者是通过现存的本地企业输入资本、技术或管理等无形资产进入国内的,因此外资进入前后国内企业的数量并没有发生变化;相反,新建投资——无论是外商独资还是中外合资方式,都会在进入后引起国内企业数量的增加。但是,仅凭企业数量来判断两种方式的市场结构效应是非常不全面的,因为本地企业在被外资并购之后竞争实力会增强。如果仅就竞争强度而言,在一般情况下,由于外资并购和新建投资都发生了境外资金、技术或管理等无形资产的转移,国内市场竞争均衡被打破,竞争加剧都是肯定的,差别仅在于竞争效应来得快或是慢。如果并购目标之前是行业的强势企业,与跨国公司的资金、技术和管理优势相结合,并购发生后无疑会加强其市场地位,提高其市场垄断能力;同时,其他本地企业面临的竞争压力会立即加大,其速度通常会比新建投资的效应来得迅速,因为新建投资往往还需要相当的过程。随着并购企业资产、人员逐步融合,其市场地位将越来越巩固,中长期内有可能将行业内一些实力弱小的企业驱逐出市场,而余下的竞争实力稍强的本地企业处于不创新就会被慢慢吞噬的处境。如果被兼并的本地企业原本在行业内处于弱势地位,外资进入将有助于其提高竞争实力,同样对其他本地企业的市场地位提出挑战,迫使后者进行技术升级,改进生产效率。因此,一般情况下外资并购所引起的市场效应与新建投资并无本质差异。只有在国内市场原来处于高度垄断,市场领头企业数量极少,而外资又吞并了某一个行业垄断者的情况下,并购才会明显降低国内市场竞争。

　　我们认为,外资并购引起的不同竞争效应不在于它引起的竞争强度是强还是弱,而是它改变了国内行业的竞争生态,引起系列或连环外资并购,而这是新建投资没有的效果。具体地说,一起外资并购在提升被并购企业竞争力的同时,加大了对其他本地企业的压力;面对这种压力,本地企业虽然可以选择提高生产效率、提高管理绩效、加强自身技术创新等手段来抵抗,但却同时存在一个可能更为简便、从而也更为诱人的选择:自己也寻找一家跨国公司并投入其怀抱。在目前外资企业仍受市场和政府追捧的情况下,这种战略更显优势,因为它不仅预期能解决企业在资金和技术等方面的难题,而且还因改变制度身份而享受若干显性或隐性的“超国民待遇”。另外,企业这种趋向也符合许多地方政府的心态,可以借外资之力来一次性解决后顾之忧,这即是所谓“利用外资盘活存量国有资产”。这样说来,近年来我国若干行业发生的一系列外资并购龙头企业案例就一点也不偶然了。

　　在一个行业内发生一系列外资并购,而且多起并购涉及同一外国跨国公司(如美国巨型跨国公司卡特彼勒在我国装备制造业的系列收购)的情况下,外资并购通过竞争效应带来的技术溢出显然已与通常的新建投资相去甚远。在大规模的外资并购下,规模较小、竞争实力较弱的本地企业最终摆脱不了被洗牌出局的命运,而规模较大、有一定技术基础的本地企业又往往在竞争压力下急于“寻找外资合作伙伴”,企业技术发展的重要性进一步降低。在这种情况下,跨国公司的技术溢出效果可想而知。

二、示范—模仿效应

　　由于我国对外资并购国内企业有股权上的限制,我国的外资并购案一般都属于部分并购,被并购企业并未完全失去所有权,并购完成之后就像合资企业一样在运作,所不同的是传统合资企业是中外方合资新建的企业。因此,一般而言有意义的比较仅存在于并购与新建独资企业之间。

　　外资并购完成之后被并购企业成为并购方最直接和便利的技术转移受体,因此与新建独资方式比较,跨国公司的技术和管理有更多外溢的机会,因为中方管理和技术人员有更多机会接触和参与经营管理过程。虽然新输入的技术在相当程度上只是原有企业技术上的改良或互补性技术,其先进性不一定很高,但它提供了更多的中外方人员交流和合作的机会。而且,就是因为是基于原有技术的渐进性或互补性改良,更利于本地企业吸收消化,有利于中方伙伴的技术积累和进一步的创新能力培养。

在我国大量国有企业经营不善,面临各种困难的情况下,当被并购企业为国有企业时,通过这种存量的方式吸收技术可能是国有企业改革中最有效的制度安排之一,有望从整体上提高我国企业的技术水平和经营能力。由于我国的国有大中型企业曾经在国民经济中占据着绝对优势,我国的研发资源也很大部分投入在这些企业中,它们在过去铸造过辉煌,然而毕竟落后于国际领先水平,已经不适应市场经济体制改革和国内竞争国际化的形势,继续拖延下去不仅无优势可言,甚至有面临绝境的可能。以我国东北老工业区为例,通过新建外资企业,无论是独资还是合资,都不能彻底升级改造现有的企业,从而形成巨大的资源浪费,并加剧经济和社会领域的分化。如果凭借其特有的优势,合理引进外资并购,实现强强优化组合,则有利于保护既有资源和利用新资源、提高技术水平和研发效率、弥补老国企和现代经济的鸿沟。

进一步,外资并购不仅有利于原有企业存量资产更有效率地应用,而且还提供了一条突破改革障碍、重塑现代企业制度的方式,为我国各类企业改革起到借鉴和示范作用。国内企业中,无论是国有企业还是民营企业,在产权制度和治理机制等方面均存在这样或那样的问题,而且因历史问题和既得利益阶层的存在而在改革中困难重重。例如国有企业改制多年,未能取得令人满意的效果,原因在于国有企业的产权关系未能明确,政企未能分开,治理结构不合理。外资并购国有企业有助于明晰产权关系和实现政企职责分开,有利于国有企业的企业制度创新。外资特别是跨国公司会通过并购的战略整合,把国有企业纳入自己的内部化管理,进行组织人事和制度的彻底改组和改造,建立起规范的董事会、经理和监事会治理结构及有效的激励机制和约束机制。一个企业经外资并购之后若能逐步理顺各方关系,建立与现代企业制度相适应的组织形式和管理体制,那么对其他本地企业的改革也提供了可借鉴的经验。显然，新建投资无法达到这种效果。

但是，在对外资技术实力和并购动机等情况知之甚少的情况下，外资并购也存在相当的风险。第三章的分析表明，由于国内市场体制不健全，相关制度不完善，内资企业的资产容易存在价值被低估现象，国有企业更是如此。在这种情况下，国外投资者即使没有先进的技术和管理，也可能通过并购我国本地企业进行制度套利。事实上，近年一些国际投资银行和私募股权（Private Equity，PE）投资公司频频收购国内企业，如高盛收购双汇集团、黑石集团入主蓝星集团，凯雷收购太平洋人寿和徐工机械等，本质上均是这种制度套利行为。国际金融资本的这种财务性跨国并购，其目的主要是通过资产重组、包装之后择机脱手套现。外国收购方仅关心中短期资本利得，根本不能为被并购的本地企业注入任何实质性的技术和管理资产，不改变被并购企业的治理结构、市场拓展和 R&D 计划等长期经营战略。这种情况下被并购企业不仅不能获得技术转移，而且还可能面临资产被掏空等风险。这种案例，显然对其他本地企业的示范作用只能是负面的。

三、人员流动效应

就人员流动渠道而言，与新建投资相比，并购方式更不利于我国本地企业获得跨国公司技术溢出的利益。这不仅在于新建投资招募的本地工人、技术人员，通常都需要进行较为系统的培训，这些培训对提高本地工人劳动效率和技术人员的创新能力有很强的积极作用，更主要的是外资并购通常意味着国内行业中原有的一部分成型的技术团队、产品品牌等无形资产的流失。在外资并购中，人员流动渠道产生的技术溢出总的来讲可能更偏向于负面效应。

外资并购国有企业常伴随国有经济中技术资源的系统性流失，包括被并购企业原来拥有的知识信息、高新技术人才、产品品牌和研发基础设施等等。外资并购目标常常是行业内的龙头或骨干企业，其中不乏国家在各主要工业行业培养的重点企业，代表了我国制造业的前沿水平，是我国工业和科技自主发展、追赶国际先进水平的基础。另外，各级政府在推进企业改革进程时又奉行所谓的"靓女先嫁"策略，许多行业原来的龙头或骨干企业纷纷落入外资之手，企业原有的技术积累和创新基础随之流失。一些发展中国家事实上已有过这种内资部门技术基础大面积流失的教训。譬如，20世纪90年代巴西的汽车行业和电信行业内大量企业被外国跨国公司吞并，结果造成巴西在这两个行业原本不错的技术基础几乎完全崩溃（UNCTAD，1999）。

四、联系效应

与新建投资不同的是，跨国并购技术外溢的联系效应可能更加明显，究其原因，新建投资需要时间去努力发展当地关联，而通过并购建立的子公司已经拥有与当地的关联，所以技术外溢效果可能会更好，这种差别在短期和中期特别明显。而且，由于建立投资的能力、契约和信任等需要长期的积累，这种差别在长期也是存在的。

跨国公司成功并购我国企业以后，如果被并购企业现有的关联是有效率的，跨国公司会保留和加强这种关联。在市场体制不健全的国家，商业活动更多地依靠人脉关系。我国市场化体制虽然在逐步完善，但薄弱环节依然很多，加之长期的计划经济造成的条块分割，从而使得在经济领域中的"关系"显得尤为重要。跨国公司通过并购控制了我国企业以后，等于间接地拥有了被并购企业的关系资源，而这些关系资源恰恰是跨国公司在华投资中最为缺乏的资源。跨国公司在华并购成功以后一般会充分利用这些关系资源，从而大大减少交易成本。跨国公司在华并购成功以后，利用企业原来建立的网络将若干自己没有优势的业务外包，有利于促进后向的技术溢出。随着开放程度的增加，我国的经济发展水平逐步提高，在一些领域的供给能力已经能够满足跨国公司对于质量、可靠性和交货等方面的严格标准。例如，柯达公司通过"98协议"对我国感光产业的主要骨干企业进行成功并购以后，由于柯达公司在华大力实施"本土化"战略，通过联系效应，从而大大提高了我国感光产业的技术水平。

这种联系效应同样存在于技术研发机构中，我国企业一般与很多技术研究机构有相对固定的联系，跨国公司在华并购成功以后，会承袭这种联系。跨国公司并购成功以后,基于被并购企业与我国技术研究机构的良好关系,会倾向于与我国的技术研究机构进行合作开发项目。合作研究使得跨国公司可以利用我国较为便宜的技术研发力量,而我国的技术研究机构则可以通过这种途径提高技术研发的能力。

第二节　外资股权结构的影响

对于跨国公司在外资企业中的股权结构问题,较为主流的观点认为,跨国公司为了与东道国企业成功竞争,就必须拥有一些竞争优势,如先进的技术、独占的知识、管理和营销技能等,考虑到技术转移可能引发上述优势的扩散,因而跨国公司更倾向于采取独资形式进入东道国市场。而另一方面,由于东道国企业的参与可以使其更为便利地吸收先进技术和管理等,因而东道国倾向于外资采取合资的模式进入。因此,东道国政府常常对进入的外资股权进行限制,并对合资企业提供各种优惠激励。这样,进入模式实际上是跨国公司与东道国政府之间博弈均衡的结果,它取决于双方谈判力量的对比。当跨国公司与东道国企业之间存在较大的技术差距使得技术扩散的成本相对较低时,跨国公司有可能通过合资模式以获得东道国的优惠条件,然而,当跨国公司与东道国企业之间的技术差距不足以弥补其可能面临的技术扩散风险时,跨国公司则会利用其掌握的优势迫使东道国接受其独资进入或处于控股地位的要求,以实现对技术溢出水平的控制。此外也有研究表明合资企业中外国资本比重的限制可能会对跨国公司转移技术的水平产生负面影响(Lee 和 Shy,1992),另外,从技术转移成本的角度看,独资企业中跨国公司通常会转移更为先进的技术(Mattooa等,2004)。

然而迄今为止,有关这一问题的探讨仍然比较多地集中在跨国公司的技术转移与进入模式的研究方面,且尚未形成一个较为系统的理论分析框架,与此有关的一些理论依据和经验研究也一直存在争议。而这其中,有关跨国公司在外资企业中的股权结构对东道国企业技术外溢程度影响方面的研究更是鲜有涉及。因此,我们试图在已有研究成果的基础上通过理论分析来解释外资企业股权结构对外资企业的技术水平以及对东道国企业技术外溢程度的影响,为后文的实证检验奠定理论基础。

一、理论分析

假设市场上存在一家内资企业 d 与一家外资企业 f,其各自的技术水平分别为 K_d 与 K_f。则两家企业的技术差距可以定义为 $k = K_d/K_f$。进一步假设两家企业在达到利润最大化均衡情况下的收益函数分别为 $R_d(k)$ 与 $R_f(k)$[①],且该收益函数具有如下性质:

$$R'_f(k) < 0, \quad R''_f(k) < 0, \quad R'_d(k) > 0, \quad R''_d(k) < 0 \qquad (5.1)$$

以上条件表明外资企业的收益 $R_f(k)$ 是内外资企业技术水平差距的减函数,而且外资企业的技术领先优势越大,市场对其产品的需求也越大,其收益也越大。而国内企业的收益 $R_d(k)$ 则是内外资企业技术水平差距的增函数,技术差距越小,内资企业在市场中的竞争力相对越强,其收益也就越大。收益函数的上述假定则表明了如下含义,对于外资企业而言,其收益随着技术水平的提高而增加,但技术水平提高所带来的边际收益是递减的;对于国内企业而言,其收益会随着技术差距的拉大而减小,但其收益增长的幅度却随着技术差距的缩小而降低。

设外资企业的技术转移投入量为 I_f,内资企业的消化吸收投入为 I_d。自然,外资企业的技术水平 K_f 是 I_f 的增函数。为简化起见,假设二者之间存在线性关系 $K_f = \delta I_f$。在此我们假设内资企业的技术水平完全来源于外资企业技术的溢出,即:

$$K_d = \varphi(I_d, K_f) K_f = \varphi(I_d, I_f) K_f \qquad (0 < \varphi(\cdot) < 1) \qquad (5.2)$$

由此可得 $k = K_d/K_f = \varphi(I_d, I_f)$,其中 $\varphi(I_d, I_f)$ 可以看作是外资企业技术溢出的程度。由于内资企业的消化吸收投入增加可以加大 FDI 的技术溢出,而外资企业技术的先进程度提高则会导致内资企业学习难度加大,从而导致技术溢出程度相应地减少,因此,我们可以对其作出如下基本假定:

[①] 在莱文和雷斯(Levin 和 Reiss,1988)的研究中假定企业的技术水平仅仅对需求产生影响,并通过利用技术水平对效用函数进行加权的方式推导出不同企业面临的需求函数,该函数表明产品的价格水平同各自企业的产量和技术差异有关。在此,我们为简化起见直接引用了其理论结果。

$$\partial\varphi/\partial I_f < 0, \quad \partial\varphi/\partial I_d > 0 \tag{5.3}$$

同时为简化起见，假设 $\partial^2\varphi/\partial I_f^2 = \partial^2\varphi/\partial I_d^2 = 0$。

考虑到外资企业的技术转移投入和内资企业的技术消化吸收投入均需要花费成本，我们假设这类成本随着投入的增加而增加，且边际成本会随着投入的增加而出现递增。为简化起见，我们不妨将外资企业的技术转移成本和内资企业的消化吸收成本分别记为 $C_f(I_f)$ 和 $C_d(I_d)$，且满足 $\partial C_f/\partial I_f < 0, \partial C_d/\partial I_d > 0$，同时有 $\partial^2 C_f/\partial I_f^2 = \partial^2 C_d/\partial I_d^2 = 0$。

记外资企业中跨国公司股本所占的份额为 θ，因此跨国公司可以获取该企业利润的 θ 部分，但外资企业的技术却全部来自于跨国公司，即跨国公司独立承担全部的技术转移成本。由以上基本假设，我们可以确定跨国公司以及内资企业的利润函数如下：

$$\begin{cases} \pi_f = \theta R_f(k) - C(I_f) = \theta R_f[\varphi(I_d, I_f)] - C_f(I_f) \\ \pi_d = R_d(k) - C(I_d) = R_d[\varphi(I_d, I_f)] - C_d(I_d) \end{cases} \tag{5.4}$$

对上述利润函数求取最大化，分别可得一阶必要条件为：

$$\begin{cases} \theta R'_f(\partial\varphi/\partial I_f) - C'_f(I_f) = 0 \\ R'_d(\partial\varphi/\partial I_d) - C'_d(I_d) = 0 \end{cases} \tag{5.5}$$

同时，根据条件（5.1），二阶必要条件：

$$\begin{cases} \theta R''_f(\partial\varphi/\partial I_f)^2 < 0 \\ R''_d(\partial\varphi/\partial I_d)^2 < 0 \end{cases} \tag{5.6}$$

必然成立，因此该最大化问题可解。

一阶必要条件方程（5.5）实际上定义了跨国公司技术转移投入与内资企业消化吸收投入的反应函数。事实上只要两个反应函数的斜率满足一定条件，则总可以得到稳定的、均衡的技术转移投入和消化吸收投入水平 (I_d^*, I_f^*) 存在。[1]

在不考虑跨国公司对外资企业的控股权问题情况下，由满足一阶必要条件，进一步可得：

$$\partial\theta/\partial I_f^* = [-\theta R''_f(\partial\varphi/\partial I_f^*)^2]/[R'_f(\partial\varphi/\partial I_f^*)] > 0 \tag{5.7}$$

---

[1]如果要求得稳定的均衡解，则需要保证外商的反应函数 $F(I_f, I_d)$ 的斜率要小于内资企业的反应函数 $D(I_f, I_d)$ 的斜率，限于篇幅在此不过多讨论。

又因为$\partial I_f^* / \partial K_f^* > 0$，故而可知$\partial K_f^* / \partial \theta > 0$，即均衡情况下的外商投资企业的技术水平会随着外商股权份额的增加而增加。

在以上的讨论中我们实际上忽略了跨国公司对外商投资企业的控股权问题。然而跨国公司是否掌握外资企业的控股权却可能是影响技术外溢的一个关键因素。在跨国公司掌握了外资企业的控股权时，它通常可以采取更为严格的管理措施以防止与技术有关的各种要素在外资企业与东道国企业之间进行流动。一个比较常见的现象就是，在跨国公司享有控股权的企业当中，其生产和技术的核心环节大都由跨国公司母国的人员进行管理，而且企业的人员流动也受到更多的限制。这都导致了在跨国公司掌握控股权的情况下，技术的外溢可能会面临更大的困难。

为此，在以上分析的基础上我们可以对技术溢出函数$\varphi(I_d, I_f)$做进一步的区分。假设在跨国公司掌握控股权时的技术溢出函数为$\varphi_c(I_d, I_f)$，而跨国公司未掌握控股权时的技术溢出函数为$\varphi_n(I_d, I_f)$，由以上的经验讨论，我们假设在跨国公司掌握控股权时技术溢出的难度更大，也即$\partial \varphi_n / \partial I_d > \partial \varphi_c / \partial I_d > 0$，这意味着在跨国公司掌握外资企业控股权的情况下，东道国企业消化吸收投入的边际效率会下降。由一阶必要条件（5.5）可知，在跨国公司股权份额为θ时，其技术投入要满足：

$$R'_d = \frac{\partial R_d}{\partial \varphi(I_d, I_f)} = \frac{C'_d(I_f)}{\partial \varphi_n / \partial I_d} \tag{5.8}$$

因此，对于$\partial \varphi_n / \partial I_d > \partial \varphi_c / \partial I_d > 0$，必然有：

$$\frac{\partial R_d}{\partial \varphi(I_d^c, I_f^c)} = \frac{C'_d(I_d)}{\partial \varphi_c / \partial I_d} > \frac{C'_d(I_d)}{\partial \varphi_n / \partial I_d} = \frac{\partial R_d}{\partial \varphi(I_d^n, I_f^n)} \tag{5.9}$$

由于

$$\frac{\partial R'_d}{\partial I_f} = R''_d\left(\frac{\partial \varphi}{\partial I_f}\right) > 0, \quad \frac{\partial R'_d}{\partial I_d} = R''_d\left(\frac{\partial \varphi}{\partial I_d}\right) < 0 \tag{5.10}$$

可知$\partial R_d / \partial \varphi$为$I_f$的增函数，同时是$I_d$的减函数。由此可知$I_f^c < I_f^n$，同时可得$I_d^c < I_d^n$。

综上所述，可以得到如下结论：掌握控股权的跨国公司会有更多的动机向东道国的子公司转移先进的技术；同时，在跨国公司掌握控股权的情况下，东道国企业的学习难度加大，因此学习动机会有所下降。

以上我们考察了跨国公司股权结构对其技术转移程度的影响,接下来我们开始对跨国公司股权结构与东道国企业技术进步之间的关系进行简要的讨论。

由(5.2)式以及 $K_f = \delta I_f$,可得:

$$\frac{\partial K_d}{\partial K_f} = \frac{\partial \varphi}{\partial I_f} \frac{K_f}{\delta} + \varphi(I_d, I_f) \tag{5.11}$$

容易看出,此时 $\partial K_d / \partial K_f$ 的符号并不确定。注意到:

$$\frac{\partial^2 K_d}{\partial K_f^2} = \frac{2}{\delta} \frac{\partial \varphi}{\partial I_f} < 0,$$

因此 $\partial K_d / \partial K_f$ 是 K_f 的减函数。记当 $K_f(\theta) = K^*(\theta^*)$ 时, $\partial K_d / \partial K_f = 0$,由 $\partial K_f / \partial \theta > 0$ 则有:

(1)当 $K_f(\theta) < K^*(\theta)$ 时,即 $\theta < \theta^*$ 时,有 $\partial K_d / \partial K_f > 0$,从而 $\partial K_d^* / \partial \theta > 0$;

(2)当 $K_f(\theta) > K^*(\theta)$ 时,即 $\theta > \theta^*$ 时,有 $\partial K_d / \partial K_f < 0$,从而 $\partial K_d^* / \partial \theta < 0$。

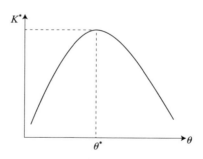

图 5-1 外资股份对技术溢出效应的影响

资料来源:笔者自制。

因此,虽然外商投资企业的技术水平会随着跨国公司股权份额的增加而增加,但从技术溢出的角度而言,跨国公司控股比例的增加却不一定会对内资企业的技术水平提升起到积极作用。事实上,当跨国公司在外资企业中的股权份额比较低时,由于从外资企业所获得的收益不足以弥补其技术转移的成本,所以跨国公司也不会向外资企业过多地转移先进技术,从而导致外资企业的技术水平偏低,此时内资企业能够从中获得的技术转移效果也必然是有限的。然而当跨国公司在外商投资企业中的股权份额较高时，虽然跨国公司会向外资企业转移较先进的技术，但过高的技术水平却会对内资企业的消化吸收产生障碍，从而也限制了技术外溢效应的发挥。另外，即便抛开技术因素，当跨国公司在外资企业中的股权较高，或者享有实际的控股权时，其对企业的控制力也更加强大，此时技术以及各种要素在内外资企业中的流动将受到更大的限制，因此会进一步抑制外资部门技术外溢效应的产生。基于以上分析，我们可以认为，在理论上跨国公司在外商投资企业中的股权份额同内资企业的技术水平之间很可能呈现出如图5-1所示的倒U型的形式。

二、外资企业股权结构与外资企业的技术水平

以上我们对外资股权结构与本国企业技术进步的关系进行了简要的理论探讨。从中我们可以得出三点基本结论：首先，跨国公司在外资企业中的股权比例扩大会增加其向外资企业的技术转移，因此跨国公司控股比例越高的外商投资企业，其技术水平也越为先进。其次，对于跨国公司股权比例相同的外资企业而言，由跨国公司实际控股的企业可能会采取更为先进的技术。最后，从技术溢出的角度而言，跨国公司控股比例的增加对国内企业技术进步的影响恐怕不能用非增即减的简单方式加以描述。我们认为，跨国公司的控股比例与内资企业的技术进步会呈现出一种明显的倒U型特征，在跨国公司控股比例低于一定临界值时，增加跨国公司在合资企业中的股权比重会显著促进内资企业的技术进步，然而一旦这一比例高于临界值点，继续扩大跨国公司的控股比重则会出现适得其反的效果。而同时，当跨国公司掌握了合资企业的控股权时，内资企业的消化吸收动机会下降。

下面从实证的角度对上述问题进行进一步的考察。在样本数据的选择上，由于《中国工业经济统计年鉴》自2002年开始披露全国各省市以及各行业外资企业的股权结构，因此，为了获取尽可能多的样本数量，并获得较为全面的检验结果，我们分别选取了《中国工业经济统计年鉴》所载的2003—2011年全部31个行业以及30个省份的面板数据作为我们检验的

样本数据，并分别从产业层面和地区层面进行计量检验。[①]

有关跨国公司控股比例与外商投资企业的技术水平这一问题，国外一些研究肯定了 R&D 密集的产业与跨国公司采取的分享股权的进入模式之间是一种负相关关系，从而证明了技术越先进的跨国公司更愿意采取独资的进入模式（Gatignon 和 Anderson，1988；Asiedu 和 Esfahani，2001）。此外对委内瑞拉等东道国的研究也表明外资在合资企业中股权比重越大，企业的生产效率也越高（Aitken 和 Harrison，1999）。然而也有一些研究却表明"在跨国公司进入模式与其拥有的技术之间"并不存在显著的统计关系（Benjamin，1989）。

另外，我们利用《中国工业经济统计年鉴》所载的 2003—2011 年的行业数据来检验外资企业股权结构同外资企业全要素生产率之间的关系。在柯布—道格拉斯生产函数下，全要素生产率 $A_f = Y_f / L_f^\alpha K_f^\beta$，$Y_f$ 为外资部门的总产值，L_f 为外资部门的劳动力要素投入，K_f 为外资部门的资本要素投入，α 和 β 分别代表了劳动力和资本的产出弹性。由于资本投入与劳动力投入存在高度的相关性，为避免模型出现多重共线性问题，我们假设行业的规模收益不变，即 $\alpha + \beta = 1$。另外假设 $A_f = \theta^\lambda e^C$，其中 θ 为外资企业中跨国公司所占的股权比例，代入整理可得如下检验式：

$$\ln(Y_f / L_f) = \beta \ln(K_f / L_f) + \lambda \ln\theta + C \tag{5.12}$$

如果检验结果 λ 为正值，则表明跨国公司的控股比例同外资企业的全要素生产率存在正相关，如果 λ 为负值，则说明跨国公司的控股比例同外资企业的全要素生产率存在负相关，如果 λ 不显著，则说明二者之间没有明显的相关性。

对行业层面与地区层面的回归模型分别进行豪斯曼检验，行业层面与地区层面均采取固定效应模型。在实证过程中，我们发现按照原定模型 R^2 特别小，行业层面仅为 0.64，地区层面仅为 0.45，同时 DW 值也大幅偏离 2，这说明原模型自变量解释力度不够且自相关严重，为解决如上问题，我们在模型中加入残差自回归项 AR(1)，结果见表 5-1。

[①]由于《中国工业经济统计年鉴》只披露了行业（地区）的总体数据和三资企业数据，因此本书中涉及的内资企业指标均用行业（地区）总体的数据减相应的三资企业数据计算而得。由于西藏自治区的外资数据有多年缺失，无法计算股权比例，因此删掉此个体。

表5-1 外资企业股权结构与技术水平检验结果

被解释变量	行业层面	地区层面
$\ln(Y_f/L_f)$	0.3942 (0.0525***) [0.0000]	0.8609 (0.0548***) [0.0000]
C	9.7414 (9.0318) [0.2836]	1.5719 (0.1680***) [0.0000]
$\ln\theta$	0.0729 (0.0245***) [0.0072]	0.15493 (0.0702**) [0.0277]
AR(1)	0.9917 (0.0104***) [0.0000]	0.6797 (0.0367***) [0.0000]
$R^2(R^2-\text{adjusted})$	0.9920	0.9661
s.e.	0.0913	0.1446
DW 统计量	2.1286	2.2189

注:计量检验结果均采用 Eviews 5.1 软件回归所得。括号内值为回归系数的标准差,其中"*"、"**"以及"**
*"分别表示通过0.10、0.05和0.01显著水平下的假设检验,下同。

由实证结果我们可以看到,行业层面和地区层面结果都与理论分析较为吻合:股权比例的系数显著为正,表明当跨国公司在外资企业中控股越高,跨国公司输入的技术水平也越高。

三、外资企业股权结构与 FDI 技术外溢效应

前面的理论分析表明,当跨国公司的控股水平超过一定的临界值时,其在外资企业中的股权比重越大,则技术溢出的程度越有限。事实上有很多实证文献也证明了类似的观点。一项对委内瑞拉的实证研究表明,虽然外资在合资企业中股权比重越大,企业的生产效率也越高,但是这种由外资带来的效率的提高全部被合资企业"内部化"了,并没有外溢到当地企业(Aitken 和 Harrison,1999);另一项对捷克制造业的分析也表明,如果外

资份额由独资企业所构成,则技术溢出效应在统计上不明显(Djankov 和 Bernard, 2000)。我国学者的研究也得到了类似的结论,如朱华桂(2003)对跨国公司在华技术溢出效应进行了实证研究,结果表明当跨国公司在华设立独资企业时,其对华技术溢出效应是极其有限的。从这个角度而言,合资企业是中方获得先进技术的极重要来源之一。然而,也有一些研究提供了相反的证据,如一项利用行业数据对印度尼西亚进行的实证检验,结果表明跨国公司对东道国企业的控股程度大小与技术外溢程度并没有关系(Blomström 和 Sjöholm, 1999)。

为了确定外资企业股权结构状况对 FDI 技术外溢效应的影响,我们利用 2001—2003 年的面板数据,分别从产业层面和地区层面对这一问题进行计量检验。

在此我们仍然借鉴国内外研究中较为常见的做法,通过检验 FDI 流入对我国相关经济系统全要素生产率的影响来确定 FDI 的技术外溢效应。根据柯布—道格拉斯生产函数,全要素生产率 $A_d = Y_d/L_d^\alpha K_d^\beta$,其中,$Y_d$ 为内资部门的总产值,L_d 为内资部门的劳动力要素投入,K_d 为内资部门的资本要素投入,α 和 β 则分别代表了劳动力和资本的产出弹性。考虑到资本和劳动力的高度相关性可能会引起模型中的多重共线性问题,我们假设各行业为规模报酬不变,即 $\alpha + \beta = 1$。

同时,假设 FDI 的流入会对全要素生产率产生影响,在此我们以外资企业资产占行业(地区)总资产的比重作为 FDI 变量的衡量标准,为简化起见,我们假设 $A_d = (FDI)^\gamma e^C$,将其代入(5.12)式并取对数,得到如下检验式:

$$\ln Y_d = (1 - \beta)\ln L_d + \beta \ln K_d + \gamma \ln FDI + C + u \tag{5.13}$$

其中 γ 代表了 FDI 的技术外溢效应的程度。γ 越大,则 FDI 的技术外溢效应也越显著。根据前面的理论分析结果,外商投资企业的技术外溢程度同跨国公司在外资企业中的股权份额 θ 存在如图 5 - 1 所示的非线性关系,因此可以假定 $\gamma = a\theta^2 + b\theta$,将其代入(5.13),并移项整理,可得最终计量检验方程:

$$\ln(Y_d/L_d) = \beta \ln(K_d/L_d) + (a\theta^2 + b\theta)\ln FDI + C + u \tag{5.14}$$

对相关的行业数据与省际数据进行回归,回归结果见表 5 - 2。

表 5-2　外资企业股权结构与 FDI 技术外溢效应的检验结果

解释变量	行业层面		地区层面	
	固定效应	随机效应	固定效应	随机效应
$\ln(K_f/L_f)$	0.412945	0.446901	0.341049	0.341049
	(0.040677***)	(0.038508***)	(0.036727***)	(0.036727***)
$\theta^2 \ln FDI$	-0.013354	-0.015854	-0.025156	-0.021774
	(-0.000159**)	(-0.000150**)	(-0.000497**)	(-0.000497**)
$\theta \ln FDI$	0.017489	0.014574	0.025485	0.020737
	(0.007301**)	(0.006785**)	(0.006017***)	(0.006017***)
C	2.913213	2.763943	2.525581	2.367451
	(0.189123***)	(0.179591***)	(0.120437***)	(0.170437***)
R^2 (R^2-adjusted)	0.591300	0.422823	0.901792	0.756325
	(0.536250)	(0.416527)	(0.888532)	(0.683563)
s. e.	0.08	0.461902	0.07	0.173164
DW 统计量	1.984831	1.729073	1.841282	1.841282
F 统计量	10.74125	67.15232	68.77345	79.00767
Hausmann 统计量	$7.652447 < C^2_{0.05}(3)$		$52.711481 > \chi^2_{0.05}(3)$	

由豪斯曼 n 统计量可知,行业层面的回归模型包含随机效应,而地区层面的回归模型则包含固定效应。

在表 5-2 中,回归系数均通过了显著性检验。通过检验,我们证实了在产业层面上跨国公司在外资企业中的股权份额同技术外溢效应存在着非线性关系,即 $\gamma = -0.0159\theta^2 + 0.0146\theta$。因此,从回归结果我们首先可以证实在我国的工业部门当中,跨国公司的进入的确产生了正向的技术外溢效应。即当 $0 \leqslant \theta \leqslant 1$ 时,FDI 的技术外溢效应 γ 为正值。这表明跨国公司的进入的确可以促进我国企业的技术进步。而另一方面,检验结果也表明,这种技术外溢程度的大小与跨国公司在外资企业中的股权投资比例之间的确存在倒 U 型关系。由这一结果,我们可以粗略判断当 $0 \leqslant \theta < 0.46$ 时,跨国公司股权比例的增加会加大技术外溢效应,而当 $\theta \geqslant 0.46$ 时,跨国公司股权比例的增加则会降低技术外溢效应。特别地,对于跨国公司全资控股,即 $\theta = 1$ 时,跨国公司的进入可能并不存在明显的技术外溢效应。

同样,地区层面上的检验结果也支持了这一结论。从我国的省级数据来看，外资企业中的股权份额同技术外溢效应之间也存在类似的关系，即 $\gamma = -0.0252\theta^2 + 0.0255\theta$。由此我们也可以近似地认为，当 $0 \leq \theta < 0.49$ 时，跨国公司股权比例的增加会促进技术外溢效应，而当 $0.49 \leq \theta \leq 1$ 时，跨国公司股权比例的增加则只会弱化技术外溢效应。

总之，关于技术溢出的程度与跨国公司在合资企业中的股权比例的关系，基本结论有三点：

第一，从理论层面看，跨国公司在合资企业中的股权份额增加会促使其向合资企业进行更多的技术转移，从而可以显著提高合资企业的技术水平。相对而言，当跨国公司在合资企业中的股权比例较低时，由于从合资企业中获取的收益难以抵补技术转移的高额成本，跨国公司向合资企业的技术转移程度也会相应有所降低。而我们随后的实证分析也证明，外商独资企业的技术水平高于合资与合作企业，同时合资企业的技术水平也随着跨国公司在合资企业中的股权份额增加而增加。而同时，对于跨国公司所占股权比例相同的合资企业而言，当跨国公司掌握了合资企业的实际控股权时，它往往会向东道国的子公司转移更为先进的技术。然而作为理论上的一种猜想，这一命题的真实性仍有待检验。

第二，从技术溢出的角度来看，当合资企业的技术处于较高水平时，会增大内资部门的消化吸收难度，从而降低技术溢出效应。因此，合资企业的技术水平提升并不一定会导致 FDI 技术溢出效应的增加。这说明，尽管合资企业中外资股份比例增加有助于企业技术水平的提高，却不一定会对内资企业的技术水平提升起到积极作用。当跨国公司在合资企业中的股权份额比较低时，由于跨国公司向合资企业转移技术的动力不足，从而导致合资企业的技术水平偏低，此时内资企业能够从中获得的技术转移效果也必然是有限的。然而当跨国公司在外商投资企业中的股权份额较高时，虽然跨国公司会向合资企业转移较先进的技术，但过高的技术水平却会对内资企业的消化吸收产生障碍，从而限制技术外溢效应的发挥。

第三，我们的理论探讨和实证分析表明，FDI 技术溢出的程度与跨国公司在合资企业中的股权比例呈现出一种类似倒 U 型曲线的非线性关系，即当跨国公司在合资企业的股权比例达到一定临界值之前，FDI 的技术外溢效应会随着跨国公司控股比例的增加而增加，然而当跨国公司的股权比例超过这一临界值之后,继续增加跨国公司在合资企业中的股权会导致 FDI 技术外溢效应的下降。

因此,就充分吸收外资技术溢出效应而言,中外合资仍然是最佳的利用外资方式。当然,我们不应该因此对外商独资企业采取盲目的排斥态度,而应当根据不同行业和地区的特点来选择和引导跨国公司以最适当的形式进入中国。对于一些国内企业技术基础较好、吸收能力较强、已经形成一定规模的行业和地区,可以适当增加跨国公司的股权比例,或吸引跨国公司来华建立独资企业,以期望其能够带来更多的先进技术,增加国内部门的学习机遇。而对于一些基础较差、起步较晚的行业和地区而言,则应当鼓励跨国公司以合资合作的形式进入国内市场,从而能够最大限度地发挥跨国公司的技术外溢效应。

第六章　东道国行业技术吸收能力:因素分析

　　越来越多的理论和实证研究表明,跨国公司在东道国所产生的技术溢出效应大小与当地因素密切相关。这些潜在的因素包括当地产业初始的技术发展水平、内外资企业间的技术差异、当地企业的人力资本积累厚度、市场结构、为技术吸收的投资以及东道国的开放度等。此外,本书前几章的分析结果又表明,对于处于转型过程中的中国经济,市场体制相关联的制度因素也是影响 FDI 技术溢出机制的重要变量。本章试图在已有研究文献的基础上,综合这些影响因素,进一步分析我国企业技术吸收能力的构成要素。

第一节　技术吸收能力的要素

　　按广泛接受的定义,技术"吸收能力"是指企业(或行业)对外在知识和技术进行价值评估,并对有价值的知识和技术进行学习、模仿和与企业原有技术和生产相融合的能力(Cohen 和 Levinthal,1989)。

　　以上是基于微观企业层面的定义。在解释对 FDI 技术外溢效果的检验存在差异时,许多学者所用的吸收能力与以上定义是相吻合的,他们从东道国企业的研发能力,与 FDI 企业的技术差距等方面分析了吸收能力对 FDI 技术外溢效果的影响。随着研究的深入,学者们发现仅从微观层面考察吸收能力是不够的,因此对吸收能力的诠释逐步由微观层面扩展到中观层面,甚至宏观层面。这些扩展的研究说明了不仅微观企业个体的技术能力会影响企业对 FDI 技术外溢效果的吸收,诸如市场结构、金融市场效率、开放度等都会影响东道国对 FDI 技术外溢效果的吸收。下面将在行业层面上讨论各个方面的吸收能力,以分析它们如何影响 FDI 技术外溢的机制进而影响 FDI 的技术外溢效果。

一、微观因素

影响企业吸收能力的微观层面主要指的是企业的技术能力,已有的研究成果多从东道国与 FDI 企业的技术差距、企业自身的研发能力等方面进行考察。企业的技术能力对外溢机制的影响主要集中在示范—模仿效应①与联系机制②上。

1.技术差距

在 FDI 技术外溢机制中示范—模仿效应起着重要的作用。新经济增长理论认为东道国较低的技术水平为示范、模仿提供了广阔的空间,技术落后的国家可以通过学习已有的先进技术,实现后发优势。一些研究者认为,新技术的溢出效应是跨国公司与国内企业技术差距的增函数;技术差距越大,外资企业提供的示范和模仿空间越大,则国内企业"赶超"(catch up)的潜力就越大(Findlay,1978;Wang 和 Blomstörm,1992)。

另外一些学者认为国内企业"赶超"的能力依赖于自身的技术能力,即国内企业吸收先进技术的能力依赖于过去能力的积累(Perez,1997),过高的技术差距意味着本国的积累相对薄弱,学习模仿先进技术的能力也就越差,以至影响示范—模仿机制发挥作用。并且如果东道国企业技术吸纳能力不足,也会使技术外溢发生作用的关联机制受到影响。因为外资企业与当地企业的技术差距越大,则它与当地企业建立后向联系的难度也就越大(Kokko,1994)。

在实证研究方面,有研究表明,溢出效应与东道国和母国之间的技术差距是负相关的,原因是先进的生产技术对于落后的东道国企业而言可能并不适配(Lapan 和 Bardhan,1973)。事实上存在广泛的证据,表明 FDI 带来的先进技术可能并不适用于发展中国家,因此即使有大

---

①外资企业拥有比东道国企业先进的技术,东道国企业或人员与外资企业接触后可以通过看中学(learning by watching)和干中学(learning by doing),不断改进自身技术,提高劳动生产率。
②通过相关产业(行业)之间的纵向关联促进相关产业(行业)中企业的生产效率的提高(Katz,1969)。

量有用的信息和技术扩散,当地企业也无法模仿吸收,东道国技术水平过低严重阻碍了 FDI 溢出效应产生(Kokko,1994,1996;Girma 和 Wakelin,2001)。只有在双方技术差距适当时,才能发生正的外溢效应。

2. 人力资本及研发

作为知识产品的主要载体,人力资本在新增长理论中被视为衡量技术进步的重要指标,因此在技术研发能力中,人力资本对 FDI 技术外溢的影响也备受关注。有实证研究表明,在同样的外向型政策下,南美洲国家的经济增长率却远远低于东亚国家,其原因正是由于人力资本积累的差距导致了这两类国家技术吸收效果以及最终经济增长率的不同(Keller,1996);与此类似,关于 FDI 在不同发达程度的东道国引起的技术溢出效应差异,也被证明与东道国的人力资本水平密切相关(Xu,2000)。另一项研究结果表明,东道国人力资本存量是影响外资企业技术外溢效应的关键因素,外资企业的技术外溢作用存在“临界水平”,只有当东道国人力资本足够丰裕时,东道国经济才能吸收 FDI 的技术外溢(Borensztein 等,1998)。卡塞里和科尔曼(Caselli 和 Coleman,2001)用计算机设备的进口作为衡量国际技术转移的指标,衡量了 1970 年到 1990 年 OECD 国家之间的计算机技术转移的决定因素,发现计算机技术应用和东道国的人力资本水平强相关。更有研究认为,东道国吸收能力的一个重要组成部分就是人力资本水平(Narula,2004)。

除此之外,积极的研发有助于对新技术的模仿学习与掌握,因此研发活动也是衡量企业吸收能力的重要指标,不少学者针对研发投入对 FDI 技术外溢的影响进行了研究。关于印度的相关研究表明,跨国公司溢出效应并不是自动产生的,国内企业要想从中受益,必须对“学习活动”进行投资(Kathuria,1999,2000)。东道国企业对“学习活动”进行的投资越多,就能够从跨国公司的溢出效应中吸收越多的新技术。而当地企业技术水平的提高会进一步缩小其与跨国公司的差距,这将反过来促使跨国公司从母国引进更为先进的技术,以保持自己在东道国市场上的竞争力和赢利能力(Kokko,1996)。

二、中观因素

中观层面的分析主要体现在对市场特征的分析上。一方面,东道国原有的市场结构必然影响跨国公司的进入与进行技术转移,如邓宁(Dunning,1993)和柯克(Kokko,1996)等发现外资倾向于进入垄断程度较高的行业,因为这些行业具有较高的垄断利润;另一方面,跨国公司多为规模巨大的企业,拥有先进的技术与管理经验,它们的进入无疑会加剧国内市场的竞争。在溢出机制中这种竞争能够刺激国内企业的创新,但是这种溢出效应是否是绝对的呢?这又涉及国内企业的规模与外资企业规模对比的问题,如果东道国企业没有足够市场势力与FDI企业竞争,那么即使能够接触先进技术也不一定有机会学习,因为竞争力不足,企业基本的生存都会有问题。下面我们将从市场结构与FDI给东道国企业带来的竞争压力两方面来分析中观层面对企业吸收能力的影响。

不同的市场竞争特征,不仅会影响FDI企业的进入,还会影响FDI企业转移先进技术。那么什么样的特征更有利于技术外溢的产生呢?在这方面并没有一致的答案。有研究文献揭示,在东道国存在严重的市场垄断的情况下,外商的进入只会加剧这种扭曲效应(Bhagwati,1985;Balasubramanyam等,1996);同时,关于本地企业技术能力对外资引进新技术影响的研究表明,当本地竞争处于较为激烈的状态时,对外资企业的竞争压力较大,从而迫使外资企业较快地引进更为先进的技术(Wang和Blomström,1992;Blomström等,1994;Blomström和Kokko,1995;Sjöholm,1997)。但在墨西哥等一些东道国,学者们也发现了相反的证据,即竞争环境较为宽松的行业内FDI技术溢出效应更为显著(Blomström,1986)。

另一方面的研究是从外资企业对东道国企业的竞争压力考虑,研究结果亦有争论。学者们普遍认为,国际企业的进入会强化东道国相应行业的竞争强度(Globerman,1979;Dunning,1993),本地企业在面对竞争压力的状况下,会努力采用新的技术以提高生产效率,从而避免原有市场份额的丢失或被挤出市场。如有文献(Langdon,1981)在研究肯尼亚肥皂工业时发现,由于跨国公司带来了机械化技术,而本地企业为了生存,被迫模仿跨国公司带来的机械化生产以及先进的管理技术,从而促进了本国行业效率的提高。在理论上,有人构建了一个跨国公司和当地企业的策略互动模型(Wang 和 Blomström,1992),解释了为什么竞争越激烈越能刺激跨国公司子公司引进更先进的技术,从而有利于东道国行业的技术进步。

然而也有其他不同的研究结果。有人指出,如果外资企业相对于内资企业过于强大,内资企业在竞争中处于弱势,内资企业并不能吸收外资企业的先进技术(Kokko,1996)。而且与发达国家相比,发展中东道国的本地企业更容易被强大的外资企业击垮,并因此而失去学习先进技术的基础(Blomström,1986)。此外,FDI 不仅激化了东道国市场的竞争状况,同时还改变了大量相关产业的供求状况。在这种情况下,虽然当地企业受益于技术外溢效应而降低了平均成本曲线,但是因为跨国公司扩大市场份额而将需求从当地企业转到其他企业,从而使当地企业维持低成本所需要的生产规模无法实现。结果是企业实际生产点只能沿其平均成本曲线向上移动,其实际生产的单位成本仍很高,甚至高于跨国公司进入以前的成本,这样对当地企业的生存是没有益处的(Markusen,1997)。

与此相关的问题是,内外资企业规模对技术外溢效果的影响。有观点认为,本地企业的规模越大,越能实现规模经济,从而有足够的资金进行研发,能较快地学习先进技术,更有助于技术外溢的吸收。但有经验实证研究表明,发现当地小型企业往往更能充分享受 FDI 的技术外溢效应(Aitken和Harrison, 1999; Dimelis 和 Louri, 2002)。其原因在于,虽然当地大型企业的效率较高,但它们的市场领域常常也是外国跨国公司竞争所在,需要承受巨大的竞争压力;与此相对,当地小型企业多能在大企业的竞争缝隙中腾挪,这有益于其吸收 FDI 企业带来的先进技术。关于技术外溢效应中外国跨国公司规模的影响,研究表明小型跨国公司比大型跨国公司更容易产生外溢效应。大型跨国公司本身技术水平更高,子公司分布较广,上游供应商也较多,因此不与当地企业发生关联亦能生产经营;小型跨国公司本身市场势力较小,他们经常更多地与当地企业接触并转换新技术,从而产生更大的外溢效果(Dimelis 和 Louri,2002)。

除此之外,市场规模和集中程度的影响也广受关注。市场集中程度的大小直接影响市场的竞争程度,而技术外溢发生的机制之一便是竞争效应;同时市场的集中程度也反映了在该市场上有无大型垄断性质的企业，而垄断性质的企业其研发能力和研发动机又不是一般企业可以比拟的，因此市场集中程度对 FDI 技术外溢效果的影响不能轻易下结论。在考察开放经济中的市场结构时，除了市场集中程度，我们也需要考虑内外资企业在市场上的地位问题。如果行业内处于龙头地位的多是外资企业，那么行业中内资部门的技术学习基础就可能会十分薄弱。

三、宏观因素

基于宏观层面的吸收能力是对以上吸收能力研究的扩展，现有的研究主要集中在金融效率与制度环境上。有研究表明，单纯的 FDI 流入对东道国经济增长的影响是不确定的，而金融效率不同的国家 FDI 的溢出效果也是不同的（Borensztein 等，1998）；阿尔法罗等（Alfaro 等，2000）通过建立本国居民微观决策理论模型并利用 1975—1995 年各个国家间的数据进行研究得出了类似的结论。埃梅斯和伦辛克（Hermes 和 Lensink，2000）对 67 个发展中国家进行研究发现，亚洲、南美国家相对成熟的金融体系促进了技术外溢，而非洲国家脆弱的金融体系阻碍了技术外溢的产生。除了金融体系，东道国对知识产权的保护状况也是 FDI 吸收能力的重要影响变量。有证据表明，如果东道国对知识产权保护不力，将会影响外资企业带来的技术水平及其在当地进行研发的动力（Smarzynska，1999）。

就特定行业吸收能力的宏观影响因素，现有研究主要集中在开放度上的分析。一般认为，东道国自由开放的经济和制度环境有助于 FDI 溢出效应的实现和强化，因为良好的环境有助于吸引更具活力的 FDI 流入。外资流入越多，当地企业与其接触的机会就越多，示范—模仿效应发生的可能性就越大（Findlay，1978；Koizumi 和 Kopecky，1977；Das，1987）。从另一方面来说，自由开放的经济和制度环境不仅有利于 FDI 在东道国建立出口导向型企业，而且这样的企业更容易被跨国公司纳入其全球生产和采购系统之中，从而为其提供持续的技术支持，或帮助其进行人员培训（Moran，1998）。

对中国的情况，秦晓钟和胡志宝（1998）利用 1995 年全国第三次工业普查数据中 39 个行业的数据来考察影响 FDI 外溢效应的因素。文章将考察对象先后按技术水平、销售水平、技术与销售综合水平进行分类,考察不同类别企业的技术外溢效果。得出的结论是 FDI 存在正面的溢出效应;技术水平的差距并不阻碍外溢效果的发生,但是外资的销售水平过高会影响外溢效果,当技术差距过大且外资的销售水平又过高时,不利于外溢效果的发生。

陈涛涛(2003)从行业间溢出机制出发较详细地考察了在我国影响外资溢出效应的因素。文章选取的研究对象是 2000 年 84 个四位码行业。研究中,作者首先把技术差距、规模差距、资本密集度差距看作是内外资企业的竞争能力差距,并按照三个因素将研究对象进行分类。作者发现在以内资企业的劳动生产率为被解释变量,用 FDI 等为解释变量时,FDI 的技术外溢效果只在差距较小的企业中产生。接下来,作者又利用连乘模型进行分组检验,发现差距与 FDI 的值连乘后,系数仍然只在差距较小的组显著为正。因此作者认为内外资企业的竞争能力差距影响着 FDI 的外溢效果,只有内外资企业竞争力差距较小时,竞争机制才能发挥作用,FDI 的流入才会促进内资企业的技术进步。作者在其他的文章中延续以上研究风格,进一步发现市场集中度亦影响着 FDI 的溢出效果。得出的结论是在集中度低的行业,技术差距越大越有利于外资技术外溢效果的产生,而在集中度较高的行业,技术差距越大越不利于行业的技术外溢。因此在竞争充分的情况下,技术差距能较快地被吸收,而竞争不充分的情况下,差距过大意味着内外资企业实力悬殊,内资企业没有能力与外资企业竞争,自然无法通过竞争机制实现技术外溢。

赖明勇和包群等(2005)分析了全国总体吸收 FDI 技术外溢所受的影响。其中影响因素包括技术差距、人力资本存量、经济开放度、国内市场竞争程度、基础设施建设等。通过检验作者发现,总体上来讲外资的进入对我国技术进步有一定的促进作用。同时,良好的人力资本、开放度的提高、基础设施的完善都有利于我们对 FDI 技术外溢效果的吸收,但是技术差距这一变量对技术外溢的影响为负,集中度对技术外溢的影响也是不确定的。

第二节　本地企业吸收能力建设：模型分析

本地企业与外国跨国公司间的技术关系是一个互动过程：在特定的制度环境下，外国跨国公司的技术转移战略和市场行为在很大程度上决定了本地企业的吸收能力，反过来本地企业的技术吸收能力又对跨国公司的行为形成反作用。譬如蒋殿春和夏良科（2005）的实证研究就表明，我国本地企业的科技活动会对跨国公司的研发和技术转移决策产生"挤牙膏"效应——前者的科技活动越多，技术积累速度越快，便会迫使跨国公司加快技术转移速度。鉴于此，本节构建一个简单的博弈模型，分析在外国跨国公司技术转移战略内生的条件下，揭示本地企业为增强技术吸收能力所进行的投资决策。

一、基本模型

考虑由一个跨国公司在华子公司（以下简称跨国公司）和一个本地企业进行的两阶段博弈。假定市场上只有这两个厂商。在第一阶段中，跨国公司与内资企业分别进行技术转移与消化吸收投入，并由此决定二者的技术水平；在第二阶段中，跨国公司与内资企业根据既定的技术水平进行产量决策，并确定最终的利润。根据子博弈完美均衡原理，下面先考虑产品市场上的竞争。

1. 产量决策

描述同一产品的不同生产技术有两条基本的思路：一是假定产品是同质的，而不同生产技术造成不同生产成本，如斯潘瑟（Spence，1984）和蒋殿春（1998，2001）即是按这一思路建模的；另一思路则是假定单位生产成本不变，生产技术的不同导致了产品差异，生产技术越高产品品质越高，莱文和雷斯（Levin 和 Reiss，1988）便是这方面的代表，并给出了利用技术水平对效用函数进行加权的效用函数形式。这里我们沿用差异产品的建模思路。假设东道国市场上只有跨国公司与内资企业两个生产者，二者的产品可以相互替代。设跨国公司与内资企业产品的技术含量分别为 K_f 与 K_d，两类产品的消费量分别为 Y_f 与 Y_d，消费者的效用函数形式为：

$$U = K_f Y_f + K_d Y_d \tag{6.1}$$

这意味着,在消费量相同的情况下,技术水平越高的产品带给消费者的效用越大,而当两种产品的技术水平相当时,两种产品为完全替代产品。

记两种产品的价格分别为 P_f 与 P_d,将代表性消费者的收入水平规范化为1,则消费者的效用最大化问题是:

$$\max(K_f Y_f + K_d Y_d)$$
$$\text{s. t. } P_f Y_f + P_d Y_d = 1 \tag{6.2}$$

求解该最大化问题可得跨国公司子公司与内资企业的需求函数分别为:

$$P_f = \frac{K_f}{K_f Y_f + K_d Y_d}; \quad P_d = \frac{K_d}{K_f Y_f + K_d Y_d} \tag{6.3}$$

由该需求函数可知,两家企业的价格与各自产品的技术水平正相关,与对方的技术水平负相关,而无论哪个企业的产量增加都会导致双方价格下降。

由于跨国公司子公司与内资企业同在东道国进行生产,为简化起见,不妨假设二者具有相同的边际成本 c,则二者的利润为:

$$\pi_f = \frac{K_f Y_f}{K_f Y_f + K_d Y_d} - c Y_f; \quad \pi_d = \frac{K_d Y_d}{K_f Y_f + K_d Y_d} - c Y_d \tag{6.4}$$

由利润最大化的一阶必要条件:

$$\partial \pi_f / \partial Y_f = 0, \quad \partial \pi_d / \partial Y_d = 0$$

可得两企业产品决策的最适反应函数分别为:

$$\begin{cases} m K_f K_d Y_d - c(K_f Y_f + K_d Y_d)^2 = 0 \\ m K_f K_d Y_f - c(K_f Y_f + K_d Y_d)^2 = 0 \end{cases} \tag{6.5}$$

求解方程组(6.5),可得双方均衡时的产量水平:

$$Y_f^* = Y_d^* = \frac{m K_f K_d}{c(K_f + K_d)^2} \tag{6.6}$$

将这一结果代入(6.4)式中,可以求得跨国公司与内资企业的均衡利润:

$$\pi_f^* = \frac{m K_f^2}{(K_f + K_d)^2}; \quad \pi_d^* = \frac{m K_d^2}{(K_f + K_d)^2} \tag{6.7}$$

因此,均衡情况下厂商的利润水平实际上是二者技术水平的函数。显然,

$$\frac{\partial \pi_f^*}{\partial K_f} = \frac{\partial \pi_d^*}{\partial K_d} = \frac{2mK_fK_d}{(K_f + K_d)^3} > 0 \qquad (6.8)$$

且

$$\frac{\partial \pi_f^*}{\partial K_d} = \frac{-2mK_f^2}{(K_f + K_d)^3} < 0 \qquad (6.9)$$

$$\frac{\partial \pi_d^*}{\partial K_f} = \frac{-2mK_d^2}{(K_f + K_d)^3} < 0 \qquad (6.10)$$

故而两厂商的利润水平随各自产品的技术水平上升而增加,随对方产品的技术水平上升而下降。

2. 技术转移与消化吸收投入决策

现在转而考虑跨国公司与内资企业在第一阶段所进行的技术转移与消化吸收投入的决策。假设内资部门原有的技术基础为 $\bar{K}_d$,而且内资部门的技术进步全部来自于跨国公司的技术溢出,即 $K_d = \varphi K_f$。其中 $\varphi(K_f, I_d)$ 为技术溢出的程度,K_f、I_d 分别为跨国公司的技术水平和内资部门的消化吸收投入。进一步,假定技术溢出函数的形式为:

$$\varphi(K_f, I_d) = \frac{aI_d + \bar{K}_d}{aI_d + K_f} \qquad (6.11)$$

假设跨国公司的技术水平不会低于本国企业自有的技术水平,即 $K_f \geq \bar{K}_d$,则该技术溢出函数具有如下一些基本特性:

首先,由于:

$$\frac{\partial \varphi}{\partial K_f} = -\frac{aI_d + \bar{K}_d}{(aI_d + \bar{K}_d)^2} < 0; \quad \frac{\partial \varphi}{\partial I_d} = \frac{a(K_f - \bar{K}_d)}{(aI_d + \bar{K}_d)^2} > 0 \qquad (6.12)$$

因此技术溢出程度是跨国公司技术转移程度的减函数,同时是内资部门消化吸收投入的增函数。这意味着跨国公司所转移的技术水平越高,则内资部门学习和模仿的难度也会相应加大,从而导致技术外溢效果的减弱。而内资部门增大消化吸收投入则会导致技术外溢效果的增强。

其次,

$$\lim_{I_d \to +\infty} \varphi(K_f, I_d) K_f = K_f; \quad \lim_{I_d \to 0} \varphi(K_f, I_d) K_f = \bar{K}_d \qquad (6.13)$$

这意味着在跨国公司技术转移程度既定的情况下,内资企业消化吸收投入越高,则内资企业与跨国公司的技术趋同程度越高,而内资企业不进行消化吸收活动时,也无法获得技术进步的效果。

此外,注意到当 $K_f = \bar{K}_d$ 时 $\varphi(K_f, I_d) = 1$,从而有 $K_d = K_f = \bar{K}_d$,即当跨国公司转移的技术水平与本国企业自有水平相同时,本国企业无法获得技术外溢的效果。

最后,a 体现了内资部门消化吸收投入的效率。由于 $\partial\varphi/\partial a > 0$,因此在既定的消化投入条件下 a 越大所获得的技术溢出效应也就越多,即消化吸收的效率也就越高。

进一步假设跨国公司进行技术转移活动的边际成本为 C_f,内资企业进行消化吸收活动的边际成本为 C_d。根据产品市场上竞争的利润函数(6.7),以及内资企业的技术函数 $K_d = \varphi K_f$,可得内外资部门通过技术转移和消化吸收投入所获的最终利润分别为:

$$\Pi_f = \frac{K_f^2}{(K_f + K_d)^2} - C_f K_f = \frac{1}{(1 + \varphi)^2} - C_f K_f \qquad (6.14a)$$

$$\Pi_d = \frac{K_d^2}{(K_f + K_d)^2} - C_d I_d = \frac{\varphi^2}{(1 + \varphi)^2} - C_d I_d \qquad (6.14b)$$

在约束条件 $K_f \geqslant \bar{K}_d$ 以及 $I_d \geqslant 0$ 下,分别求解以(6.14a)式和(6.14b)式为目标函数的最大化问题,根据库恩—塔克(Kuhn - Tucker)定理,在最大值点,存在 $\mu_1 \geqslant 0, \mu_2 \geqslant 0$,使得:

$$\begin{cases} \dfrac{\partial\Pi_f}{\partial K_f} = \dfrac{2(aI_d + \bar{K}_d)(aI_d + K_f)}{(2aI_d + K_f + \bar{K}_d)^3} - C_f + \mu_1 = 0 \\[3mm] \dfrac{\partial\Pi_d}{\partial I_d} = \dfrac{2(aI_d + \bar{K}_d)(K_f - \bar{K}_d)}{(2aI_d + K_f + \bar{K}_d)^3} - C_d + \mu_2 = 0 \end{cases} \qquad (6.15)$$

同时 μ_i 必须满足以下互补松弛条件:

$$\mu_1(K_f - \bar{K}_d) = 0, \quad \mu_2 I_d = 0 \qquad (6.16)$$

求解上述一阶必要条件方程可以解得均衡情况下跨国公司的技术转移程度与内资企业的消化吸收投入。具体地,可能出现以下两种情况:

(1)当 $C_f > C_d/a$ 时,该最大化问题可以取得内点解,由一阶必要条件(6.15)可得均衡情况下跨国公司技术转移投入 K_f^* 与内资部门的消化吸

收投入 I_d^* 存在如下关系：

$$K_f^* = \frac{aC_d}{aC_f - C_d}I_d^* + \frac{aC_f}{aC_f - C_d}\bar{K}_d \qquad (6.17)$$

进一步可以解得均衡情况下的结果为：

$$K_f^* = \frac{2aC_d(aC_f - C_d)}{(2aC_f - C_d)^3} + \bar{K}_d, \quad I_d^* = \frac{2(aC_f - C_d)^2}{(2aC_f - C_d)^3} - \frac{\bar{K}_d}{a} \qquad (6.18)$$

由此可得均衡情况下的技术溢出程度为：

$$\varphi^* = 1 - \frac{C_d}{aC_f} \qquad (6.19)$$

（2）当 $C_f \leqslant C_d/a$ 时，该最大化问题取得角点解，即均衡情况下跨国公司技术转移投入 $K_f^* = \bar{K}_d$，同时内资部门的消化吸收投入 $I_d^* = 0$。

由以上分析，我们可以得到如下一些基本结论：

首先，根据（6.17）式，在均衡情况下跨国公司的技术转移程度与内资部门的消化吸收投入呈正相关的关系。即跨国公司的技术转移程度越高，则内资部门的消化吸收投入也越大，反之亦然。这表明在跨国公司对东道国进行技术转移的过程中存在一定的正反馈效应。跨国公司对东道国技术转移程度的增加会激发内资部门的消化吸收动力，而内资企业消化吸收投入的加大也会反过来促进跨国公司向东道国的子公司转移更多的先进技术。

其次，从结果（6.18）式中可以看出，均衡情况下跨国公司的技术转移程度与东道国企业本身的技术基础存在正相关关系，即东道国本身的技术基础越强，跨国公司向东道国转移的技术程度也越先进，而如果东道国本身的技术基础薄弱，则跨国公司不需要转移太多的先进技术便可以维持其在东道国市场上的优势地位，从而导致跨国公司没有更多的动力向东道国转移先进技术。与此相反，东道国企业的消化吸收投入则与本身的技术基础存在负相关关系，这也意味着在本身技术力量比较雄厚的情况下，东道国企业可以不必过多地依赖于对跨国公司技术的消化吸收来实现自身的技术进步。

同时，（6.18）式也表明，跨国公司的技术转移强度及东道国企业的消化吸收投入都与市场规模存在正相关关系：当东道国的市场容量比较大，或者东道国整体的收入水平比较高时，无论跨国公司还是东道国企业都可以从技术转移或消化吸收过程中获得更多的收益，因此会更加激发其技术转移和消化吸收的动机。

最后需要注意的是，跨国公司技术转移程度实际上与东道国企业的消化吸收能力存在密切的关系。由以上的探讨中我们不难发现，保证跨国公司向东道国企业进行更高程度的技术转移的条件是 $C_f > C_d/a$。由于 C_d 是东道国企业消化吸收投入的边际成本，而 a 则反映了消化吸收投入的边际效率，二者共同体现了东道国企业对新技术的消化吸收能力。在跨国公司的技术转移成本既定的情况下，消化吸收能力较强的东道国企业其消化吸收投入的边际成本也较小，同时消化吸收投入的效率比较高，因此可以保证跨国公司进行高水平技术转移的条件得以满足。反之，当东道国企业的消化吸收能力较弱时，东道国企业在消化吸收过程中常常面临较高的成本和低下的效率，从而导致 $C_d/a > C_f$，此时跨国公司会采取与东道国企业相当的技术水平进行生产，东道国企业因此也难以通过技术外溢效应来实现自身的技术进步。

二、市场结构与跨国公司的技术转移

从以上的讨论中我们看到，只有在那些内资部门消化吸收能力较强的行业当中，跨国公司才有可能向东道国的子公司转移更为先进的技术，从而保证了内资企业可以获得一定程度的技术外溢效果。因此，FDI 可以成为强有力的推动经济发展的工具，但前提条件是东道国必须具备充足的人力资源、完善的基础设施、稳定的经济环境。这恰好印证，FDI 只是"富国的午餐"，只有最富裕的发展中国家才可能从中受益（Balasubramanyam，1998）。然而，对于发展中东道国而言，其引进外资的一个重要目标就是利用跨国公司的技术外溢效应来促进本国企业的技术进步。而在这些国家，特别是其中一些起步较晚的弱势产业当中，其消化吸收能力通常不足以促使跨国公司采取更为先进的技术，因而也使得利用技术外溢效应推动本国技术进步的设想多少显得有些一厢情愿。

在东道国企业消化吸收能力不足的情况下，如何促使跨国公司转移更多的先进技术，可以从市场结构角度来寻求一个解决之道。

以下我们仍然保持上文的基本假定条件不发生变化,但考虑市场上存在 n 家跨国公司与一家东道国企业,其中各跨国公司具有完全相同的技术水平与生产能力。此时消费者的效用函数变为:

$$U = \sum_{i=1}^{n} K_f^i Y_f^i + K_d Y_d \tag{6.20}$$

其中 K_f^i 和 Y_f^i 分别表示第 i 家跨国公司的技术水平与产量。同上所述,在预算约束 $\sum_{i=1}^{n} P_f^i Y_f^i + P_d Y_d = 1$ 下求解该效用最大化问题,可以得到跨国公司与内资企业各自的需求函数分别为:

$$P_f^i = \frac{K_f^i}{\sum_{i=1}^{n} K_f^i Y_f^i + K_d Y_d}, \qquad P_d^i = \frac{K_d^i}{\sum_{i=1}^{n} K_f^i Y_f^i + K_d Y_d} \tag{6.21}$$

仍然假设各跨国公司与内资企业有相同的边际成本 c,由此可得跨国公司 i 与内资企业的利润函数分别为:

$$\pi_f^i = \frac{K_f^i Y_f^i}{\sum_{i=1}^{n} K_f^i Y_f^i + K_d Y_d} - c Y_f^i, \qquad \pi_d^i = \frac{K_d^i Y_d^i}{\sum_{i=1}^{n} K_f^i Y_f^i + K_d Y_d} - c Y_d \tag{6.22}$$

求取该利润最大化,可得均衡情况下跨国公司 i 与内资企业的利润为:

$$\pi_f^{i*} = \frac{(K_f^i)^2}{(\sum_{i=1}^{n} K_f^i + K_d)^2}, \qquad \pi_d^* = \frac{K_d^2}{(\sum_{i=1}^{n} K_f^i + K_d)^2} \tag{6.23}$$

仍然假设跨国公司进行技术转移活动的边际成本为 C_f,内资企业进行消化吸收活动的边际成本为 C_d,技术溢出函数仍如(6.19)式的形式,则跨国公司 i 与内资企业通过技术转移和消化吸收投入所获得的总利润分别为:

$$\Pi_f^i = \frac{(K_f^i)^2}{(\sum_{i=1}^{n} K_f^i + K_d)^2} - C_f K_f^i, \qquad \Pi_d = \frac{K_d^2}{(\sum_{i=1}^{n} K_f^i + K_d)^2} - C_d I_d$$

$$\tag{6.24}$$

在约束条件 $K_f \geqslant \bar{K}_d$ 以及 $I_d \geqslant 0$ 下求解该利润最大化问题,利用一阶必要条件及跨国公司之间的对称性,可以解得均衡情况下跨国公司技术转移程度与内资企业的消化吸收投入为:

$$K_f^* = \frac{2naC_d(anC_f - C_d)}{[an(n+1)C_f - C_d]^3} + \bar{K}_d, \qquad I_d^* = \frac{2n(anC_f - C_d)^2}{[an(n+1)C_f - C_d]^3} - \frac{\bar{K}_d}{a}$$

$$\tag{6.25}$$

由该最大化问题的互补松弛条件可知，该问题取得内点解，即 $K_f^{i^*} > \bar{K}_d$ 的条件为 $C_f > C_d/an$。与(6.19)式所需条件相比，即便当 $C_f < C_d/a$ 时，我们也可以通过增大 n 使得内点解的条件得以满足，从而保证跨国公司转移的技术水平高于本国原有的技术水平。

这实际上意味着，当东道国企业本身的消化能力较弱，依靠本身的竞争能力不足以对跨国公司构成威胁，无法促使跨国公司进行更高水平的技术转移时，我们可以通过引进更多水平相当的跨国企业来强化市场的竞争格局，从而达到激发跨国公司进行高层次技术转移的目的，此时的本国企业也可以有机会通过跨国公司带来的技术外溢效应来实现自身的技术进步。

然而需要指出的是，这种依靠增加东道国市场上跨国公司的数量来激励跨国公司采取先进技术的做法是与东道国企业本身的消化吸收能力相联系的。换而言之，只有当东道国企业的消化吸收能力较差时，增加跨国公司数量才是促进其技术转移的有效手段。而如果忽视了这一点，盲目地认为扩大跨国公司的数量会取得更好的技术转移效果的看法实际上是对我们上述结论的一种误解。

为了理解这一点，我们需要对(6.25)式的结果作进一步的探讨。由(6.25)式所得的均衡结果可以得到：

$$\frac{\partial K^*}{\partial n} = \frac{C_d^2 + 5aC_f n^2 C_d - a^2 C_f^2 n^2 (4n+1)}{\left[an(n+1)C_f - C_d \right]^4} \tag{6.26}$$

由此，当 $C_a/a \geq (n\sqrt{25n^2 + 16n + 4} - 5n^2)C_f/2$ 时，有 $\partial K^*/\partial n \geq 0$。设

$$f(n) = \frac{n\sqrt{25n^2 + 16n + 4} - 5n^2}{2} C_f$$

且 $f(n^*) = C_d/a$，由于 $\partial f/\partial n > 0$，因此：

(1)当 $n \leq n^*$ 时，有 $f(n) \leq \dfrac{C_d}{a}$，此时，$\partial K^*/\partial n < 0$，即跨国公司的技术转移程度会随着跨国公司数量的增加而增加。

(2)当 $n > n^*$ 时，有 $f(n) > \dfrac{C_d}{a}$ 时，此时 $\partial K^*/\partial n \geq 0$，即跨国公司的技术转移程度会随着跨国公司数量的增加而减少。

以上的分析表明,只有在东道国本土企业自身的消化吸收能力不足时,增加跨国公司的数量才会促进跨国公司增加技术转移。而对于本土企业消化吸收能力较强的行业或地区而言,盲目扩大招商引资的规模恐怕会导致事与愿违的结果,此时将跨国公司的数量控制在一定的范围之内可能是一种更为明智的做法。

三、理论启示

本节我们在考虑跨国公司技术外溢效应的情况下通过一个两阶段博弈模型对跨国公司向东道国的技术转移行为以及东道国的消化吸收活动进行了理论分析,得到如下一些有启发性的基本结论。

首先,跨国公司的技术转移活动与东道国企业的消化吸收投入存在正向关联。即跨国公司的技术转移与东道国企业的消化吸收投入之间存在一种正反馈效应。跨国公司的技术转移程度越高,则东道国企业的消化吸收投入也就越大;反之东道国企业的消化吸收投入的增加又会进一步激发跨国公司向东道国进行更多的技术转移。因此,要促使跨国公司对东道国进行高层次的技术转移,一个重要条件就是加大东道国企业的消化吸收投入。

其次,跨国公司的技术转移强度在一定程度上也取决于东道国企业自身的技术基础。在东道国企业具有一定消化吸收能力的前提下,东道国企业本身的技术基础越雄厚,则跨国公司对东道国进行的技术转移力度也就越大。相反,如果东道国企业本身的技术基础薄弱,则跨国公司不需要进行过多的技术转移就可以维持其在东道国市场上的优势地位,从而也就没有动力向东道国进行更为先进的技术转移。这也表明,仅仅依靠跨国公司带来的技术进行被动的消化吸收与技术溢出来实现本国的技术进步不会取得很好的效果。要促使跨国公司对东道国进行更多的技术转移,并利用跨国公司的技术外溢效应来推动本国的技术进步,加强自身的研发能力与创新能力,努力提升本国企业的技术实力也是一个不可缺少的重要环节。

再次,跨国公司的技术转移程度以及东道国企业的消化吸收投入力度与东道国行业的整体收入水平或消费水平存在正向关联。东道国的整体收入水平和消费水平关系到跨国公司与东道国企业的赢利能力,对于既定的技术转移投入和消化吸收投入而言,市场规模越大,则企业从技术进步过程中所获得的收益也就越高,从而其技术进步的动机也就越强。因此,努力提高东道国的收入水平和消费能力,扩大相关产业的市场规模对于促进跨国公司的技术转移和本国企业的技术进步无疑是十分必要的。

此外,跨国公司的技术转移程度与东道国企业的消化吸收能力存在密切关系。我们的讨论表明,只有当东道国企业的消化吸收能力达到一定的水平时,才能够促使跨国公司向东道国进行先进的技术转移,东道国企业也才能够借助由此带来的技术外溢效应实现自身的技术进步。而对于消化吸收能力不强的行业和地区而言,跨国公司也会采取其最低水平的技术进行生产,而这种技术产生的外溢效应也是极其有限的。这也是造成技术外溢效应会更多地发生在发达国家和地区的原因之一。然而,对于发展中东道国而言,其很多部门,特别是弱势产业中的国内企业技术实力比较薄弱,消化吸收能力通常不足以促使跨国公司采取更为先进的技术,因而也使得利用技术外溢效应推动本国技术进步的设想成为空谈。对此,我们可以通过在市场上引进更多的跨国公司,借助跨国公司之间的竞争来弥补东道国企业竞争能力的不足,从而达到激发跨国公司进行技术转移的目的,使得东道国企业有更多的机遇吸收跨国公司带来的技术外溢效应。

然而需要指出的是,依靠增加跨国公司数量来促进其技术转移的做法并不是一个普遍适用的结论。事实上市场上存在的跨国公司的数量必须与东道国企业的消化吸收能力相适应,对于本土企业消化吸收能力不足的行业和地区而言,可以考虑适当增大外资部门的介入程度,而对于本国企业具有较强的消化吸收能力的行业和地区来说,继续增加外资企业的数量可能会取得适得其反的效果。特别是考虑到市场上跨国公司的增加会导致内资企业的利润萎缩,在本国企业融资能力不足的情况下,跨国公司的大量涌入会对本国企业的消化吸收投入乃至研发投入产生严重的挤出效应,此时内资部门的技术进步进程不仅不会得到推动,甚至会因为跨国公司的介入而遭到破坏。

综上所述,跨国公司的技术转移进程是与本土企业的消化吸收活动密切联系的,相对而言,市场结构因素可能只是一种治标不治本的"镇痛剂"。当本国企业的消化吸收能力不强时,增加跨国公司的数量可能会在一定程度上促使跨国公司进行技术转移。但要从根本上解决这一问题,还需要东道国企业自身通过改善人力资源状况、增加消化吸收投入等措施来加大消化吸收能力和自主创新能力,并努力培育市场,扩大销售规模,这样才能够最终激发跨国公司的技术转移动机,并由此获得更高的技术外溢效应,推动自身的技术进步进程。

第三节 东道国吸收能力影响因素的实证方法

在特定的东道国和特定的行业,上述各类潜在的影响因素具体会产生什么样的影响最终还是要依靠实证研究。在这方面,现有的文献所采用的方法主要可以归纳为分组检验和在回归模型中构造交叉变量等方法。

一、 分组检验

所谓分组检验,其思想就是根据一定的指标将检验的数据分成两个(或更多)子样本,分别对两个子样本进行回归并对比技术外溢程度在各组样本之间的差异,并根据两组子样本所确定的技术外溢系数大小来判定该因素对 FDI 技术外溢效应所产生的具体影响。如陈涛涛(2003)利用分组的方法检验了影响中国 FDI 溢出效应的内在机制。

然而通过分组并分别进行回归检验面临的问题就是,我们可能无法判定两组样本各自的技术外溢系数之间的差异是否具有统计意义上的显著性,因此也就无法从更严谨的意义上确定这种影响因素是否真的存在。蒋殿春和张宇(2006)在分组检验的基础上通过引入虚拟变量解决了这一问题。譬如,考虑下面基本的回归模型(省略时间和行业等下标):

$$P = C + \sum_{n}\beta_{n}X_{n} + \theta(FDI) + u \tag{6.27}$$

其中 P 为东道国行业中内资部门的生产率(也可以是产出),FDI 为行业中外资部门规模变量,X_{n} 为若干控制变量,C 为截距项,u 为误差项。如果要考察某一变量 G 对 FDI 溢出效应的影响,可以对变量 G 的观察数据进行升序排列,根据排序结果将有关数据平均分为两组,在排序分组的基础上在模型中引入虚拟变量 D_{it},使得:

$$D = \begin{cases} 0 & 第一组 \\ 1 & 第二组 \end{cases}$$

从而检验模型变为如下形式:

$$P = C + \sum_n \beta_n X_n + \theta_1(FDI) + \theta_2 D \times (FDI) + u \qquad (6.28)$$

根据虚拟变量的取值不同,该检验式也可以写成如下两种不同形式,即:

$$P = C + \sum_n \beta_n X_n + \theta_1(FDI) + u \qquad \text{第一组}$$

$$P = C + \sum_n \beta_n X_n + (\theta_1 + \theta_2)(FDI) + u \qquad \text{第二组}$$

由此可见,影响因素数值较小的一组中技术外溢系数为 θ_1,而影响因素数值较大的一组中技术外溢系数为 $(\theta_1 + \theta_2)$。此时可以通过检验外资变量的系数 θ_1 与 $(\theta_1 + \theta_2)$ 是否发生显著变化来确定两组数据中 FDI 技术外溢作用是否相同,进而来确定分组所依据的指标是否会对 FDI 外溢效应产生显著的影响。或者,也可以通过对(6.28)式的回归,并判断虚拟变量所在项的估计系数 θ_2 是否显著来确定有关因素是否会对 FDI 技术外溢作用的发挥产生显著的影响。如果 θ_2 显著非零,即可以认为分组所依据的指标会对 FDI 技术外溢效应产生显著的影响,其中两组中的技术外溢程度分别为 θ_1 和 $(\theta_1 + \theta_2)$;否则,则表明两组中 FDI 技术外溢效应的发挥并不存在明显的差异,并可以认定分组所依据的指标对 FDI 技术外溢效应的发挥没有显著的影响。

二、交叉变量模型

简单地根据影响因素将样本分为两组,可以粗略地估测该因素对 FDI 技术外溢效果的影响方向,但对于一些影响效果相对复杂的因素而言,这种方法可能无助于揭示该因素与技术外溢效应之间的真实关系。特别是当影响因素与技术外溢效果之间存在非线性的关系时,分组检验法很可能会导致错误的结论出现。以研究当中最为常见的技术差距为例,一般认为东道国与跨国公司之间的技术差距同跨国公司所带来的技术外溢效应之间可能存在一种倒 U 型的非线性关系,即过低和过高的技术差距实际上都不利于技术外溢效果的发挥。在这种情况下,简单地将样本分为两组就无法探查出这种非线性关系的存在。

在分析 FDI 溢出效应中人力资本的作用时,代表性的做法是在回归方程中构造 FDI 与人力资本的交叉项(二者相乘)并作为一个独立的解释变量(Borensztein 等,1998)。具体地,如果假定 FDI 的技术外溢系数 θ 受某一(些)

因素 x 影响,不妨将二者间的关系记为 $\theta = \theta(x)$,那么模型(6.27)将变为:

$$P = C + \sum_n \beta_n X_n + \theta(x)(FDI) + u \qquad (6.29)$$

根据该影响因素对 FDI 技术外溢效应所产生的不同影响方式,我们可以对模型作出如下两种不同变化:

(1)如果因素 x 与技术外溢系数 θ 之间存在单调递增或递减的线性关系,那么则可以假设 $\theta_{it} = a + bx$,将其代入检验式(6.29)并整理可得:

$$P = C + \sum_n \beta_n X_n + a(FDI) + b(FDI) \times x + u \qquad (6.30)$$

如果系数 a 为正并通过显著性检验,则说明该因素对 FDI 的技术外溢效应有积极的促进作用,反之则表明该因素对 FDI 的技术外溢效应具有消极的阻碍作用。一些学者如陈涛涛(2003)及赖明勇和包群(2005)等曾利用此类模型检验了诸如技术差距、开放程度以及人力资本水平等因素对 FDI 技术外溢效应的影响。

(2)如果因素 x 与技术外溢系数 θ 之间不存在单调关系,则可以针对不同的情况设置不同的函数 $\theta(x)$ 并对其进行进一步检验。比如因素 x 与技术外溢系数 θ 之间呈现诸如倒 U 型曲线等类型的非线性关系时,可以尝试假设 $\theta_{it} = a + bx + cx^2$,回归式变为:

$$P = C + \sum_n \beta_n X_n + a(FDI) + b(FDI) \times x + c(FDI) \times x^2 + u \qquad (6.31)$$

通过对(6.30)式或(6.31)式进行回归估计系数 a、b 与 c,便可以刻画出该因素 x 对 FDI 技术外溢效应的具体影响。张宇(2006)曾在理论分析的基础上利用此类模型检验了外资企业的股权结构对 FDI 技术外溢效果的影响,并证实了跨国公司在合资企业中的股权比例过高和过低时都不利于技术外溢效果的发挥。

利用交叉项解释变量模型可以灵活地刻画各种因素对技术外溢效应影响的具体形式,但由于函数 $\theta(x)$ 的具体形式未知,因此有关的实证检验一般需要有理论分析作为支撑。

三、门槛效应检验

在前面所讨论的影响因素检验当中,我们可以对个别因素影响 FDI 技术外溢效应的方向进行判断。然而对于东道国的引资活动而言,仅仅确定这些因素对技术外溢效应的影响方向是不够的,在此基础上进一步确知这些因素在什么样的具体水平上才能够足以引发积极的技术外溢效果对于东道国的经济发展决策可能具有更强的导向意义。由此也引起了对 FDI 技术外溢的"门槛效应"的检验与测算。简单而言,对该问题的研究主要有以下两种思路:

1. 基于"交叉项模型"方法的门槛效应测算

"门槛效应"检验实际上是对影响 FDI 技术外溢效应的因素检验的一种扩展。因此我们可以利用前文构建的交叉项模型进一步对 FDI 技术外溢的门槛效应进行检验。其基本的思想就是要确定一定水平的 x 使得技术外溢系数 θ 为正。

在模型(6.30)中,由于影响因素 x 与技术外溢效果 θ 之间存在线性关系,为了获得积极的技术外溢效果,实际上要求 $\theta = a + bx > 0$。通过求解该不等式,我们可以将 $-a/b$ 作为门槛水平。当 $b > 0$ 时,只有在影响因素 $x > -a/b$ 的情况下,FDI 的流入才会对企业产生积极的技术外溢效果;而当 $b < 0$ 时情况则恰好相反。此时可以通过对模型(6.30)进行回归,并利用回归参数计算出该因素的"门槛水平"。

而对于模型(6.31),理论上也可以采取类似的方法并利用回归得到的系数求解出特定的门槛水平。然而由于二次不等式 $a + bx + cx^2 > 0$ 的解在正区间中并不总是存在,因此有可能出现无法找到一个具有经济意义的门槛水平的情况。对此可以将常数项 c 略去,这实际相当于假设当影响因素 $x = 0$ 时不存在 FDI 的技术外溢效应,对于绝大多数的经济指标而言,这种简化是可以解释的。而通过这一做法通常可以保证得到一个特定的门槛水平。

2. 基于"门限回归"方法的门槛效应测算

基于交叉项模型而进行的门槛效应测算比较直观,但该方法面临的问题就是对于回归参数的符号需要作出一定的约束,如对于模型(6.30)而言,就需要确保回归系数 a 与 b 的符号相反,否则可能无法得到有意义的结果。同时,相对于样本所处的区间而言,基于此方法计算的门槛水平可能会过高或过低,从而导致计算结果缺乏解释力。近年来,非线性计量经济模型的发展为这一问题的研究提供了一种新的思路,即通过构建"门限回归"模型来测算 FDI 技术外溢的门槛水平。

　　本质上,"门限回归"方法实际上可以视为前文所述的"分组检验"方法的一种扩展。在模型(6.28)中,依照变量 x 观察值的大小将样本平均分为了两组。而改变这种分组的方式则可以测算出门槛的具体水平。具体地,如果存在一个门槛水平 τ,使得对于 $x > \tau$ 与 $x \leqslant \tau$ 时,FDI 的技术外溢效果会出现显著的差异,那么按如下方式定义虚拟变量 D_1 与 D_2:

$$D_1 = \begin{cases} 0 & x \leqslant \tau \\ 1 & x > \tau \end{cases}, \quad D_2 = \begin{cases} 1 & x \leqslant \tau \\ 0 & x > \tau \end{cases}$$

回归模型相应地变为:

$$P = C + \sum_n \beta_n X_n + \theta_1 D_1 \times (FDI) + \theta_2 D_2 \times (FDI) + u \tag{6.32}$$

　　该模型实际上相当于一个针对技术外溢系数 θ 的分段函数模型。当 $x \leqslant \tau$ 时,FDI 的技术外溢系数为 θ_2,而当 $x > \tau$ 时,FDI 的技术外溢系数则为 θ_1。如果门限值 τ 的选择使得该模型的分段形式是适当的,那么模型会取得比较好的回归结果。

　　那么,如何确定门限值 τ 就成为了问题研究的关键。在实际的研究当中,可以将样本按照影响因素 x 的大小进行升序排列,并对每一个 x 作为 τ 的水平对模型(6.32)进行回归[①]。如果回归中的 τ 越接近门槛水平,那么回归模型的残差平方和应该越小(Chan,1993)。由此将全部回归模型的残差平方和绘成图像,如果图像呈现出如图 6-1 所示的情况,则表明第 n_1 和 n_2 个样本所对应的 x 水平为可能的门限水平。

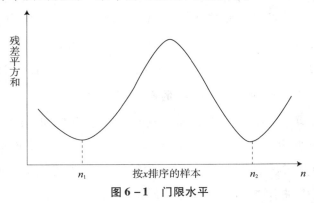

图 6-1　门限水平

资料来源:笔者自制。

[①]为了保证门限值选取有意义,在实际的检验当中常常忽略 x 最大的 15% 的样本水平以及 x 最小的 15% 的样本水平,而仅以中间 70% 的值作为门限值的候选来源。

近来门限回归方法已被应用于检验 FDI 技术外溢过程中吸收能力的门槛水平(Girma,2005)。在国内,张宇(2008)也曾尝试使用门限回归方法,利用中国省际面板数据进行了检验,结果验证了 FDI 技术外溢效应在我国不同地区之间具有相当的差异性。

以该方式对门槛效应进行检验可以确保落在样本的取值区间之内,同时也可以侦测到多个门槛水平的存在,特别是对于我们无法确定影响因素 x 与 θ 的具体函数关系时尤为适用。但这种方法所需的计算量也很大,对于 n 个样本的模型而言,大约 n 次的回归才可以最终确定一个因素的门槛水平。同时,这一门槛水平只能表明以该门限值划分的两个子样本之间的技术外溢效应存在明显差别,却不能保证该门限值一定是导致正向技术溢出的门槛水平。因此,对于用该方法所计算出的若干门限值需要结合模型在门限前后的回归参数进行具体的分析,从而最终确定适当的门槛水平。

第四节　行业技术吸收能力影响因素的实证

基于本章第一节关于东道国吸收能力的因素分析,本节拟在第四章技术溢出效应检验模型基础上,进一步对影响我国 FDI 技术溢出效应和行业吸收能力的若干因素进行实证检验。为了避免不同层面因素之间可能存在的相互影响以及因此造成的多重共线性问题,我们将先分析宏观和中观层面的因素,然后再分析微观层面的因素。

一、宏观和中观因素

根据前面的综述,宏观层面中可能影响 FDI 技术溢出效应的行业特征主要包括市场的竞争状况、行业的技术密集程度、开放程度以及制度因素等。因此我们也着重从这四个方面进行考察。

1. 指标选择和数据来源

市场集中度(CR):以《中国科技统计年鉴》所载 31 个制造业中各行业大型企业产值占该行业总体产值比重作为市场集中度的指标。

研发密集度(RC):以《中国科技统计年鉴》所载 31 个制造业 2001—2011 年间科技活动经费投入占行业总产值比重衡量。

外贸依存度（TD）：以《中国工业经济统计年鉴》所载 31 个制造业 2001—2011 年间出口交货值占工业总产值的比重衡量。

外资依存度（FD）：以《中国工业经济统计年鉴》所载 31 个制造业 2001—2011 年三资工业企业固定资产存量占工业固定资产存量的比重衡量。

制度指数（Z）：与第四章第二节的定义类似，但这里选择行业中民营企业在劳动力、固定资产和总产值在行业中占比的平均值来构建制度变量，并按第四章第二节的方法进行标准化处理。

内资企业全要素生产率 TFP^D 和外资变量（FDI）的定义与第四章行业分析中的定义完全一致。

2. 模型

为涵盖未考虑到的潜在因素的影响，我们在第四章模型（4.2）的基础上添加被解释变量的一阶滞后项 $\ln(TFP^D_{i,t-1})$，考虑以下的动态面板模型：

$$\ln(TFP^D_{it}) = C + \alpha\ln(TFP^D_{i,t-1}) + \sum_n\beta_n X^n_{it} + \gamma\ln(Z_{it}) + \theta\ln(FDI_{it}) + u_{it}$$

$$(6.33)$$

其中系数 θ 可以视为外资对国内企业的技术溢出程度。假设该系数受前面定义的五个方面因素的影响，则有：

$$\theta = \theta_1\ln(CR_{nt}) + \theta_2\ln(RC_{nt}) + \theta_3\ln(TD_{nt}) + \theta_4\ln(FD_{nt}) + \theta_5\ln(Z_{nt}) + \theta_c$$

将其代入上述检验模型可得：

$$\ln(TFP^D_{nt}) = C + \alpha\ln(TFP^D_{n,t-1}) + \sum_m\beta_m X^m_{nt} + \gamma\ln(Z_{nt}) + [\theta_1\ln(CR_{nt}) + \theta_2\ln(RC_{nt}) + \theta_3\ln(TD_{nt}) + \theta_4\ln(FD_{nt}) + \theta_5\ln(Z_{nt}) + \theta_c]\ln(FDI_{nt}) + u_{it}$$

$$(6.34)$$

其中系数 θ_1—θ_5 分别体现了各行业特征因素对 FDI 技术溢出效应的影响。

在控制变量的选择方面，由于模型涉及变量过多，为避免多重共线性影响，故而仅选择了各行业内资企业历年人均科技活动经费投入 R^D_{nt} 及其滞后一期变量 $R^D_{n,t-1}$ 作为控制变量。

3. 检验结果

与第四章一样，对于模型我们也同时采用了截面数据加权（cross

section weighting)的固定效应模型和广义矩方法(GMM)两种方式加以回归。遵循 sys – GMM 方法,我们首先以正交离差技术(orthogonal deviation technique)消除截面固定效应,并以 White Period 方式进行截面加权;同时,选取各解释变量的部分已知值(原变量加滞后 3 期)作为 GMM 工具变量,并采用 Sargan 检验确定工具变量有效性,回归结果见表 6 – 1。

表 6 – 1　中观和宏观因素检验结果

解释变量	FE(Cross – Section Model)			DPD(GMM)		
	系数	T 检验	置信概率	系数	T 检验	置信概率
$\ln(TFP^D_{i,t-1})$	0.7540	14.0127	0.0000	0.6178	16.3502	0.0000
$\ln(R^D_{i,t-1})$	0.0236	3.2212	0.0014	0.0634	6.0653	0.0000
$\ln(R^D_{i,t})$	0.0017	0.5861	0.5583	0.0035	0.6315	0.5283
$\ln(Z_{i,t})$	0.1443	3.8202	0.0002	0.2381	3.5714	0.0004
$\ln(FDI_{i,t})$	0.0003	0.0178	0.9858	0.0077	0.4978	0.6191
$\ln(RC_{i,t}) \cdot \ln(FDI_{i,t})$	0.0121	4.0176	0.0001	0.0356	4.1503	0.0000
$\ln(TD_{i,t}) \cdot \ln(FDI_{i,t})$	0.0050	2.5117	0.0126	0.0072	1.9391	0.0537
$\ln(CR_{i,t}) \cdot \ln(FDI_{i,t})$	0.0017	0.1250	0.9006	0.0015	0.2520	0.8013
$\ln(FDI_{i,t}) \cdot \ln(FDI_{i,t})$	0.0058	2.0137	0.0450	0.0064	2.6668	0.0082
C	0.0036	0.0503	0.9599	—	—	—
R^2(adjusted – R^2)	0.9733(0.9694)			—		
s. e.	0.0464			0.0474		
F – statistic	251.9336			—		
Prob(F – statistic)	0.0000			—		
Mean dependent var	0.4680			—		
S. D dependent var	0.2773			—		
Sum squared resid	0.5820			0.5365		
Durbin – Watson stat	2.0122			—		
Sargan State [Prob]	—			10.3984 [0.4679]		

数据来源:课题组计算。

　　模型的回归均取得了较高的拟合程度,豪斯曼检验的结果也证实了模型当中固定效应的存在性;同时,针对 GMM 的 Sargan 检验也表明工具变量选择是合适的(亦即所选工具变量和误差项不相关)。因此,估计结果是可以信赖的。

由于 FE 估计和 GMM 估计方法下绝大多数解释变量系数的符号基本一致,显著性也趋同,而 GMM 方法因控制了内生性问题更值得信赖,因此这里主要依据 GMM 方法的结果进行解释。从研发投入来看,研发投入的当期变量表现并不显著,而研发投入的滞后一期变量显著为正,说明研发投入需要一定的周期;制度变迁对内资企业的技术进步起到显著的积极作用,这些与我们前文的分析结论是一致的。而从各行业特征变量交叉项的回归结果来看,除了市场集中度 CR 变量与 FDI 变量的交叉项系数之外,其他系数均为正且通过了显著性检验。由此可得如下基本结论:

市场集中度与 FDI 的技术溢出效应无明显相关性,其原因可能在于,较低的市场集中度会产生恶性竞争,使得企业无法形成一定的规模来支撑其进行研发创新与学习模仿投入,而较高的市场集中度又会形成一定的垄断力量,使企业丧失追求技术进步的动机,因此,市场集中度对 FDI 技术溢出效应的作用存在正反两方面的影响,二者相互抵消导致市场集中度对 FDI 技术溢出效应影响并不显著。

制度变迁将促进 FDI 技术溢出效应的发挥。这一结论在第四章已经被反复强调过。

技术密集型行业对先进技术的依赖程度更大,因此更有利于 FDI 技术溢出效应的发挥。

行业出口依存度系数为正,说明出口的扩大会使得企业面临更为激烈的海外竞争,对技术进步的要求也相应较高,同时出口也有助于本地企业扩张市场规模,更好地从"干中学"中培养自身创新能力。

外资依存度系数显著为正,表明行业中外资企业比重的增加可能会使得该行业的竞争程度提高,并且随 FDI 进入而引发的技术转移程度也会随外资企业之间的竞争而呈现增加态势,为内资企业提供了更多学习和模仿的对象,从而有利于技术溢出效应的发挥。

二、微观层面(企业能力)

在微观层面中,影响 FDI 技术溢出效应的因素主要体现为内资企业的消化吸收力度、自身的技术创新能力、人力资本的质量、内外资企业在技术以及企业规模方面的差距等。

1. 指标选择

为了克服行业特征的差异对结果的影响,在微观层面吸收能力的选择上,我们采用了内资企业相对于同行业外资企业的相对指标作为衡量标准,具体指标选择如下:

消化吸收投入(abs):以内资企业消化吸收投入占产值比重/外资企业消化吸收投入占产值比重衡量。

研发投入(rd):以内资企业科技活动经费实际支出额占产值比重/外资企业科技活动经费实际支出额占产值比重衡量。

人力资本素质(hc):以内资企业科技活动人员中科学家和工程师所占比重/外资企业科技活动人员中科学家和工程师所占比重衡量。

技术差距($tech$):定义为内资企业全要素生产率/外资企业全要素生产率,其中全要素生产率为第二章 DEA 方法计算所得结果。

内资企业的相对企业规模(sca):以内资企业平均产值/外资企业平均产值衡量。

在其他变量如内资企业生产率、制度以及外资流入等的选择方面,与前文保持一致。

2. 模型

假定方程(6.33)中 FDI 项的系数 θ 受以上五个方面因素的影响,则有:

$$\theta = \theta_1 \ln(abs_{nt}) + \theta_2 \ln(rd_{nt}) + \theta_3 \ln(hc_{nt}) + \theta_4 \ln(tech_{nt}) + \theta_5 \ln(sca_{nt}) + \theta_c$$

将其代入上述检验模型可得:

$$\ln(TFP_{nt}^D) = C + \alpha \ln(TFP_{n,t-1}^D) + \sum_m \beta_m X_{nt}^m + \gamma \ln(Z_{nt}) + \left[\theta_1 \ln(abs_{nt}) + \theta_2 \ln(rd_{nt}) + \theta_3 \ln(hc_{nt}) + \theta_4 \ln(tech_{nt}) + \theta_5 \ln(sca) + \theta_c \right] \ln(FDI_{nt}) + u_{it}$$

$$(6.35)$$

其中系数 θ_1—θ_5 分别体现了各行业特征因素对技术溢出效果的影响。

在控制变量的选择方面,由于模型涉及变量过多,为克服多重共线性影响,故而仅选择了各行业内资企业历年人均科技活动经费投入 R_{nt}^{D} 及其滞后一期变量 $R_{n,t-1}^{D}$ 作为控制变量。

3. 检验结果

与前文一样,对于模型我们也同时采用了截面数据加权(cross section weighting)的固定效应模型和广义矩方法(GMM)两种方式加以回归。遵循 sys – GMM 方法,我们首先以正交离差技术消除截面固定效应,并以 White Period 方式进行截面加权;同时,选取各解释变量的部分已知值(原变量加滞后 3 期)作为 GMM 工具变量,并采用 Sargan 检验确定工具变量有效性,回归结果见表6 – 2。

表6 – 2　微观因素检验结果

解释变量	FE(Cross – Section Model)			DPD(GMM)		
	系数	T 检验	置信概率	系数	T 检验	置信概率
$\ln(TFP_{i,t-1})$	0.4716	6.6999	0.0000	0.4740	7.2847	0.0000
$\ln(rd_{i,t})$	– 0.0020	– 0.1412	0.8880	0.0083	1.2272	0.2234
$\ln(rd_{i,t-1})$	0.0136	4.7178	0.0000	0.0059	1.9672	0.0527
$\ln(Z_{i,t})$	0.3493	3.3139	0.0014	0.2851	12.2136	0.0000
$\ln(FDI_{i,t})$	0.0033	0.0703	0.9441	– 0.0189	– 0.4431	0.6589
$\ln(rd_{nt}) \cdot \ln(FDI_{nt})$	0.0570	4.0737	0.0001	0.0454	16.3305	0.0000
$\ln(abs_{nt}) \cdot \ln(FDI_{nt})$	0.0498	2.8986	0.0048	0.0689	4.9958	0.0000
$\ln(tech_{nt}) \cdot \ln(FDI_{nt})$	0.0048	0.5353	0.5939	0.0078	0.8924	0.3749
$[\ln(tech_{nt})]^2 \cdot \ln(FDI_{nt})$	– 0.0133	– 1.8520	0.0677	– 0.0179	– 2.3145	0.0232
$\ln(sca_{nt}) \cdot \ln(FDI_{nt})$	0.0414	2.0327	0.0454	0.0573	3.1698	0.0022
$[\ln(sca_{nt})]^2 \cdot \ln(FDI_{nt})$	0.0204	6.6124	0.0000	0.0234	6.4248	0.0000
$\ln(hc_{nt}) \cdot \ln(FDI_{nt})$	– 0.0216	– 5.1943	0.0000	– 0.0232	– 4.0920	0.0001
$[\ln(hc_{nt})]^2 \cdot \ln(FDI_{nt})$	0.0212	10.1098	0.0000	0.0209	4.3733	0.0000
C	0.0673	0.8638	0.3903	—		
R^2(adjusted – R^2)	0.9943(0.9912)			—		

解释变量	FE(Cross – Section Model)			DPD(GMM)		
	系数	T 检验	置信概率	系数	T 检验	置信概率
s. e.	0.0402			0.0403		
F – statistic	323.6253			—		
Prob(F – statistic)	0.0000			—		
Mean dependent var	0.5677			—		
S. D. Dependent var	0.6190			—		
Sum squared resid	0.1292			0.1283		
Durbin – Watson stat	2.0106			—		
Sargan Test [Prob]	—			8.1426[0.6895]		

　　模型的回归均取得了较高的拟合程度,豪斯曼检验的结果也证实了模型当中固定效应的存在性;同时,针对 GMM 的 Sargan 检验也表明工具变量选择是合适的(亦即所选工具变量和误差项不相关),因此,估计结果是可以信赖的。

　　从回归结果看,研发投入和制度变量对内资企业技术进步的影响与前文相同。而从吸收能力变量来看,可得到如下结论:

　　第一,技术溢出效果与东道国消化吸收投入存在正相关关系,即提高内资部门消化吸收投入将直接提升其获取 FDI 技术溢出利益的能力;第二,技术溢出效果也与内资企业的研发能力之间存在正相关关系,即国内企业研发能力的相对增强也有助于提升 FDI 技术溢出效果;第三,FDI 技术溢出效应与内外资企业间技术差距之间存在倒 U 型的非线性关系:当双方技术差距低于一定临界值时,技术差距的扩大会给国内企业的学习和模仿提供更大的空间,从而有助于技术溢出效应的发挥;而当技术差距高于该临界值水平时,技术差距的进一步扩大则会因为超出国内企业的学习与模仿能力而阻碍技术溢出效应的发挥。

　　与技术差距相比,人力资本素质与企业规模同技术溢出效果之间的关系也呈现出一定的非线性特征,但这种非线性效应更多地表现为一种正 U 型的特征,即只有当人力资本或企业规模越过一定的发展门槛之后,其提升才会有助于 FDI 技术溢出效应的发挥。

第七章 相对技术吸收能力指数

正如上一章所言,跨国公司东道国特定行业技术吸收能力的潜在影响因素很多,其中一些具体因素的实际作用尚存在争议,而且,这些因素之间又相互影响,作用机制非常复杂。尽管如此,为了直观地揭示目前我国产业的跨国公司技术吸收能力,本章利用前一章的检验结果,并参照现有的实证文献,尝试对我国制造业 2008 年 FDI 技术吸收能力进行量化评价[①]。我们将先构建影响因素的单项评分指标,然后利用主成分分析来构建综合吸收能力指数,基于该指数对 30 个行业的技术吸收能力进行了排序。最后,结合前面的九个单项指标评分和综合指数水平,对每一个行业的技术吸收能力进行了评定,并提出了有针对性的改善建议。值得指出的是,由于吸收能力并无一个绝对的评判标准,我们的分析都是在相对意义上进行的,因此本章的各种指标及指数都是相对评分。

第一节 吸收能力单项指标

首先根据上一章的分析结果先选择若干行业特征因素,将这些变量标准化之后作为该特征变量的单项评分;接下来,根据黄静(2007)的研究思路,应用主成分分析(Principal Component Analysis)来构造行业的跨国公司

[①]由于与吸收能力有关的几个关键指标,如各行业的消化吸收投入、人力资本素质、研发投入等数据来源所依赖的《中国科技统计年鉴》在 2009 年后不再披露各行业按照所有制细分的企业研发数据信息,因此无法得到准确的内资企业数据资料。为确保数据的严谨性以及纵向层面的统计口径可比性,本章的分析数据截至 2008 年。

技术吸收能力指数。

一、原始因素及变量标准化

原始因素的选择与第六章第三节基本一致,共包括八个行业特征变量,亦即出口依存度、外资依存度、制度状态三个中、宏观指标,内资部门相对消化吸收投入、相对人力资本素质、平均企业规模和相对技术差距四个微观指标;此外,中观层面的行业研发密集度与微观层面的内资部门相对研发投入显然存在交叉影响,我们将二者合成一个新的研发指标 RD(具体定义稍后给出)纳入分析。各项指标的定义与上一章基本一致:

制度指数(Z):2008 年行业中民营企业在劳动力、固定资产和总产值在行业中占比的平均值。

出口依存度(TD):2008 年出口交货值占工业总产值的比重。

外资依存度(FD):2008 年三资工业企业固定资产存量占工业固定资产存量的比重。

消化吸收投入(abs):2008 年内资企业消化吸收投入占产值比重与当年外资企业消化吸收投入占产值比重之比。

人力资本素质(hc):2008 年内资企业科技活动人员中科学家和工程师所占比重与外资企业科技活动人员中科学家和工程师所占比重之比。

技术差距(tech):2008 年内资企业全要素生产率与外资企业全要素生产率之比,其中全要素生产率为第二章 DEA 方法计算所得结果。

内资企业的相对企业规模(sca):2008 年内资企业平均产值与外资企业平均产值之比。

研发投入(RD):2008 年内资企业科技活动经费实际支出额占产值之比。

除了上面已经明确指出的数据来源,其他原始数据都来自《中国工业经济统计年鉴 2009》。

在获取各因素的原始数据之后,为使各因素间具有可比性,参照樊纲等(2004,2007)相对市场化指数的构建思路,先将各因素数据进行标准化处理。记某特定因素在行业 i 观察到的值为 v_i,所有行业中的最大、最小值和平均值分别记为 v_{max}、v_{min} 和 $\bar{v}$。按照表 7 - 1 所示的两类方法分别对各个单项指标进行标准化处理。

表 7 - 1　单项指标的标准化方法

类别	变量名称	标准化公式
一	制度指数(Z) 出口依存度(TD) 消化吸收投入(abs) 人力资本素质(hc) 相对企业规模(sca) 研发投入(RD)	$V_i = 10 \times \dfrac{v_i - v_{min}}{v_{max} - v_{min}}$
二	相对技术水平(tech) 外资依存度(FD)	$1)\, u_i = -\mid v_i - \bar{v} \mid;$ $2)\, V_i = 10 \times \dfrac{u_i - u_{min}}{u_{max} - u_{min}}$

资料来源:课题组设计整理。

其中第一类变量的标准化公式较为常见,当变量对最终的综合指数呈正向贡献时使用,系数 10 主要是希望标准化后的单项"分值"处于 0 到 10 之间,换作其他常数值也可。

第二类变量的标准化公式较为特殊,是按两个步骤进行标准化计算:先将原始数据按公式1)换算,之后再以第一类的方法进行标准化评分。其意图在于将处平均水平的行业予以最高评分,而离平均值越远的则评分越低。如此构造是考虑到相对技术水平和外资依存度这两个变量对行业中内资部门吸收能力的影响。虽然在上一章的实证模型中二者的系数都未通过显著性检验,表明其对技术溢出效果的影响不明显,但并不说明二者对内资部门的吸收能力没有作用。从理论上讲,行业中内、外资企业间的技术差距过大并不利于内资部门的技术吸收,因为这意味着内资企业的技术基础和积累相对来讲过于薄弱,往往无力学习和模仿对方过于复杂高深的技术。而且,在双方技术差距太大的情况下,双方的技术类型也可能差异明显,知识扩散困难。反之,如果内、外资部门间技术差异很小,尽管内资企业学习对方的技术较为容易,但技术提升空间也很小,潜在的溢出效果不可能很强。因此,技术差距与内资部门技术吸收潜能间很可能真如许多学者指出的那样是一种倒 U 型的关系——如果真的这样，线性模型根本无法揭示其真实影响，这很可能就是上一章中相对技术差距系数不显著的原因。外资依存度也有类似情况：行业中外资企业过多或过少都不利于其技术扩散，因为过多意味着承接其技术溢出的内资部门市场力量虚弱，往往要为生存而努力，此时企业易于选择短期效果较强的经营决策；在另一个极端，如果行业中进入的外资企业过少，一方面可能意味着该行业的行政壁垒较强，如电力、热力生产供应等国家垄断行业，此时行业中的内资企业由于受人为的保护易生懒惰习性，难以吸收新知识和新技术；另一方面，行业中外资企业很少的情况下也就很少有可学习的对象，同样不利于行业技术进步。

由于烟草制造业内资部门的消化吸收收入和相对技术水平等指标都异常高[1]，加入分析会大大降低绝大部分行业的相对分值；另外，该行业的外资进入直至目前也非常少，外资依存度仅为 0.9%，是所有 31 个行业中最低的。因此，将其剔除后，我们的分析范围为 30 个二位码工业行业[2]。

二、行业单项指标分析

经过上述标准化过程，工业部门 30 个行业的八个单项指标评分结果见附表 7－1。在进行综合吸收能力评价之前，我们先分别考察各行业在各单项评分中的表现。

1. 行业的制度状况

图 7－1 列出了各行业的制度评分和排名。根据该图，国家垄断的电力、热力生产和供应、水的生产和供应，以及化学原料及化学制品制造三个行业的评分自然排在最末三位，而木材加工及木、竹、藤、棕、草制品业，造纸及纸制品，皮革、毛皮、羽毛（绒）及其制品业制造占据了前三位。纵观各行业的制度评分情况，一个主要的特征就是：劳动密集和技术含量较低的行业得分较高，而资本和技术密集行业的得分普遍较低。这一方面反映了资本和技术对民营企业构成的发展障碍，另一方面也可能与外商直接投资企业在资本和技术密集行业进入较多有一定关联（挤出效应）。

---

[1] 比如，烟草制品业的人力资本水平和技术水平分别是外资企业的 2.86 倍和 2.85 倍，远远高于其他行业的平均水平，同时其制度变量、出口依存度及文中提及的外资依存度水平都极低，处于 31 个行业之末。
[2] 事实上我们也做了包含烟草行业的单项指标分析，其评分高居各行业之首。

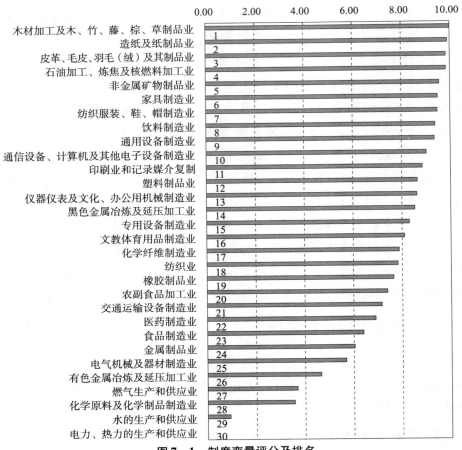

图7-1 制度变量评分及排名

数据来源:课题组计算。

2. 行业出口依存度

图7-2显示了各行业的出口依存度评分及排名。根据我们的计算,所有30个行业2008年平均出口依存度为16.68%,出口在我国工业行业中(特别是制造业)的重要性非常明显。电力热力生产和供应、燃气生产和供应、石油加工三个行业仍排名最末三位,这当然是因为其产品具有高度不可贸易的特征;排在第一位的行业是通信设备、计算机及其他电子设备制造业,紧跟其后的是文教体育用品制造业和仪器仪表及文化、办公用机械制造业。这三个行业2008年的出口值占行业总产值的比重分别达到66%、55%和42%。此外,家具制造,皮革、毛皮、羽毛(绒)及其制品和纺织服装、鞋、帽制造业等我国传统的出口行业的出口值也接近行业总产值的一半,获得较高排名。

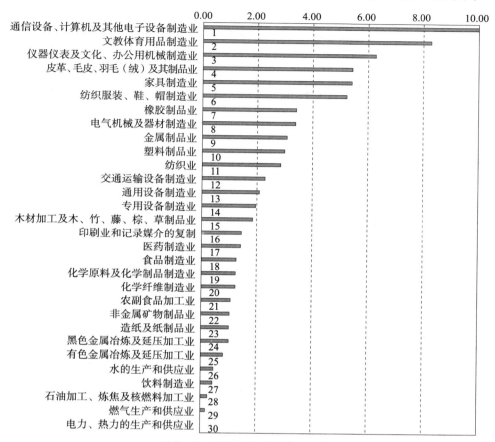

图 7-2 出口依存度评分及排名

数据来源:课题组计算。

3. 内资部门相对消化吸收投入水平

　　总体上看,2008 年内资企业的消化吸收投入比平均约为外资企业同一指标的 373%。根据图 7-3 显示的各行业内资部门相对吸收投入水平评分及排名情况,最高的是造纸及纸制品业,其消化吸收投入占总产值的比重是外商投资企业同一指标的 1.9 倍;接下来是仪器仪表及文化、办公用机械制造业和电力、热力的生产和供应业,内资与外资在吸收收入之比分别达到 1.74 倍和 1.48 倍。在另一端,燃气生产和供应等行业的相对吸收消化投入却很低,排名最后两位的家具制造业和燃气生产和供应业的消化吸收投入力度只及外资同行的 1/3 左右。

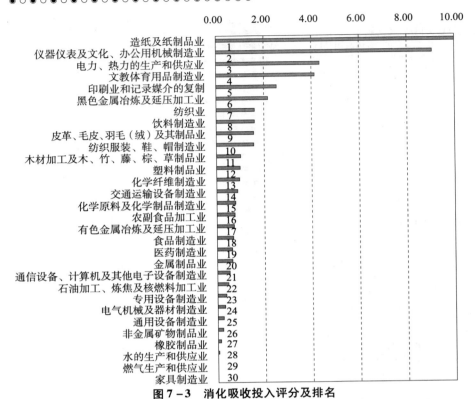

图 7 - 3　消化吸收投入评分及排名

数据来源:课题组计算。

内资部门消化吸收投入水平一方面与内外资企业的相对技术水平有关——通常来说内资企业相对技术水平越落后,消化吸收投入越高;另一方面,该指标也与行业的技术特征有关:从各行业的分值以及排名结果看,技术密集度越高的行业内资部门在消化吸收上的相对投入力度往往也更大。如果注意到内资企业在技术密集度高的行业往往与外资企业的技术差距也越大这一事实,那么也可以说这种现象出现的深层原因其实仍然是内外资技术差距。

4.内资部门人力资本状况

2008 年,按30 个行业的总平均计算,内资企业科技活动人员中科学家和工程师所占比重达到了同行业外资企业 103% 的水平。图 7 - 4 显示,除了少数处于两个极端的行业,大多数行业中内资部门的相对人力资本水平大体相似:在超过半数的行业中,以该指标反映的内资企业相对人力资本素质处于90%—100%的水平。但是,少数行业的情况较为极端,如饮料制造、纺织、电力热力生产和供应中内资企业的相对人力资本指标都超过了1.3,显得人才济济;相比之下,燃气生产和供应业这个由国有企业控制的行业在人力资本方面十分可怜,科学家和工程师在科技活动人员中的占比分别仅及同行业外资企业的50%。此外,通用设备制造和交通运输设备制造这两个高科技行业中内资企业的人力资本素质也令人担忧,平均只相当于它们外资同行的一半。越是高科技行业,外资企业对人力资本的投入力度就越大,而内资企业的差距就越明显。

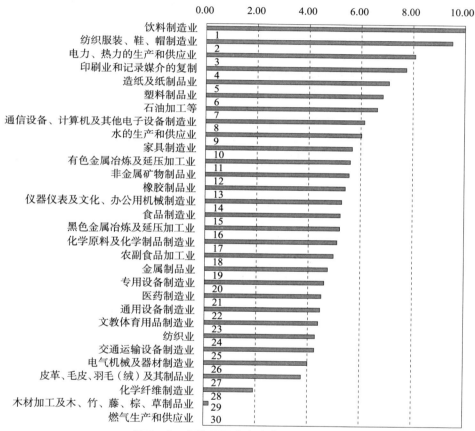

图7-4　内资部门人力资本评分及排名

数据来源:课题组计算。

5.内资部门相对企业规模

从企业规模看,整体上内资企业明显优于外资企业:全部行业中内资企业平均规模相当于外资企业平均企业规模的4.3倍;而且,绝大部分行业中都是内资部门的平均企业规模更大。根据图7-5,内资部门企业规模相对较小的是文体用品、仪器仪表和通信设备制造,内资部门平均企业规模为外资企业规模的 57.9%;悬殊最大的是电气机械制造,内资企业规模为外资企业的 14 倍。需要指出的是,通信设备、计算机及其他电子设备制造业内又包含了 11 个 3 位码行业,而在这些三位码行业中内外资企业的企业规模格局又很不一样。比如在电子计算机行业和家用视听设备行业,国内也分别有联想和海尔等超大型企业,但在电子器件和电子元件等行业,内外资企业间的规模就相当悬殊。在内外资企业规模相距很大,内资企业规模过小的情况下,行业的技术吸收能力将会受到很大的限制。

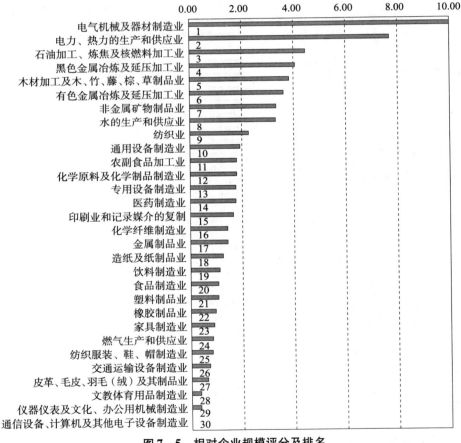

图 7-5　相对企业规模评分及排名

数据来源:课题组计算。

6. 内资部门相对研发投入

研发投入一直是我国企业的弱项。在制度环境造成技术定价扭曲的情况下,企业的创新动机和能力都受到严重影响。但从总体上看,我国企业的研发资金投入情况与其所在行业技术特征还是较为吻合的(参看图7-5)。其中,属于高技术产业范畴的医药制造业、通信设备、计算机及其他电子设备制造业和仪器仪表及文化、办公用机械制造业的研发密集度分别位居我国各行业的第一、三、五位;而属于高技术产业范畴的专用设备制造业和交通运输设备制造业的研发密集度也位列各行业的第二、四位。相对而言,以食品、纺织等为代表的劳动密集型产业和以电力、热力的生产和供应、燃气生产和供应、水的生产和供应等为代表的资源密集型产业的研发密集度水平则位居各行业之末。

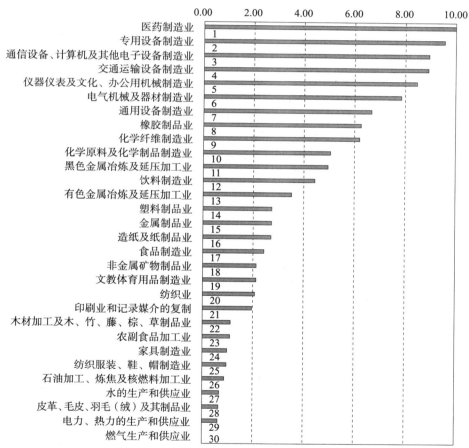

图7-6　内资企业研发资金投入评分和排名

数据来源:课题组计算。

7. 行业外资依存度

余下的两个指标由于并不是按照单调顺序来评分的,因此我们在评分排名图中又标注了原始数据。如图7-7所示,顶端横轴为得分数据,底端横轴表示的是外资依存度。所有行业的外资依存度平均值为34.86%。通过原始数据与评分两列数据的比较容易看出,排名靠前的都是外资依存度接近平均值的行业;反之,那些外资比重很大或很小的行业,评分都很低,排名靠后。例如,通信设备、计算机及其他电子设备制造业中外资份额高达81.22%,文教体育用品制造业中的外资份额也达到61.12%,行业中三分之二或以上的产值(或就业或固定资产)是外资所为,内资企业的市场空间有多狭小就可想而知。在如此艰难的市场环境中,内资企业求生存往往是第一位的,而对于技术学习和创新等中长期才能见到效果的活动可能就会很少。与此相反,在外资进入很少的领域,如水的生产和供应、黑色金属冶炼及压延加工业和石油加工炼焦及核燃料加工、电力热力的生产和供应等,外资在行业中的比重仅为10%上下。在这种情况下,外资对行业不足以造成明显的冲击,竞争效应难以发挥,外来的新技术不多,内资部门技术提升空间很小。

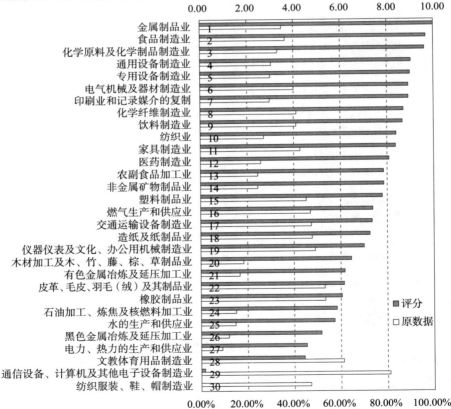

图7-7 行业外资依存度、评分及排名

数据来源:课题组计算。

8. 内资企业相对技术

2008 年,内资企业 TFP 平均约为外商投资企业 TFP 水平的 97%,而且其中超过一半的行业内资企业相对 TFP 水平集中在该平均值左右(见图 7 - 8)。有 13 个行业的内资部门生产率水平超过了同行业外资水平,其中除了电气机械及器材制造业和仪器仪表及文化、办公用机械制造业外,其他 11 个行业全部属于低技术产业或中低技术产业。其中,石油加工、炼焦及核燃料加工业和有色金属冶炼及压延加工业两个行业中的内资企业相对技术水平最高。同时,饮料制造、纺织服装等行业中内外资技术水平旗鼓相当,TFP 值基本持平。电力、热力生产和供应业中内资企业技术与外资企业差距最大,前者的 TFP 值仅为后者的 67%。另一个国家高垄断行业燃气生产和供应业的情况也差不多,内外资 TFP 之比为 70%。

此外还值得注意的是三个高科技行业的表现。其中通信设备、计算机及其他电子设备制造业以及交通运输设备制造业中内资企业技术差距明显,内外资 TFP 之比仅分别为 84% 和 69%;医药行业内资企业的 TFP 值较高(93%),接近于所有行业的平均水平,但是我们必须注意到一个事实,即绝大多数医药企业实际上都是在生产仿制药,许多情况下它们实际上并不拥有生产药品的专利权,因此其 TFP 值并不能完全反映这个行业中内资部门的真实技术水平。总之,低技术或中低技术产业中内资企业与外资企业的技术差距较小,而且有的行业中内资企业还处于技术前沿水平;同时,高科技行业中内外资企业的技术差距较大,这对内资企业的技术吸收能力是十分不利的。

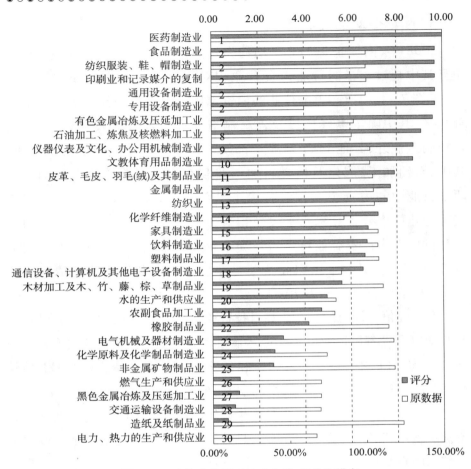

图7-8　内资企业相对技术水平、评分和排名

数据来源:课题组计算。

第二节　工业行业相对技术吸收能力指数

一、综合吸收能力指标及排名：主成分分析

主成分分析方法的特点是能够克服多变量可能带来的变量之间相关性问题。运用多个变量分析问题时,难免会遇到指标之间有相关性的问题,盲目地减少指标会损失很多信息,产生错误的结论,主成分分析能够用

尽可能少的综合指标综合存在于各变量中的各类信息,对所收集的资料作全面的分析。

主成分分析的过程也是一个降维的过程。以这里的吸收能力影响因素为例,我们的数据点是 8 维的,也就是每个观测值是 8 维空间中的一个点,我们希望把 8 维空间用尽可能低维的空间表示出来。

先假定只有二维,即变量只有两个,它们由横坐标和纵坐标所代表;因此每个观测值都有相应于这两个坐标轴的两个坐标值;如果这些数据形成一个椭圆形状的点阵,那么这个椭圆有一个长轴和一个短轴。在短轴方向上,数据变化很少;在极端的情况,短轴如果退化成一点,那只有在长轴的方向上才能够解释这些点的变化了;这样,二维到一维的降维就自然完成了。当坐标轴和椭圆的长短轴平行,那么代表长轴的变量就描述了数据的变化,而代表短轴的变量就描述了数据的次要变化。但是坐标轴通常并不和椭圆的长短轴平行。因此,需要进行变量变换,使得新变量下的坐标轴平行于椭圆的长短轴。如果长轴变量代表了数据包含的大部分信息,就用该变量代替原来的两个变量,降维就完成了,椭圆的长短轴相差越大,降维也就越有道理。

多维变量的情况和二维类似,只是要将椭圆变成椭球,首先把高维椭球的主轴找出来,在用代表大多数数据信息的最长的几个轴作为新变量,这样,主成分分析就基本完成了。高维椭球的主轴也是相互垂直的,这些互相正交的新变量是原来变量的线性组合,叫作主成分(principal component)。正如二维椭球有两个主轴,三维椭球有三个主轴一样,有几个变量就有几个主成分。选择越少的主成分,降维就越好。什么是标准呢,那就是这些被选的主成分所代表的主轴长度之和占了主轴长度总和的大部分,一般建议所选主轴总长度占所有主轴长度之和达到85%左右。

对于本章选定的八个因素,SPSS 13.0 软件运行结果如表 7–2 所示。我们看到,前四个因素的特征值(Initial Eigenvalues)累计已达76.6%,基本涵盖了样本的主要特征。

表7-2 主成分分析

因素	特征值		
	总值	方差贡献率(%)	累计方差贡献率(%)
1	2.133	26.657	26.657
2	1.912	23.904	50.561
3	1.080	13.498	64.059
4	1.004	12.547	76.606
5	0.719	8.989	85.594
6	0.636	7.954	93.548
7	0.329	4.113	97.661
8	0.187	2.399	100.000

数据来源:课题组计算。

SPSS13.0 也给出了每个样本的主成分因素值 F1、F2、F3 和 F4,将各行业的主成分因素值分别乘以相应成分的方差贡献率便得到了各行业的技术吸收能力综合得分。各行业的主成分因素值及吸收能力综合评分结果见表7-3。

表7-3 行业吸收能力排名

行业	F1	F2	F3	F4	综合评分	排名
仪器仪表及文化、办公用机械制造业	1.59	1.25	-0.58	2.26	85.56	1
化学纤维制造业	-0.26	-0.97	4.65	0.41	72.26	2
造纸及纸制品业	0.62	0.05	0.02	3.16	62.42	3
专用设备制造业	1.68	-0.06	-0.37	0.97	47.29	4
通用设备制造业	0.98	0.07	0.38	0.24	36.67	5
医药制造业	2.65	0.2	-0.79	-1.26	35.98	6
饮料制造业	0.56	0.32	0.56	-0.38	25.75	7
金属制品业	-0.16	0.64	0.44	-0.02	17.09	8
交通运输设备制造业	0.21	0.27	0.29	-0.14	14.38	9
木材加工及木、竹、藤、棕、草制品业	-0.05	0.96	0.33	-0.81	12.68	10
化学原料及化学制品制造业	-0.15	0.08	0.38	0.49	12.47	11

续表

行业	F1	F2	F3	F4	综合评分	排名
食品制造业	−0.08	1.28	−0.01	−1.03	8.33	12
皮革、毛皮、羽毛(绒)及其制品业	−0.25	0.84	0.05	−0.4	5.86	13
纺织业	0.21	0.89	−0.36	−0.79	4.48	14
电气机械及器材制造业	−0.14	0.09	0.14	0.16	3.2	15
文教体育用品制造业	0.44	0.39	−0.21	−0.83	2.56	16
农副食品加工业	−0.44	0.59	0.03	−0.11	−0.25	17
家具制造业	−0.2	1.1	−0.35	−0.93	−3.71	18
印刷业和记录媒介的复制	−0.61	0.43	0.14	−0.03	−4.36	19
塑料制品业	−0.46	−0.07	0.22	0.05	−7.79	20
橡胶制品业	−0.41	−0.11	0.51	−0.42	−8.12	21
非金属矿物制品业	−0.12	−0.32	−0.17	−0.02	−13.04	22
黑色金属冶炼及压延加工业	−0.98	0.61	−0.51	−0.16	−24.73	23
有色金属冶炼及压延加工业	−0.75	−0.7	−0.59	0.81	−32.8	24
电力、热力的生产和供应业	1.91	−3.11	−0.72	−0.82	−40.3	25
通信设备、计算机及电子设备制造业	−1.48	0.54	−0.45	−0.84	−47.03	26
水的生产和供应业	−0.8	−0.58	−0.6	−0.27	−47.21	27
燃气生产和供应业	−1.91	−1.03	−1.35	1.83	−68.51	28
石油加工、炼焦及核燃料加工业	−0.21	−2.47	−0.01	−1.02	−69.1	29
纺织服装、鞋、帽制造业	−1.35	−1.2	−1.07	−0.09	−80.02	30

数据来源:课题组计算。

从产业的技术性质上看①,表7-3显示的行业综合吸收能力排名规律性并不强。三个高科技行业中仪器仪表及文化、办公用机械制造业和医药制造业排名均在前十,而通信设备、计算机及其他电子设备制造业排名靠后。低技术产业在前十名中占了三席(造纸及纸制品业、饮料制造、木材加工及木、竹、藤、棕、草制品),也有水的生产和供应业和纺织服装、鞋、帽制造等行业排名非常靠后。中高技术产业中各行业的排名多靠前,该类六个行业的综合吸收能力指数全部排名上半区。中低技术行业全部九个行业中,只有

----

①第2章附表列出了我国工业行业按技术属性的四大分类:低技术产业、中低技术产业、中高技术产业和高技术产业,以及各行业的所属领域。

金属制品业进入了前十,剩下八个行业排名均在二十名之后。关于具体行业的排名顺序我们将在下一节结合单项指标作进一步分析。

二、行业吸收能力状况与 FDI 行业分布对比分析

各行业内资部门的相对技术吸收能力在 FDI 溢出效应中究竟会起多大的作用呢? 要回答这个问题,还需结合相应领域中跨国公司的数量、质量和技术类型进行具体分析。行业吸收能力的高低就像土地的质量一样,是否能有好收成还得看种什么种子、种多少种子。在这个意义上,各行业中的跨国公司便是那些"种子",而内资部门能获得的技术扩散利益便是最终的"收成"。很遗憾,现有数据资料没有揭示更多关于各行业外商企业的种类和质量的信息(如外商企业股权结构、进入方式、技术转移情况等)。根据能获取的数据,这一小节主要基于前面得到的行业吸收能力综合评分,联系我国现阶段外商直接投资的行业分布,对我国 FDI 技术溢出效应进行简单的行业考察。

在很大程度上,资产规模体现了企业或行业的经济活动规模。因此,我们以 2008 年各行业外资企业总资产占全国三资企业总资产的比例来描述各行业中三资企业的经济活动情况。以三资企业总资产的相对值来进行分析是因为前面构造的行业技术吸收能力指数也是相对意义上的。该指标的数据来自《中国统计年鉴2009》。

2008 年,全国工业企业中外资企业的总资产为 112145.01 亿元。比较行业 FDI 分布与行业中内资部门的技术吸收能力,二者间的咬合状况不容乐观(参见表 7-4 和图 7-9)。虽然某些外资进入比重较大的行业吸收能力评分较高,如通用设备制造业和专业设备制造业等行业,在 FDI 大量进入的情况下具备相对较强的技术吸收能力,但更突出的情况却是相对较低的内资企业吸收能力遭遇大规模外企竞争。在四个外资企业总资产占全国比例超过 5% 的行业中,有两个行业的吸收能力分别处于中下游和下游水平。情况最为严重的是通信设备、计算机及其他电子设备制造业:该行业外资企业总资产是全行业中最多的,占全行业外资企业总资产的六分之一,但行业内的内资企业技术吸收能力却差不多是全国最弱的(排名倒数第五)。交通运输设备制造业吸引的外资规模排名全行业第二位,行业中外资企业总资产占全部工业行业中外资企业总资产的比例达到了

6.84%,但其内资企业技术吸收能力在 30 个样本行业中排名第 15 位,不能过多奢望跨国公司技术溢出效应。

表 7-4 行业相对吸收能力排名及 FDI 分布

排名	行业	行业外资企业总资产占工业行业外资企业总资产比例(%)	外资企业总资产累计比例(%)
1	仪器仪表及文化、办公用机械制造业	1.46	1.46
2	化学纤维制造业	1.05	2.51
3	造纸及纸制品业	3.03	5.54
4	专用设备制造业	3.31	8.85
5	通用设备制造业	4.93	13.78
6	医药制造业	1.88	15.66
7	饮料制造业	2.04	17.7
8	金属制品业	2.9	20.6
9	交通运输设备制造业	10.57	31.17
10	木材加工及木、竹、藤、棕、草制品业	0.57	31.74
11	化学原料及化学制品制造业	6.84	38.58
12	食品制造业	1.86	40.44
13	皮革、毛皮羽毛(绒)及其制品业	1.47	41.91
14	纺织业	3.80	45.71
15	电气机械及器材制造业	6.43	52.14
16	文教体育用品制造业	0.87	53.01
17	农副食品加工业	2.74	55.75
18	家具制造业	0.80	56.55
19	印刷业和记录媒介的复制	0.74	57.29
20	塑料制品业	2.72	60.01
21	橡胶制品业	1.34	61.35
22	非金属矿物制品业	3.68	65.03
23	黑色金属冶炼及压延加工业	3.6	68.63
24	有色金属冶炼及压延加工业	2.07	70.7
25	电力、热力的生产和供应业	4.79	75.49
26	通信设备、计算机及其他电子设备制造业	16.75	92.24
27	水的生产和供应业	0.63	92.87

续表

排名	行业	行业外资企业总资产占工业行业外资企业总资产比例(%)	外资企业总资产累计比例(%)
28	燃气生产和供应业	0.77	93.64
29	石油加工、炼焦及核燃料加工业	1.63	95.27
30	纺织服装、鞋、帽制造业	2.34	97.61

数据来源:课题组计算。

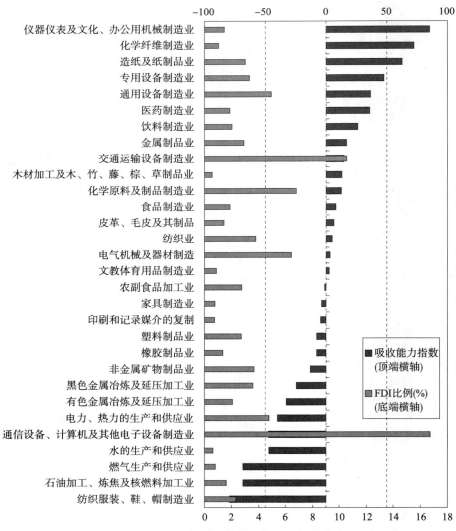

图7-9　行业相对吸收能力与FDI行业分布

数据来源:课题组计算。

如果依据相对吸收能力排序将行业分为三档:排名第 1 位至第 10 位的为第一档,第 11 位至第 20 位为第二档,余下的归于第三档,从表 7 - 4 不难看出:第一档行业共吸取了全行业 32% 的外资,第二档则吸取了 28% 的外资,而第三档则集中了全部工业行业 40% 的外资企业[①]。可见,我国 FDI 的行业分布与内资企业吸收能力之间"倒挂"的现象较为突出[②]。

根据行业的相对吸收能力排名,如果未来的外商直接投资更多地进入吸收能力综合评分排名靠前的行业,同时较少地进入吸收能力相对较弱的行业,总体上我国内资企业获取的技术溢出利益可能会更为显著。但是需要注意的是,吸收能力指标还在一定程度上依赖于行业内的外资比重:按本章第一节单项指标定义,外资比重越接近平均值的行业越有利于技术吸收。以吸收能力排名靠前的造纸及纸制品业和专用设备制造业为例,如果未来外资更多地进入这两个行业,在一定范围内可望改善我国整体的 FDI 溢出效应状况。但是,从表 7 - 4 中我们看到,这两个行业的吸收能力高在很大程度上是因为它们行业内的外资比重非常靠近平均值(所有 30 个行业的外资比重平均为 3.25%)。因此,如果行业中短期内涌入 FDI 的速度过快,同时行业的其他吸收能力单项指标没有太大的改善,那么内资部门的技术吸收能力反而可能会下降。

第三节　行业吸收能力剖面分析

结合前面的吸收能力单项影响因素和相对综合指数,我们可以逐一地对各行业内资部门的技术吸收能力作进一步的分析。为了更为直观,我们将本章第一节中的八个单项因素评分值画在一个行业"钻石图"中,讨论各行业技术吸收能力的优势和"短板"。除非特别说明,本节所引用的数

[①] 由于烟草等行业未加入计算,因此三类行业的数据之和小于 100% 。

[②] 当然,由于吸收能力综合指数中包含了"外资依存度"变量,而我们对该变量的标准化构造方式会降低行业中外资比例过大的行业的单项评分,因此会有人争辩说这是特定指数构造方法下的结果。对此我们并不否认,因为不同的指标评价方法自然会得到不同的结果,而且,还要记住这里的吸收能力同时依赖于九个单项指标,而不是外资依存度一个因素便能左右的。因此,问题的关键并不在于该指数是如何构造的,而在于这种构造方式是否恰当。如果行业吸收能力与行业外资依存度确如第七章第一节的假定是某种倒 U 型关系,那么这里的相对吸收能力量化就是有一定依据的,从而可以得出通信设备等行业吸引外资过多,以及全国吸引的 FDI 行业分布不合理的结论。

据全部来自本章前两节的计算结果,或者为这两节使用的样本数据。鉴于第一节已经解释了样本数据来源,后文不再一一加以说明。

一、低技术行业

1.农副食品加工业

行业吸收能力综合排名第 17。其名次主要得益于四个指标:外资依存度、相对技术水平、制度和相对人力资本素质。影响其排名不能进一步提升的最大弱项主要是研发——即便考虑到行业并不是研发密集型的,行业中内资企业的研发投入相比国外同行来讲还是过低。主要原因可能在于便宜的劳动力赋予了行业较大的成本优势,这使得更新技术变得不那么迫切。除了研发之外,出口量小、内资企业相对企业规模小和消化吸收投入低也是约束该行业吸收能力的因素(见图 7 - 10)。

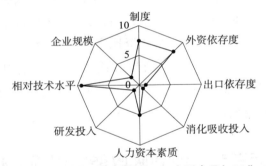

图 7 - 10 吸收能力因素图——农副食品加工业

数据来源:课题组计算。

该行业提高技术吸收能力的突破口应为企业规模。内资企业通过并购等手段进行整合,扩大企业规模,便有望能克服研发投入小等问题,因为理论和经验都证明只有在企业规模足够大,企业才会有足够宽广的市场来弥补 R&D 成本和分散 R&D 风险,同时也才有足够的 R&D 融资能力。而一旦研发水平提升了,出口竞争力也会提高。

2.食品制造业

行业综合吸收能力指数排名第 12,在我国工业行业中处于中上游地位。根据图 7 - 11,行业的外资依存度和内外资企业的差距都处于最恰当的水平上,市场竞争状况也十分理想,同时行业中也有足够的民营企业力量——这些都对内资部门吸取外商投资企业先进技术和管理经验创造了比较优越的条件(见图7-11)。

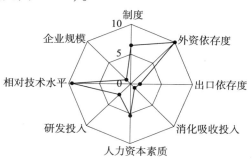

图7-11 吸收能力因素图——食品制造业

数据来源:课题组计算。

就吸收能力而言,本行业的弱点是出口偏小,产品主要内销;另外,内资部门的研发活动和消化吸收投入都不足。其可能的原因,一方面是内资部门平均企业规模还是偏小——只及同行业外资企业一半的水平;另一方面,劳动力成本低也可能是一个重要的因素。

同农副食品加工业一样,我们认为该行业要提升技术吸收能力的关键仍然是要通过并购等手段首先将内资企业"做大"。

3. 饮料制造业

相对技术吸收能力综合指数排名第7,行业中的内资部门是我国工业企业中吸收能力较为优秀的。

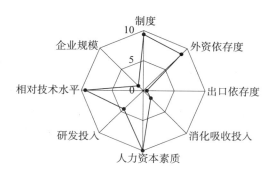

图7-12 吸收能力因素图——饮料制造业

数据来源:课题组计算。

从单项因素看,内资部门全要素生产率水平相当于同行业外资企业的

107%,技术差距非常适中;内资企业的人力资本因素非常强,事实上研发占比已两倍于美国同行业水平。但是,尽管行业中内资企业的技术能力并不逊色,同时还比较注重研发的投入,企业规模却没能发展起来——内资企业平均规模远低于同行业在华跨国公司。再看其他因素,我们似乎发现了这其中的原因:行业海外市场开拓能力极弱,绝大多数产品在国内销售,因此国内市场竞争十分激烈(这可能也是我国饮料行业中内资企业对技术研发如此重视的主要原因)(见图7－12)。

饮料市场上消费者的品牌认同心理非常强烈。因此,内资饮料制造商在继续维持高研发思路的同时,还必须加强产品品牌意识,摈弃价格竞争等技术含量低的竞争手段。如果以品牌战略为核心,构建和增强市场营销体系,以国内市场为基础,注重开发国外市场,相信内资饮料制造商会有光明的未来。

4. 纺织业

相对吸收能力综合指数排名第14位,处于行业样本中的中游水平。

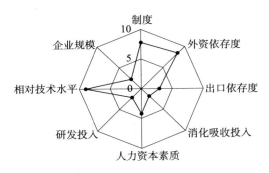

图7－13　吸收能力因素图——纺织业

数据来源:课题组计算。

该行业最主要的问题是,在低廉的劳动力成本条件下,企业依靠现有技术和设备就可以维持一定的经营业绩,因此很难产生进一步进行技术升级改造的冲动。由于我国的资源禀赋特征,行业中R&D资金投入与美国等同行业水平相比处于低水平也是正常情况。从消化吸收投入力度看,内资企业同样远低于同行业的外资企业平均水平。我们推断,在行业中内外资企业也形成了某种形式的分工:内资企业更多从事棉、毛、麻和化纤等原料印染和加工等初加工环节,而外商投资企业可能更多地集中于原材料精加工和纺织制成品制造等领域。由于生产经营领域具有一定互补性,因此才显示出双方在对待新技术研发和现有技术革新上的不同态度(见图7-13)。

建议:内资企业应注重向行业内附加值较高的产品领域拓展。

5. 纺织服装、鞋、帽制造业

相对吸收能力综合指数排名第30位,处于行业样本中的最低水平。

从因素钻石图看,形状与纺织业区别较大,其主要依赖于制度因素和低廉的人力资本,该两项因素处于最恰当的水平上,且出口依存度相比纺织业较高(见图7-14)。

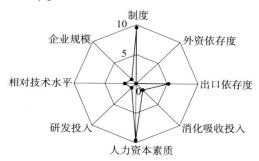

图7-14 吸收能力因素图——纺织服装、鞋、帽制造业

数据来源:课题组计算。

相对于纺织业,纺织服装和鞋帽制造业中民营企业的比重更高,相对企业规模小、外资依存度极低。而且,相对于同行业外商投资企业,内资企业的技术水平更高:内资企业TFP与同行业外资企业的相当——但就是因此而使其相对技术水平评分比纺织业低(后者相对TFP水平是1.05),因为外资可供学习和模仿的先进技术有限。

建议:内资企业应注重向设计等技术含量较高的领域拓展,同时加强树立品牌的意识,着力引进外资,强化技术消化吸收能力。

6. 皮革、毛皮、羽毛(绒)及其制品业

相对技术吸收能力综合指数为-5.86,排名第13位,处于中游位置。

从单项指标得分来分析,行业的表现有些奇怪:相对于行业中的外资企业,内资企业的技术指标全面占优:TFP为外资企业的1.05倍,消化吸收投入是外资企业的3.5倍。内资部门的R&D资金投入力度虽远不及美国等国外同行业水平,但却高于在华外商投资企业(见图7-15)。

在这种内资企业技术全面超越同行业中外资企业的情况下,让人不得不怀疑行业中外资企业的真实身份。加之该行业的生产技术含量很低,的

确难以解释为什么行业中会有高达60%的外资比重。

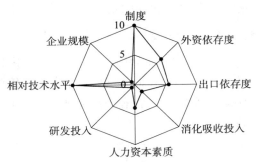

图7-15　吸收能力因素图——皮革、毛皮、羽毛(绒)及其制品业

数据来源:课题组计算。

　　无论该行业中的外资企业有多少是属于"迂回投资"的产物(假外资),从上面的分析来看这个行业中的外资的确没有多少可供内资企业学习。也许这样的行业就不需要吸引外商投资。

7.木材加工及木、竹、藤、棕、草制品业

　　行业的相对吸收能力综合指数排名第10位,在30个样本行业中处于中上游水平。钻石图又与纺织业如出一辙,各项因素的分析也基本同纺织业一样,不再赘述(见图7-16)。

　　建议:内资企业应注重向行业内附加值较高的产品领域拓展。

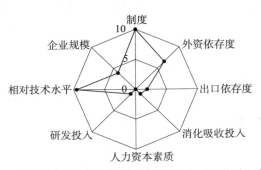

图7-16　吸收能力因素图——木材加工及木、竹、藤、棕、草制品业

数据来源:课题组计算。

8.家具制造业

　　行业的相对吸收能力综合指数排名第18位。

　　拖累行业吸收能力表现的主要因素有三个:内资企业的研发力度过小、消

化吸收投入水平低和企业平均规模过小。与之相对,市场竞争状况较为良好,内资部门中民营企业的比例较高,人力资本素质也处于中上游水平。也许家具制造业的主要问题并不在于内资企业吸收能力不强,而是行业中外资企业能提供的技术学习空间有限:平均而言,行业中外资企业的 TFP 水平比内资企业还低,仅相当于后者的93%。研发资金和消化吸收投入水平低的主要原因,除了我国特定的资源禀赋特点,另外就是企业规模过小(见图 7-17)。

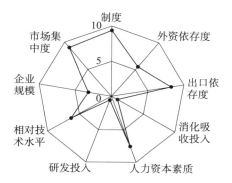

图 7-17　吸收能力因素图——家具制造业

数据来源:课题组计算。

建议:同农副食品加工业等相似,该行业要提升技术吸收能力的关键仍然是要通过并购等手段首先扩展内资企业规模。

9.造纸及纸制品业

行业的相对吸收能力综合指数排名第 3 位,在我国工业行业中处于领先水平。

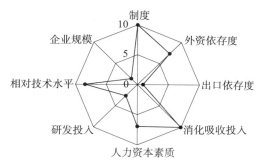

图 7-18　吸收能力因素图——造纸及纸制品业

数据来源:课题组计算。

造纸术是中国古代四大发明之一,而且中国的造纸行业和技术在近现代也有长足的发展。但是,目前行业中将近一半的经济活动来自于外资企业,而且这些外资企业的企业规模也远远大于内资企业。行业中内资企业的研发投入项评分值虽然不高,但在样本行业中实际上仍处于中游水平。实际上,内资企业的另外两个技术指标也不差:相对全要素生产率和相对消化吸收投入比。至于出口值低,与纸浆原材料等禀赋约束有较大关联(见图7-18)。

因此,约束行业吸收能力的突出症结仍然是内资企业的企业规模。扩大企业规模、加强新产品研发力度,是行业提升吸收能力的关键。

10.印刷业和记录媒介的复制业

行业的相对吸收能力综合指数排名第19位,在我国工业行业中处于中下游水平。

印刷业的情况较为特殊:占行业总产值相当大比重的报刊及一些书籍的印刷事实上是垄断的,而这种垄断主要是行政力量的结果,且印刷产品主要供给内需,出口依存度极低;竞争领域主要集中在本册印制、包装装潢印刷和录音、录像等记录媒介复制领域。可以说,该行业的竞争状况是我国条块分割经济的一个索引。在这个制度环境下,虽然内资企业相对技术水平处于适当的位置上,但垄断企业凭借非经济力量可以坐收利润,R&D等技术活动得不到重视;一般企业规模难以成长扩大(见图7-19)。

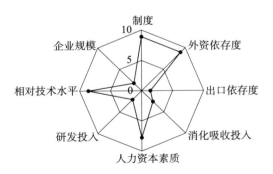

图7-19 吸收能力因素图——印刷业和记录媒介的复制业

数据来源:课题组计算。

制度环境已成为本行业进一步提升和发展的瓶颈,也是妨碍内资企业技术进步的约束。

11. 文教体育用品制造业

行业的相对吸收能力综合指数排名第16位。

该行业与皮革、毛皮等制品业具有一个共同的特征：行业的外资依存度非常高，但内资企业技术指标更为优秀。2008年，行业的外资依存度为61.1%；同时，内资企业平均TFP为外资企业的1.02倍，人力资本素质水平为外资企业的0.95倍。但是，消化吸收投入较行业中外资企业力度小不少。根据这一特征，不排除行业中相当比重的FDI为"迂回"投资的可能性。当然，由于行业中各子行业区别较大（比如体育器材制造与玩具制造之间几乎没有共性），也存在内外资产品领域不同而形成错位竞争的可能（见图7-20）。

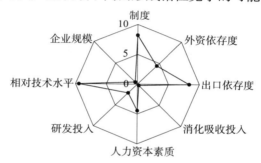

图7-20 吸收能力因素图——文教体育用品制造业

数据来源：课题组计算。

内资部门研发低和不注意消化吸收投入是吸收能力的短板，必须加以克服。

12. 水的生产和供应业

行业的相对吸收能力综合指数排名倒数第4位，同时也是低技术产业中排名最差的行业之一。

从钻石图上看，构成吸收能力指数的八个指标中，唯一有良好表现的就只有"人力资本素质"，其他指标都极其糟糕，如内资部门平均TFP还不及同行业外资水平的八成（见图7-21）。实际上，这也是公共服务行业垄断性质的基本特点，制度因素不利于行业吸收能力的提升，几乎没有出口，这也是因为行业特征——产品不可移动性的自然反映。由于产品特征造成自然的地方割据，出口依存度指标不可能太高，但这并不表示市场的竞争强度有多高——

如果考虑到这个因素,该行业的技术吸收能力指数完全可以排名倒数第一。

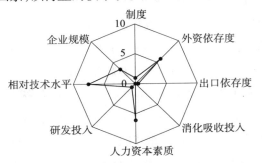

图 7－21　吸收能力因素图——水的生产和供应业

数据来源:课题组计算。

建议:由于行业属于公共服务行业,国家的垄断是正常的,但如果要考虑引进外资,应当同时给予国内民间资本相同的待遇。

二、中低技术行业

1. 非金属矿物制品业

行业的相对吸收能力综合指数排名第 22 位,属下游水平。

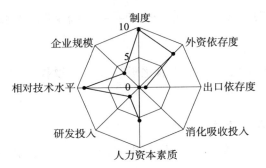

图 7－22　吸收能力因素图——非金属矿物制品业

数据来源:课题组计算。

从单项指标看,内外资企业间技术差距比较适中,有助于内资企业的学习和模仿;外资依存度和市场竞争状况较为良好,同时行业中民营经济的比例也较高,这些都是有利于跨国公司技术扩散的。由于行业内大多数产品运输成本高(如水泥等建筑材料),出口依存度低,属于行业特征的正常反映。制约吸收能力的因素主要是研发投入过低(见图 7－22)。

建议：要提升行业的技术吸收能力，内资部门需要加强技术研发力度，特别是光学玻璃、玻璃纤维等领域新产品技术的研发力度。

2. 黑色金属冶炼及压延加工业

行业的相对吸收能力综合指数排名第 23 位，属下游水平。

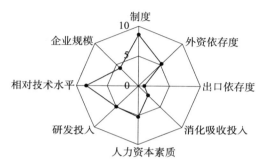

图 7 - 23　吸收能力因素图——黑色金属冶炼及压延加工业

数据来源：课题组计算。

目前的综合指数排名主要靠相对技术水平和研发资金投入两项因素的贡献（见图 7 - 23）。但是我们必须注意：第一，钢铁行业本身是规模经济很高的行业，相对技术水平的差距利于内资企业模仿；第二，由于在北美产业分类（NAICS）三位码行业中并没有单独区分黑色金属和有色金属冶炼及压延加工行业。在缺乏这两个行业研发数据的情况下，我们是以美国初级金属（primary metals，NAICS code：331）的研发数据作为两个行业的参照，这有可能夸大我国这两个行业的研发投入力度。

除了上述两个单项因素，其他因素的指标表现都不尽如人意。还有一个值得注意的现象是，虽然国内有宝钢、首钢和邯钢等一批超大型企业，但内资企业平均企业规模较在华跨国公司平均规模仍较小。这说明，行业中有大量产值非常低的小企业存在，这些企业往往在某些地方政府的庇佑下，与大企业抢夺资源和市场。

建议：第一，尽力消除地方保护主义，清理、整合行业中经济效益差的企业；第二，进一步理顺国有企业的经营机制；第三，加强消化吸收投入。

3. 有色金属冶炼及压延加工业

行业的相对吸收能力综合指数排名第 24 位，比黑色技术冶炼及压延加工业稍弱。

尽管图7-24与图7-23看起来差异不小，但其实有色金属与上面黑色金属两行业的单项因素表现还是有很多相似的地方，例如出口、消化投入、人力资本素质、相对技术水平和市场集中度等方面，两行业的评分相差无几（见图7-24）。此外，虽然有色金属行业中的研发投入评分比黑色金属行业低不少，但实际上行业中内资企业研发比例并不比美国初级金属行业研发比例低。两个行业最大的差别在于，有色金属行业中内资企业规模比黑色金属行业高很多——这可能是有色金属行业的资金门槛较高，以及国家对该行业较严格的控制所致。

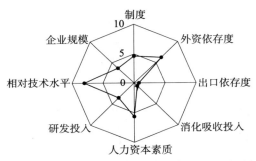

图7-24　吸收能力因素图——有色金属冶炼及压延加工业

数据来源：课题组计算。

建议：与黑色金属行业相同。

4.金属制品业

行业的相对吸收能力综合指数排名第8位，属工业行业中的佼佼者。

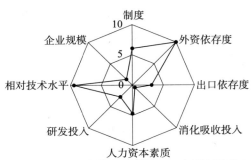

图7-25　吸收能力因素图——金属制品业

数据来源：课题组计算。

我们注意到,图 7 - 25 与图 7 - 10 非常相似,造成两个行业评分差距的因素主要来自三个方面:金属制品业在内资企业平均规模和行业出口表现方面优于农副食品加工业,但同时后者却在消化吸收投入上稍稍占优势。但是,这些差异都很小,因此可以说这两个行业吸收能力指数中的各构成因素的结构基本一致。

建议:与农副食品加工业一样,内资企业应当通过并购等手段进行整合,扩大企业规模。

5. 塑料制品业

相对吸收能力综合指数排名第 20 位,在中低技术产业领域的 9 个行业中排第 3 位。

这又是一个内资技术水平高于外资企业的行业:后者 TFP 值只及前者的 93% 。这说明,本行业内资企业是具有相当的技术基础和技术学习能力的,只不过行业中外资企业整体技术水平较差,难以产生我们期待的技术扩散。在对外开放度方面,行业中接近一半(45.3%)的固定资产投资是由外资企业完成的,同时行业产品有四分之一出口。此外,尽管内资企业技术水平相对不差,但 R&D 投入水平极低,R&D 投入力度仅相当于国外同行业平均水平的 35.6% ,构成了明显的技术发展瓶颈(见图 7 - 26)。

建议:严格审查本行业的 FDI 项目;内资企业加强新技术研发意识。

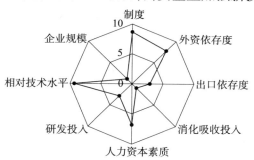

图 7 - 26 吸收能力因素图——塑料制品业

数据来源:课题组计算。

6. 橡胶制品业

相对吸收能力综合指数排名第 21 位,属中下游水平。

本行业的因素钻石图形状除企业规模和消化吸收投入两项指标外,其他各单项指标没有明显的短板,但也缺乏上乘表现,基本上都处于各单项的平均位置(见图7-27)。但值得提及的是,其研发投入指标评分虽不是很高,但已属我国工业行业的上游水平(该项指标评分30个行业中排名第8位,参看图7-6)。此外,该行业也是一个内资企业技术水平超过外资企业的例子(二者TFP值之比为1.14)。

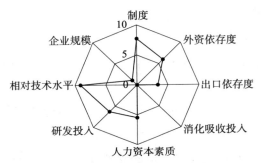

图7-27 吸收能力因素图——橡胶制品业

数据来源:课题组计算。

建议:一方面政府应当严格审查进入该行业的FDI项目,尽力提高外资质量;另一方面,内资企业应当注重规模经营,并积极开拓海外市场。

7. 石油加工、炼焦及核燃料加工业

本行业相对吸收能力综合指数排名第29位。

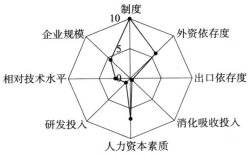

图7-28 吸收能力因素图——石油加工、炼焦及核燃料加工业

数据来源:课题组计算。

该行业最突出的问题是缺乏竞争导致研发投入过低(见图7-28)。由于该少数几个大型国有企业的垄断,无论是外资企业,还是国内民间资

本,行业中此类企业数量都过少,企业缺乏足够的动力进行研发创新,满足内需之后也无力进行出口。再加上靠国家垄断资源给予国有企业的保护,这些企业的垄断地位基本上未受到冲击。此外,政府对产品定价的控制等因素使得行业生产率难以提高。

建议:继续深化行业内国有企业的改革,并进一步引进国内民间投资者和外国投资者,加强行业竞争。

8. 电力、热力的生产和供应业

行业相对吸收能力综合指数排名第25位,属于极差的行业。

各单项指标的评分表现与石油加工业类似(见图7-29),行业对民营资本的控制更为严厉——行业中的民营资本份额是所有工业行业中极低的。民营企业极少固然与该行业的公共服务性质有关,但外资的受限程度似乎要低一些,因为该行业中的外资比例比石油加工等行业还高,须知后者还是国家鼓励外商投资的行业。

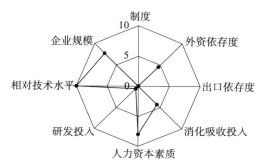

图7-29　吸收能力因素图——电力、热力的生产和供应业

数据来源:课题组计算。

建议:与石油加工等行业类似,继续深化行业内国有企业的改革,并适当引进国内民间投资者和外国投资者,加强行业竞争和先进技术冲击。

9. 燃气生产和供应业

行业相对吸收能力综合指数排名第28位,所有行业中倒数第三。

根据图7-30,我国燃气生产和供应业除了吸引外资之外,其他因素表现均非常糟糕。最突出的几条:人力资本严重不足;消化吸收投入极少;研发投入极低。同时我们注意到一个事实:制度评分非常低,该行业属于国家统筹的公共服务行业,行业中内资民营企业的固定资产所占比重极低;另外,倾向于外资、压制国内民间资本的产业政策导向非常明显。

建议:给予国内民间投资者平等待遇。

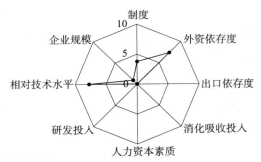

图 7-30 吸收能力因素图——燃气生产供应业

数据来源:课题组计算。

三、中高技术行业

1. 化学原料及化学制品业

相对吸收能力综合指数排名第11位,典型的中游行业。

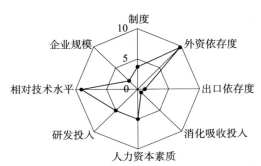

图 7-31 吸收能力因素图——化学原料及化学制品业

数据来源:课题组计算。

行业中内外资企业间的技术差异虽稍许偏大,但仍在内资企业易于学习和模仿的范围内;外资依存度也接近样本行业平均水平,对内资企业吸收外来技术较为有利。负面因素包括:研发投入不足,消化吸收投入过低,产品缺乏国际竞争力。主要问题在于,一是企业平均规模偏小,市场集中度也偏低,不利于行业技术活动;另外行业中的民营企业份额相对较低,国有经济成分还占据一半以上份额,说明行业对民营和私营经济的开发度可能不足(见图7-31)。但值得注意的是,行业内包括了众多的子行业,不同子行业间差异较大,因此尚需具体分析。

建议:深化行业内国有企业结构改革和经营机制重塑,进一步提高对民营资本的开放度。

2. 化学纤维制造业

相对吸收能力综合指数总排名第2位,在中高技术产业6个行业中排第1,行业技术吸收能力较强。

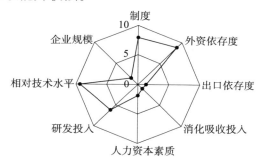

图7-32 吸收能力因素图——化学纤维制造业

数据来源:课题组计算。

与化学原料及制品业相比,外资依存较高(固定资产比重为32%),接近样本行业平均水平,同时内资企业与外资企业技术差距较小。这些因素为行业中内资企业的技术吸收能力奠定了良好的基础。行业明显较弱的因素是企业规模相对狭小,人力资本与消化吸收投入不足,产品缺乏国际竞争力(见图7-32)。

建议:注重人力资本积累和技术消化创新,加大国际市场开拓力度。

3. 电气机械及器材制造业

相对吸收能力综合指数总排名第15位,在中高技术产业领域排名倒数第1。

本行业中民营经济发展势头良好,其固定资产投资已接近全行业一半的水平;内资企业研发投入力度也相对较好。在开放度方面,出口依存度为22.53%,外资依存度达到了39.96%。最应当注意的是,行业中内外资企业技术水平几无差距,具体而言是内资企业稍胜一筹,TFP 水平为对方的 1.17 倍。因此,行业中的外资企业整体技术水平不高,约束了技术扩散效益的发挥(见图 7-33)。

建议:增加消化吸收投入,相关部门应当对进入本行业的 FDI 新项目进行严控,对于技术水平不高的项目不能轻易准入。

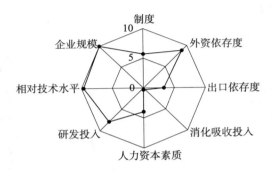

图7-33 吸收能力因素图——电气机械及器材制造业

数据来源:课题组计算。

4. 交通运输设备制造业

相对吸收能力综合指数总排名第 9 位,在全部 30 个样本行业中处于中上游位置。

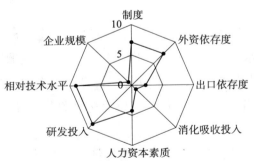

图7-34 吸收能力因素图——交通运输设备制造业

数据来源:课题组计算。

目前,行业中内资企业相对 TFP 系数为 0.70,生产率水平仅为同行业外资企业的四分之三左右;内资企业研发评分虽不算太高,但已属难得。该行业最突出的问题,是受制度和资本的限制,民间资本难以进入行业参与竞争;同时,内资部门的企业规模太小,难以和同行跨国公司抗衡(见图

7－34）。其结果,内资企业往往只能在零配件等附属产品领域生存。

建议:第一,彻底破除对民营资本的歧视性政策,并切实加强对民营企业的金融支持;第二,注重建立和发展附属领域与跨国公司的联系,促进纵向联系效应。

5. 通用设备制造业

相对吸收能力综合指数总排名第 5 位,属上游水平。

从图 7－35 看,行业的外资依存度和内外资企业的差距都处于最恰当的水平上,市场竞争状况也较为理想——这些都对内资部门吸取外商投资企业先进技术和管理经验创造了比较优越的条件。但是,内资部门的 R&D 资金投入力度很弱,;消化吸收投入也很差,平均只及本行业外资企业的90%。由于对技术研发和消化吸收的重视不足,产品出口表现欠佳。还值得注意的是,内资企业平均规模太小。在企业规模不足的情况下,不仅难以实现规模经济,而且还严重制约企业的技术活动(见图 7－35)。

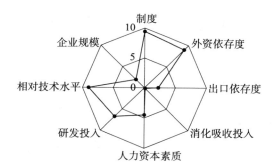

图 7－35　吸收能力因素图——通用设备制造业

数据来源:课题组计算。

该行业提高技术吸收能力的突破口是企业规模。建议内资企业通过并购或联合等手段进行整合,扩大企业规模。只有企业规模上去了,才能克服研发投入小等问题。

6. 专用设备制造业

相对吸收能力综合指数排名第 4 位,处于行业样本中的上游水平。

行业的外资依存度、内资企业的研发投入以及与外资企业间的技术差距等指标均处在中上水平,对行业吸收外来技术是较为有利的。但是,行业中的企业规模仍显狭小;同时,内资企业的消化吸收投入力度显得严重不足,人力资本素质也十分一般——这些因素都拖累了行业吸收能力的提高(见图7-36)。此外,本行业中子行业非常庞杂,矿山、建筑、医药、陶瓷、纺织等机械设备制造都属本行业范围,不同子行业的技术之间往往分野很大,交叉较少,这一因素也不利于知识和技术在行业内的广泛扩散。

建议:增加消化吸收力度,进一步鼓励民营资本进入,并加强对它们的金融支持。

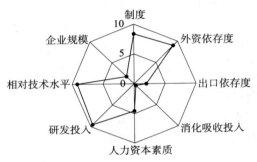

图7-36 吸收能力因素图——专用设备制造业

数据来源:课题组计算。

四、高技术行业

1. 医药制造业

相对吸收能力综合指数排名第6位,是样本中三个高技术行业中的第二高位次。

医药制造业中最大的问题是内资企业拥有的药品专利少,许多药品都是仿制。因此,虽然内外资 TFP 之比是0.93,看起来双方差距不大,但实际技术差距要比数字所反映的悬殊得多。由于新药研发的投入巨大,风险过高,一般的内资企业难以进行大规模的 R&D 活动。目前,我国内资医药制造商的平均 R&D 资金投入力度平均只及美国同行业的五分之一,更不用说与大型跨国公司相比。可以说,本身技术积累差和研发力量薄弱是制约我国内资企业发展的最大障碍。同时,内资医药制造企业规模较小,消化吸收投入水平低,依然是制约医药企业做大做强的重要因素(见图7-37)。

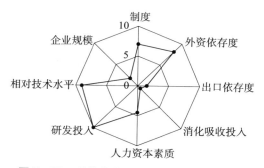

图7－37　吸收能力因素图——医药制造业

数据来源：课题组计算。

建议：在新药研发门槛过高的情况下，目前只有一方面坚持仿制战略，从"干中学"中增加技术积累；另一方面，在若干产品方向，尤其是中药等我国企业具有传统优势的方向，加强研发力度。

2.通信设备、计算机及其他电子设备制造业

相对吸收能力综合指数排名第26位，在全部30个样本行业中列倒数第五。

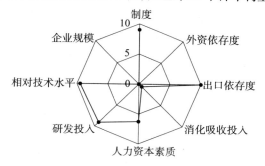

图7－38　吸收能力因素图——通信设备、计算机
及其他电子设备制造业

数据来源：课题组计算。

IT行业是当今全球产业发展最为迅速的行业，行业中技术更新、替代非常迅速，代表了现代产业和技术发展的主要方向。在该行业，我国产品出口增长迅速。但是，行业中内资企业的技术水平和对跨国公司先进技术吸收消化的能力却十分薄弱。其原因，从图7－38看显然是多方面的。从技术指标看，行业中内资企业全要素生产率只有外资企业的五分之四左右（84%），人力资本素质也大约是这个水平；从平均企业规模看，内外资企业间差距巨大，内资部门企业规模平均为外资的23.03%，仅为不到四分之一的水平。

由于技术差异巨大,本行业进入的 FDI 是全国最多的,外资企业总产值指标在全部工业行业中占 16.75%(参见表 7-4),而行业对外资的依存度高达 81.2%,亦为全国最高。由于外资的强有力冲击,行业中民营企业数量稀少。由于民营企业的就业人员比例明显高于其他三个指标,因此可以推断绝大多数民营企业只是集中在行业中劳动相对密集、技术和资本相对简单的领域(例如计算机外设的加工生产)。在大量国外跨国公司主宰行业的条件下,内资企业在产品市场、要素市场、人力资本等方面都受到前者的剧烈挤压,技术吸收异常艰难。

建议:作为新一代核心产业,其发展关系到整个经济未来的竞争力和发展的持续性,因此政府必须为行业中内资企业,包括民营企业,给予其金融、技术、人才等方面的支持,并在政府采购等方面对内资企业一定的政策倾斜。

3. 仪器仪表及文化、办公用机械制造业

相对吸收能力综合指数排名第 1 位,在全部 30 个样本行业中处于顶尖水平。

与 IT 行业相比,本行业在外资依存度及制度(民营企业比重)变量上的表现要好很多:外资依存度仅为 49%,民营经济的总产值和固定资产等指标占全行业的比重也提升至 20%—30% 的水平。但除了上述两项,其他单项指标表现非常突出:相对技术水平处于适当差距水平,便于内资企业模仿与学习;内资研发投入、制度因素和外资依存度均处于领先地位(见图 7-39)。

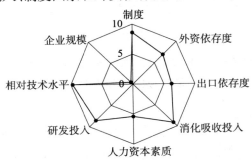

图 7-39 吸收能力因素图——仪器仪表及文化、办公用机械制造业

数据来源:课题组计算。

该行业进一步提高技术吸收能力的突破口是企业规模。建议内资企业通过并购或联合等手段进行整合,扩大企业规模。只有企业规模上去了,才能克服研发投入小等问题。

附表

附表7-1 各行业吸收能力单项因素评分

行业	制度	外资依存度	出口依存度	消化吸收投入	人力资本	研发投入	相对技术水平	企业规模
农副食品加工业	7.41	7.88	1.04	0.74	4.97	1.10	9.23	1.79
食品制造业	6.42	9.70	1.25	0.68	5.23	2.42	9.25	1.06
饮料制造业	9.41	8.70	0.42	1.58	5.51	4.42	9.43	1.12
纺织业	7.83	8.42	2.83	1.59	4.28	2.06	8.87	2.27
纺织服装、鞋、帽制造业	9.49	0.00	5.24	1.57	9.51	0.95	1.80	0.82
皮革及其制品业	9.85	6.15	5.45	1.58	3.75	0.66	9.98	0.63
木材加工及木、竹、藤、棕、草制品业	10.00	6.48	1.85	0.99	0.19	1.13	9.43	3.85
家具制造业	9.50	8.38	5.42	0.00	5.68	1.00	9.62	0.92
造纸及纸制品业	9.93	7.26	1.00	10.00	7.08	2.71	8.49	1.25
印刷业和记录媒介的复制	8.88	8.94	1.44	2.54	7.73	1.96	8.49	1.67
文教体育用品制造业	8.11	4.45	8.29	4.13	4.38	2.11	9.43	0.38
石油加工、炼焦及核燃料加工业	9.84	5.83	0.22	0.43	6.62	0.87	2.26	4.47
化学原料及制品制造业	3.57	9.65	1.24	0.78	5.10	5.04	9.06	1.79
医药制造业	6.91	8.11	1.40	0.61	4.51	10.00	9.06	1.76
化学纤维制造业	7.88	8.74	1.23	0.95	1.91	6.19	9.43	1.45
橡胶制品业	7.66	6.05	3.40	0.13	5.42	6.26	9.06	0.97
塑料制品业	8.66	7.82	2.99	0.98	6.84	2.73	9.25	1.06
非金属矿物制品业	9.58	7.87	1.01	0.21	5.55	2.11	8.87	3.33
黑色金属冶炼及压延加工业	8.54	5.17	0.99	2.16	5.19	4.95	8.48	4.08

行业	制度	外资依存度	出口依存度	消化吸收投入	人力资本	研发投入	相对技术水平	企业规模
有色金属冶炼及压延加工业	4.67	6.18	0.80	0.71	5.60	3.50	7.91	3.62
金属制品业	6.04	10.00	3.08	0.61	4.74	2.72	9.43	1.43
通用设备制造业	9.35	9.05	2.08	0.24	4.47	6.67	9.43	1.93
专用设备制造业	8.31	9.03	1.94	0.35	4.61	9.57	9.25	1.77
交通运输设备制造业	7.18	7.36	2.27	0.85	4.25	8.93	8.87	0.72
电气机械及器材制造业	5.71	8.95	3.37	0.29	3.99	7.85	9.61	10.00
通信设备、计算机及其他电子设备制造业	9.02	0.17	10.00	0.49	6.15	8.96	9.43	0.00
仪器仪表及文化、办公用机械制造业	8.63	7.01	6.27	9.07	5.27	8.47	9.62	0.37
电力、热力的生产和供应业	0.00	4.53	0.00	4.35	8.09	0.63	10.00	7.69
燃气生产和供应业	3.70	7.39	0.15	2.38	0.00	0.00	7.74	0.84
水的生产和供应业	0.92	5.75	0.42	0.02	6.03	0.68	7.55	3.30

数据来源:课题组计算。

第八章 跨国公司与中国产业自主创新

新技术研究和发展（R&D）是企业、产业乃至国家技术进步的基础。目前世界上科学技术领先的国家，其科技实力无一不是通过加大自身的研发投入才达到的。例如美国 1953—2001 年 GDP 增长 27.4 倍，而 R&D 投入增长了 55.7 倍，两者相差 2 倍；日本 1965—2001 年 R&D 投入增速高于其 GDP 增速 2.5 倍；韩国 1975—2001 年 R&D 投入增速高出其 GDP 增速 7 倍（胡志坚，冯楚健；2006）。

跨国公司是技术创新和技术转移的重要载体。大量拥有先进技术的外国跨国公司来华生产和经营，在若干产业尤其是高科技行业已形成相当规模。本章专门讨论在华跨国公司以及外商直接投资对我国产业技术创新活动的影响。

第一节 R&D 国际格局及我国的地位

在分析跨国公司对我国产业技术创新活动产生的影响之前，有必要先考察当今全球研发活动的基本格局以及我国在其中的地位。同时，作为世界研发活动中最活跃、同时拥有研发资源最多的集团，跨国公司研发活动的趋势变化对于我们分析其对我国产业产生的效应也十分重要。

一、全球 R&D 活动及中国的地位

长期以来，全球 R&D 活动主要集中在发达国家，发达国家的 R&D 投

资占全世界 R&D 总投资一直维持在 90% 以上。根据美国国家科学基金会(NSF,2014)的统计,2011 年,世界范围内 R&D 总支出为 1.435 万亿美元,而 2001 年和 2006 年这一数据分别为 0.753 万亿美元和 1.051 万亿美元。从增长速度来看,2006 年至 2011 年五年内世界 R&D 总支出平均增长率为 6.4%,2001 年至 2011 年十年内平均增长率为 6.7%。世界 R&D 总支出保持强劲的增长势头。

从地域分布来看,2011 年全球 R&D 活动高度集中在三大洲:北美、亚洲和欧洲,三大洲共占据了全球约 90% 的 R&D 支出。其中,北美地区(美国、加拿大和墨西哥)R&D 支出占世界总支出的 32.2%(0.462 万亿美元);东亚、南亚和东南亚地区(主要包括中国大陆、中国台湾、日本、印度和韩国等)共贡献了全球 34.3%(0.492 万亿美元)的 R&D 支出;欧洲(包括但不限于欧盟)地区的这一比例为 24%(0.345 万亿美元)。尤其是东亚、南亚和东南亚地区,其 R&D 支出占全球总支出的比重由 2001 年的 25% 上升到了 2011 年的 34%(NSF,2014)。全球 R&D 支出的不断增长,是各国不断发展知识密集型产业的结果,同时也反映了各国之间经济竞争的不断加剧。

在发达国家和发展中国家两个阵营内,R&D 投入也很不平衡。如表 8-1 所示,1996 年世界 R&D 投入最多的 10 个国家占到了全球 R&D 总投入的 86.1%。这种不平衡在发展中经济体中表现得更为突出。2010 年,前五大发展中经济体所进行的 R&D 投资占所有发展中经济体 R&D 总支出的 97%。

近年来,中国等发展中国家加大了 R&D 投入,在世界 R&D 投入中所占比例呈上升趋势。2011 年,中国全社会研究与实验发展经费增至 8610 亿元,占 GDP 的比重为 1.84%,该比例已基本达到发达国家的平均水平,并超过英国当年的水平(NSF,2014)。中国作为发展中国家中最大的 R&D 投资国,凭借其近年来的高增长,R&D 投资总规模已超过韩国和加拿大等国,位列世界第二。

表 8-1　世界主要 R&D 投入国和地区（依 2010 年的值排序）　（单位：十亿美元）

排名	经济体名称	1996	2010	排名	发展中经济体	1996	2010
1	美国	197.3	366.0(a)	1	中国	4.9	161.6
2	中国	4.9	161.6	2	韩国	13.5	49.4
3	日本	138.6	128.6	3	俄罗斯	3.8	23.4
4	德国	52.3	77.1	4	土耳其	0.8	7.7
5	韩国	13.5	49.4	5	墨西哥	1.0	5.2(b)
6	法国	35.3	43.2				
7	英国	22.4	35.6				
8	加拿大	10.1	21.7				
9	意大利	12.6	20.6				
10	瑞典	8.8(a)	10.8				

注：(a) 为 2009 年数据；(b) 为 2007 年数据。

数据来源：根据 *OECD Factbook* 2013：*Economic, Environmental and Social Statistics* 整理。

　　与科技投入相对应，世界上绝大多数科技资源也高度集中于发达国家。以最具国际可比性的数据——OECD 三边专利族[①]——为例，表 8-2 显示，美国和日本是三边专利拥有量最大的两个国家，2010 年两国持有的专利数之和超过了世界专利总量的一半，欧盟 27 国申请的专利量占世界总量的 28.6%；世界其他国家的专利数仅为全球的 12.7%，不仅远不能与美、日、欧等发达国家相比，而且还显著低于它们在 R&D 投入上所占的比例。

表 8-2　"三边专利"持有者国籍分布（2010 年）

经济体	日本	欧盟	美国	世界其他国家
专利持有数量	30.6%	28.6%	28.1%	12.7%

数据来源：OECD：*OECD Factbook* 2013：*Economic, Environmental and Social Statistics*。

---

① 三边专利族（Triadic patent family），是指同时在美国专利商标局（USPTO）、日本特许厅（JPO）和欧洲专利局（EPO）都注册的专利集合，其特点是商业价值都较高，国际性强。与简单比较不同国家所注册的专利数量相比，三边专利数量标准被认为更具国际可比性。当然，采用这一标准有可能会在一定程度上低估发展中国家的创新实力，因为这些国家的企业其国际化程度都不高，而且知识产权保护意识都很淡薄。

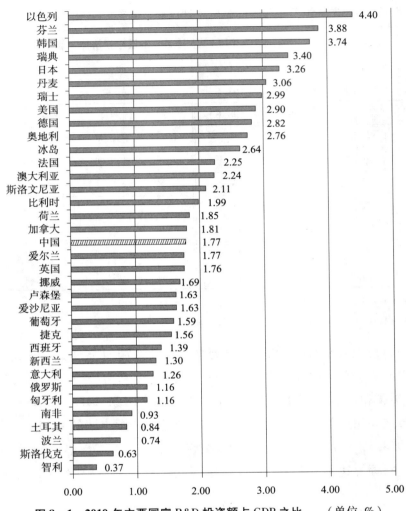

图 8-1 2010 年主要国家 R&D 投资额占 GDP 之比　（单位:%）

数据来源:OECD:*OECD Factbook* 2013: *Economic, Environmental and Social Statistics*。

　　虽然我国研发总量已占据世界前列,其主要原因是我国庞大的经济规模,而并不是我国对技术研发的重视。相反,由于转型过程中市场体系及其配套制度不完善,知识和技术的市场价值遭受严重低估,致使我国的技术研发力度一直落后于世界平均水平。近年来,随着国内市场体制的不断完善,科研环境提升,我国来自政府和私人部门的研发投资力度都在快速增强。即便如此,目前我国 R&D 投资占 GDP 的比重仍明显低于世界平均水平。图8-1 显示的是我国与 OECD 国家 2010 年研发强度的比较,图中所列的 35 个国家 R&D 投资在 GDP 中的比例平均为 2.04% ,中国则是1.77%(排名第 18 位)。与 R&D 资金投入相比,我国研发差距更大的是人力资本投入水平。图 8 - 2 显示,2010 年我国每 1000 个就业人员中只有科技人员 1.59 人,在所列国家中排倒数第四位;相比之下,冰岛、芬兰、乌克兰、新西兰和韩国的该指标列前五位,分别是17.05、16.96、12.65、12.42 和 11.08 人。

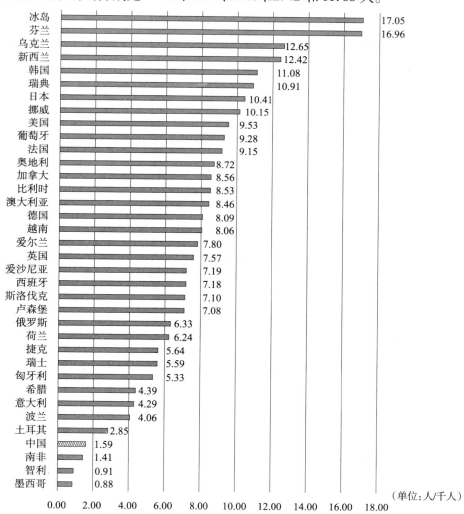

图 8 - 2　2010 年主要国家科研人员密度(全时当量)

数据来源:OECD:*OECD Factbook 2013:Economic,Environmental and Social Statistics*。

　　从研发成果角度来看,虽然国家知识产权局受理登记的专利申请数量很大,并已连续几年在世界上位列前列,但这并不能说明我国科研活动的强度和实力在世界上的真实地位。其原因,一方面各国专利授权标准和尺度有很大差别,国际间并无可比性;另一方面,我国授权的专利中相当一部分是国外企业拥有的(见表8-3)。如果以同时获美国、欧洲和日本专利机构授权的三边专利为标准,我国的专利拥有量在世界上几乎没有地位:我国的三边专利数量虽然增长很快,但直到 2010 年仅为 875 件,不仅水平极低,而且与我国的 R&D投入强度远远不相称。在这方面,我国不仅与美国、日本、德国、法国和英国等传统的三边专利强国无法相比,甚至与韩国相比也大大落后。2010 年韩国获日美欧三局专利授权量达 2182 件,居全球第六,仅次于日本、美国、英国、德国和法国。图8-3 显示,我国每百万人所占有的三边专利数量仅为 0.65 个,远远低于世界平均的 7.15 个,与世界发达国家水平相比更是相距甚远。

表8-3 国内外三种专利授权状况总累计表(1985 年 4 月—2010 年 12 月)

	合计		按类型划分					
			发明		实用新型		外观设计	
	授权量(件)	占比(%)	授权量(件)	占比(%)	授权量(件)	占比(%)	授权量(件)	占比(%)
合计	3897359	100.0	721753	100.0	1713106	100.0	1462500	100.0
国内	2054918	52.7	627334	86.9	739494	43.2	688090	47.0
国外	1842441	47.3	94419	13.1	973612	56.8	774410	53.0

数据来源:中华人民共和国国家知识产权局。

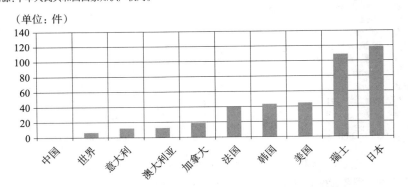

图8-3 2010 年世界主要国家每百万人三边专利数

数据来源:OECD;OECD *Factbook* 2013:*Economic, Environmental and Social Statistics*。

二、跨国公司在全球 R&D 投资中的作用

跨国公司是全球 R&D 投资的主体,占了全球 R&D 的主要份额。全球 R&D 投资主要来源于企业的投资,或更确切地说是来自于各类跨国公司。依英国 DIT(2004)的资料,世界上 R&D 支出最多的 700 家公司的 R&D 支出占到了世界 R&D 总支出的近46%,占世界商业 R&D 支出的69%以上,而这 700 家公司中至少有98%都是跨国公司。以医药产业为例,如表8-4 所示,2013 年罗氏、诺华两家公司的 R&D 支出超过 95 亿美元,还有两家公司,强生和默沙东的 R&D 支出超过 75 亿美元。许多跨国公司每年的 R&D 比一些国家全年的 R&D 投资还要多得多。例如,2013 年罗氏公司的 R&D 支出为 99.1 亿美元,这一数字比奥地利等较为先进的经济体 2010 年的 R&D 支出都要多,几乎是丹麦 2010 年全年 R&D 支出总额的 2 倍。

表8-4　2013 年全球医药产业 R&D 支出前20 家公司

世界排名	公司名称	R&D 支出（亿美元）	世界排名	公司名称	R&D 支出（亿美元）
1	罗氏（Roche）	99.1	11	百时美施贵宝（Bristol-Myers）	37.31
2	诺华（Novartis）	98.52	12	武田制药（Takeda）	31.48
3	强生（Johnson）	81.83	13	艾伯维（Abbvie）	28.55
4	默沙东（Merck&Co）	75.03	14	拜耳（Bayer）	22.91
5	辉瑞（Pfizer）	66.78	15	新基（Celgene）	22.26
6	赛诺菲安万特（Sanofi）	66.08	16	诺和诺德（Novo Nordisk）	21.78
7	葛兰素史克（GlaxoSmithKline）	65.18	17	吉列德（Gilead）	21.2
8	礼来（Eli Lilly）	55.31	18	第一三共制药（Daiichi Sankyo）	17.77
9	阿斯利康（AstraZeneca）	48.21	19	阿斯特拉制药（Astellas）	17.71
10	安进（Amgen）	39.29	20	默克（Merck KGaA）	16.38

数据来源:美国 GEN(Genetic Engineering & Biotechnology News, 基因工程与生物技术新闻)。

跨国公司 R&D 投入的大幅增加以及 R&D 活动日趋国际化导致外国

子公司在许多东道国的 R&D 投入占到了东道国国内 R&D 投入很大的比重。如表 8 - 5 所示,在所列 18 个主要 OECD 国家中,2009 年国内企业平均 R&D 总支出占 OECD R&D 总支出 4.99%,而外国子公司 R&D 支出占东道国企业 R&D 总支出的平均值为 38.97%,爱尔兰、以色列、捷克等国甚至 58% 以上的企业 R&D 支出来自于外国子公司,其中爱尔兰这一比重更是达到 69.9%。

近年来,研发国际化中一个引人注目的新趋势是,越来越多的研发活动正在转向发展中国家。2010 年,美国海外子公司在亚非地区(不包括日本)的 R&D 支出占其海外 R&D 总支出的比重达到创纪录的 16.3%,在中东和拉丁美洲地区这一比重也分别由 2007 年的 3% 和 3.4% 上升至 2010 年的 5% 左右。而在这些新兴地区中,印度、中国和巴西分别占据了美国海外子公司 R&D 支出比重的前三甲。中国在过去十多年间,外国研发单位从无到有,现已增加到千余家。在印度,全球性的制药公司正在开展越来越多的临床研究活动。通用电气公司在印度的研发活动雇佣人数达 2400 名,涉及领域之广包括飞机发动机、耐用消费品和医疗器械。泰国被选定为丰田公司的第四大海外研发中心,100 多家跨国公司在新加坡设立了研究实验室。

表 8 - 5　2009 年 OECD 国家国内外企业 R&D 支出比重　　　(单位:%)

国家	外国子公司 R&D 支出占企业总 R&D 支出的比重	国内企业总 R&D 支出占经合组织总 R&D 支出的比重
18 国平均	38.97	4.99
澳大利亚	32.1	1.76
奥地利	52.3	0.91
比利时	53.8	0.79
加拿大	31.8	2.01
捷克	58.0	0.36
法国	28.1	4.48
德国	27.3	8.50

续表

国家	外国子公司 R&D 支出占企业总 R&D 支出的比重	国内企业总 R&D 支出占经合组织总 R&D 支出的比重
匈牙利	52.6	0.19
爱尔兰	69.9	0.33
以色列	66.9	1.15
意大利	24.5	1.83
日本	6.3	16.27
荷兰	30.2	0.87
波兰	50.5	0.21
西班牙	26.6	1.52
瑞典	29.6	1.29
英国	46.7	3.79
美国	14.3	43.64

数据来源：National Science Board, *Science and Engineering Indicators* 2014. Arlington VA: National Science Foundation, 2014。

　　UNCTAD 对全球 R&D 投资最多的跨国公司进行的一个调研证实了发展中经济体在全球 R&D 投资中的地位。调研结果显示,尽管大多数的海外 R&D 投资在了发达国家,但是发展中国家和地区也正被越来越多的跨国公司考虑。尤其是中国和印度,其强劲的经济增长、国内市场竞争的加剧和人力资本积累的急剧增加等因素导致它们成为了跨国公司海外研发布点的优选之地。

表 8-6　2007 年、2010 年美国的跨国公司在各国的 R&D 支出情况

	R&D 支出（百万美元）		R&D 支出占比（%）		R&D 增加值率（%）	
	2007	2010	2007	2010	2007	2010
总计	34446	39470	100.0	100.0	3.1	3.2
德国	6403	6713	18.6	17.0	7.2	8.0

续表

	R&D 支出(百万美元)		R&D 支出占比(%)		R&D 增加值率(%)	
	2007	2010	2007	2010	2007	2010
英国	6000	5905	17.4	15.0	3.6	3.9
加拿大	2712	2749	7.9	7.0	2.3	2.1
比利时	1191	2116	3.5	5.4	5.1	8.6
法国	1557	1984	4.5	5.0	2.8	4.0
爱沙尼亚	1025	1948	3.0	4.9	22.9	28.0
日本	1919	1885	5.6	4.8	4.8	3.9
印度	382	1644	1.1	4.2	5.2	9.9
瑞士	1162	1558	3.4	3.9	4.4	4.7
中国	1173	1452	3.4	3.9	4.4	4.7
爱尔兰	1510	1431	4.4	3.6	2.7	2.3
巴西	607	1372	1.8	3.5	1.9	3.0
荷兰	752	1290	2.2	3.3	2.7	7.4

数据来源：National Science Board, *Science and Engineering Indicators* 2014, Arlington VA: National Science Foundation, 2014。

跨国公司海外 R&D 活动主要从事的是应用性的研究,其区位选择与东道国的整体环境有很大的关系。东道国稳定的经济环境、卓越的人文环境以及政府部门的高效率等都可能促使跨国公司在东道国设立 R&D 机构。特别是知识产权保护体系的建立、专利的国际统一性得到法律保证,将成为促进跨国公司在海外进行 R&D 活动的重要契机。跨国公司大多倾向于在科研政策宽松、法律法规完善、服务设施配套、创新技术产品的市场销售潜力巨大的东道国从事技术研发。与跨国公司从事的一般生产性直接投资有所不同的是,以技术创新为主要目标所进行的跨国科研投资,更多考虑的是东道国的科研环境和高技术产品的市场销售前景问题。

具体地说,跨国公司海外 R&D 投资的区位选择主要考虑的是以下因素:(1)该国家或地区是某一产品的中心市场,市场具有成长性和较大的市场容量;(2)其在该国家或地区的生产基地已发展到较大的规模;(3)该国家或地区具有一定的知识产权保护环境;(4)该国家或地区拥有大量的素质较高而工资水平较低的科技人员;(5)跨国公司之间在该国家或地区的竞争比较激烈。

第二节　中国产业的 R&D 及外资企业的直接贡献

在我国产业 R&D 活动中,外商投资企业,特别是外国跨国公司在其中扮演了重要的角色。这一节主要分析我国产业 R&D 活动的特点以及内外资企业间的相对地位。

一、我国产业研发活动的特点和趋势

我国工业领域进行的 R&D 活动近年来增长迅速,具有以下特点:

1. R&D 支出增长迅速, R&D 强度在快速改善

随着中国经济持续、快速的发展,近年来中国 R&D 支出持续增加,已从 1995 年的 348.69 亿元猛增至 2012 年的 10298.41 亿元。其中增长最快的是 2000 年,较 1999 年增长了 31.9%,最低的 1998 年,由于亚洲金融危机的影响增长率仅为 8.24%。

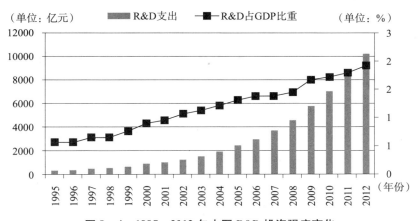

图 8-4　1995—2012 年中国 R&D 投资强度变化

数据来源:《中国科技统计年鉴 2013》,中国统计出版社 2013 年版。

一个可喜的现象是,我国 R&D 投入的增长不仅只是总量的增长,在相对量上也有显著的提高,而后者更能代表 R&D 投入强度的提升。由于 R&D 增长速度大大快于经济增长速度,因此我国 R&D 与 GDP 的比重近年来在不断提升:1995 年我国 R&D 投入总额占 GDP 的比重仅为 0.57%,而 2012 年这一比例已提升至 1.93%。

我国研发力度的快速增长,在很大程度上来源于市场规模的不断扩张。同时,由于市场机制逐渐建立并完善,市场竞争越来越激烈,技术创新的重要性变得越来越突出。国务院发展研究中心企业研究所企业技术创新课题组(2007)明确地指出:"中国企业实力和创新能力较快成长的重要因素是市场高速或较高速成长的激励。到 90 年代后期,中国市场的基本特点是迅速扩大、竞争日益激烈,同时有一定的保护。市场的快速成长给了中国企业成长机会激励和竞争发展激励,同时市场的一定保护又使企业有'边干边学'机会。"

2. 研发投入领域分散,重点不突出

一个国家的 R&D 投资结构通常与其产业结构高度关联。经济体内最具活力和发展潜力的产业,其企业研发动机和能力也越强,因此商业性 R&D 投入往往集中在这些产业中。实际数据也支持这一观点:据 OECD(2013b)统计(见表 8－7),2011 年 OECD 成员国中 R&D 投资最集中的三个产业累计占本国企业 R&D 投资比重平均为 58.62%。韩国、芬兰、瑞士、英国、日本、德国和澳大利亚等国的前三个优势产业都占据了全部企业 R&D 资金的 60% 以上,其中韩国和芬兰仅在信息和通信设备制造(ICT 制造)一个产业的 R&D 投资就接近本国全部商业性 R&D 的一半,重点非常突出。我国研发活动最集中的三个产业分别是电气和机械制造业、化工和信息与通信(ICT)设备制造业,累计占本国全部企业 R&D 的比重为 53.75%,低于 OECD 国家平均水平,显得较为分散。

表 8 - 7 中国与部分 OECD 国家企业 R&D 投资最集中的三个产业 (2011 年)

	产业名称			相应产业占所有企业 R&D 比重 (%)			前三累计(%)
	第一	第二	第三	第一	第二	第三	
中国	电气	化工	ICT 设备	21.2	16.4	16.1	53.8
韩国	ICT 设备	交通设备	化工	49.0	13.5	11.3	73.8
芬兰	ICT 设备	电气	ICT 服务	49.7	13.1	8.9	71.7
瑞士	化工	ICT 设备	电气	44.0	15.1	11.5	70.6
英国	化工	交通设备	ICT 服务	34.2	18.0	16.7	69.0
日本	ICT 设备	交通设备	化工	25.6	22.7	19.9	68.2
德国	交通设备	化工	ICT 设备	36.9	17.2	12.8	66.9
澳大利亚	农业和矿业	金融	ICT 服务	30.2	22.8	9.3	62.3
美国	化工	ICT 设备	交通设备	20.4	20.0	17.1	57.5
土耳其	ICT 服务	交通设备	研发服务	23.6	18.8	14.7	57.1
瑞典	ICT 设备	交通设备	研发服务	23.7	20.3	13.0	57.0
法国	交通设备	金融	研发服务	17.7	17.3	13.4	48.3
西班牙	交通设备	化工	ICT 服务	17.1	17.0	14.1	48.3
意大利	交通设备	电气	ICT 设备	20.9	14.2	13.0	48.1

注:"电气"指电气和机械制造,"交通设备"指交通运输设备;"金融"指金融等商业服务;"化工"指化工和矿产。

数据来源:摘引自 OECD(2013b): *OECD Science*, *Technology and Industry*: *Scoreboard* 2013,因篇幅限制删除了部分国家数值。

3. 研发强度的差距在高技术产业尤其明显

一般而言,经济体中 R&D 资源的产业流向与不同产业的技术特征有关。一个产业的技术密集度越高,它吸引的研发资源越多。尤其是当今知识经济时代,以电子信息技术、医药制造和航天航空制造等领域为代表的高科技行业,更是吸引了世界各国的大部分研发资源。以 OECD 国家为例,表 8 - 8 显示,OECD 国家 2011 年制造业 R&D 投资中平均 75.5% 投向高技术及中高技术产业,二者累计占据了制造业 R&D 投资总额的四分之三。其中俄罗斯、以色列、韩国、芬兰、德国、美国和日本等国高技术和中高技术领域吸收的商业性 R&D 投资比重更是接近 90%。

表 8-8　中国与 OECD 国家制造业企业研发资金的领域分布（2011 年）

经济体	中高和高技术产业比重（%）	中低和低技术产业比重（%）	制造业企业 R&D 投入占所有企业 R&D 投入比重（%）
俄罗斯（2009）	95.30	4.70	11.36
以色列（2010）	93.49	6.51	30.80
韩国	89.85	10.15	87.54
芬兰	89.80	10.20	76.83
德国	89.59	10.41	85.36
丹麦（2010）	88.84	11.16	49.91
美国（2010）	88.51	11.49	70.51
日本	86.66	13.34	87.87
匈牙利	86.27	13.73	62.10
斯洛文尼亚	83.21	16.79	72.08
比利时（2009）	82.60	17.40	64.60
加拿大	81.91	18.09	48.04
瑞士（2008）	81.49	18.51	78.74
法国（2010）	81.33	18.67	51.05
冰岛（2009）	81.00	19.00	33.31
瑞典（2009）	80.69	19.31	74.96
奥地利（2009）	79.65	20.35	67.45
意大利（2010）	79.27	20.73	71.63
捷克	79.03	20.97	64.38
英国（2010）	77.14	22.86	37.15
土耳其	76.78	23.22	53.34
荷兰	76.03	23.97	58.14
西班牙（2010）	75.54	24.46	54.29
斯洛伐克	74.33	25.67	61.05
墨西哥	70.46	29.54	58.65
中国	69.94	30.06	86.56
波兰	66.90	33.10	49.15
澳大利亚（2010）	66.24	33.76	40.07

经济体	中高和高技术产业比重（%）	中低和低技术产业比重（%）	制造业企业 R&D 投入占所有企业 R&D 投入比重（%）
挪威	65.66	34.34	32.70
葡萄牙（2010）	53.02	46.98	32.57
爱尔兰	52.71	47.29	38.64
智利（2008）	40.19	59.81	20.33
爱沙尼亚	9.38	90.62	63.79

数据来源：OECD(2013b)：*OECD Science, Technology and Industry: Scoreboard 2013*。

反观中国的情况，虽然电子计算机等行业的研发资金较多，投入强度也较强，但与 OECD 国家的平均水平相比，我国在高技术产业的 R&D 比重仍显得较低，在中低技术产业的 R&D 强度却较高，呈现一定程度的研发强度倒挂、重点不突出特征：表 8-8 中，我国高技术和中高技术产业占制造业 R&D 投资比重不足 70%，低于表中大部分经济体的相应比值，仅比波兰等少数国家高一些。

更直接的比较来自表 8-9。该表明确地揭示了我国在高技术产业研发投入强度与发达国家之间的巨大差距。我国在高科技产业中 R&D 经费占工业增加值的比重平均仅为 6.01%，而表中所有其他国家的该比重均达到了两位数，最高的美国达到了近 40%。在表中罗列的飞机和航天器制造、医药制造、办公设备和计算机制造、电子通信制造业以及医疗、精密仪器和光学器具制造业中，我国的研发强度都全面落后，而且差距巨大。

表 8-9 部分国家高技术产业 R&D 经费占工业增加值比重 （单位：%）

国家	高科技产业平均	飞机和航天器制造业	医药制造业	办公设备和计算机制造业	电子通信制造业	医疗、精密仪器制造业
中国（2007）	6.01	15.39	4.66	3.87	6.78	6.28
美国（2009）	39.07	49.23	49.37	29.22	36.85	25.67
日本（2008）	31.29	6.31	52.67	41.60	24.96	37.53
德国（2007）	18.05	27.88	19.84	15.41	20.15	13.11
英国（2006）	26.81	30.26	48.53	1.04	23.35	7.64

续表

国家	高科技产业平均	飞机和航天器制造业	医药制造业	办公设备和计算机制造业	电子通信制造业	医疗、精密仪器制造业
法国（2006）	32.63	36.39	32.99	30.27	49.91	18.31
意大利（2007）	11.81	66.68	5.83	5.72	11.61	7.29
加拿大（2006）	29.82	15.70	26.13	48.38	40.28	——
西班牙（2007）	17.13	24.90	18.42	13.77	18.34	8.49
韩国（2006）	22.06	33.29	7.94	20.71	25.22	8.11
瑞典（2007）	35.41	35.81	26.57	38.52	54.74	21.28
丹麦（2006）	——	——	44.48	14.02	33.66	16.24
挪威（2007）	14.86	3.73	10.91	4.34	20.11	16.68
芬兰（2007）	29.21	12.74	40.67	7.82	30.55	12.11

数据来源：《中国高技术产业统计年鉴》，中国统计出版社 2013 年版。

将制造业按技术含量区分，OECD 国家在低技术、中低技术、中高技术和高技术产业的平均 R&D 资金投入强度依次是 0.38%、0.76%、3.06% 和 9.02%；美国在这四个领域的 R&D 投资强度依次为 0.40%、0.84%、3.38% 和 11.64%。我国 2006 年在与此相近的四个领域的投资则依次是 0.36%、0.64%、1.27% 和 1.24%（见图 8－5）。很显然，在低技术和中低技术领域，我国产业 R&D 投资强度已接近了发达国家水平，但在高技术产业和中高技术产业差距却非常大。

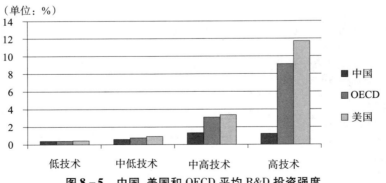

图 8－5　中国、美国和 OECD 平均 R&D 投资强度

注：OECD 数据为 1999 年 12 国平均：美国、加拿大、日本、丹麦、芬兰、法国、德国、爱尔兰、西班牙、瑞典、瑞士和英国；美国数据为 2002—2003 年平均值；中国数据为 2006 年数据。

数据来源：中国的数据根据《中国科技统计年鉴 2007》整理；OECD 和美国的数据来自 NSF（2006）。

在我国研发投资总体不足的情况下，R&D资金过于分散进一步拖累了优势行业的研发强度，而这种状况一方面与我国目前的产业结构有关，另一方面也反映了我国科研创新激励存在一定扭曲，研发体制效率尚待改进。

4. 研发资金来源单一

以企业资金为主是发达国家R&D活动的普遍特征。企业是国家创新的主体，而R&D活动则是创新的源泉。企业最了解所处的市场环境，因此也能够依据市场的需求进行研究与开发。2011年日本和韩国来自企业的R&D资金支出都超过了75%；美国和德国这一比重也在65%以上。

在我国，直到20世纪90年代，来自政府的资金一直都是中国R&D经费的一个重要来源。1992年，全国科技活动资金中，来自政府、企业和金融机构贷款的资金比例分别为28.7%、29.15%和16.13%。[①]由于当时国有企业改革尚不深入，银行系统带有强烈的财政色彩，因此金融机构贷款占R&D资金的比重还很高。近年来，我国对国有企业改革的力度加大，国家对其扶持力度减小，要求企业依据市场需求自负盈亏；另外，民营企业发展迅速，诸如华为、联想等一批研发投资大户的迅速崛起，使得企业自身R&D的投入大大增加。另外，由于国内银行业也相继进行了改革，开始自负盈亏，自然而然会对贷款审批更加严格。到2011年，全国科技活动中来自政府、企业和金融机构的资金比例分别为21.7%、73.9%和3.1%，政府资金和金融机构资金比重都有不同幅度的下降，而企业自有资金比重急剧上升，已接近了发达国家水平。[②]

5. 基础研究投入长期偏低

中国R&D支出长期存在的一个问题是基础研究的投入太低。1995—2011年间，中国用于基础研究的资金投入一直只占R&D经费的5%左右，用于应用研究的经费支出也很少，在20%左右。而大部分的经费用于试验发展研究。一定程度上反映出中国的研发轻基础，与应用脱钩的现状。

[①]早期的统计年鉴中没有R&D经费这一项，只有科技活动经费项。为顾及可比性，这里以后者的融资结构进行比较。

[②]数据来源：《中国科技统计年鉴》，中国统计出版社2012年版。

依照《中国科技统计年鉴》的定义,试验发展是指利用从基础研究、应用研究和实际经验所获得的现有知识,为产生新的产品、材料和装置,建立新的工艺、系统和服务,以及对已产生和建立的上述各项作实质性的改进而进行的系统性工作。在社会科学领域,试验发展可定义为:把通过基础研究、应用研究所获得的知识转变成可以实施的计划(包括为进行检验和评估实施示范项目)的过程。人文科学领域没有对应的试验发展活动。而当前中国这种试验发展占主导,基础研究和应用研究投入太少的局面对中国整体技术水平的提高以及经济平稳快速的发展是很不利的。

不妨以2011年的国际数据来说明我国基础研究的状况(见图8-6)。2011年,中国R&D经费支出总额中用于基础研究的经费约为人民币411.81亿元。从总量意义上,该水平在公布数据的21个国家中属中等水平,与以色列、俄罗斯相当。但如果比较相对量,我国的差距就大了。我国2011年基础研究经费在全国R&D经费支出总额中的比重仅为4.7%,在公布数据的21个国家中处于最低水平。发达国家这一比重大多在20%左右,相对较低的日本也在10%以上,甚至阿根廷等发展中国家也超过了20%。从历史发展来看,我国这一比重长期稳定在5%左右的局面没有改变。基础研究是新知识产生的源泉和新发明创造的先导,是国家长期科技发展和国际竞争力提升的重要基础,我国基础研究投入长期偏低的情况必须引起高度重视。

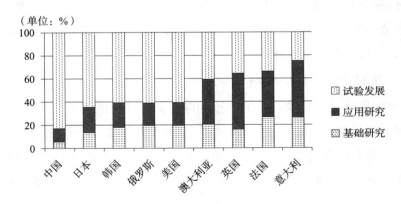

图8-6　部分国家各类费用占R&D支出的比重(2011年)

注:美国、英国、法国意大利为2010年数据,澳大利亚为2008年数据。

数据来源:OECD:*OECD Science*,*Technology and Industry*:*Scoreboard* 2013。

二、产业中的内外资 R&D 行为

表 8 - 10 是我国工业行业中各类企业的生产和 R&D 活动指标占工业行业的份额,它大致地反映了目前各类企业在工业行业中的相对地位。从生产情况看,内资企业大致占据了全部工业行业约三分之二的份额,而余下的三分之一为港澳台其他外资企业占有。在内资企业中,从就业人数和产值等指标看,民营企业份额约为国有企业的 2 倍,或者说内资部门中民营经济的贡献大约为 70%;民营企业的企业数量却大得多,表明其企业平均规模较小的特点。在港澳台和其他外资企业部门,虽然从企业总数和就业总量看二者规模差不多,但其他外资企业的工业总产值和增加值都是港澳台企业相应指标的两倍以上——这一比较清晰地反映了两类 FDI 企业的特征:其他外资企业的平均企业规模较大,更多地集中在资本密集和技术密集型产业;相比较之下,港澳台企业的平均企业规模较小,劳动密集型生产占主流。

表 8 - 10　2011 年我国工业行业各类企业的生产和研发活动份额

主要指标		在全部企业中的比重(%)			
		内资	国有	民营	其他
生产	企业数	82.43	5.25	77.18	17.56
	年末从业人员	72.19	19.79	52.39	27.81
	工业总产值	74.20	26.11	48.08	25.81
	利润总额	74.89	26.76	48.13	25.12
研发和技术表现	R&D 人员	75.75	34.33	41.42	24.24
	R&D 项目数	77.74	32.69	45.05	22.26
	R&D 经费内部支出	75.03	38.10	36.93	24.97
	新产品产值	65.58	36.51	29.06	34.43
	新产品销售收入	64.18	36.76	27.42	35.83
	有效发明专利	73.87	24.76	49.10	26.13
	出口	40.52	16.27	24.25	59.48

数据来源:根据《工业企业科技活动统计资料 2012》整理。

再看各类企业的研发和技术表现。比较 FDI 企业的 R&D 活动指标和它们的生产活动指标,容易发现这些企业的研发倾向平均来讲还低于内资企业。这其实很正常,因为跨国公司的 R&D 活动通常集中在母国。具体地,外资企业的 R&D 人员和经费抽入、R&D 项目数量等在全部企业中的份额,均低于其工业总产值和工业增加值的份额。但是,凭借母公司强大的技术后盾,外资企业的技术表现却异常突出,新产品产值、新产品销售收入以及出口份额都远高于其工业总产值和工业增加值的份额。外资企业生产和研发数据的比较说明,我国的确还只是一个"世界工厂"。

与外资企业相比,平均来说内资企业具有较强的研发倾向。进一步分类,民营企业的研发活动显得更为积极一些,而且其发明专利的拥有量比例比它的 R&D 内部支出份额还略高,但专利数量很难体现发明的大小和技术含量,所以还不能由此推断说它的研发效率也较高。从新产品产值和销售额看,民营企业的份额仅仅是略低于它们在总产值中的份额,其表现基本上算是达到了"平均"水平;国有企业则不然,新产品生产和销售量与其总产值和增加值相比较明显偏低。同时,民营企业的出口能力较国有企业强劲得多,其出口额超过了内资部门出口总额的九成。这些数据都表明,国有企业技术水平和生产效率的确与民营企业有较大差距。

由于高技术产业是工业行业中技术含量最高、动态性最强,同时也是最能体现产业国际竞争实力的领域,下面我们集中考察我国高技术产业中的研发情况。

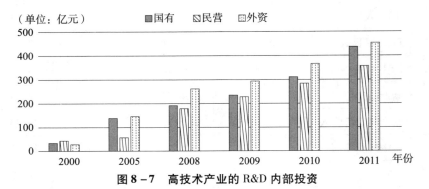

图 8-7 高技术产业的 R&D 内部投资

数据来源:《中国高技术产业统计年鉴》,中国统计出版社 2012 年版。

近年来,我国高技术产业 R&D 投资逐年增加,已从 2000 年的 111.04 亿元增长至 2011 年的1237.04 亿元,年均增长 84.5%。其中,内资企业的增速平均为 74.8%,而外资企业的增速则高达112.3%。由此可见,外资企业已成为我国高技术产业中最为活跃的创新力量,其存在已显著地提高了我国在该领域中的 R&D 增长速度。从图 8 - 7 来看,内资企业的 R&D 增长速度非常稳定。譬如,国有企业在 2009—2011 年间的 R&D 增长率分别为 20.8%、30.6% 和 37.7%;民营企业 2009—2011 年间的 R&D 增长率分别为 25.5%、22.2% 和 24.1%。而外资企业的 R&D 增长则表现出一定的起伏,如 2009 年外资企业 R&D 较 2008 年增长率仅为 3.9%,2010 年增长率猛增至 33.1%,而 2011 年则跌至 13.7%。

由于外资企业在我国研发力度的增强,并以远超于内资企业的速度在增长,因此外资企业研发比例逐渐上升,国有和民营企业研发比例下降,而尤以民营企业的下降速度明显。图 8 - 8 显示,从 2000 年至 2011 年,高技术产业领域中外资企业的 R&D 投资占比已从 18.2% 提高至 22.5%,而国有企业在全产业中所占的 R&D 比例维持在 35% 的水平,民营企业的 R&D 份额则从 36.5% 下降至28.6%。高技术产业中外资企业对研发的重视,与全部工业行业范围外资企业的总体 R&D 表现形成了鲜明的对照——而且,这些数据仅反映外资企业在我国境内进行的 R&D 活动,并没有考虑跨国公司母公司的研发。外资企业在我国研发力度的提升,同内资企业间争抢科技人员等技术资源的竞争必将升级,内资企业技术研发资源匮乏的窘境还会进一步恶化。

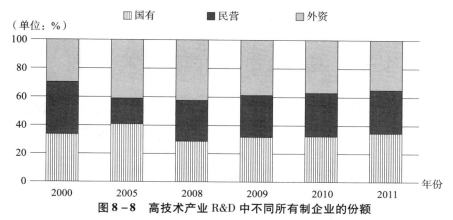

图 8 - 8　高技术产业 R&D 中不同所有制企业的份额

数据来源:《中国高技术产业统计年鉴》,中国统计出版社 2012 年版。

从投资领域来看,三类企业侧重点也有所不同。外资企业的 R&D 投资导向相对来讲最为突出:在电子及通信设备和计算机及办公设备制造业这两个重点行业投资最多,而且都高于另两类企业的投资比重;相对来说,在医药制造业和医疗设备及仪器仪表制造业的投资比例则相对较小。相对而言,国有企业的投资是最为平衡的:虽然它们与民营企业一样,都将电信和计算机等领域视为最重要的投资方向,但其投资比例温和得多;反过来,在民营较少问及的领域,如医疗设备制造业和航空航天器制造业,国有企业却予以较多的关注。民营企业的投资方向则显得较为中庸,居于上述二者之间。国有企业投资方向不同于其经营领域与其他二者相差较大有关,如航空航天器制造业就是一个以国有企业为主的行业,而该行业基本在 2006 年前尚无外资进入。

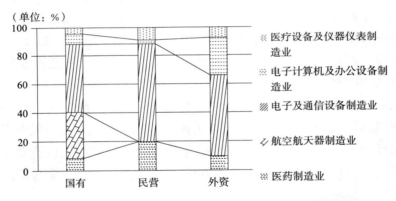

图 8-9 2011 年高技术产业中各类企业研发投资领域分布

数据来源:《中国高技术产业统计年鉴》,中国统计出版社 2012 年版。

第三节 跨国公司与我国国家创新体系

跨国公司在中国产业内的大规模生产经营,尤其是近年来在我国加速增加研发活动,自然与国内其他企业、大学和科研机构以及政府间的互动日益密切。在长期,这种互动对改善我国创新体系、拓展创新资源和提升创新效率很可能会起到一定的积极作用。

根据弗里曼(Freeman,1987)的定义,国家创新体系(NIS)是"一种公共和私人部门中的机构网络,这些组织的活动和相互作用在不同程度上激发、引进、改善和扩散新技术"。在这个"网络"中,企业、大学和科研机构以及政府部门即为国家创新体系中的主要"机构",而它们各自的行动及相互关系决定了一个国家的创新体系的结构和效率。

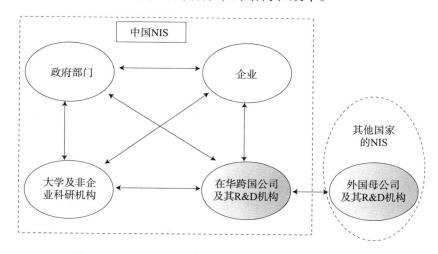

图 8 – 10　跨国公司及其 R&D 机构对我国创新系统的影响

资料来源:笔者自绘。

图 8 – 10 勾勒了我国国家创新体系的结构及跨国公司对其的潜在影响。国家创新体系最简单的结构包括企业、大学及科研机构和政府部门三极。企业以及企业的研究机构是国家创新体系中必不可少的一环。在发达国家,企业是国家创新体系的主体,企业的 R&D 投入在整个国家 R&D 投入中占主要地位,这在本章第一节中已有清晰的揭示。大学及企业科研机构在国家创新体系中处于基础地位,没有高水平的大学和科研机构的科学研究、工程研究等基础性研究,一个国家的产业技术创新犹如无源之水。大学为产业输送技术人员和前沿知识,为产品生产和技术创新提供新的思想。国家创新体系中,政府部门也是极为重要的一极,它不仅直接参与一些创新活动,而且出台各种法规和制度规范,影响和激励体系中另外两极的创新活动。

在华跨国公司在中国境内生产经营,尽管其地位和属性与内资企业有根本的差别,但也是中国创新体系的一个部分。因此,这些跨国公司的存在首先改变了外国创新体系中企业这一重要主体的构成,并因其不同的研发强度和研发倾向影响(甚至主导)着外国产业的研发状态。但是,这并不是最重要的,至少不是我们最关心的。我们关注的是,这一特殊的外来群体在该网络中与其他主体间的关系。

最直接和最明显的关系是跨国公司与相关行业的本地企业之间的相互作用。靠竞争效应等实现行业内横向溢出效应有可能是负的:本地企业很可能因为同时受到对方在产品市场和人才等知识资源市场上的挤压而导致研发动机和研发能力同时下降。但是,在研发的纵向水平上,国内高水平研发存量的增大可能会对上下环节或周边领域的研究起到潜在的促进。譬如,某些跨国公司与国内企业开展的合作研发活动,便为国内企业模仿学习对方成功的研发模式和接受新知识创造了良好的机会。此外,由于研发活动的复杂性,而且对于企业而言,研发的速度直接和企业的利润以及市场地位密切相关,为缩短研发的时间,有的跨国公司会将某一环节的研发工作外包给本土企业,建立伙伴合作关系。这种合作不仅可以促进本国技术水平的提高,更重要的是通过这种合作,本土的企业可以学习跨国公司先进的经营和管理理念,把研发和企业的实际需要结合起来。以深圳的华为公司为例,截至目前,华为已经与3Com、西门子、NEC、松下、TI、英特尔、摩托罗拉、朗讯、SUN、IBM等多家公司开展多方面的研发和市场合作。华为与NEC、松下合资成立宇梦公司,与西门子成立了TD – SCD-MA合资企业。这些合作无疑有利于公司吸收先进技术和管理实践,并且为其走出国门,在国外设立研发机构积累了经验。当然,这种纵向或周边的 R&D 溢出效应的大小在很大程度上取决于我国本地企业自身的技术积累和创新研发能力,因为只有拥有厚实的技术基础和较为强大的研发能力,才可能获得与跨国公司合作的机会。中外企业研发合作的基本前提是合作双方都从中获得利益,而国内企业自身的技术和研发实力是与对方建立互惠互利关系的基础。

就研发角度看,跨国公司与国内大学和专业科研机构间的联系在改革开放前期较为松弛,基本上局限于后者为其输送人才。但近年来,随着跨国公司研发本地化倾向加强,二者间的联系已逐渐升级。这些年,双方共同进行的研发项目、研发机构、人才培训等合作项目大大增加,大学和科研机构向跨国公司派遣特定专业咨询专家,跨国公司在大学设立奖学金、在特定大学"订制"专门人才等也十分普遍。最为典型的例子,是微软设立在北京的"亚洲研究院"与中国高校间的合作。亚洲研究院推行的"长城计划"启动以来,通过人才培养、研究合作、课程建设及学术交流等合作形式与国内 40 余所高校、科研机构开展了形式多样、内容丰富的合作项目。就在最近,福特公司宣布与南京航空航天大学、上海交通大学建立更广泛的全面合作,启动战略联盟。事实上,目前"几乎所有中国重点高校都设有外资参与的奖学金,其中很多受到外资企业左右,并影响到毕业生的分配。来自商务部网站的信息,在清华大学的近 100 种奖学金中,外资公司出资的占了一半,且数额巨大;北京大学的每年 400 多万的奖学金中,外资占了 300 多万元。部分跨国公司甚至已经开始深入到中国大学教材的编制上,比如微软亚洲研究院出资参与中国高校精品课程"(梁志坚,2007)。跨国公司与当地大学和科研机构间这种逐渐强化的互动,同时也带动了一些内资企业进行模仿。因此,我国的产、学关系已由原先各自独立、相互脱节的状态向互补、合作的方向变化。这种变化加速了知识和信息在经济中的扩散和传播,加速了科研成果向市场产品的转变;反过来,它同时也在一定程度上改变了我国大学和科研院所的教学和科研导向,市场需求信息更多地渗透入到教学和科研环节。

跨国公司大多具有较完备的培训体系,为员工提供系统的内部培训,因此除了对我国正规教育体系产生影响外,跨国公司也会促进我国的在职教育。外资研发机构进行的培训活动有助于在当地的研究人员间推广最新的先进技术。外资机构的培训从基础到高级甚至直接送到国外尤其是送到跨国公司总部进行培训。这种培训还具有很好的示范作用,即东道国的企业也会学习这种人才培养的模式,通过和外资机构合作或者直接送到国外或专业的培训机构对其员工进行培训。这对于提升企业的人力资本素质、提升企业的竞争力至关重要。

跨国公司与政府部门间的互动是我国国家创新体系中极为重要的一环。由于政府是制度的供给者,而制度又决定了创新体系中各相关个体的激励方向及它们相互间的联系效率,因此,双方的互动还将影响到图8-10中其他机构之间的相互关系,进而影响整个创新体系的效率。最明显的一个例子,是跨国公司对我国商标、专利等知识产权保护制度的影响。由于技术较为先进,知识资产较为丰富,跨国公司自然对相关制度环境有更高的要求。这些要求在一定程度上得到了满足,我国政府通过立法等手段加强了对知识产权的保护。这种互动的结果,使得经济活动中的创新者能得到更多的市场回报,同时也降低了使用陈旧技术的企业的利润水平,因此对整个国家创新体系都会产生深远的影响。

跨国公司对我国创新制度环境的影响还不止单独的一两项法律或规章。事实上,跨国公司的在华经营活动无疑加快了我国经济的开放度和市场化进程,而市场化程度越高,技术定价扭曲程度越低,创新活动也越活跃、越有效率。在较为完善的市场制度下,发现、筛选和培育企业家及创新主体的任务更为自然有效,创新活动由价格调节,技术创新过程中存在的信息不对称问题得到较为完善的解决。

另外,由于在华跨国公司与国外母公司及研究机构的密切联系,无形中提供了一条连接国外知识、信息和技术转移至国内的通道,这使得我国国家创新体系的开放性增强,扩大了海外技术能力吸收和合作的机会。在这方面,在我国设立了研发机构的跨国公司的贡献更为明显,因为跨国公司在东道国的研发机构大都和其母公司有很紧密的联系。据一项对在印度设立了 R&D 机构的 37 个跨国公司的调查显示,所有的这些 R&D 机构都和母公司有很紧密的联系,约 81% 的高新技术公司的研发机构直接和母公司全球 R&D 联系在一起。这种公司内部的联系为把跨国公司的资金、人力资本和技术引入东道国的创新体系提供了一条较外部市场有效得多的途径。由于跨国公司的全球化经营特征,其 R&D 机构使我国的创新体系和跨国公司的全球研发网络建立了联系,并进一步增加了我国与世界其他国家创新体系的联系。

由于企业存在于特定产业之中,因此究其内涵而言,国家创新体系中还包括了国家的产业结构和市场结构等因素(Archibugi 等,1999)。高技术产业领域跨国公司的来华投资对我国产业升级起到了重要的作用。因此,跨国公司的在华生产对于加强我国在高新技术产业领域的研发创新,提高研发的整体质量都有积极的意义。

总之,跨国公司的生产和研发活动改变了国内的研发环境,在很大程度上纠正了国内原有的知识和技术长期贬值的局面,激活了大学和科研机构等科技力量参与商业性研发的动力,有助于提高我国人力资源素质,集合经济中更多的力量为产业技术研发服务;此外,通过与政府间的互动,跨国公司也间接地推动了知识产权保护等制度建设。

第四节 跨国公司与内资企业研发能力

上一节的分析表明,跨国公司的存在改善了国内产业的研发生态,对我国国家创新体系产生深刻的影响。但是,在开放条件下,市场结构中内外资企业间的研发实力相对变化也极其重要。虽然我国各产业的 R&D 资金投入近年来加速增长,但如果内资企业的 R&D 能力没有随之增强,并缩短与外资企业间的距离,那么这种增长也同我国高技术产业出口一样仅只是"数字上的繁荣"。因此,本章余下部分集中分析在华跨国公司对内资企业自主创新的影响。

学者们通常认为,跨国公司的直接投资有助于东道国企业提高自身的研发(R&D)动机和能力,其理由不外是存在技术溢出的潜在渠道:竞争效应、示范和模仿效应、人力资源流动效应(Caves,1996;Dunning,1993)。但是,在中国这些效应是否存在,影响的方向和影响力度有多大,至今为止仍无明确的证据,因此跨国公司来华投资会促进我国企业研发能力的论断在很大程度上仅是一种推测。这一节我们先反思跨国公司可能产生的示范模仿效应和人力资源流动效应。至于竞争效应,我们将在下一节建立博弈模型作更为严格和详细的分析。

一、示范、模仿效应

通过解构产品、跟踪工艺等手段,模仿竞争对手的生产技术在商业竞争中十分普遍。根据曼斯菲尔德等人(Mansfield 等,1981)的研究结论,即使是受专利保护的技术,通常也会在四年内遭到模仿,可见技术模仿行为在国外也非常广泛。从模仿者的角度看,模仿其他厂商技术的主要动机之一就是其便宜:据施瓦兹(Schwartz,1978)等的估计,模仿成本只占同样技术创新成本的60%左右;进一步,也有研究发现(Bischoff,1980),不同领域的技术其模仿成本也有差异:以初始创新成本为100%计算,市场研究领域新技术的模仿成本是61%,工艺发展领域新技术的模仿成本是49%,市场营销领域是71%,而分销领域内则是84%。

问题是,国内企业的技术模仿机会和能力是否因外国跨国公司来华生产而得到了提升? 如果仅就单项特定的生产工艺和产品结构而言,恐怕跨国公司并没有带来实质性的改变——即便是这些外国跨国公司没有在我国生产,在贸易自由化程度已经非常高、互联网上信息传播极其迅速的今天,要获得它们的产品供解剖研究并不是什么难事;同样,要跟踪一公里范围内的一家外国公司的生产工艺,与学习远在海外的外国公司的生产流程事实上也无实质性的差别,因为关键的障碍并不是交通成本等因素,而是作为同行竞争对手,跨国公司要严密提防国内企业的"关注",不管你是作为近邻的造访者或者是远道而来的客人。相反,一旦跨国公司在华开始生产,对本地企业的这种"提防"只可能有增无减,因为它已将国内市场视为自己的目标,从而与本地企业形成了直接对抗的关系。边缘性的技术,即使距离遥远,扩散至本地企业也不是十分困难;反之,关键技术甚至核心技术,即使在家门口生产,国内厂商费尽心机恐怕也难以了解其大概。

但是,跨国公司在华投资的确使得国内企业模仿对方技术更为便捷了。第一,许多时候,要圈定适合中国市场的产品和技术类型是一项艰难的任务,并包含着巨大的风险,通过观察外商在华投资企业的技术和产品,这一任务变得简单了;第二,跨国公司可供我国企业模仿的并不只是其生产技术本身,也许更重要的,是其成功的技术"生产"方式。跨国公司对研发项目的论证、管理及与之匹配的组织结构,对缺乏研发传统的中国企业来说正是极好的学习和模仿对象。大量跨国公司来华生产,而且不乏一些大型跨国公司在国内设立研发中心,国内企业模仿跨国公司研发的制度、组织结构、管理方式的机会的确多了。不仅如此,跨国公司在华进行技术研发活动,还会营造一种有利于整合经济中技术性资源积聚的氛围,并促进我国商业性研发队伍的成长壮大。

技术模仿一方面对本地企业学习有用的知识,积累和培育自己进一步创新能力都是有益的,但技术模仿机会的增加在另一方面却又会冲淡企业自主研发的动机。作为自主研发的替代,模仿在许多场合下成为本地企业的一种廉价的选择,尤其对于那些急需新技术来获得生存权,或者对那些根本无法进行自主创新或无法承受自主创新的巨大风险的企业来说更是如此。

二、科技人员流动对谁有利

人们常常相信人员流动是跨国公司技术外溢的主要渠道之一，理由是跨国公司跳槽人员会带来他们在跨国公司学习到的知识和经历，包括之前跨国公司花钱为其进行专业知识和业务素养的培训内容。一旦这些跳槽人员进入本地企业，或者自己创业，这些知识和经历，被认为会增加当地企业的知识积累，加强后者的生产效率和研发能力。

问题在于，目前并不存在直接或间接的证据证明在过去的十多年我国的确存在相当程度的这类单向人员流动：我们不知道有多少原来受雇于跨国公司的科技人员流向了本地企业，也不知道反方向流动——由本地企业流向外资企业——的科技人员数量，所以根本无法断言总体来讲人员流动效应中是本地企业获益还是跨国公司受惠。

其实这个问题在理论上——其实只是简单的直觉——似乎并不难回答。人所共知，跨国公司不仅有比本地企业更高的薪水，同时还能给技术人员更优越的创新条件，使他们有机会接触更新的科技信息和情报，与世界一流的科技专家接触交流，使用更先进的创新工具，以及较为宽松的创新环境等——这不仅为科技人员取得有价值的科研成果创造了良好的条件，实现科技人员的研究抱负，同时也使他们有机会在经济利益上更上一层楼。因此，在跨国公司和本地企业这两极，前者对人才更有吸引力，"逆向"流动的力量显然更大。

当然，任何企业都不会长期维持雇员的完全稳定，跨国公司也如此。而且，对于研发部门，技术和知识的动态变化特征要求其不断补充新鲜血液，这也会产生正常的人员流出，这部分人员的流动肯定是存在的。但是，这类人员多是由于自身能力原因才离开原来公司的，到了本地企业后对企业的贡献也必然有限。

除了流动的人数，人才质量的对比似乎也不利于本地企业。同样由于跨国公司能为科研人员提供国内最好的研发环境和待遇，因此跨国公司毫无争议地占据了人才争夺的制高点：它们更容易争取到最优秀的人才——

无论这些人才是应届毕业生中的佼佼者,还是已进入本地企业的技术能手。考虑到这一点,即使我们获知从跨国公司流向本地企业的科研人员数量超过了本地企业流向跨国公司的人员数量,也不能断言本地企业是赢家,因为流向跨国公司的科技人员可能更优秀,而流向本地企业的科技人员却可能相对平庸①。进一步,如果本地企业因遭跨国公司"挖角"而导致R&D队伍稳定性更差了,这些企业损失的可能必不只是几个关键技术人才,它们技术创新过程的连贯性也会受到深刻的影响。

三、外资并购与我国技术研发

企业兼并收购中的主要目标之一,便是获取被并购企业的资源。由于我国市场体制不健全,科技人才和技术诀窍等与知识和技术相关联的资产价值一直偏低。在这种条件下,一旦国家开放外资并购的大门,跨国并购伴随的便是大量内资部门技术性资源的流失,对内资企业技术积累和进一步自主创新都极为不利。例如,2001 年 10 月,世界 500 强跨国公司艾默生电气公司以 7.5 亿美元收购深圳安圣电气有限公司,成立了艾默生网络能源有限公司,首开跨国公司以并购方式在中国投资的先河。艾默生网络能源有限公司不仅留住了原公司的研究开发骨干和管理人员,而且随着业务的发展,其技术人员队伍得到进一步扩充。据有关资料介绍,原公司 20 多位总监级管理人员为艾默生网络能源有限公司的持续经营发挥了重要作用②。

2002 年前,外资并购因为制度壁垒主要还仅限于民营企业范围。因此,这一阶段发生的外资并购案例也较为少见,国内技术资源外流效应也不明显。但是随着国有企业改革步伐加快,"国退外进"作为国有企业改革的一种思路而实施,跨国公司并购我国企业尤其是国有企业的速度也突然加快。2002 年 11 月,中国出台了《关于向外商转让上市公司国有股和法人股有关问题的通知》和《利用外资改组国有企业暂行规定》(2003 年1 月1 日起施行)两个政策法律文件。允许外资企业进入中国资本交易市

①当然,这绝不是否认一些出类拔萃的人才会因志向、兴趣和文化等原因离开其原来服务的跨国公司而转投本地企业。文中的分析只是在总体上或人才"平均"质量意义上成立。
②该案例引自郭贵方:《跨国公司罗致人才的五张"网"》,《国际人才交流》2007 年第 3 期。

场并购中国企业,允许外资企业在中国 A 股市场上市;允许上市公司向外商转让国有股和法人股,允许外国投资者和外商投资的企业成为并购境内企业的主体。自此,外资大面积并购国内企业渐成风潮。

从行业角度看,外资并购直接降低了内资部门的创新资源(科技人员、国有企业的进口设备等物化技术)存量,包括被并购企业原来拥有的知识信息、高新技术人才、产品品牌和研发基础设施等等。这一问题在外资并购国有企业的时候最为突出。民营企业的主要优势是其完全的市场导向性质,但其技术积累厚度远不如国有企业。国有企业虽然整体上运行效率不佳,但长期以来国家不断投入大量资金,通过进口设备等手段更新技术,应当说国有企业还是积累了较强的技术力量。特别是国家在各主要工业行业培养的重点企业,这些企业规模虽然不一定很大,但它们是多年国家投资和行业努力的结晶,代表了我国制造业的前沿水平,是我国工业和科技自主发展、追赶国际先进水平的基础。只是由于体制障碍,在面临大量外资涌入带来的巨大市场竞争压力面前,大多数国有企业陷入了亏损泥潭。作为国有企业主要出资人的各级政府,将国有企业视为巨大的经济包袱。在此背景下,外资并购在各行业风起云涌,许多行业原来的龙头或骨干企业纷纷落入外资之手,企业原有的技术积累和创新基础随之流失。

下面以我国装备制造业为例对上述效应进行说明[①]。体制改革中,原部属装备制造业的骨干企业多数放到地方。鉴于当前行业内国有企业的业绩状况和各级政府推行私有化进程的决心,跨国公司趁机以"帮助国企改革"的名义,瞄准我们体制机制的弱点和竞争实力的差距,觊觎我国机械行业排头兵企业,实施并购计划。在我国机械工业重要零配件、整机及重大装备领域,出现了一系列合资合作事件,且有蔓延之势。

在工程机械行业,美国卡特彼勒在收购山东山工机械有限公司后,又把目光转向柳工、三一重工和厦工。厦工集团资产总额近 40 亿元,2005年销售总额 42 亿元,主导产品轮式装载机市场占有率行业领先,刚刚完成了 1.34 平方公里的工业园建设和技术改造,多年来形成了自己的销售渠

---

①下面的材料均引自高粱:《中国最大的危险来了》,人民网,2006 年 12 月 5 日。

道和服务体系。一旦卡特彼勒竞购厦工集团股份获得成功，它在中国装载机市场的垄断地位必将提前形成。

原大连电机厂曾经是中国最大的电机企业，一直肩负着引领国内中小电机行业技术发展的重任；原大连第二电机厂曾是机械部生产起重冶金电机的排头兵企业。1996年、1998年，两个电机厂分别与外商（新加坡威斯特、英国伯顿）合资，被外商控制了经营权和购销渠道，连年亏损，巨额隐蔽收入流失境外。外资掏空了合资企业后，收购了中方全部股权，仅3年就完成了"合资、做亏、独资"三部曲。合资不仅没有达到国企解困的初衷，还造成了大量国有资产流失，一半以上职工丢了饭碗，政府背上了沉重的负担，国家多年培育的行业技术自主创新的平台被瓦解破坏。

西北轴承曾经是全国轴承行业一流企业，是铁道部生产铁路轴承的定点厂。2001年，西轴整体与德国FAG公司合资，德方占51%的股权。在德方资金久不到位、德方人员垄断决策权的情况下，宁夏要求西轴"从招商大局出发，坚决把合资工作搞下去"。连续三年亏损后，德方全部收购了中方股份，从此西部最大的轴承企业落入外方手中，同时拿去了中国铁路轴承25%的市场份额。后嫌利润太薄，德方竟停止生产铁路轴承。

佳木斯联合收割机厂是全国唯一能生产大型联合收割机的企业，其产品占中国市场份额的95%。1997年，美国跨国公司约翰迪尔与佳联合资，到2004年改为独资公司，约翰迪尔遂取代了原佳联在农机市场的地位，我国失去了在大型农业机械领域的自主发展平台。

无锡威孚是国内柴油燃油喷射系统的最大厂商。在国家出台提高汽车排放标准的法规后，2004年，德国博世与威孚成立合资公司，博世占2/3控股地位，从此威孚只能生产欧II以下产品，欧III以上全部由合资企业生产。国家投巨资长期培养的技术中心被撤销合并，技术人员全部被收进合资企业，使威孚失去了核心技术和产品开发主导权，使我国原本就不强、但尚能与跨国公司较量的技术队伍，少了一支主力。

锦西化机是中国著名的化工设备生产基地，其透平机械分厂的石化装置维修能力很强，拥有一支通晓各国装置的技术型、专家型队伍，国内独家，国外少有，多次承担国家重点科技攻关项目。在葫芦岛市政府主持下，锦西化机被迫拿出透平分厂与西门子合资，外方占70%的控股地位。自此锦西化机失去了自己核心竞争力的源头和唯一的利润点,面临存亡考验。这一合资案对国内化工装备制造行业带来巨大震动,影响到相关核心企业——沈阳鼓风机(集团)、陕西鼓风机(集团),也在和跨国公司谈合资。

杭州齿轮厂是中国最大的传动装置、粉末冶金制品的专业制造企业之一,主导产品是船用齿轮箱、汽车变速器、工程机械变速箱。在其大股东杭州市萧山区的主持下,2005年年底前将与某外国公司签订合资合同,外方控股70%。合资如实现,杭齿将失去最具优势的产品和研发力量,且不得自主开发与自己三大产品相关的技术。企业的著名品牌将销声匿迹,多年积累的技术成果将尽数收入他人囊中,杭齿所承担的军工研制任务立即面临危机。

常州变压器厂在国内生产变压器的企业中,排名第八。该厂领导职工多年奋力拼搏,克服困难,开发了一系列新产品,效益不断提高。但在“国企就是搞不好,必须产权改革”的大环境中,常变逃不脱改制命运。政府两次给他们选择日本东芝和TMT&D当“婆家”,但管理层和职工却希望选择国内企业。常州市已对常变挂牌出售,东芝正加紧行动,志在必得。

外资并购我国企业(尤其是国有企业)严重影响国内产业技术水平和创新能力的现象绝不仅限于上述几个案例,也绝不仅限于装备制造业。国家发改委宏观院《深化中央企业改革》课题组的研究表明,“在国企改革中,不少地方政府认为把产权转让给其他国企是‘改制不彻底’,转让给民营企业要承担经营风险之外的政治风险,实行MBO存在争议,因此,把利用外资作为国企改制的重要途径。尽管利用外资与推进国企改革目标存在一致性,但近年来外资在华并购大都提出必须绝对控股、必须是行业龙头企业、预期收益率必须超过15%等苛刻条件,并出现整体并购、联合行动、全行业通吃等新动向,也是不争的事实。外资控股并购我国国有企业后,可能挤占民族企业发展空间,控制知名品牌、关键技术和重要市场,与国企改革目标相悖。最需要引起我们注意的是,外资控股并购后,不少国有企业失去了自主创新的主动权,影响到我国自主创新能力的提高”。①

---

①国家发改委宏观院《深化中央企业改革》课题组:《国企改革出现新情况和新问题》,《中国改革报》2007年8月2日。

第五节　竞争效应：模型分析

除了模仿效应和人员流动效应等理由,人们相信外国跨国公司更重要的影响是其引起的竞争效应:在更强的竞争压力下,当地厂商会被迫加大新技术的研究与开发力度。但是,东道国企业面对加剧的市场竞争会增加R&D投资,这既没有经过正式的理论论证,也缺乏充分的经验实证结果予以支持;相反,如果跨国公司的进入将东道国企业推至存亡的边缘,后者更有可能将有限的资源集中投入到业绩的短期改善上,而不是进行风险高和见效慢的研发活动。另外,对于既缺技术同时自有资金又不富足的本地企业,即使有强烈的自主研发动机和研发项目,能否为项目融通足够的资本也是很大的问题。为分析这些问题,本节构造一个简单的理论模型进行分析。

一、研发动机

由于中外合资企业中中方的技术受益较为直接,而要对合资企业的问题作出精当的分析要涉及若干难以真正掌握的问题,使分析复杂化,我们不打算讨论合资企业的问题。所以,本节中"外国公司"和"跨国公司"均特指外国在华独资企业,而"本国企业"和"当地企业"等则特指百分之百中方股权的企业。

假设我国国内某产品市场原来有一个本地厂商生产,同时有一个外国厂商通过产品出口与该厂商在国内市场竞争[①]。这两个厂商生产的可以是完全同质的产品,也可能是异质的、相互不完全替代的产品。

考虑中国企业单方存在技术创新机会的情况[②]。记国内厂商目前的边际成本为 $\bar{c}$,但国内厂商存在技术创新机会,成功后可将边际成本降低至 $\underline{c}$,$\underline{c}<\bar{c}$[③]。企业对该创新项目的投资量 s 越大,创新成功率也越高。记

---

① 以独占结构模拟外商进入前的国内市场,是为了简化下面的数学表达式,但最后的模型结果并不依赖于这个简单的假设。

② 因为这里的研究重点不是外国厂商的R&D行为及转移至中国的技术选择,所以在模型中这些因素都作了外生化处理。

③ 在消费者兰开斯特理想变体偏好(Lancasterian Dreference)结构下,工艺技术创新和新产品技术创新均可统一描述为降低生产成本的形式。

$f:[0,+\infty) \to [0,1)$ 为投资量与创新成功率的函数关系,满足:

$$f'(s) > 0, f''(s) < 0$$

$$f(0) = 0, \lim_{s \to +\infty} f(s) = 1$$

$f'(s) > 0$ 表示投资量与成功概率的同向变化关系,而 $f''(s) < 0$ 表示 R&D 投资的边际收益是递减的[1]。

在出口形式下,假设外国厂商服务于国内市场的边际成本为 c_{EX},它不仅包括国外厂商的生产成本,同时还包括关税、运输费用等贸易成本。记 $\pi(c, c_{EX})$ 为国内企业成本等于 c 时实现的利润,该成本函数中包括外国厂商成本变量 c_{EX} 是因为国内厂商产品与对方出口产品在同一市场内竞争,所以市场份额和利润都将依赖于对方的成本。国内厂商 R&D 的最优投资规模 s_{EX} 由期望利润最大化问题决定:

$$\max_s \{ f(s)\pi(\underline{c}, c_{EX}) + [1 - f(s)]\pi(\bar{c}, c_{EX}) - s \} \tag{8.1}$$

其一阶必要条件为:

$$f'(s_{EX})[\pi(\underline{c}, c_{EX}) - \pi(\bar{c}, c_{EX})] = 1 \tag{8.2}$$

或写为:

$$f'(s_{EX}) = [\pi(\underline{c}, c_{EX}) - \pi(\bar{c}, c_{EX})]^{-1} = \left[\int_{\underline{c}}^{\bar{c}} - \frac{\partial \pi(c, c_{EX})}{\partial c} dc \right]^{-1} \tag{8.3}$$

上式中虽然积分下限大于上限,但因 $\partial \pi(c, c_{EX}) / \partial c < 0$,(8.3)式右端大于零,这意味着增加 R&D 投资规模将提高研发项目成功的机会。由于 $f''(s) < 0$, $[\pi(\underline{c}, c_{EX}) - \pi(\bar{c}, c_{EX})] > 0$,二阶条件自然满足。

现在考虑上述外国厂商到国内直接投资,直接在本地生产与国内厂商竞争。由于避免了关税、运输费用等成本,以及利用了中国较为便宜的劳动力等因素,该厂商服务于中国市场的边际成本将从以前的 c_{EX} 降为 $c_{FDI} < c_{EX}$[2]。类似地,记国内厂商获取的市场利润为 $\pi(c, c_{FDI})$。在对方直接投资的情况下,国内厂商的 R&D 最优投资规模 s_{FDI} 将是下列问题

---

[1] 有充分的经验实证结构表明 R&D 投资具有规模收益递减规律,参看 Dasgupta, P., "The Theory of Technological Competition", in Stiglitz, J. E. and G. F. Mathewson (eds), *New Developments in the Analysis of Market Structure*, London: Macmillan, 1986.

[2] 直接投资降低边际成本的效应不仅只限于这里出口替代型的投资,在其他类型的 FDI 中,由于 FDI 的沉没成本性质,外国厂商服务于东道国市场的边际成本降低是必然的,详见蒋殿春:《跨国公司与市场结构》,商务印书馆 1998 年版。

的解：

$$\max_{s} \{ f(s)\pi(\underline{c},c_{FDI}) + [1-f(s)]\pi(\bar{c},c_{FDI}) - s \} \tag{8.4}$$

一阶必要条件是：

$$f'(s_{FDI})[\pi(\underline{c},c_{FDI}) - \pi(\bar{c},c_{FDI})] - 1 = 0 \tag{8.5}$$

或写作：

$$f'(s_{FDI}) = \left[\int_{\underline{c}}^{\bar{c}} - \frac{\partial\pi(c,c_{FDI})}{\partial c} \, dc \right]^{-1} \tag{8.6}$$

比较上面两个一阶条件，注意到 $f'(s)$ 是单调递减的（因为 $f''(s) < 0$）——如果按通常的说法，竞争加剧迫使国内企业投入更多的 R&D，即 $s_{FDI} > s_{EX}$，这需要：

$$\left[-\frac{\partial\pi(c,c_{EX})}{\partial c} \right]^{-1} > \left[-\frac{\partial\pi(c,c_{FDI})}{\partial c} \right]^{-1}$$

或等价地：

$$\frac{\partial\pi(c,c_{EX})}{\partial c} > \frac{\partial\pi(c,c_{FDI})}{\partial c} \tag{8.7}$$

即是说，引进新技术在 FDI 前为国内厂商提升的利润高于其在 FDI 之后提升的利润。由于 $c_{EX} > c_{FDI}$，(8.7)式的等价条件是：

$$\frac{\partial^2\pi(c_1,c_2)}{\partial c_1 \partial c_2} > 0 \tag{8.8}$$

这意味着中外厂商间的竞争是"战略互补的"（Strategic Complements，Bulow 等，1985）。如果厂商间竞争均衡可以用价格竞争来描述，贝特朗均衡（Bertrand Equilibrium）均衡符合条件（8.8）式；反之，在产量竞争中，古诺均衡（Cournot Equilibrium）恰好与（8.8）式相反。因此可以说，如果市场竞争属贝特朗均衡性质，外商直接投资将会刺激国内厂商进行更多的 R&D 投资；反之，如果市场竞争属古诺均衡性质，则外商直接投资反而会弱化国内厂商的 R&D 动机。

所以，问题的关键是现实市场的竞争属性——究竟是古诺模型的产量竞争还是贝特朗模型的价格竞争？可惜，这不是一个可以一概而论的问题，一个市场的竞争属性需要根据实际情况具体分析。不过，古诺—纳什均衡与更多的经验实证结果相符却是不争的事实（Shapiro，1989）。理论上说，虽然二者都是静态模型，但因产量是较价格更为稳定的战略变量，所以古诺模型的内在机理与现实的动态性冲突显然不如贝特朗模型那样突出,尤其是将产量解释为厂商生产规模时更是如此。而且,在一个更符合现实的二阶段模型中,假设厂商一开始决定自己的生产规模并进行投资,在它们工厂建立之后再在一定的产能限制下进行价格竞争,均衡结果与古诺均衡的结果完全一样(Kreps 和 Scheinkman,1983)。

根据以上的讨论,一个保守的结论是:在大多数情况下,外国跨国公司的涌入将降低国内企业 R&D 的边际价值,进而弱化后者的 R&D 投资动机;只有在少数可以用贝特朗均衡描述的市场,外商直接投资才会促进国内厂商的 R&D 动机。

二、R&D 资金融通

上一小节的模型是建立在企业不受投资预算约束这一条件之上的,所以模型中国内厂商的最优 R&D 投资规模 s_{EX} 和 s_{FDI} 的大小仅仅反映了国内厂商的研发动机,而这一动机是否能转化为实际的 R&D 投资还取决于厂商的融资能力。

厂商的 R&D 投资资金既可来自内源融资,即未分配利润,也可来自外部股权和债权等外源融资。厂商内源融资能力取决于它的利润水平和稳定性。由于在一般情况下,竞争对手的成本降低都会降低厂商的利润,所以当外国厂商由产品出口改为在国内直接投资之后,国内厂商的利润水平将较以前有所降低,从而对包括其研发活动在内的内源融资支持无疑将会有所下降。

在厂商内部资本不足以进行其拟定的投资项目情况下,它还可以通过向外发行股票、债券融资,或者向银行申请贷款。鉴于我国企业债券市场很不发达,而且能进入股票市场融资的上市公司数量相对来说也极低,所以对绝大多数国内企业来说,商业银行贷款几乎是它们唯一可行的外部融资渠道。根据这一特征,这一节借用法登伯格和梯若(Fudenberg 和 Tirole,1986)模型,来考虑内资企业 R&D 资金融通的问题。

考虑一个自身资产为 E 的内资厂商,拟投资一个 R&D 项目,投资额为 S;设 $S>E$,所以企业必须向银行或其他贷款人借款 $D=S-E$,借款利率为 r;投资收益 $\tilde{\pi}$ 为介于 $\pi_1=\pi_d(\bar{c},c_f)$ 与 $\pi_2=\pi_d(\underline{c},c_f)$ 之间的某个随机值。若 $\tilde{\pi}\geqslant D(1+r)$,厂商到期还本付息,或利润 $\tilde{\pi}-D(1+r)$;若 $\tilde{\pi}<D(1+r)$,它将

被迫破产,破产成本(法庭裁决、银行审计等费用)记为 B。银行对破产企业的剩余财产有优先索取权,它收回 $\tilde{\pi} - B$。记 $\Phi(\cdot)$ 为随机变量 $\tilde{\pi}$ 的分布函数,φ 为其分布密度函数,则企业进行融资开展研发的期望利润为:

$$U(D,r) = \int_{(1+r)D}^{\pi_2} [\pi - (1+r)D]\varphi(\pi)\mathrm{d}\pi \tag{8.9}$$

放款银行的期望利润是:

$$V(D,r) = [1 - \Phi((1+r)D)](1+r)D + \int_{\pi_1}^{(1+r)D}(\pi - B)\varphi(\pi)\mathrm{d}\pi \tag{8.10}$$

假设银行为风险中立的,记其单位放款成本为 $1 + r_0$,则当:

$$V(D,r) = (1+r_0)D \tag{8.11}$$

时,银行的收益与成本相抵。设方程(8.11)的解为 $r^* = r(D)$,这是银行保持收支相抵的贷款利率。可以验证,$\mathrm{d}r/\mathrm{d}D > 0$,即贷款利率随贷款规模的增加而上升。[①]

在利率 $r^* = r(D)$ 下,厂商是否会投资这个研发项目呢?它将计算其投资的期望利润 $U(D, r(D))$,同时还要考虑本身资产的机会成本 $(1+r_0)E$。所以,当且仅当投资净利润满足如下不等式:

$$W(D) = \int_{(1+r^*)D}^{\pi_2} [\pi - (1+r^*)D]\varphi(\pi)\mathrm{d}\pi - (1+r_0)E > 0 \tag{8.12}$$

国内厂商会借款进行技术创新。记 $\bar{\pi}$ 为厂商 R&D 项目产生的期望收益:

$$\bar{\pi} = \int_{\pi_1}^{\pi_2}\pi\varphi(\pi)\mathrm{d}\pi$$

利用等式(8.11),

$$W(D) = [\bar{\pi} - (1+r_0)S] - [B\Phi((1+r(S-E)))] \tag{8.13}$$

自身资产 E 越大,$D = S - E$ 越小,由 $\mathrm{d}r/\mathrm{d}D > 0$ 知 $r(S - E)$ 也越小,进而(8.13)式中第二个方括号也越小,W 的值越大,厂商投资该项目的可能性也越高。

[①]在我国商业银行体系尚不完善,利率还未实行自由化的条件下,企业借款的利率可能并不随着贷款额的增加而增加,但这仅仅是名义利率。如果考虑到争取银行贷款的过程往往还需要实物抵押、"关系"疏通等非价格成本,实际借款利率仍然与借款额同方向变化。

现在我们来比较跨国公司进入国内市场前后国内厂商在资本市场上的地位。将竞争分为两个阶段,第一阶段结束时国内厂商需投资一个R&D项目。如果国内厂商在第一阶段初期的资产是 E_0,则在外商仅以产品出口与国内厂商竞争和外商在国内进行 FDI 两种情况,国内厂商在第一期期末的资产存量分别是 $E_0 + \theta\pi(\bar{c}, c_{EX})$ 和 $E_0 + \theta\pi(\bar{c}, c_{FDI})$,其中 θ 是厂商的利润留存比例。由于 $c_{FDI} < c_{EX}$,立即得到:

$$\pi(\bar{c}, c_{FDI}) < \pi(\bar{c}, c_{EX})$$

这表明,跨国公司的进入减少了国内厂商在第一期期末的资产存量,恶化了后者的借款地位,从而也降低了它投资 R&D 项目的机会。

即使在"正常"竞争中国内厂商的利润 $\pi(\bar{c}, c_{FDI})$ 能保证足够的资本积累,使它的 R&D 投资净利润 $W > 0$,也还存在跨国公司通过不正当竞争手段阻碍国内厂商投资计划的可能性。如果跨国公司在第一时段的竞争中采取掠夺性定价(predatory pricing)或者掠夺性营销等非价格手段压低国内厂商的利润 $\pi(\bar{c}, c_{FDI})$,从而压低后者在这期末时的资产 $E_0 + \theta\pi(\bar{c}, c_{FDI})$,致使投资净利润 $W \leqslant 0$ 时,后者便只有放弃 R&D 投资。

第六节　我国的技术创新路径选择及制度供给

一、主要结论

本章的理论和实证分析表明,我国虽然近年来 R&D 投入增速很快,而且内资企业研发能力也有所提高,但我国产业自主创新之路还有许多矛盾和障碍。本章的主要结论是:

第一,我国产业 R&D 活动水平低,虽然近年来加速增长,但研发强度到 2011 年年底也仅为1.81%,仍大大低于世界平均水平,与发达国家间的差距则更为悬殊。同时,我国 R&D 投资的分布也显得重点不够突出,高技术产业的 R&D 比重相对发达国家来讲还较低。在产业领域,我国 R&D 活动与发达国家间的差距主要体现在技术含量较高的领域:在低技术和中低技术领域,我国产业 R&D 投资强度已接近了发达国家水平,但在高技术产业和中高技术产业差距却非常大。

第二,就整个工业行业平均而言,外资企业的研发倾向并不比内资企业高;在内资部门,民营企业的研发倾向和技术表现都明显优于国有企业,充分体现了企业制度对激发 R&D 动机和生产效率上的重要作用。

第三,在高技术产业,虽然内资部门的经济活动规模占全产业 2/3 以上的份额(以工业总产值和就业等计算),但近年来内外资部门相对研发格局的变化趋势令人担忧:1999—2012 年间,外资企业的 R&D 份额已由 29% 快速增长至 36%,同期内资部门的研发比重则相应地从 71% 下降到 64%。

第四,在宏观层面上,跨国公司的生产和研发活动改变了国内的研发生态,在很大程度上纠正了国内原有的知识和技术长期贬值的局面,激活了大学和科研机构等科技力量参与商业性研发的动力,有助于提高我国人力资源素质,聚集经济中更多的力量为产业技术研发服务;此外,通过与政府间的互动,跨国公司也间接地推动了知识产权保护等制度建设。

第五,在微观层面,跨国公司竞争效应挤压了内资企业利润空间,可能降低后者的 R&D 动机,同时使其融资地位进一步恶化;同时,内资企业还受到跨国公司在人才等研发资源上的抑制:由于我国知识和技术资源的价格长期被低估,很容易发生研发资源自内资企业向跨国公司的流动,造成内资企业的研发能力降低。而且在跨国并购形式下,这一效应更为明显。

第六,跨国公司在华设立研发机构,加深了其对人才等研发资源的垄断,可能在研发领域的战略性竞争中进一步将内资企业推向不利地位。

二、关于我国产业技术创新路径

长期以来,我国采取了技术模仿创新战略,主要依靠引进国外先进技术,产业技术水平有了不同程度的提高。但近来,面对我国与发达国家之间技术差距缩小速度慢的现实,关于这一战略的质疑不断出现,认为其易落入"引进—落后—再引进—再落后"恶性循环。不少人提倡实施以自我为主的"自主创新"战略(如程涛和邓一星,2007;高春亮等,2007;等等)。的确,虽然我国已成为"世界工厂",但由于自主创新能力太弱,产业在产品价值链中处于低端,高技术产业等领域的出口大多为在华跨国公司所为,国内企业参与分享的利润非常低。但是,我们认为,这种状况并不说明模仿创新之路就一定是错的,其成效不如预期的主要原因是在于制度因素;自主创新当然是我国产业应追求的目标,但现阶段只限于极少部分企业具备自主创新的能力;对于目前绝大多数技术基础较差的国内企业而言,继续走技术模仿创新之路,引进国外先进技术,对引进技术消化、吸收、模仿直至二次创新,才是其现实的选择。

第一,在大部分行业中内资企业技术水平较低,与跨国公司技术相比有较大差距。在这样的情况下,由于产业技术发展路径有自身的规律和决定性,落后者在技术进步途中要"另辟蹊径"往往不可能。例如,我国神州龙芯公司研发具有自主知识产权的"龙芯 1 号"和"龙芯 2 号"过程中,为了避开与 Intel 等公司间的竞争,试图从偏于特定功能应用的"嵌入式"处理器方向入手。但是在计算机芯片处理技术上,"通用 CPU 是 IC 技术发展的源头。最先进的 IC 制造工艺往往首先在通用 CPU 上使用。如果不做通用 CPU,就只能永远跟着别人,处于技术的下游。研制通用 CPU 是形成有市场竞争力的 CPU 核的重要途径。因为一个好的 CPU 核必须经过多种应用的考验,单独为应用做一个较专用的 CPU 难以扩充成较通用的 CPU 核"。① 因此在大多数情形,国内企业是在沿跨国公司走过的技术道路在追赶后者。在这样的情况下,闭门造车既不现实也不科学,而依靠学习和模仿,不仅能快速积累企业技术基础,也是培育自身技术研发能力最有效的途径。前面我们曾指出,同一项技术,模仿成本通常仅占研发成本的 60% 左右(Masfield,1961;Schwards,1978)。而且,技术模仿不仅成本低,而且节约时间,同时也回避了自己研发的高风险。

第二,绝大部分内资企业的企业规模小,要求它们投入大量资金进行技术研发既不现实,也不符合这些企业的自身利益。根据熊彼特(Schumpeter,1942)关于资源配置动态效率理论,只有当企业具备一定的市场力量时,它才会具备足够的创新动机和能力。企业的规模越大,新技术研究和开发固定成本就可以分摊到更多的销量上。内资企业的规模小,市场份额有限,而且在许多情况下要维持现有的份额也非常困难。在这样的情况下,企业不仅很难抽出资金进行大规模的研发活动,而且可能也没有这样的动机,因为研发需要较长的周期,而企业可能更需要有"立竿见影"的措施。因此,绝大部分内

---

①马晓宁:《"龙芯"距市场化还有多远》,《IT 时代周刊》2006 年第 9 期。

资企业的研发活动可能都是零散而不系统的,投入的资金和人员也有限。

企业 R&D 规模的大小往往决定了 R&D 效率。譬如将内资企业与在华跨国公司相比较,跨国公司不仅拥有丰裕的内部资金和其他资源保证常规的新技术研发投入,对巨大的新技术研发项目它往往也能更积极、更快速地从外部市场获取所需资源,研发成本较低;跨国公司本身的市场规模有条件同时进行不同风险的 R&D 项目组合,降低其承担的 R&D 风险;同时,由于跨国公司 R&D 规模庞大,项目众多,公司由此可以获得研发的规模经济和范围经济。大规模的 R&D 活动使公司可以为其实验室配备各种精良的仪器设备,这为各类研究项目的顺利进行提供了物质保障;大批科学家和技术人员在一起工作,使得研究中不同学科的问题都可以在研究人员的相互交流中迅速解决。反之,绝大部分内资企业不可能进行大规模的 R&D 活动,购买众多实验设备不经济;内资企业进行某个项目的研究开发时,往往也只雇佣与项目关系最密切的科学家和技术人员,当项目研究过程中出现一些跨学科的问题时,公司临时向相关机构(大学或研究所)寻求咨询服务或聘请短期服务的专家会导致较大的时间和金钱成本。

在研发规模小、研发效率不高的状态下,较低层次的学习和模仿才是现实的选择。

第三,目前绝大多数内资企业技术积累还未达到自主创新的门槛。自主创新需要一定的技术和知识积累,没有一定的技术厚度,盲目进行自主创新不仅失败率高,效率低下,而且即使产生一定的成果多半也是竞争对手多年前就掌握的技术。对绝大多数内资企业而言,生产设备老化、技术陈旧,在工程技术人员数量、素质以及层次上与跨国公司相比还有很大差距,一些技术人员常常忙于日常技术性工作,很难独立开展技术创新工作。在企业自身缺乏足够的知识和技术积累的前提下,充分利用外部的知识和科技信息,可以大大提高研发活动效率,降低研发风险。即便是在当今知识产权保护制度更为严格的环境中,由于知识产权制度的"公开性",研究者完全可以运用知识产权信息服务系统更快更好地检索最新创新成果,把握技术发展动向,确定模仿创新方向,研究开发可以新技术为起点,避免重复研究与开发,这比从头做往往能够节省大量成本。

第四,目前国内的制度环境并不利于绝大部分内资企业自主创新。一方面,决定我国企业利润的非经济因素太多,技术的重要性不能突出,市场化制度不健全扭曲了技术的市场价值;另一方面,金融体系效率较低,不能有效诱导经济资源投入到创新活动之中。在技术价值被贬低的环境中,企业也只有进行较为廉价的研发活动,才符合其本身的利益。

技术模仿创新是技术落后企业以最小代价、最快速度追赶世界先进技术的现实途径,是最终实现技术自主创新的必经阶段。历史上,美国工业的发展正是得益于对欧洲国家先进技术的模仿创新;日本战后经济振兴的奇迹正是得益于对世界发达国家,尤其是美国工业技术的模仿创新;韩国也是通过模仿创新,迅速改变落后面貌,一跃成为新兴的工业化国家。在企业层面上,模仿创新的成功例子也极其普遍,如今一些世界大跨国公司也曾走过类似的历程。比如美国杜邦公司用 11 年时间,花费 2500 万美元研究成功的合成尼龙的工艺,日本东丽公司通过外贸协定,花了 700 万美元购买了这个专利,仅用了两年时间就投入市场;曾给日本索尼公司带来巨额利润、一度风靡全球的晶体管便携式收音机,是索尼花 2.5 万美元从美国引进该项技术开发成功的。

在我国,也不乏通过模仿创新成功实现技术赶超的例子。20 世纪 90 年代中后期,华为、中兴抓住电子信息产业从模拟通信技术向数字通信大变革的历史机遇,采取“引进、消化吸收、再创新”的技术创新模式,成功掌握了第二代数字通信的核心关键技术,成为全球一线的通信设备供应商。作为高端电信设备供应商,华为、中兴采取以新兴市场为突破点,通过高质量的产品树立标杆示范项目,在市场中树立了良好的品牌形象,进而向欧洲、美国等发达国家市场拓展,形成国际性品牌。目前,华为、中兴已成为全球重要的通信设备供应商。再如装备制造业,中集集团、振华港机、万向集团等企业在不断扩大企业规模的同时,通过技术并购和技术创新,从跟随模仿到自主创新,在关键领域掌握核心技术,以高技术和低成本,掌握了国际市场竞争的主动权。[①]

当然,进入 WTO 后,技术模仿创新战略受到 WTO 规则的严格约束。WTO 规则的一个重要特征是将知识产权保护与国际贸易直接联系在一起,强化了知识产权保护。在 WTO 协议框架中对我国企业技术创新有直接影响的有《与贸易有关的知识产权协议》(TRIPs)和《补贴与反补贴措施

---

①国家质检总局、中国名牌战略推进委员会:《2007 年中国名牌战略发展报告》。

协议》(TBT)。TRIPs 是世界范围内知识产权保护领域中涉及面广、保护水平高、制约力强的一个国际公约，受到世界各国和各类关税独立区的高度重视。TRIPs 强大的法律保护使得技术先进国家更有可能提高技术转让价格。在今后的国际技术转移中，我国的企业必须向外国人支付更多的专利、版权和商标费，技术引进成本将上扬，将很难再通过其他降低成本的方法"仿制"像美国、日本等国家的先进技术，获得先进技术的代价将大大提高，不受约束的技术模仿将会引起知识产权的纠纷。但是，技术模仿创新并不意味着一定会侵犯知识产权。事实上，按照 WTO 规则中的《与贸易有关的知识产权协定》和各国司法实践，其中合法模仿即在知识产权保护框架中的模仿空间是很大的。任何知识产权保护都是有限的。比如在空间和时间两方面，只有在知识产权所覆盖的国家和地区，才受到保护；从时间的角度只有在有效保护期内，其才受到法律保护。在其时空覆盖范围之外的模仿创新则不构成侵权。知识产权保护只是保护其中的技术利益，并且是保护的其中部分利益。对非技术性利益溢出不能保护。比如，模仿者吸收率先者的新思想、新观念，许多产品功能的添加是受到率先者产品和技术的启发，汲取率先者的经验教训，特别是避免其走过的弯路，又比如，知识产权制度不能阻止模仿创新者的市场开拓行为，跟进者有时可以利用和享受率先者市场开拓所付出的成本，节省消费者产品认同所需花费的时间，在率先者开拓的市场上后来居上。对中国许多企业与行业来讲，有大量过有效期的专利可无偿使用。因为我国有些行业和企业技术落后于西方发达国家二十多年，而专利保护最多是 20 年，这些已过保护期的专利中肯定有不少对我们是有价值的，可无偿利用其专利资料（吴林海等，2002）。

三、致力于产业技术创新的制度供给

本章研究结论的启示是，要提升本国企业的技术创新能力，我们不能依赖于跨国公司对国内市场的竞争刺激。相反，面对跨国公司在产品市场和技术人才等研发资源市场上的双重挤压，如果政府不作为，内资企业在技术创新上的劣势很难改变。基于前面的分析，相关的政策建议是：

政府在产业技术创新方面的首要任务，并不是以财政手段去扶持少数几个企业的技术发展，而是要尽力创造良好的制度环境，让创新者获得尽可能多的利润。关键产业和企业的政策扶持是必不可少的,但要从根本上提高我国产业的技术创新能力,制度激励最为重要。具体地说,要强化企业的技术创新意识,必须要尽快完善市场制度,尽力排除经济中决定利润的非经济因素,修正之前被制度扭曲的新知识和新技术的价值。要逐步并最终完全废止之前给予外资企业的各类单方面优惠,这是同一项新技术在不同企业那里能实现相同价值的最基本的前提。要进一步切断国有企业的"输血管道",同时授予企业完整的自主经营权;应尽快梳理并完全废除之前各级政府对民营企业的歧视性政策、法规,使其能在公平公正的环境中成长。同时,要从立法、执法各个环节严格知识产权保护制度。

其次,要加强金融对产业创新的支持。为此,必须加快我国金融体制改革的步伐。一方面要完全剥离原来附着在银行体系上的财政功能,减少政府对商业银行的行政干预,进一步推进利率市场化改革;另一方面,加快企业债券市场发展,尽快成立创业板市场,为那些成长性高但成立时间较短和规模较小的企业积极开辟融资渠道。企业研发活动涉及资金大,风险高,企业自身很难承担。实践证明,运行良好的金融体系不仅能甄别那些最有可能成功的新产品、实施创新性工序的企业家,并向他们融资,而且也能有效地分散风险,保证经济中必要的创新活动得以顺利进行。

从金融支持企业研发的角度,最突出的问题在于中小民营企业融资艰难的现实。由于大多数民营企业担保品不足、资信不高、会计制度不健全等自身缺陷,即便是在没有政策歧视的环境中也很难获得融资,更不用说进行高风险研发项目的融资。但是,民营企业植根于市场体制,创新动力强,是产业中不可或缺的创新力量。而且,蒋殿春(2001)通过理论模型也证明,中小型企业在技术动态性较强的产业领域研发动机最为强劲。只要能突破融资瓶颈,国内民营企业在高技术和中高技术产业将具有良好的发展前景。在解决中小民营企业融资方面,我国可以参考和学习台湾地区的经验,在立法的基础上,建立起有针对性的金融机构、中小企业发展基金、信用保证体系和融资辅导体系,支持中小民营企业的发展。

在高技术产业,应当在建立创业板资本市场的基础上,制定相关政策鼓励风险资本(VC)的发展。风险资本既是企业技术创新的重要资金来源,又是高技术企业形成的重要孵化器,因而在企业技术创新中占有重要的位置。风险资本在美国最为发达,其对高技术创新、成果转化和产业升级产生的深远影响也在美国最为显著。20世纪高技术领域的许多创新成果,从50年代的半导体硅材料,70年代的微型计算机,到80年代的生物工程技术,无一不是在创业资本的作用下,从实验室的大胆构想变成商品,并创造出巨大的经济效益。

风险资本和私人股权投资(PE)的快速发展离不开高效的投资人退出机制。在二级市场,历史上最成功的典范当属美国的纳斯达克(NASDAQ)市场。在市场上市的公司不仅包括微软、英特尔、戴尔电脑、思科以及SUN等高科技巨头,也有众多生物技术和保健等新技术领域企业。纳斯达克的建立极大地促进了美国高技术产业的创新力度。它与风险资本一道共同培育了美国高科技巨人,如微软、戴尔、苹果、英特尔、亚马逊等等。根据统计,美国高科技行业上市公司中的绝大多数是纳斯达克的上市公司,其中软件行业上市公司中的93.6%,半导体行业中上市公司的84.8%,计算机及外围设备业上市公司中的84.5%,通信服务业中的82.6%,通信设备业上市公司中的81.7%,生物技术公司中的82%,都是在纳斯达克上市的。另外在美国《商业周刊》刊出的最新成长性公司中,92%是纳斯达克的上市公司(戴淑庚,2003)。自成立以来,纳斯达克为美国高技术企业创新注入了大量资金,极大地促进了这些企业的发展,有力地推动了美国以计算机和信息产业为代表的高技术产业的发展。可以说,如果没有风险资本以及与之适应的纳斯达克市场,就没有今天美国高科技企业在世界上独领风骚的地位。

为了推进和发展我国风险资本的发展,为企业技术创新服务,可以吸收美国等发达国家的经验,积极从立法等角度,为风险资本的发展创造良好的发展环境。

此外,本章的分析充分说明,完全以我为主的自主创新只适合于一些技术基础较好的企业;对于面广量大,不具备技术自主创新能力的中小企业,现阶段仍应该以技术模仿创新为主,踏踏实实地进行技术积累,进行消化吸收,以逐步培育出一支善于创新的人才队伍,不断增强自己的研究开发实力。因此,政府还必须为产业中大量的企业创造良好的模仿和学习环境,如通过行业协会等,向企业提供过期专利信息和内容。

附表

附表 8-1 主要国家 R&D 经费内部支出总额及与国内生产总值的比例(2006—2010 年)

国家	研究与发展经费(百万美元)					占本国 GDP 的比例(%)				
	2006	2007	2008	2009	2010	2006	2007	2008	2009	2010
37 国平均	477.8	480.6	525.4	580.5	541	1.81	1.76	1.97	1.92	2.04
中国	83902	96304	111183	140637	161552	1.39	1.4	1.47	1.7	1.77
澳大利亚	14902	—	17644	—	—	2	—	2.21	—	2.24
奥地利	6996	7455	8052	7896	8184	2.46	2.52	2.67	2.75	2.76
比利时	6440	6750	7081	7090	7109	1.86	1.9	1.96	1.96	1.99
加拿大	23336	23356	22796	22416	21708	2	1.96	1.87	1.92	1.81
智利	—	712	889	—	—	—	0.33	0.39	0.39	0.37
捷克	3467	3650	3570	3582	3888	1.55	1.54	1.47	1.53	1.56
丹麦	4608	4875	5342	5408	5471	2.48	2.58	2.87	3.02	3.06
爱沙尼亚	277	285	324	311	362	1.13	1.1	1.29	1.42	1.63
芬兰	5846	6151	6576	6406	6553	3.48	3.47	3.72	3.96	3.88
法国	40191	40623	41394	42720	43214	2.1	2.07	2.11	2.21	2.25
德国	67595	69569	74705	74375	77098	2.53	2.53	2.68	2.78	2.82
希腊	1670	1770	—	—	—	0.58	0.59	—	0.59	—
匈牙利	1788	1751	1803	1955	1967	1	0.97	1	1.15	1.16
冰岛	324	308	308	—	—	2.99	2.68	2.64	2.64	2.64
爱尔兰	2119	2297	2528	2858	2844	1.25	1.29	1.45	1.79	1.77
以色列	7684	8714	8937	8422	8719	4.43	4.76	4.68	4.28	4.40
意大利	19095	20204	20527	20337	20606	1.13	1.18	1.23	1.27	1.26
日本	134844	139916	138684	126872	128581	3.4	3.44	3.44	3.33	3.26

续表

国家	研究与发展经费（百万美元）					占本国 GDP 的比例（%）				
	2006	2007	2008	2009	2010	2006	2007	2008	2009	2010
韩国	34712	38923	41685	44311	49394	3.01	3.21	3.36	3.36	3.74
卢森堡	554	561	562	563	569	1.66	1.58	1.56	1.68	1.63
墨西哥	5266	5215	—	—	—	0.39	0.37	—	0.37	—
荷兰	11157	11134	11071	11016	11379	1.88	1.81	1.76	1.82	1.85
新西兰	—	1304	—	1427	—	—	1.17	—	1.17	1.30
挪威	3503	3832	4023	4048	4024	1.52	1.62	1.61	1.76	1.69
波兰	3107	3384	3790	4304	4876	0.56	0.57	0.6	0.68	0.74
葡萄牙	2256	2728	3519	3728	3667	0.99	1.17	1.5	1.66	1.59
斯洛文尼亚	775	769	911	942	1081	1.56	1.45	1.65	1.86	2.11
西班牙	14832	16220	17457	17302	17240	1.2	1.27	1.35	1.38	1.39
瑞典	11346	10809	11686	10804	10835	3.68	3.4	3.7	3.62	3.40
瑞士	—	—	8728	—	—	—	—	3	3	2.99
土耳其	4845	6314	6380	7110	7664	0.58	0.72	0.73	0.85	0.84
英国	35331	37219	37018	36731	35615	1.75	1.78	1.77	1.85	1.76
美国	339956	355488	371813	365994	—	2.61	2.67	2.79	2.79	2.90
俄罗斯	19689	22230	21891	24185	23394	1.07	1.12	1.04	1.24	1.16
南非	4005	4179	4335	—	—	0.93	0.92	0.93	0.93	0.93
斯洛伐克	459	480	522	506	692	0.49	0.46	0.47	0.48	0.63

数据来源：*OECD Factbook Economic，Environmental and Social Statistics*（2008 - 2013）。

第九章　行业研究:电子信息产业

电子信息产业①是当今最活跃、最有生命力的先导性高技术产业。随着第三次科技革命向纵深发展,电子信息产业在时间坐标上已成为继纺织工业、钢铁工业、电力工业、汽车工业之后的第五个支柱产业。电子信息产业的发展推动着整个国民经济产业结构的高级化,因此也是各国发展的重点产业。信息技术及产业的发展水平是衡量一个国家经济综合实力、现代化程度的重要标志,其战略性和基础性的地位不仅在于该产业的发展速度和总量规模,更多地体现在对经济结构升级以及对其他产业竞争力提升的系统效应。

第一节　外资与内资企业市场地位对比

一、本行业吸收 FDI 概况

根据《2013 中国外商投资报告》数据,2002 年至 2012 年,中国通信设备、计算机及其他电子设备制造业累计利用外资项目数达到 22460 个,实际使用外资额830.6 亿美元,是中国制造业中利用外资最多的产业之一。但 2007 年以来,该行业利用外资项目数和实际使用外资额均有所下降。

---

①信息产业部和国家统计局对我国电子信息产业的统计方法进行了调整,新统计方法的行业分类是在国家统计局公布的电子及通信设备制造业基础上补充了归属在国民经济其他行业分类中的电子信息行业,如电子专用设备制造业、电子测量仪器制造业和软件业等。具体包括软件业和制造业两大块。前者又包括软件制造、系统集成制造和软件服务业;后者包含雷达制造、家电制造、电子器件制造、通信设备制造、电子测量仪器制造、电子信息机电产品制造、广播电视设备制造、电子工业专用设备制造、电子信息专用材料制造、电子计算机制造和电子元件制造。

2012 年,该行业新增外商投资项目 1035 个,同比下降了 23.9%,是 2002年以来的最低值;同年该行业实际使用外资额 65.9 亿美元,较上一年下降了 9.9%。

至 2012 年年底,中国通信设备、计算机和电子设备制造业外资企业共5577 个,占全部规模以上电子信息产业企业的 45.24%,2012 年外资企业工业总产值为 51671.66 亿元,占全部工业总产值的 74.37%,其资产总额为 28031.11 亿元,占电子及通信设备制造业的 60.38%。大量的外商投资企业进入,增加了地方就业和税收,促进了国内生产配套能力的提高,促进了产业基地的形成与发展,并通过示范和溢出效益,促进了国内企业技术进步和管理革新。

二、世界主要电信跨国公司对华投资情况

作为外商对华投资的重要部分,电子信息产业的世界巨头、各大跨国公司纷纷加强在中国的投资力度,作为掌握着电子信息产业最先进技术和拥有雄厚科技力量的大型公司,它们进行的投资对国内电子信息产业有着重要且深远的影响。

1. IBM

1992 年,IBM 在北京正式宣布成立国际商业机器中国有限公司,这是IBM 在中国的独资企业。随后,IBM 在中国的办事机构进一步扩展至上海等 24 个城市,从而进一步扩大了在华业务覆盖面;IBM 中国员工队伍超过8500 人;成立了 9 家合资和独资公司,分别负责制造、软件开发、服务和租赁的业务。1999 年在中国建立全球执行服务中心网络,为全球客户提供广泛的服务,并于 2013 年获得信息安全管理 ISO 27001 的认证。

IBM 非常注重对技术研发的投入。1995 年,IBM 在中国成立了中国研究中心,是 IBM 全球八大研究中心之一,现有 200 多位中国的计算机专家。1999 年又率先在中国成立了软件开发中心,现有 2000 多位中国软件工程师专攻整合中间件、数据库、Linux 等领域的产品开发。2004 年成立中国系统与科技开发中心,目前有超过 2500 名员工,承担 IBM 全部系统硬件和软件平台的核心研发工作。2012 年在完成对平台化计算公司(Platform Computing)的收购后,将其整合进该体系。

2. 西门子

1989 年,西门子在中国成立了第一家合资厂——北京西门子技术开发公司;西门子(中国)有限公司于 1994 年在北京成立,并很快发展成为西门子在华业务的总部;至今,西门子已经在中国建立了 17 个研发中心、73 家运营企业和 65 个地区办事处。在 2012 财年(2011 年 10 月 1 日——2012 年 9 月 30 日),西门子在中国的总营业收入达到 63.5 亿欧元,在中国有超过 30000 名员工,是中国最大的外商投资企业之一。在华业务领域包括能源业务领域、医疗业务、工业业务以及基础设施与城市业务领域等。

中国已经成为西门子全球重要的研发基地,同时西门子用其技术优势助力中国制造业更上一层楼。2004 年,西门子共提出了 700 多项专利申请,成为在华申请专利数量最多的企业之一。在信息与通信领域:1998 年 7 月,中国电信技术研究院(CATT)合作开发中国提出的 3G 移动通信标准——TD – SCDMA(时分同步码分多址)技术;2004 年 2 月,西门子软件与系统工程(南京)有限公司(SPSE)在江苏南京成立。该公司致力于与西门子所有的在华业务集团合作开发软件,为针对本地客户需求和市场要求的产品、系统、服务和解决方案提供嵌入式软件;2004 年 9 月,西门子在北京建立了一个新的家庭娱乐解决方案研发中心,该研发中心下设系统工程、开发和集成等部门。2005 年 3 月,西门子通信集团与华为技术有限公司合资成立的鼎桥通信技术有限公司,主要从事 TD – SCDMA 技术和产品的开发、生产、销售和服务。2006 年,西门子为京津高铁提供了信号通信设备以及供电系统。2007 年,西门子(上海)医疗园区投入运营。2010 年西门子用现金的节能环保科技助力打造绿色低碳世博。2011 年,西门子与国家发改委签署延续合作的谅解备忘录。2012 年,西门子自动化产品成都生产基地在四川成都开工建设,这是西门子在中国设立的最大的现代化数字工厂。

3. 日立

日立公司于 20 世纪 60 年代来到中国,成为早期进入中国市场的少数外资企业之一;70 年代,日立率先在北京设立办事处,成为第一家驻京日本制造企业;从 90 年代初,日立响应中国政府招商引资、鼓励外资的经济政策,积极开展在华的投资项目。目前,日立在中国国内拥有 100 多家集团企业,主要分布在电力电机、电子设备、家用电器和信息通信等领域。2009 年,日立正式进入中国市场 30 周年,日立中国集团发布新企业形象战略——万物和谐,用行动创造。2012 年 3 月,日立公司宣布将从纽约证券交易所退市。2012 年 2 月发布"中国事业战略 2015",2015 年度目标销售额 1600 亿元,较 2010 年提高 1.6 倍。

日立于 2000 年在日立(中国)有限公司内成立了第三个海外研究基地——日立(中国)有限公司研究开发中心,致力于信息通信系统、开源软件、数字电视等方面的研究,并与清华大学、中科院等机构开展合作;2004 年在上海建立了信息通信上海研究室,与上海交通大学、复旦大学开始了共同研究;2005 年 4 月由日立(中国)有限公司全额出资的日立(中国)研究开发有限公司(简称 HCR&D)作为独立法人成立,主要致力于信息通信、软件系统、数字家电、节能空调、创新系统、医疗图像处理等领域的研究与开发。2011 年 10 月,日创信息技术(大连)有限公司数据中心建设项目开工。

4. 三星

韩国三星电子成立于 1969 年,正式进入中国市场则是 1992 年中韩建交后。1992 年 8 月,三星电子有限公司在中国惠州投资建厂;至今,三星旗下 30 多家公司已有 23 家在中国投资。中国三星在华设立的机构有 163 个,雇佣员工数量达到 119000 余名,业务涉及电子、金融、贸易、重工业、建筑、化工、服装等诸多领域。2010 年,三星销售额在全球电子企业中位居第一位。2012 年,三星凭借 329 亿美元的品牌价值在全球 100 强品牌中位居第九。2012 年三星电子的 GALAXY Note 系列在全球累计有 5 亿的出货量。

在科研成果方面,2010 年三星在美国获得的专利数达到 4551 项,这一数字在 2012 年增长到 5081 项,增长了 11.65%,这些专利中很多都与生物芯片以及信息技术与生物科技的融合有关。2010 年三星的研发投入为 90993.5 亿韩元,2012 年增加到 115328 亿韩元,增长了 26.7%。2010—2012 年,三星的研发投入在销售额中所占比例维持在 6% 左右,极大地支持了三星产品的创新。

表9－1　2010—2012 年三星公司的 R&D 投入比例及专利数

年份	研发投入 （十亿韩元）	销售额 （十亿韩元）	研发占销 售额比例	在美获得 专利数
2010	9099.352	154630	5.88%	4551
2011	9955.164	165002	6.03%	4894
2012	11532.795	201104	5.73%	5081

数据来源:三星电子官方网站(http://www.samsung.com/cn)三星电子年报。

中国三星电子设立了北京通信技术研究所、苏州半导体研究所、杭州半导体研究所、南京电子研发中心、上海设计研究所等研究中心,积极推进产购销的本地化。

5. 索尼

索尼公司是世界上民用及专业视听产品、游戏产品、通信产品、关键零部件和信息技术等领域的先导之一,2012 财年中的合并销售额达到 720 亿美元;目前,索尼公司在全球 120 多个国家和地区建立了分公司、子公司和工厂;集团 70% 的销售来自于日本以外的其他市场。索尼在技术研发上也不遗余力。索尼公司在产品开发上,不但注重自身的研发能力,而且也与各大电子信息巨头展开紧密合作,在产品上不断推陈出新。

表9－2　2009—2012 年索尼公司的主要财务数据　　　　　（单位:百万美元）

时间	销售收入	营业利润	净利润
2012	72349	2448	458
2011	79186	－ 820	－ 5569
2010	86521	2407	－ 3128
2009	77570	342	－ 439

数据来源:索尼官方网站(http://www.sony.com.cn)。

以"全球本土化"的运营策略为目标,索尼于 1996 年 10 月在北京设立了统一管理和协调在华业务活动的全资子公司——索尼(中国)有限公司。先后在上海、广州和成都设立了代表办事处。近年来,索尼集团把高速发展的中国市场作为未来发展的重点,在中国强力打造适合本土发展需要的集商品计划、设计、研发、生产、销售和服务于一体的综合性运营平台。

索尼在华的电子业务规模已经达到 50 亿美元,总投资额超过 8 亿美元,包括 6 家工厂在内,索尼在华共有大约 1 万名员工。

6. 东芝

1995 年,东芝(中国)有限公司成立,强化了东芝对在华企业的综合管理职能和战略制定职能。迄今为止,东芝在中国已设立了 62 家企业,拥有 36000 余名员工。同时东芝的数码产品、电子元器件、社会基础设施、家用电器等四大事业领域全部在中国开展了业务,2012 年度的事业规模(在华销售额 + 对华出口额)达到 770 亿元人民币。

东芝全球市场除日本外分为四大区域:欧洲、美洲、亚洲、中国,中国是唯一以国家为单位的市场,也是继日、美之后,东芝最大的独立市场。经营产品种类包括东芝全线产品,经营模式涉及研发、采购、生产、物流、销售、服务、环保等诸多业务。从 2008 年,东芝的专利申请数不断增加,2012 年在美专利申请数达到了 2483 项。并且东芝的研发投入维持在销售额占比的 5% 左右。东芝在日本、美国、英国和中国四个国家设置了研究开发基地,按照业务领域开设研究中心,研发机构之间相互保持着有效的合作,为东芝的不断创新提供了最大的支持。

表 9 – 3　2008—2012 年东芝公司的研发投入比例

年份	销售额(十亿日元)	R&D(十亿日元)	研发投入/销售额	专利申请数	
				日本	美国
2008	7404.3	370.3	5.00%	3425	1549
2009	6512.7	357.5	5.49%	3255	1609
2010	6291.2	311.8	4.96%	3219	1696
2011	6398.5	319.7	5.00%	3780	2246
2012	6100.3	319.9	5.24%	3824	2483

数据来源:东芝公司年报。

三、外商投资企业与本地企业的市场地位

1. 销售产值

从销售产值来看,外资企业在我国电子信息产业当中占据了较大的市场份额,2012 年外资企业的销售产值达到 65493.2 亿元,占全国电子信息

产业市场销售额的近60%,2013年其市场地位略有下降,但也达到56%以上。相比之下,民营企业尽管在内资企业当中处于绝对优势地位,但其产值也仅占全国销售产值的40%左右,国有企业的市场份额则仅占该产业全国销售产值的3%(见表9-4)。

表9-4 2011—2012年电子信息产业内外资企业销售产值变动

	2012 年		2013 年	
	所占比例(%)	销售产值(亿元)	所占比例(%)	销售产值(亿元)
全行业	109219.61	100.00	124478.82	100.00
内资	43726.41	40.04	54094.89	43.46
国有	2935.42	2.69	3625.00	2.91
外资	65493.20	59.96	70383.93	56.54
民营	40790.99	37.35	50469.89	40.54

数据来源:《中国电子信息产业统计年鉴》综合卷及软件卷,电子工业出版社2012—2013年版。

2. 固定资产投资

电子信息产业固定资产投资逐年递增,全行业2013年的固定投资为12237.7亿元,比2012年增长13.31%。在全行业的固定资产投资中,2012年外资企业固定资产投资占的比重为19.9%,民营企业为74.13%,国有所占的比例为6%左右;2011年外资、民营、国有企业固定资产投资所占的比重分别为18%、76%和6%。显然,在固定资产投资中民营企业是行业主力,占行业比重超过六成;外资企业的比重虽然低于民营企业,但也很大。表9-5反映的是2012—2013年电子信息产业内外资类型企业城镇固定投资额比例变动情况。

表9-5 2012—2013年电子信息产业内外资企业固定投资额比例变动

	2012		2013	
	固定资产投资(亿元)	所占比例(%)	固定资产投资(亿元)	所占比例(%)
全行业	10799.35	100.00	12237.70	100.00
内资	8650.76	80.10	10025.68	81.92
国有	644.98	5.97	746.14	6.10
外资	2148.60	19.90	2212.12	18.08
民营	8005.77	74.13	9279.54	75.83

数据来源:《中国电子信息产业统计年鉴》,电子工业出版社2012—2013年版。

3. 从业人数

从从业人数来看,其比例情况与销售产值类似(见表9—6)。2012 年电子信息产业全行业从业人口数量为 1419 万人,较之上一年增长 10.56%,其中内资企业就业人数增长 14.15%,要显著高于外资企业 7.75% 的年增速。而从从业人数的比例分布来看,2012 年外资企业的从业人数约占全国该产业从业人数的 55% 左右,显示了外资企业在该产业主体性的市场地位;民营企业从业人数比例约为 43%,国有企业从业人数占比最少,仅不足 3%。

表 9 – 6　2011—2012 年电子信息产业内外资企业从业人口比例变动

	2011		2012	
	从业人数(人)	所占比例(%)	从业人数(人)	所占比例(%)
全行业	12839061	100.00	14194989	100.00
外资	7205616	56.12	7764401	54.70
内资	5633445	43.88	6430588	45.30
国有	336221	2.62	375978	2.65
民营	5297224	41.26	6054610	42.65

数据来源:因《中国电子信息产业统计年鉴 2013》不再披露从业人口数量,故此表数据来源为《中国电子信息产业统计年鉴》综合卷及软件卷,电子工业出版社 2011—2012 年版。

4. 出口

电子信息产业在我国对外贸易中占有重要的位置,是我国对外贸易商品的主要组成部分。其中,产业中外资企业又是对外贸易绝对的主力军。不过,随着内资企业的不断成长,近年来外资企业在电子信息商品出口中的地位已稍有下降,其产品出口占行业的比重已从 2002 年的 92.9% 微降至 2012 年的 89.43%。内资企业中,国有企业的出口虽然也有所增长,但规模相对太小,至 2012 年也仅占行业出口的 0.28%;真正对内资企业出口占比起提升作用的还是民营企业,其出口在行业中的占比已在十年间由 6.87% 上升至 10.29%,增长势头迅猛(参见表 9 – 7)。

表 9-7　全国各经济类型企业电子信息出口交货值及比重

企业性质	2002		2005		2008		2012	
	金额（亿元）	占比（%）	金额（亿元）	占比（%）	金额（亿元）	占比（%）	金额（亿元）	占比（%）
全行业	18539.78	100.00	30813.77	100.00	36928.95	100.00	47174.94	100.00
内资企业	1316.34	7.10	2771.30	8.99	3936.92	10.66	4988.35	10.57
国有企业	42.31	0.23	122.27	0.40	175.53	0.48	134.28	0.28
民营企业	1274.04	6.87	2649.03	8.60	3761.39	10.19	4854.06	10.29
外资企业	17223.44	92.90	28042.47	91.01	32992.03	89.34	42186.59	89.43

数据来源：《中国电子信息产业统计年鉴》综合卷及软件卷各期，电子工业出版社。

5. 外资主要经济指标所占比重

虽然我国电子信息产业内外资企业占绝对主导地位，但随着行业中内资企业的快速成长，外资在我国电子信息产业中所占比重在持续下降。表9-8显示的是2005—2012年间，我国电子信息产业中外资企业工业总产值、资产总额、从业人口以及利润的比重变化。从2005年以来，各项比重在总体上均呈现一定的下降态势，这说明该行业的外资依赖程度在降低，而内资企业在行业中的作用越来越强。此外，如果对比外资部门中不同指标，可发现外资企业利润在行业中的占比明显比其工业总产值和销售收入占比低，这在一定程度上反映了外资部门中加工贸易比重较高的事实（因为加工贸易的增加值率和利润率都较低）。

表 9-8　电子信息产业外资企业占总行业主要经济指标比重　　　　（单位：%）

年度	销售产值	总资产	从业人口	利润总额
2005	53.63	47.83	37.24	54.32
2006	56.77	43.80	38.89	51.58
2007	55.93	42.67	39.62	45.93
2008	54.28	38.00	40.42	41.23
2009	46.35	35.57	35.02	27.64
2010	44.98	33.24	35.17	30.20
2011	42.99	28.59	33.70	27.05
2012	40.96	25.37	31.02	25.91

数据来源：《中国电子信息产业统计年鉴》综合卷及软件卷各期，电子工业出版社。

第二节　内外资厂商的技术对比

　　得益于中国改革开放战略的实施,近年来中国信息产业取得持续快速增长,实现了从一个新兴产业向国民经济支柱产业的跨越。作为最早对外开放的行业之一,中国信息产业在吸引外商投资和承接国外产业转移方面效果卓著。巨大的市场空间、丰富的人力资源以及不断完善的投资环境,吸引了大量跨国企业将产品加工制造环节向中国转移。纵观20世纪90年代以来中国电子信息产业的发展历程,技术进步是产业发展的根本动力,综合技术创新是产业技术进步的基本轨迹。外资的引进、外资企业的发展对我国电子信息产业的技术进步与创新有着巨大的推动作用。

　　以下我们通过相关技术指标,从不同角度分析比较我国电子信息产业内的外资和本地企业的生产技术。

一、总资产贡献率

　　总资产贡献率反映企业资金占用的经济效益,说明企业运用全部资产的收益能力,是企业经营业绩和管理水平的集中体现,是评价和考核企业赢利能力的核心指标。因此,总资产贡献率也同样能反映一个企业包括技术在内的综合优势大小。

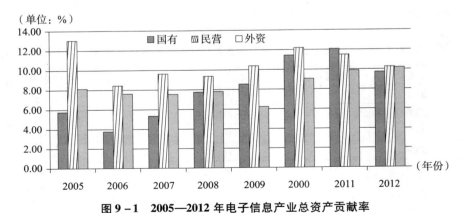

图 9 - 1　2005—2012 年电子信息产业总资产贡献率

数据来源:《中国电子信息产业统计年鉴》综合卷及软件卷各期,电子工业出版社。

　　从历史情况来看,民营企业在总资产贡献率指标中一直占据行业优势地位,而国有部门则在行业中垫底(见图9-1)。最近几年,随着民营企业总资产贡献率的下降和国有企业总资产贡献率的提升,国有企业与行业先进水平的差距在快速缩小,甚至在2011年短暂超过民营企业。我们判断,民营部门在总资产贡献率方面的显著优势,很大程度上可能是民营企业高杠杆率的反映。相对于国有和外资企业,民营企业普遍净资产规模较低,负债较高,客观上造成其总资产贡献率较高的结果。当然,不少民营IT企业(如华为、小米等)拥有很高的技术水平和良好的市场表现,也是其总资产贡献率表现不俗的原因之一。

二、人均资本存量

人均资本存量是企业资本装备水平的度量标准,一般而言,较高的人均资本存量往往对应着更高层次的产业结构和生产自动化与专业化水平,并会引致更高的劳动生产率。图9-2显示的是2005—2012年期间中国电子信息产业的人均资本存量数据,从中可以看出在此期间国有企业的人均资本存量处于各类企业当中最高的水平,民营企业位居其次,而外资企业则最低。国有企业在人均资本存量方面的优势可能得益于其所面临的软性预算约束以及由此导致的过度投资,但结合前述总资产贡献率的指标也可以发现,由于国有企业自身的治理结构缺陷与激励扭曲,这种过度投资背后会产生严重的投资效率低下现象。相对而言,外资企业在人均资本存量方面的劣势地位则可能与外资企业更多集中在劳动密集型的加工组装领域有关。

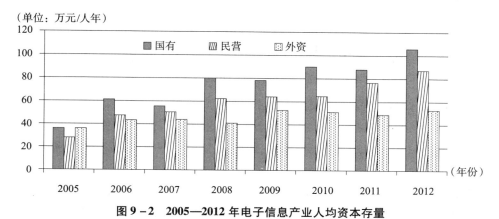

图9-2 2005—2012年电子信息产业人均资本存量

数据来源:《中国电子信息产业统计年鉴》综合卷及软件卷各期,电子工业出版社。

三、成本费用利润率

利润率是反映企业现实的价值创造能力和市场竞争力的重要指标。一般而言,具有较高技术含量的企业会在市场上获得优势的市场地位并具有更强的定价权,同时高水平的生产与管理技术也有利于控制企业的成本,提升利润率。图9-3显示了我国电子信息产业在2005—2012年期间的成本费用利润率情况,从中可以发现,在2007年以前,民营企业的成本费用利润率水平处于领先地位,但在2008年之后,国有企业的改制以及垄断地位的增强使其利润率水平得到了快速的提升并超过了民营企业;相对而言,外资企业的利润率水平则处于比较低的水平,其原因除了外资企业通过内部交易做低利润实现避税之外,其以加工组装为主的低端产业链结构及其所承载的较低产业附加值不能不说是一个关键性的原因。

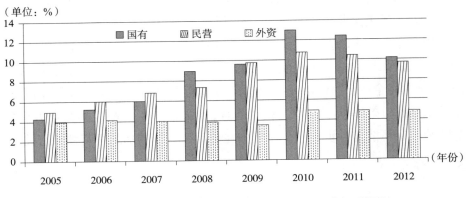

图9-3 2005—2012年中国电子信息产业成本费用利润率

数据来源:《中国电子信息产业统计年鉴》综合卷及软件卷各期,电子工业出版社。

四、新产品推出情况

技术发展与创新一个重要方面是新产品的开发和生产。新产品一般都具有高附加值,是企业利润的一个源泉,新产品的研发和生产是一个企业综合实力特别是技术优势的体现。新产品的推出情况也是衡量技术发展的指标。这里我们用新产品产值与总产值的比例指标,反映新产品的研发与生产情况①。

在 2005 年之前,外资企业新产品产值占总产值的比例是下降的,图 9-4 显示,2005—2009 年,外资企业新产品产值比例最低,不到 20%,这一点与之前我们一直强调的外资部门加工贸易比重高是相符的。国有企业在 2004 年以前新产品产值比重在不同所有制企业中位居末席,但在 2004 年开始出现迅速上升,并成为行业中新产品产值最高的企业类型。尤其是 2009 以后其新产品产值比重已超过 50%,远高出民营和外资企业。相比之下,民营企业的新产品产值比重在整体上呈现下降趋势,表明其产品创新能力在下滑。国家在信息产业"十五"规划中强调:发展电子、信息产品制造业,加强先进信息技术的引进、消化吸收和创新,大力开发核心技术,并在国有企业改革中采取一定的措施鼓励、支持国有大企业自主开发能力的建设,这在相当程度上促进了国有企业新产品开发的热情。

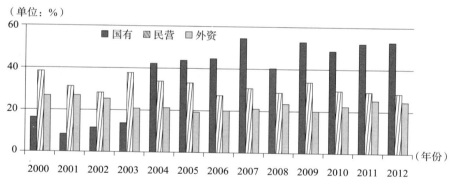

图 9-4 2000—2012 年中国电子信息产业新产品产值比例

数据来源:根据《中国高技术产业统计年鉴》各期计算,中国统计出版社。

五、R&D 投入

R&D 投入是直接反映企业研发创新能力与意愿的重要指标。为了剔除规模因素的影响,我们选择以各所有制企业 R&D 内部支出占销售产值

---

① 由于《电子信息产业统计年鉴》未系统性地披露有关产品创新与研发相关的数据,因此本节有关新产品开发,以及下文有关 R&D 投入及消化吸收投入的数据均来自《中国高技术产业统计年鉴》,这里我们将其中的电子及通信设备制造业以及计算机及办公设备制造业合并作为电子信息产业的范畴,统计口径与前文有所差异。

的比重,即 R&D 投入强度作为对比的指标。图 9-5 显示了中国电子信息产业各所有制企业的研发投入强度情况。从中可以看到,在 2005 年以前,民营企业的 R&D 投入强度要明显高于国有企业和外资企业。其中在 2004 年,民营企业的 R&D 支出占销售产值的比例达到 11.68%,而国有企业和外资企业的这一比例则仅有 2.19% 和 0.59%。但在 2005 年之后,民营企业的研发投入强度大幅下滑而国有企业的研发强度则出现了一定程度的提升,进而实现了对民营企业的反超,成为中国研发投入强度最高的企业类别。到 2012 年,国有企业的研发投入强度达到了 4.57%,而民营企业的研发投入强度则降到了 3.04%。相对而言,外资企业研发投入强度尽管也有小幅度的上升,但总体水平仍十分低下,到 2012 年,其研发投入强度也仅有 0.81%。

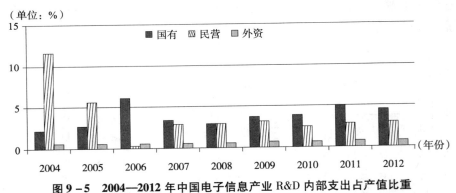

图 9-5 2004—2012 年中国电子信息产业 R&D 内部支出占产值比重

数据来源:根据《中国高技术产业统计年鉴》各期计算,中国统计出版社。

外资企业偏低的研发投入强度主要根源于其以加工组装为主的低端产业链结构,这从一定的侧面反映了我国电子信息产业利用外资的整体层次和水平仍有待提升。相对而言,民营企业研发强度的大幅下降与近期市场环境恶化所带来的研发投入激励不足以及资金压力增大有很大关联。在占市场主体地位的外资企业和民营企业研发投入都乏善可陈的情况下,我国电子信息产业的总体技术创新投入在事实上不容乐观。

六、技术引进与技术改造

除了自主创新之外,通过外部的技术引进与消化吸收也是开放条件下实现企业技术进步的重要途径。图9-6显示了我国电子信息技术产业技术引进、吸收和改造经费支出的比重情况。

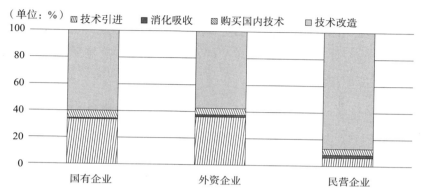

图9-6　2012年中国电子信息产业技术引进与改造支出份额

数据来源：《中国高技术产业统计年鉴》，中国统计出版社2012年版。

从图9-6的情况来看，外资企业的技术主要依赖于母公司的技术转移，因此其技术引进经费支出在全部技术获取与改造支出当中占据了较大的份额，约达到其全部技术引进与改造经费的36%，国有企业面临较少的预算约束，因此在技术引进方面力度也要明显大于民营企业，其技术引进经费支出约占到了全部技术获取与改造经费的33.36%。相比之下，民营企业受预算约束等因素的影响，其技术引进经费支出仅占全部技术获取与改造经费的6.2%左右。在消化吸收经费支出方面，国有企业、外资企业和民营企业的支出分别占其全部技术获取与改造经费支出的1.5%、1%和2.1%，表明民营企业相对于国有企业更侧重于消化吸收；相对而言，技术改造支出是技术获取与改造资金的主要支出领域，尤其对于民营企业而言，在缺乏足够的资金进行技术引进的情况下，通过增强现有技术的改造也是弥补同先进企业技术差距的一个有效途径。在三类企业中，外资企业源自母公司转移的技术一般不需要经过太多的改造，因此其技术改造经费支出占全部技术获取与改造经费的比例最低，约为57.32%，国有企业其次，约为60%，而民营企业的技术改造经费占全部技术获取与改造经费支出的比例则高达87%，表明民营企业在技术获取方面更倾向于对现有技术的改造。

第三节 全要素生产率的 DEA 分析

在前面直观比较分析的基础上,本节用 DEA 方法进一步分析电子信息行业内的全要素生产率。DEA 可在不同假定下选择不同的模型,这里选取的是规模报酬不变模型,并以行业固定资产净值和从业人员数为投入变量,以行业工业增加值为产出变量。由于我国自 2007 年开始不再公布产业工业增加值数据,因此我们利用 2003—2007 年间行业工业增加值的平均增长率来估算 2008—2011 年的工业增加值。为了数据的可比性,对工业增加值和固定资产投资进行价格调整(价格指数以 2003 年为基期,调整环比价格指数。其中工业增加值使用电子信息工业品出厂价格指数;固定资产净值使用的是固定资产投资价格指数,调整部分是其每年增加部分)。相关数据来源于历年《中国电子信息产业统计年鉴》资料整理。在全部全要素生产率的计算中,均使用数据包络分析软件 Onfront Ver. 2.01 来进行。

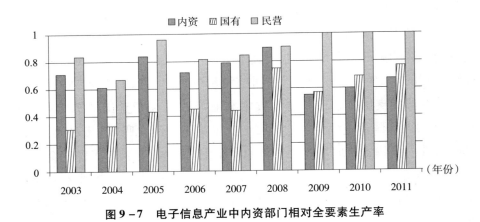

图 9－7 电子信息产业中内资部门相对全要素生产率

数据来源:课题组计算。

首先,对电子信息产业技术前沿进行测定,表 9－9 和图 9－7 是测算的结果。DEA 计算结果表明,2003—2008 年外资企业一直处在生产边界上,表明外资企业是电子信息产业的技术领先者和推动者,但是在 2009

年、2010 年出现了下降,可能是受国际金融危机的影响;内资企业整体的
生产率水平低于外资企业,在 2003—2008 年总体上一直在增长,但是受
2009 年国际金融危机及欧债危机的影响,出现了大幅下滑,2010 年到 2011
年又恢复增长。图 9 - 7 显示的是 2003—2011 年行业中内资部门的全要
素生产率变化。

表 9 - 9 电子信息产业不同类型企业相对 TFP 生产率水平

	2003	2004	2005	2006	2007	2008	2009	2010	2011
外资	1	1	1	1	1	1	0.71	0.95	1
内资	0.71	0.61	0.84	0.72	0.79	0.9	0.55	0.6	0.67
国有	0.31	0.33	0.43	0.45	0.44	0.75	0.57	0.69	0.77
民营	0.84	0.67	0.96	0.82	0.85	0.91	1	1	1

数据来源:课题组计算。

在内资企业内部,国有经济与民营经济的生产率表现也大相径庭。总
体来看,民营企业的 TFP 水平较高,而且随着时间推移与外资企业间的差
异不断缩小,甚至在 2009—2011 年 TFP 达到了行业技术前沿;国有企业的
平均生产率水平明显比民营企业低,事实上国有企业的生产率水平低拖累
了整个内资企业的总体水平,但是最近两年国有企业追赶步伐很快,在逐
渐缩小与行业内先进水平的差距。还可以看出,2003—2008 年内资企业
的 TFP 存在着较大的波动,说明我国的电子信息企业发展还不够稳定,
2008 年国际金融危机以后内资企业的增长呈现稳定的趋势,尤其是民营
企业的发展,像华为、中兴等民营企业占据电子信息市场的主导地位。

以上从静态角度考察了不同时期电子信息产业内外资部门的生产率
水平变化情况。为了进一步考察内资部门及外资部门全要素生产率变动
的具体情况,我们利用 2003—2011 年中国各地区的总量数据、内资部门以
及外资部门的数据计算了电子信息产业生产率变动的曼奎斯特指数,通过
曼奎斯特指数把生产率的变化分解为技术效率变化(EC)和技术进步变化
(TC),见表 9 - 10。

表9-10 2004—2011年全国电子信息产业全要素生产率变动情况

年度	曼奎斯特指数				EC				TC			
	全行业	国有	外资	民营	全行业	国有	外资	民营	全行业	国有	外资	民营
2004	1.13	1.25	1.14	0.92	0.98	1.09	1	0.8	1.15	1.15	1.14	1.15
2005	1.03	1.13	0.9	1.37	1.08	1.28	1	1.43	0.96	0.89	0.9	0.96
2006	0.98	1.11	1.03	0.87	0.96	1.06	1	0.85	1.02	1.05	1.03	1.02
2007	1.05	1.03	1.03	1.04	1.02	0.98	1	1.04	1.03	1.05	1.03	1.01
2008	0.95	1.55	0.93	0.99	1.04	1.68	1	1.07	0.92	0.92	0.93	0.93
2009	0.98	1.41	1	1.82	0.64	0.77	0.71	1.1	1.53	1.84	1.41	1.65
2010	0.97	1.16	1.06	0.87	1.23	1.2	1.35	1	0.79	0.97	0.79	0.87
2011	0.9	1.13	0.97	0.88	1.09	1.12	1.05	1	0.82	1	0.92	0.88
平均	0.99	1.21	1.01	1.06	0.99	1.12	1	1.02	1.01	1.08	1.01	1.04

数据来源:课题组计算。

以全行业情况看,2006年、2008—2011年行业的全要素生产率下降,出现了负增长,剩余年份行业整体的全要素生产率均在增长,增幅最高的年份2003年为13%,2008年及以后年份受到国际金融危机的影响,全要素生产率下降。2004—2011年均增长率为1%。从图9-8来看,我国电子信息产业的生产率增长速度在2004—2011年波动较大,出现了负增长。

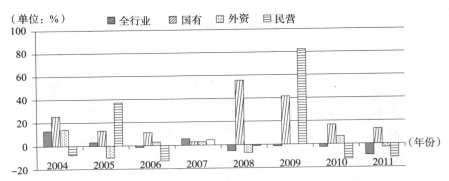

图9-8 电子信息产业TFP年增长率(2004—2011年)

注:根据习惯,图中数据已转换为年增长率,为曼奎斯特指数减1所得。

数据来源:课题组计算。

各类企业的技术增长率也表现不一。国有企业这些年份普遍增长,平均增速达到了22%,尤其在2008年和2009年增长幅度最大,最高达到了55%,受国际金融危机影响,最近两年增长幅度有所缓解,但依然是保持正增长,说明国有企业平抑风险的能力较强;相较之下,外资企业技术最为先进,生产率增长势头却是行业中最慢的,平均增速为0.75%;民营企业在这一期间平均增长率为9.5%,但是波动较大,2009年增长幅度达到了82%,但是后来增长率大幅下降,2010年和2011年为负数。这一方面反映了民营企业技术成长的不稳定性,另一方面可能也与市场状况有关。民营企业缺乏强有力的政策支持(如没有国有企业政府采购等支持),同时技术力量也不如外资企业雄厚,技术绩效对市场变化可能更为敏感,不能平抑危机带来的风险。由于增长速度的差异,国有企业和民营企业的相对生产率有了明显的提升,累计增长率均大于外资企业的累计增长率,国有企业、民营企业与外资企业间的差距在显著缩小。

我国电子信息行业中TFP增长中,技术边界外推效应和技术效率提升效应都有相当的贡献,但前者更为突出一些:全行业的年平均技术边界外推速度为2.75%,而技术效率提升速度则不到1%。各类企业的TFP增长格局也与此类似。

第四节　电子信息产业FDI技术外溢的实证研究

本节限定我国电子信息产业,检验行业内跨国公司和外商直接投资技术外溢的存在性。遵循第四章的思想,我们将在明确考虑行业制度变迁的背景下建立回归方程。

一、模型设定和数据选取

为评价外商直接投资的行业内溢出效应存在性,我们这里将内资企业生产函数中引入外商资本,利用回归方程来分析外资的影响。依据第四章的建模思想,建立包含制度因素的生产函数形式,在进行参数估计时,具体采用如下回归模型:

$$\ln Y_d = C + \alpha \ln K_d + \beta \ln L_d + \gamma \ln K_f + \xi \ln Z + \upsilon \qquad (9.1)$$

其中 Y_d 表示电子信息产业中内资企业的总产出，K_d 表示内资企业的资本投入，K_f 为电子信息产业内的外资依存度，即外资固定资本占全部规模以上企业固定资本的比重衡量，L_d 为内资企业的劳动投入量；Z 是"制度变量"，用民营企业占内资企业的比重衡量。

参数 α 和 β 分别表示内资企业资本与劳动的边际产出弹性，ξ 表示"制度因素"对内资企业的边际产出弹性，γ 表示外资企业的资本积累对内资企业的边际产出弹性，它的正负与大小反映了外商投资企业溢出效应的方向和力度。

由于统计资料的限制，电子信息细分行业（外资）统计数据的年度不长，为保证样本的数量，我们采用面板数据模型进行估计。面板数据模型是依据不同个体的时间序列来构造和检验的方程模型，相对于时间序列数据和截面数据而言，可以增加可估计的数据量，增大自由度，减少解释变量的多重共线性，提高估计的准确度。根据年鉴行业分类及数据限制，把电子信息产业分为通信设备制造、电子元件制造、电子计算机整机制造、电子计算机外部设备制造等四个细分行业①；时间跨度为 1999—2007 年 9 年时间，数据来源于历年《中国高技术产业统计年鉴》。

在数据的选取中，外资工业企业的资本存量选取的是行业内三资企业的固定资产；内资企业的总产出通过行业内全部国有及规模以上非国有工业企业的总产值减去行业内三资企业的总产值计算得出；内资企业的固定资产也是通过行业内全部国有及规模以上非国有工业企业的固定资产减去行业内三资企业资产而得，采用同样的方法计算出内资企业的就业人数。

对应采取个体固定模型还是混合模型估计进行检验②。检验个体固定效应的原假设与检验统计量是：

原假设 H_0：不同个体的模型截距项相同（建立混合估计模型）；

备择假设 H_1：不同个体的模型截距项不同（建立个体固定效应模型）。

F 统计量定义为：$F = \dfrac{(SSE_r - SSE_u)/(NT-1)}{SSE_u/(NT-N-1)}$

---

①其行业编码分别为：401、406、4041、4043。

②由于数据限制，截面数据为 4 个，需要估计的参数为 5 个，截面数据小于需要估计的参数，所以无法用个体随机效益模型。只能采用混合估计模型或者个体固定效益模型。

其中 SSE_r 和 SSE_u 分别表示约束模型(混合估计模型)和非约束模型(个体固定效应模型)的残差平方和。

通过 Eviews 5.1 的运算,拒绝原假设,应该建立个体固定效应模型。

二、回归结果分析

进行上述检验之后,使用 Eviews 5.1 对上述回归方程进行了回归。表 9－11 列出了不包含制度变量及包含制度变量两种情况下的回归结果。从技术角度看,解释变量中包含了制度变量的估计结果更为理想,回归的标准误差较小;虽然杜宾—沃森(Dubin－Watson)统计量稍低,显示可能存在轻微的残差项序列正相关,但因我们面板数据的时间跨度不长,D－W 值为 1.70 时仍是可以接受的。

表9－11　模型回归结果

解释变量		不包含制度变量	包含制度变量
$\ln K_f$	Coefficient	0.54997	0.28085
	t－Statistic	2.26619	1.29927
	Prob.	0.03010	0.20310
$\ln K_d$	Coefficient	0.92788	0.61570
	t－Statistic	5.68543	3.07885
	Prob.	0.00000	0.00420
$\ln L_d$	Coefficient	0.29812	0.39207
	t－Statistic	2.29808	3.18207
	Prob.	0.02800	0.00320
$\ln Z$	Coefficient		0.33068
	t－Statistic	—	2.56031
	Prob.		0.01540
C		－10.07953	－6.73575
Adj－R^2		0.98192	0.92273
s.e		0.27383	0.26774
DW		1.79399	1.66464

　　首先我们注意到,在两个回归式中,内资企业的产出对其劳动投入都较敏感(在未包含及包含制度变量时 $\ln L_d$ 的系数为正),这说明在电子信息这样的高技术行业,人力资本十分关键;与此同时,内资部门自身的资本投入的系数显著为正,表明其对产出的重要性。

　　对于外资变量,当模型中不考虑制度变迁的作用时,其系数为正,并通过了水平为5%的显著性检验,似乎表明行业内跨国公司的存在促进了内资企业的生产率,亦即存在行业内技术溢出效应。但是,与第四章的结果非常类似,当我们在回归方程中引入制度变量 Z 之后,外资变量 $\ln K_f$ 的系数虽然仍然为正值,但显著性消失了;与之对应,制度变量的系数是正的,而且有较强的显著性(显著水平为5%)。对这一估计结果,其解释与第四章完全一样:在不考虑制度变量的情况下,由于 FDI 的进入暗合了国内经济改革的步伐,因此国内制度变迁带来的生产率提升被误指为 FDI 技术溢出效应;当明确控制了制度变迁对生产率的潜在贡献之后,跨国公司在华经营对同行业内资企业的技术推进作用并不显著。

第十章　行业研究:医药制造业

医药制造行业是与人类健康息息相关的一个行业,是在人类与疾病的长期抗争中发展起来的一个产业,因此医药产业具有十分广阔的市场基础。医药行业是按国际标准划分的 15 类国际化产业之一,被称为"永不衰落的朝阳产业",是个高增长、高投入、高产出、高科技、高竞争、高风险、高回报的产业。医药产业是我国国民经济的重要组成部分,是传统产业和现代产业相结合及融第一、二、三产业为一体的产业。

随着我国市场开放程度的不断扩大,吸引大批跨国医药公司进入,并成为了我国外商直接投资密度相对较高、整体规模相对较大的领域,跨国医药公司在我国医药制造业的发展中扮演着愈来愈重要的角色。

第一节　医药制造产业外资与内资企业市场地位对比

一、吸收 FDI 的情况

2002—2012 年,外商投资医药制造业项目 3277 个,实际使用外资额85.5 亿美元,分别占制药业总量的比重值为 1.6% 和 1.7%。2012 年医药制造业外资项目 98 个,同比减少 17.6%;实际使用外资 9.4 亿美元,同比下降 20.3%,占制造业比重也降至 1.9%。

从投资的企业类型看,医药制造业外商投资企业主要是外资企业和中外合资企业。2012 年,外资企业项目数占 56.1%,中外合资企业占比不断下降,2002 年外资企业占 40.2%,中外合资企业占49.9%,2012 年二者分别占 75.3% 和 22.9%。

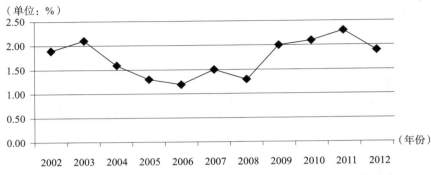

（单位：%）

图 10－1　2002—2012 年医药业实际使用外资金额占制造业的比重

数据来源:商务部:《2013 中国外商投资报告》,政府部门出版物,无出版社。

从投资来源地看,以实际使用外资额计算,医药制造业外资来源地集中度较高。中国香港、瑞典、美国、新加坡和法国占该行业总量的比重,2012 年为 95%;其中,中国香港地区占比各年均在 45% 以上。

以项目数衡量,医药制造业外资主要来自于中国香港和美国。2012 年中国香港和美国投资的项目合计占项目总数的 62.2%

表 10－1　2012 年外商投资医药制药业来源地分布　　　　（单位:个;亿美元;%）

国家/地区	项目数	项目数比重	外资金额	外资金额比重
中国香港	40	40.8	4.5	47.9
瑞典	1	1.0	0.6	6.6
美国	21	21.4	0.5	4.8
新加坡	3	3.1	.0.4	4.2
法国	1	1.0	0.2	2.3
合计	75	76.5	8.9	95.0

数据来源:商务部:《2013 中国外商投资报告》,政府部门出版物,无出版社。

根据投资地区去向,外商投资医药制造业较多地区是江苏省,2012 年江苏省实际使用外资额占该行业总额的 39.2%,较 2011 年增加 78.2%。广东和浙江也是该行业吸引外资的重要地区,2012 年两省实际使用外资额分别占比 12.9% 和 6.1%。

二、国内医药制造产业整体情况

改革开放以后,医药制造工业加大改革调整力度,同时积极对外开放,大力引进外资和国外先进技术,有力地提高了国内的生产技术水平,增加了出口。我国医药行业一直保持较快的增长速度。1978—2011 年,医药工业经济运行质量与效益不断提高。伴随着国家对医药制造产业政策改革的不断推进,我国医药企业通过联合重组、股份制改造等方式,加快了医药产业的组织结构调整,企业规模不断壮大。

表 10 - 2 反映的是 2012 年医药制造行业综合实力排名前十位的医药制造企业。销售收入排名前 10 位的都是内资企业。其中,中国医药集团有限公司排名第一,2003 年至 2012 年,集团营业收入年平均增幅 32% ,利润总额年平均增幅 45% ,总资产年平均增幅 32% 。2012 年营业收入 1650亿元,其中工业销售规模超 130 亿元,成为首家进入世界 500 强的中国医药企业,位列全球上榜医药企业第 10 位。

表 10 - 2　2012 年中国医药行业企业集团 10 强

排名	单位名称	地区
1	中国医药集团有限公司	北京
2	华润医药集团有限公司	香港
3	上海医药集团股份有限公司	上海
4	广州医药集团有限公司	广州
5	天津市医药集团有限公司	天津
6	华北制药集团有限责任公司	河北
7	哈药集团有限公司	黑龙江
8	杭州华东医药集团有限公司	杭州
9	四川科伦实业集团有限公司	成都
10	石药集团有限公司	石家庄

数据来源:新浪网,www.sina.com.cn。

医药制造行业对于技术的依赖性很高,是一个典型的高风险、高投入和高回报的行业。据有关资料统计,目前世界范围内的医药研发成功率不足三十万分之一,整个研发过程会持续 10—12 年之久,并且花费极其高昂。医药产品的产品线本身过于庞大,不同产品所涉及的技术内容也大相径庭,也很难由政府统一组织和进行大规模的攻关性研发,因此企业一直是行业研发的主力。不过,由于投资额巨大,风险过高,中小企业往往难以进行真正的药物实验和开发,而大型跨国公司在这方面具有绝对优势。世界大型医药跨国公司的研发规模往往都维持在其销售收入的15%以上,年投资规模更是以数十亿美元计。

表 10 - 3　世界著名医药制造跨国公司的研发规模　　(单位:百万美元)

	2012 年		2005 年	
	R&D 规模	占销售收入的比重	R&D 规模	占销售收入的比重
瑞士诺华	8588	16.52%	4846	15.00%
美国默克	8168	17.28%	3848	17.50%
强生	7665	11.40%	6312	12.50%
辉瑞	7482	13.69%	7442	14.50%
瑞士罗氏	6468	15.05%	5705[1]	16.10%
瑞典阿斯利康	—	—	3379	14.10%
英国葛兰素史克	6468	15.05%	3136[2]	14.50%
法国赛诺菲—安万特	6467	13.64%	4044[3]	14.10%
美国礼来	5278	23.35%	3026	20.70%
美国百时美施贵宝	3904	22.16%	2746	14.30%
美国雅培	1544	7.18%	1812	8.15%

注:(1)百万瑞士法郎;(2)百万英镑;(3)百万欧元。

数据来源:各公司年报。

从我国的情况看,"十五"期间国家加大了技术进步和技术创新的投入,设立了"创新药物和中药现代化"重大科技专项。但与大型跨国公司相比,我国内资企业研发投入少、创新能力弱,一直是困扰我国医药产业深层次发展的关键问题。我国整体医药行业研发投入占销售收入比重过低,除个别企业在5%以上外,大部分企业的研发投入比重处于非常低的水平。同时,国内风险投资市场尚未建立,整个技术创新体系中间环节出现严重断裂。目前,我国医药研发的主体仍是科研院所和高等院校,大中型企业内部设置科研机构的比重仅为50%。同时,在以市场为导向的制药企业中,科研人员主要从事的是技术改造工作。由于人才评价机制和激励机制不健全,在经济利益的驱使下,还存在科研人才向经营领域分流的现象,使精心培养的科研人员未能成为新药开发和技术创新的中坚力量。

国外大型跨国制药企业位于制药产业链的顶端,排名居前的跨国制药企业都是以高投入的新药研发,专利药品的市场垄断的经营模式来获取高额利润。规模优势保证了研发的高投入,而严格的药品专利保护保证了垄断利润与研发费用的回收。

巨额资金、高风险以及较长的研制周期使得许多中国制药企业对研制新药望而却步。因此与国外一些有百年历史的大公司相比,中国企业在规模、资金、技术等方面存在着比较大的差距。据统计资料显示,我国制药企业目前普遍仅有2%—5%的销售额用于新药研发。图10－2是2003—2012年间国有企业和外资企业R&D经费内部支出占销售额的比重,其中大部分年份国有企业的R&D投入比例均高于外资企业。不过,这一对比不能说明国有企业的研发力度较高,而是因为外资企业一般将研发项目安排在其母公司进行,在中国的分子公司主要只针对中国市场特征进行产品的本地化二次开发,因此无须在华进行大规模的研发投资。总体来看,国内企业与跨国公司间的研发力度差距仍然很大。

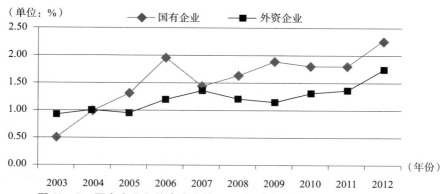

图 10－2　国有企业和外资企业的 R&D 经费内部支出占销售收入的比重

数据来源:《中国高技术产业统计年鉴》,中国统计出版社 2004—2013 年版。

虽然国内企业在研发投入上与跨国公司有一定的差距,但是在国家产业政策的指导下,国内企业对新技术的研发开始日益重视。近年来,在医药制造产业,我国在该行业重点加强了新药研究开发体系的建设和创新药物的研制,实施了现代中药、生物医学工程、生物新药等高技术产业化专项,促进了新型中成药大品种、先进工艺技术与装备、新型饮片和提取物、常用大宗药材及濒危稀缺药材繁育等技术的产业化。在国家的积极引导下,我国医药企业大幅增加科技投入,国有和外资企业 R&D 经费内部支出已经从 1997 年的42606 亿元、6283 亿元分别增加到了 499018 亿元和 697763 亿元(见图 10 - 3)。

目前,我国新药研究开发技术平台已覆盖了新药发现、临床前研究、临床研究、产业化整个过程,基本形成了相互联系、相互配套、优化集成的整体性布局,部分平台标准规范已能与国际接轨,新药自主创新和研究开发能力显著增强。国家组织建设了一批国家工程研究中心,一批大企业集团的内部技术研发设施建成使用,25 家医药(包括医疗器械)企业的研发技术中心被国家发改委、财政部、海关总署和税务总局认定为国家级企业技术中心。

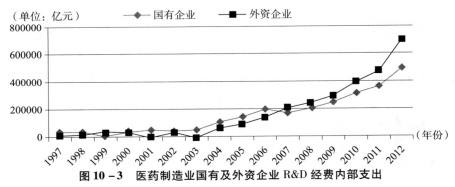

图 10 - 3　医药制造业国有及外资企业 R&D 经费内部支出

数据来源:《中国高技术产业统计年鉴》,中国统计出版社 2002—2013 年版。

在政府与"产、学、研"多方共同努力下,抗肝炎新药双环醇片、脑卒中治疗新药丁苯酞原料药及软胶囊;现代中药人工虎骨粉、体外培育牛黄、丹参多酚酸盐粉针剂、西洋参茎叶总皂苷、骨碎补总黄酮;海洋药物褐藻多糖硫酸酯;全球首个基因治疗药物重组人 p53 腺病毒注射液、重组葡激酶、重组人源化抗人表皮生长因子受体单克隆抗体家医药(包括医疗器械)企业的研发技术中心被国家发改委、财政部、海关总署和税务总局认定为国家级企业技术中心。丙型肝炎分片段抗体检测试剂盒;多层螺旋 CT、旋转式立体定向伽马射线治疗系统、主观式像差仪、高强度聚焦超声治疗系统、热扫描成像系统、普及型低剂量直接数字化 X 射线机、低干扰无心理负荷的生理信息测试床垫等一批拥有自主知识产权的创新产品实现了产业化。

三、外商投资厂商与本地厂商的市场地位

1. 销售产值

医药制造业是我国竞争程度较高的领域,改革开放一开始便对民营资本较为宽容。由于较好的经营环境,行业中民营经济规模较大,并且还在不断扩张。以销售额产值为例,2003—2012 年间,国有经济比重逐渐被民营经济所替代,前者的销售份额已从 27.49% 下降到 12.84%,而后者则从 47.42% 上升到 63.76%,在行业中占主导地位(见图 10-4)。

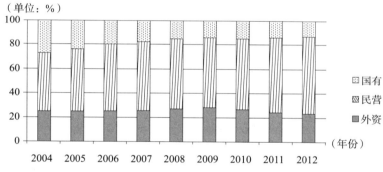

图 10-4　2004—2012 年间医药制造业不同类型经济的销售产值

数据来源:《中国高技术产业统计年鉴》,中国统计出版社 2005—2013 年版。

另外,医药行业也是较早对外资开放并予以鼓励的行业,因此早在 21 世纪初期外资企业的销售份额就已达到行业的 1/5 左右。近年来,行业销售规模不断增长,但外资企业的份额一直很稳定,保持在 20% 多的水平。

2. 固定资产投资

近年来医药制造产业固定资产投资规模快速膨胀,2004—2012 年间全行业固定资产投资由 549.45 亿元增长至 3575.38 亿元,平均复合增长率达到 26.4%。但是,整个行业的快速增长下面,不同所有制企业分化明显,基本的趋势是民营企业投资快速扩张,并带动整个行业的投资成长,而国有企业投资则在萎缩。2004—2012 年间,民营部门的固定资产投资以年均 36% 的速度飙升;国有企业部门同期内的平均增长率为 -3.7%。与内资企业两种极端的表现相比,外商投资企业的固定资产投资增长表现较为稳健,年均增长速度为 15.9%。

　　由于投资速度差异显著,行业内不同所有制企业的生产格局已发生巨大变化。2004—2012 年,民营企业部门的固定资产投资占全行业投资的比重已从期初的 49.2% 增长至 88.5%;同期,另外两种所有制企业部门的投资占比都有不同程度的下降:其中外资企业的固定资产占比由 15% 下降至 7.4%,而国有企业的萎缩程度更为惊人,由 35.9% 下降至 4.1%。可以说,医药制造业近年来的固定资产投资已变成民营企业一家独大的局面,这在图 10 - 5 中有明显的体现。

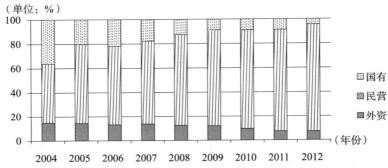

图 10 - 5　2004—2012 年间医药制造业不同类型经济的固定资产投资变化

数据来源:《中国高技术产业统计年鉴》,中国统计出版社 2005—2013 年版。

3. 从业人口

　　图 10 - 6 显示了我国医药制造业各类所有制企业的从业人口在 2004—2012 年间的比例变化情况。从中可以看出,在从业人口方面各类所有制企业也呈现出与销售产值和固定资产投资类似的变动趋势。一方面,国有企业从业人口的比重出现大幅度的降低,在 2004—2012 年期间,国有医药企业从业人口从 36.15 万人降低到 30.96 万人,占全行业从业人口的比重也从 31.61% 下降到了 15.74%;另一方面,民营医药制造企业逐渐取代国有企业的地位,其从业人口从 58.48 万人提高到了 123.65 万人,增长了近 1.5 倍,占全行业从业人口的比例也从 43.67% 提高到了 62.88%。相对而言,外资医药企业从业人员数量从 16.92 万上升到了 42.05 万,表现出了较快的增长速度,占全行业的比重也由 14.67% 上升到了 21.38%。但对比外资企业在从业人数方面份额不断上升的态势与其在固定资产投资方面渐趋下滑的态势,可以认为外资企业的扩张仍主要集中在劳动要素方面,其劳动密集型特

征有进一步强化的趋势。

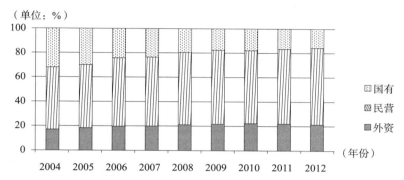

图 10－6　2004—2012 年医药制造业不同类型经济的从业人数变化

数据来源:《中国高技术产业统计年鉴》,中国统计出版社 2005—2013 年版。

4．出口

2012 年医药商品出口总额达 1164.9 亿元,与 2000 年的 189.6 亿元相比,年复合增速高达 14.99%。其中,化学原料药和制药中间体、植物药及生物药的增长尤为显著。化学原料药及制药中间体仍是出口的主要支柱,2012 年出口额达 698.9 亿美元,占医药商品出口总额的 60%,约为 2000 年 139.2 亿元的 5 倍。2012 年中成药与生物制药的出口额为 238.6 亿元,是 2000 年的 23 倍多。医疗器械是我国医药产品中第二大出口商品,2012 年中国出口医疗器械总额 1202.1 亿元,是 2000 年的 11.3 倍。[1]

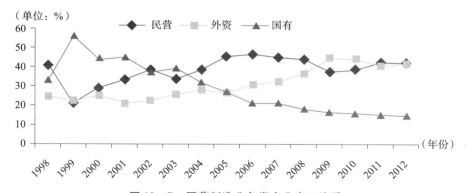

图 10－7　医药制造业各类企业出口比重

数据来源:《中国高技术产业统计年鉴》,中国统计出版社。

---

[1]数据采自《中国高技术产业统计年鉴》,中国统计出版社 2013 年版,第 9 页。

随着产业的发展,过去十多年来医药行业出口企业中所有制类型变化也非常大,主要体现在国有企业出口份额大幅下降,而外资和民营企业的出口在行业中的比重快速增加。2000 年,国有企业出口几乎占据了行业的半壁江山,但到 2012 年,其出口份额已跌至 15.2% 。与此相对,民营企业的出口份额同期则由 29% 上升至 42.6% ,外资企业更是从 25.6% 提升至 42.2% 。可以说,目前我国医药市场的出口增长基本上是靠外资和民营企业两组引擎。在医药出口的商品中,化学原料药和制药中间体、植物药及生物药的增长尤为显著,这些药物的科技含量和附加值都不是很高,我国的内资企业尤其是民营企业在这些药物的生产上具有比较优势。

5. 外资主要经济指标所占比重

以工业增加值、销售收入和利润总额所占比重而言,外资企业在医药制造产业并不占绝对主导地位。表 10 - 4 显示的是,2004—2012 年间,外资企业在工业总产值、资产总额、从业人口和利润四方面的比重变化。外资企业在工业总产值、从业人口和利润方面分别占到行业总额的 1/4 左右,但其资产则仅占行业总资产的不足 13% ,表明外资企业的生产相对于国内企业来说具有更强的劳动密集型色彩。

表 10 - 4　医药制造产业外资企业占总行业主要经济指标比重　　（单位:%）

年度	工业总产值	资产总计	从业人口	利润总额
2004	25.09	8.66	14.66	31.13
2005	24.65	11.25	17.26	30.52
2006	25.32	11.02	18.33	31.62
2007	25.59	12.03	19.42	32.46
2008	27.09	13.35	19.95	32.80
2009	28.02	13.72	21.07	33.20
2010	26.55	13.50	21.67	30.89
2011	24.52	13.01	22.06	25.69
2012	23.39	12.74	22.03	25.25

数据来源:《中国工业经济统计年鉴》,中国统计出版社 2005—2013 年版。

第二节　外资厂商与本地主要厂商的技术对比

国内医药市场强劲的增长势头和巨大的发展潜力吸引了国外制药企

业进驻本土市场,纷纷以贸易、投资设厂、进入研发领域等方式进入中国。外资的进入,不仅使得国内企业面临更大的市场竞争压力,而且由于国外企业在长期新药研发过程中积累了丰富的成果,从长远来看,也会对我国医药制造产业的技术进步与创新有潜在的推动作用。

本节通过相关指标,对比分析医药制造产业内资与外资的经营状况,初步揭示我国医药制造产业的技术发展情况。

一、总资产贡献率

总资产贡献率反映企业资金占用的经济效益,说明企业运用全部资产的收益能力,是企业经营业绩和管理水平的集中体现,是评价和考核企业赢利能力的核心指标。

整体上,从历年的总资产贡献率来看,国内医药制造业全行业基本上呈现稳定上升的态势(见图10-8)。外资企业的总资产贡献率有缓慢的上升,且在2009年之前一直处于领先地位,反映了外资企业较高的资产质量。民营企业的总资产贡献率在2009年前一直落后于外资企业,但高于国有企业。尤其是2006年开始,民营企业总资产贡献率快速增长,并在2010年实现对外资企业的超越,成为行业内总支出贡献率最高的一类企业。

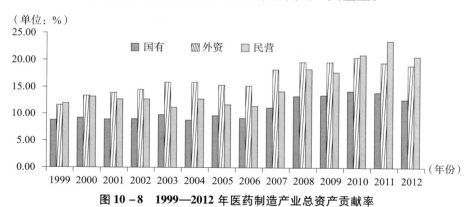

图10-8 1999—2012年医药制造产业总资产贡献率

数据来源:根据《中国工业经济统计年鉴》(中国统计出版社2000—2013年版)计算。

二、人均资本存量

图10-9显示,在医药制造产业的人均资本存量呈现明显的提升趋势,表明行业整体的装备水平在近年来有了显著改善,并可能由此带来

劳动生产率水平的提高。而从不同所有制企业之间的比较来看,内资企业尽管在发展初期人均资本存量较低,但提升的速度要快于外资企业,其中国有企业和民营企业在 2000 年的人均资本存量分别仅有 28 万元和 20.75 万元,分别相当于当年外资企业人均资本存量的 60% 和 45%,但二者在 2000—2012 年期间的人均资本存量提升速度大体相当,年均增长率均为 10.8% 左右,明显高于外资企业 6.23% 左右的平均年增速。在内资企业人均资本存量迅速增长的带动之下,国内企业与外资企业之间在资本装备水平方面的差距也在逐渐缩小,到 2012 年,内资企业在人均资本存量方面同外资企业的差距已经缩小到了不到 25%,而国有企业的人均资本存量达到 95.97 万元,达到甚至略微超越了外资企业 95.94 万元的水平。

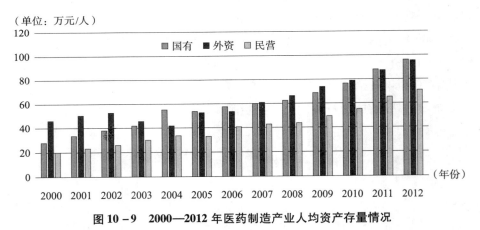

（单位：万元/人）

图 10 - 9　2000—2012 年医药制造产业人均资产存量情况

数据来源:课题组根据《中国工业经济统计年鉴》(中国统计出版社 2005—2013 年版)数据计算。

三、成本费用利润率

成本费用利润率,反映了企业在当期发生的所有成本费用所带来的收益的能力。其中,成本费用总额包括:主营业务成本、主营业务税金及附加、营业费用、管理费用、财务费用。该指标反映了企业控制成本的能力,也在一定程度上体现了企业技术水平的高低,因为技术水平越高,企业的产出成本越低。该指标越高,表明企业为取得收益所付出的代价越小,企业成本控制得越好,企业的获利能力越强。

2000—2012 年间,医药制造产业中各个所有制企业的成本费用利润率都呈现出先上升后下降再进一步上升的基本趋势。行业成本费用利润率在 2005 年和 2006 年处于低谷,应与之前 GMP、GSP 的强制实施有关。新规制尤其对行业内的民营企业产生了很大的冲击,致使其市场份额下降,并拖累了其赢利表现。由图 10 - 10 可以看到,虽然前期民营企业的成本费用利润率在行业内处于领先地位,但自 2003 年开始,GMP 和 GSP 等新规制的实施对其影响巨大,行业内的外资企业和国有企业均实现了对民营企业的超越。

（单位：%）

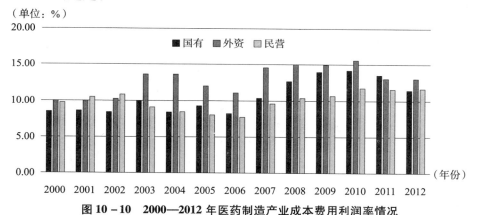

图 10 - 10　2000—2012 年医药制造产业成本费用利润率情况

数据来源:根据《中国工业经济统计年鉴》(中国统计出版社 2005—2013 年版)计算。

四、新产品推出情况

技术发展与创新的一个重要方面是新产品的开发和生产。新产品一般都具有高附加值,是企业利润的一个源泉,新产品的研发和生产是一个企业综合实力特别是技术优势的体现。新产品的推出情况也是衡量技术发展的指标。这里用新产品产值与总产值的比例作指标,反映应新产品的研发与生产情况。

图 10 - 11 显示,2000—2012 年行业内各类企业的新产品产值比例呈 V 型表现,2004—2005 年之前在下降,之后则转向逐步上升。其中,国有企业在新产品产值比例的表现上非常抢眼,自 2004 年开始便远远高于行业平均水平。国有企业在新产品销售上的突出表现,主要归于政府的支持:国家在"十五"期间,重点加强了新药研究开发体系的建设和创新药物

的研制,实施了现代中药、生物医学工程、生物新药等高技术产业化专项,促进了新型中成药大品种、先进工艺技术与装备、新型饮片和提取物、常用大宗药材及濒危稀缺药材繁育等技术的产业化。在国家的积极引导下,我国新药研究开发技术平台已覆盖了新药发现、临床前研究、临床研究、产业化整个过程,基本形成了相互联系、相互配套、优化集成的整体性布局,部分平台标准规范已能与国际接轨,新药自主创新和研究开发能力显著增强。国家组织建设了一批国家工程研究中心,一批大企业集团的内部技术研发设施建成使用,25家医药(包括医疗器械)企业的研发技术中心被国家发改委、财政部、海关总署和税务总局认定为国家级企业技术中心。这一系列措施的开展,使得国有企业在新产品开发能力和热情得到了极大的提升。

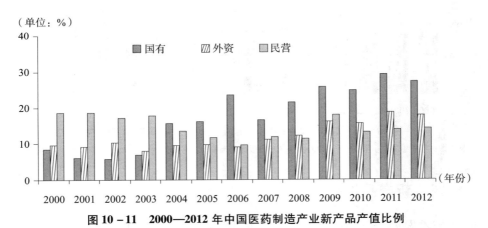

图 10 - 11　2000—2012 年中国医药制造产业新产品产值比例

数据来源:《中国科技统计年鉴》,中国统计出版社 2001—2013 年版。

五、R&D 投入

医药制造产业的技术进步与创新,离不开两个投入因素:科技人员和科研经费。这两个投入因素不仅衡量企业对技术进步与创新的重视程度,也是一个企业技术发展与创新潜力的衡量指标。图 10 - 12 显示了医药制造产业研发经费投入占产值的比重,即研发强度情况①。除了个别年份之

①研发强度通常以研发支出占销售收入的比重计算,但由于民营企业部分年份的销售收入缺失,我们这里改用研发支出占总产值的比重替代。由于计算口径差异,因此这里的数据也与图 10 - 2 的数据稍有不同。

外,2000—2012 年间我国医药制造产业的研发投入强度总体上仍呈现一定的上升态势,从 0.76% 提升到了 1.58%,平均复合年增长率达到 6.36%。但在这其中,不同所有制企业的提升速度存在明显的差异:国有企业研发强度提升最为迅速,从 2000 年位居各类所有制企业最末位的 0.47% 提升到了 2012 年的 3.03%,年均增长率达到 16.71%,一跃成为各类所有制企业中研发强度最高的企业类别。由前所述,国有企业在新产品和新技术上对研发的重视,与政府对它们的支持有密切的关系。相反,由于歧视性政策的影响,民营企业尽管在初期以 1.26% 的研发强度居于领先地位,但却成长缓慢,甚至在 2002—2008 年期间经历了大幅的下滑,到 2012 年虽略有回升,但研发强度也仅达到 1.34% 的水平,排名滑落到了各类所有制企业的最末位。相比之下,外资企业的研发强度一直位于中游地位且稳步成长,从 2000 年的 0.75% 上升到了 2012 年的 1.68%,表明医药行业外资企业的产业链地位在逐渐改善,但相对于国有企业而言仍偏低端。

（单位：%）

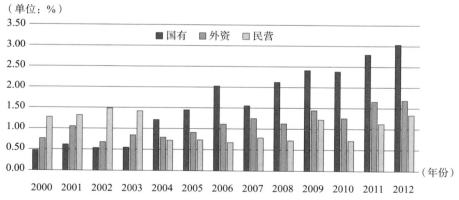

图 10 - 12　中国医药制造企业 R&D 内部支出占总产值比重

数据来源:《中国高技术产业统计年鉴》,中国统计出版社 2005—2013 年版。

六、技术引进和改造

医药制造产业的技术进步除了自己对科研的投入外,还需要进行技术引进,通过技术引进是缩小同先进国家的技术差距的最直接渠道。当企业的技术力量得到加强以后,企业开始注意技术研究与开发的资金投入,加大技术研发的力度,并逐步走上了技术发展的良性循环之路。应该说医药制造产业的技术"引进—改造—研发—合作"是中国近年来技术进步的有效路径。

与企业技术获取和技术改造相关的支出统计包括四项:(国外)技术引进支出、消化吸收支出、购买国内技术支出和技术改造支出。图 10 – 13 揭示,在医药制造业,技术改造支出是这四类支出中最大的,占四类支出总金额的比例为 80% 左右,而国外技术引进和消化吸收支出占比都较低,都不足 5%。行业中不同所有制横向比较,外资企业不仅国外技术引进支出比重较高,而且在国内购买技术的支出比重也较高,这一方面说明外资企业与国外的技术联系更为紧密,同时也表明外资企业也非常注意吸收国内新技术或互补性技术。在内资部门,国有和国有控股类企业一方面注重自身技术改造,另一方面引进国外技术的支出比重也较民营企业高。相较之下,民营企业对外部技术的吸收主要依赖于国内技术,而国外技术引进支出比重是所有类型企业中最低的。两类内资企业在技术引进和技术改进上的不同行为倾向主要与它们自身的技术基础有关:相对而言国有企业技术基础较强,因此有条件进行进一步改造并加以利用,同时也有更好的机会获取国外技术;相反,民营企业技术条件相对薄弱,不仅改造空间有限,而且也较难获得国外技术引进的机会。

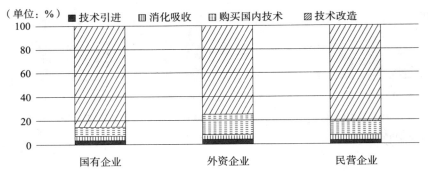

图 10 – 13　2012 年中国医药制造企业技术引进与改造支出比重

数据来源:《中国高技术产业统计年鉴》,中国统计出版社 2013 年版。

第三节 全要素生产率的 DEA 分析

一、样本选择与价格调整

本节数据包络分析选取医药制造产业固定资产净值和从业人员数为投入变量,以医药制造产业工业增加值为产出变量,以规模报酬不变的投入—产出为模型。由于需要的数据为可比数据,对工业增加值和固定资产投资进行价格调整(价格指数以 1999 年为基期,调整环比价格指数。其中工业增加值使用医药制造工业工业品出厂价格指数;固定资产净值使用的是固定资产投资价格指数,调整部分是其每年增加部分)。相关数据来源于对历年《高技术产业统计年鉴》资料的整理。在全部全要素生产率的计算中,均使用数据包络分析软件 Onfront Ver. 2. 01。

由于资料的限制,将医药制造产业企业类型分为全行业、内资、国有、民营、外资等五类。首先求解出行业的技术边界,把每一经济类型同技术边界进行比较。

二、医药制造产业技术前沿的测定

首先,对医药制造产业技术前沿进行测定,表 10 - 5 是测算的结果。从 DEA 分析结果可以看出,1999—2011 年外资企业一直处在生产边界上,这也表明外资企业是医药制造产业在技术上的领先者和推动者;民营企业生产率水平在 2003 年以前与生产率边界的距离很大,但在 2004 年后开始迅速追赶,在 2005 年后开始到达边界线上,随后一直在边界线附近,但呈现逐年远离的趋势。说明相对于作为技术边界的外资企业,整体上民营企业虽然落后,但是追赶的速度在最近几年是惊人的,然而 2008 年之后追赶速度减缓逐渐远离生产率边界。国有企业在 2003 年以前,与生产率边界的距离比较接近,但 2004 年后,开始迅速下滑,与民营企业的趋势恰好相反,2008 年之后与生产率边界的距离逐渐靠近,在 2011 年达到 0. 97。

表10-5　1999—2011年医药制造产业不同类型企业相对全要素生产率

年份	全行业	内资	外资	国有	民营
1999	0.75	0.7	1	0.73	0.63
2000	0.84	0.8	1	0.89	0.65
2001	0.83	0.79	1	0.97	0.61
2002	0.53	0.46	1	0.95	0.47
2003	0.67	0.61	1	0.86	0.55
2004	0.64	0.56	1	0.54	0.81
2005	0.89	0.85	1	0.66	0.99
2006	0.87	0.83	1	0.58	0.99
2007	0.87	0.82	1	0.58	0.95
2008	0.93	0.9	1	0.73	0.98
2009	0.95	0.94	1	0.91	0.95
2010	0.94	0.92	1	0.86	0.94
2011	0.94	0.92	1	0.97	0.91

数据来源:课题组计算。

通过对我国医药制造产业内资和外资部门生产率的考察,可以得到一些基本结论:医药制造产业中外资与民营各有自己的比较优势,外资企业在管理水平,生产技术水平和从业人员素质方面处于优势,而民营企业主要是以低资本、高劳动投入为主;国有企业在资本和劳动两方面都没有比较优势,所以生产率较低,这种表现在2004年后开始加剧,但在近年来内外资企业之间的生产率差距已经开始逐渐弥合。其中,国有企业的生产率在2006年之后出现了迅速的上升,并在2009年后基本接近了外资企业与民营企业的生产率。此外,虽然民营企业的相对TFP水平在2005年之后已与外资企业持平,但考虑到绝大多数民营企业在生产无专利的仿制药这一事实,还不能就此断言民营企业已处于行业技术前沿,这一点从2008年之后民营企业生产率逐渐远离边界即可得知。

三、全要素生产率的变动及其分解

以上从静态角度考察了不同时期医药制造产业内外资部门的生产率水平变化情况。为了进一步考察内资部门及外资部门全要素生产率变动的具体情况,在接下来的研究当中利用2000—2011年中国各地区的总量数据、内资部门以及外资部门的数据计算了医药制造产业生产率变动的曼奎斯特指数,通过曼奎斯特指数把生产率的变化分解为技术效率变化(EC)和技术进步变化(TC)。表10－6就是运用 Onfront Ver. 2.01 进行运算的全要素生产率变动的结果。从全行业的情况看,不同年份的 TFP 增长率差异较大:最高为 2003 年,年均增长 45%;最低是 2002 年,较上年下降了31%。1999—2011 年间,全行业 TFP 增长率平均为6%。从技术分解角度看,这一进步主要来自技术前沿外推,而技术效率提高效应并不明显。从行业内不同企业看,国有企业在这一时期的 TFP 平均增长速度最快,年均达到了9%;外资企业的增速最慢,年均仅为 7%。

　　表10－6还显示,在 2003 年以前,我国医药制造产业技术水平出现了下降,但在 2003 年后出现了显著的提高,并集中地表现为外资与民营企业生产率水平的提升。而从导致生产率提高的原因来看,技术边界的外推和效率的提升交替地作出贡献,但关键作用还是技术边界的外推。伴随着技术水平的迅速提升,我国工业部门的要素利用效率在 2003 年后表现出明显的改善。

表 10－6　2000—2011 年全国医药制造产业全要素生产率变动情况

年度	MI				EC				TC			
	全行业	国有	外资	民营	全行业	国有	外资	民营	全行业	国有	外资	民营
2000	1.17	1.28	1.19	1.1	1.11	1.22	1	1.04	1.05	1.05	1.19	1.05
2001	0.99	1.1	1.03	0.94	0.99	1.1	1	0.94	1	1	1.03	1
2002	0.69	1.03	1.08	0.83	0.64	0.98	1	0.77	1.08	1.06	1.08	1.08
2003	1.45	1.2	1.14	1.24	1.28	0.91	1	1.17	1.14	1.33	1.14	1.06
2004	1.06	0.69	1.11	1.63	0.95	0.63	1	1.47	1.11	1.11	1.11	1.11
2005	1.14	1.16	0.97	1.15	1.24	1.08	1	1.23	0.92	1.07	0.97	0.94
2006	1.08	1.09	1.06	1.12	1.02	1	1	1	1.05	1.09	1.06	1.12
2007	1.17	1.18	1.18	1.13	0.99	1	1	0.96	1.18	1.18	1.18	1.18
2008	1	1.17	0.93	0.96	1.07	1.26	1	1.02	0.93	0.93	0.93	0.93
2009	1.06	1.28	1.05	1	1.03	1.24	1	0.97	1.03	1.03	1.05	1.03
2010	1.04	1	1.03	1.04	0.98	0.95	1	0.99	1.05	1.05	1.03	1.05
2011	1.05	1.18	1.06	1.02	1	1.12	1	0.97	1.05	1.05	1.06	1.05
平均	**1.06**	**1.09**	**1.07**	**1.08**	**1.01**	**1.03**	**1.00**	**1.03**	**1.05**	**1.08**	**1.07**	**1.05**

数据来源:课题组计算。

表10-6同时还列示了我国1999—2011年期间内外资部门全要素生产率、技术边界以及技术效率的累计变动率。除了2001年和2002年这两年,由于受到民营企业以及外资企业的牵累,全行业的生产率是退步的。其他年份,无论外资部门还是内资部门的生产率均是增长的(MI数值大于1)。分所有制类型看,各类企业的生产率进步节奏还是存在较大差异。国有企业除了在2004年有剧烈下降外,其他时间都基本保持稳定,并在2004年之后明显加快了上升速度;民营企业则在2003—2007年间出现生产率高速增长,但在我们考察的其他年份表现则相对平庸,尤其在2001年、2002年和2008年还出现了生产率下滑情况;相对于其他两类企业,外资企业的生产率增长速度较为稳定,波动幅度不大。

从技术效率来看,1999—2004年期间,国有企业技术效率水平呈下降趋势,2004—2009大幅度上升,随后两年又有一定下降;而民营企业在2002年以后出现下降,随后趋于平稳。这些结果表明,GMP、GSP的强制实施通过淘汰一部分效率低下的企业,从而促进国内医药企业提高生产经营软硬件水平的提升,通过认证的企业在技术效率提升的表现都是很强势的。在1999—2011年期间,由于外资部门一直处于技术边界上,所以其技术效率基本维持不变。

从技术边界的增长情况看,相比较而言,外资、国有和民营企业在技术边界的变动上相差并不是很大,可以说是齐头并进的。整体上,各个所有制企业在技术边界的扩展速度上波动幅度并不是很大,除了2005年稍有下降。在2003年和2005年,国有企业在技术边界点扩展速度上最快,在2006年,民营企业表现最好,但优势微弱。到2011年,外资、国有和民营企业在技术边界的变动上大体相当。

第四节　医药制造产业 FDI 技术外溢的实证研究

本章将对我国医药制造产业外商直接投资技术外溢的存在性及其对内资企业的影响轨迹进行实证研究。采用计量模型对存在性进行测算及检验,采用全要素生产率的 DEA 分析,对外资技术外溢的产生轨迹进行研究。

一、模型设定

评价外商直接投资的行业内溢出效应存在性,本书通过建立一个能够测度外资影响的内资企业的生产函数来进行。吸收新制度经济学的思想,建立包含制度因素的生产函数形式,在进行参数估计时,具体采用如下回归模型[①]:

$$\ln Y_t^D = C + \alpha \ln K_t^D + \beta \ln L_t^D + \gamma \ln K_t^F + a \ln Z + b \ln Y_{t-1}^D + u \qquad (10.1)$$

其中,上标 D 和 F 分别表示行业内的内资和外资部门,Y 表示总产出,K 表示资本投入,L 为劳动投入量;Z 是"制度变量",以行业内企业的所有制结构来构造:选取 1999 年民营企业劳动力数量在全行业中比重最低的行业为"基准行业",设定其 1999 年的制度指数为 1,其他年度和其他行业的制度指数定义为:

$$Z_{it} = \frac{\text{行业 } i \text{ 第 } t \text{ 期民营企业劳动力占比}}{1999 \text{ 年"基准行业"民营企业劳动力占比}} \qquad (10.2)$$

其他变量 K^D、K^F 和 L^D 也作类似的标准化处理。

二、计量估计方法及数据选取

由于统计资料的限制,医药制造细分行业(外资)统计数据的年度不长,本书为保证样本的数量,采用面板数据模型进行估计。面板数据模型是依据不同个体的时间序列来构造和检验的方程模型,相对于时间序列数据和截面数据而言,可以增加可估计的数据量,增大自由度,减少解释变量的多重共线性,提高估计的准确度。所用数据来源于历年《中国高技术产业统计年鉴》,根据年鉴行业分类及数据限制,把医药制造产业分为化学药品制造、中药材及中成药加工、生物制品制造等三个细分行业[②],数据的时间长度是 1999—2008 年这十年时间。

在数据的选取中,外资工业企业的资本存量选取的是行业内三资企业的固定资产;内资企业的总产出通过行业内全部国有及规模以上非国有工业企业的总产值减去行业内三资企业的总产值计算得出;内资企业的固定资产也是通过行业内全部国有及规模以上非国有工业企业的固定资产减去

---

①模型设定的过程和解释见化工行业报告相应部分。
②其行业编码分别为:271＋272、276、277。本书的行业口径同《高技术产业统计年鉴》口径相同。

行业内三资企业资产而得出,采用同样的方法计算出内资企业的就业人数。

首先进行豪斯曼检验决定使用固定效应模型还是随机效应模型。豪斯曼检验中,原假设截距项之间的差异不规则(支持随机效应模型)。

备择假设 H_1:截距项之间的差异规则(支持固定效应模型)。

豪斯曼检验结果为 Prob > chi2 = 0.000 显示拒绝原假设,即支持固定效应模型。

三、回归结果分析

进行上述检验之后,使用 Eviews 5.1 对上述回归方程进行了回归。表 10 - 7 列出了不包含制度变量及包含制度变量两种情况下的回归结果。

表 10 - 7 模型回归结果

解释变量	不包含制度变量	包含制度变量
$\ln K_{it}^F$	0.246655	0.213464
	(0.070547 * * *)	(0.067418 * * *)
	[0.0023]	[0.0051]
$\ln K_{it}^D$	0.053848	−0.015926
	(0.074790)	(0.069647)
	[0.4799]	[0.8216]
$\ln L_{it}^D$	0.510948	0.664949
	(0.271772 *)	(0.281272 * *)
	[0.0747]	[0.0289]
$\ln YD_{it-1}^D$	0.592955	0.489126
	(0.086786 * * *)	(0.115087 * * *)
	[0.0000]	[0.0004]
$\ln Z_{it}$		0.333666
	—	(0.184796 *)
		[0.0869]
$R^2(Ad - R^2)$	0.985909	0.988786
s. e	0.123852	0.114552
DW	2.341983	2.397691

注:( )内为 t 统计量,[ ]内为该统计量的置信概率。其中" * * * "、" * * "与" * "分别表示该变量通过1%、5%和10%的显著性检验。

　　从估计的结果来看,无论是否考虑制度变迁的作用,外资在该行业中的溢出效应都是显著的;相较之下,市场化制度变迁对行业生产率的提升作用虽然也得到了确认,但显著性水平仅为10%,不及 FDI 的作用明显。我们认为,由于医药制造业是影响全民健康的行业,而信息不对称情况又比较突出,因此单纯的市场化可能会造成一定的乱象,多少会抵消竞争带来的生产率提升效应。由于该行业中内外资技术水平差异过大,产品模仿还是内资企业(尤其是民营企业)技术进步的主要渠道,因此 FDI 对整个行业的技术水平提升的贡献是不可或缺的。而且,在许多民营企业对 GMP 和 GSP 等行业标准缓慢适应的过程中,外资企业的存在也起到了有益的示范作用。

第十一章 行业研究:化工行业

化学工业一直是我国基础工业行业之一,是规模经济中极为重要的组成部分,它包括化学原料及化学制品制造业、化学纤维制造业、橡胶制品业和塑料制品业四个基本的行业①。改革开放以来,我国化工行业作为对外开放的重点领域,吸引了大量的外商直接投资。2011 年,行业内外资企业总资产占我国全部外商直接投资企业总资产的 6%。

本章将深入分析我国化工行业中的跨国公司在该行业技术进步中的作用。

第一节 外资与内资企业市场地位对比

一、产业吸收 FDI 及民营企业发展情况

化工行业是我国利用外资的重点领域之一。2002—2012 年,我国外商投资化学原料及化学制品制造业累计项目 10734 个,实际使用外资 352.3 亿美元②;从 2008 年大幅增长 42.6% 至 41.2 亿美元后,实际吸收外资金额基本保持稳定;其中,2012 年为 39.0 亿美元,占制造业比重的 8.0%。随着外商(包括港澳台地区)在我国投资化学工业持续的投资,外资企业数目也逐年递增,从 2000 年到 2012 年短短 12 年时间,数量翻了将近一番。

---

①广义的化工行业概念还包括石油化工行业,本章不予讨论。
②因分行业的实际利用外资额仅披露化学原料及化学制品业,并无后文分析中所包含的化学纤维、橡胶以塑料制品行业,因此此处仅以化学原料及化学制品业的引进外资情况作为代表进行说明。

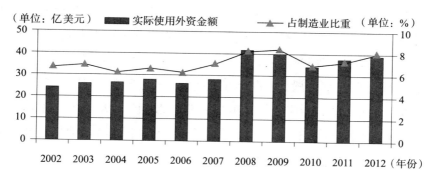

图 11 - 1   2002—2012 年中国化学原料和化学制品制造业利用外资情况

数据来源:根据商务部《中国外资统计》(http://www.fdi.gov.cn)各期整理。

　　不过,从化工行业中的相对标准看,外资企业的趋势变化基本上保持了相对稳定。这些年行业内各所有制企业的相对格局变化,主要体现为国有企业的快速下降和民营企业的快速崛起。国有企业不仅在行业中占比在急剧下滑,其绝对数目也是逐年下降的,从 2000 年的 5266 家下降到 2012 年的 1484 家,下降幅度非常大;与此相反,同一时期内民营企业数量大幅扩张。图 11 - 2 显示,2000 年到 2012 年间,国有企业的销售产值占行业比重便从 42.06% 降至 13.85%,减少了 2/3 以上;同期,民营企业的销售产值迅猛增长,占比从 29.75% 猛升至 61.51%;三资企业的表现稳中有降,销售产值占比从 2000 年的 28.19% 下降至 2012 年的 24.64%。

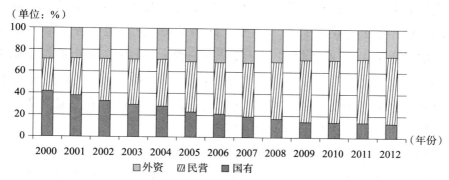

图 11 - 2   化工行业不同所有制企业经济销售产值比例

注:化工产业统计范围包括化学原料和化学制品制造业、化学纤维制造业、塑料制造业和橡胶制造业,下同。

数据来源:根据《中国工业经济统计年鉴》(中国统计出版社 2005—2013 年版)整理。

自然,化工行业内这样的格局变化,与国家对国有企业和民营企业政策变化密切相关。早在国有企业改革的第三阶段——企业制度创新阶段,化工企业通过联合、兼并等各种方式,进行集团化改革;到了第四阶段——国有企业战略性改组阶段,党的十五大提出"着眼于搞好整个国有经济,抓好大的、放活小的,对国有企业实行战略性改组"。大多数小型国有企业继续采取改组、联合、兼并、租赁、承包和股份合作制等多种形式放开搞活。国有企业持续进行精简工作。

对民营企业的态度上,1999年宪法修正案对非公有制经济的认识是社会主义市场经济的重要组成部分。2002年,党的十六大明确提出必须毫不动摇地巩固和发展公有制经济,必须毫不动摇地鼓励、支持和引导非公有制经济发展。2003年,党的十六届三中全会对"大力发展和积极引导非公有制经济"作出了进一步部署,提出要消除制约非公有制经济发展的体制性障碍。随着政策的放宽,化工民营企业的发展越来越快是一个很自然的结果。

二、世界化工产业技术格局

从世界范围看,高新技术已成为影响世界化学工业国际竞争力的重要因素。以信息化技术、生物技术、纳米技术、催化技术、新能源利用技术、新材料技术等为代表的新技术,将为世界化工产业在新经济时代的升级换代提供巨大的动力和强有力的支持,促进世界化工技术产生新的重大突破,从而使世界化工行业在21世纪有更广阔的发展空间。世界各大跨国公司为了取得竞争优势,都不惜加大科技开发的投入,以确立其在全球范围内的领先地位。化工行业中的世界大型跨国公司每年在研发上的投入从几亿至几十亿美元不等(见表11-1),占公司年销售额比重一般为2%—3%,但最高的也可达6.8%(见图11-3)。

2012年,全球化工技术创新步伐进一步加快,科技新进展主要集中在基础原料和中间体、合成树脂和塑料、化工生产和环保催化剂、生物化工、纳米技术、化工新材料以及化工装备等领域,一系列具有重要创新意义、对化工行业发展有深刻影响的新成果相继涌现。

表 11 -1　2010—2012 年各大跨国化学企业研发费用　　　　（单位:亿美元）

公司	2012	2011	2010
巴斯夫	22.04	20.35	15.15
杜邦	20.67	19.56	16.51
陶氏	17.08	16.45	16.6
拜耳	13.17	12.34	13.09
赢创	5.05	4.69	—
阿克苏诺贝尔	4.98	4.58	—
帝斯曼	4.92	4.90	5.68
三井	4.01	4.16	—
液化空气	3.30	3.30	—
伊士曼	1.98	1.58	—

数据来源:据 *Chemical and Engineering News* 资料整理。

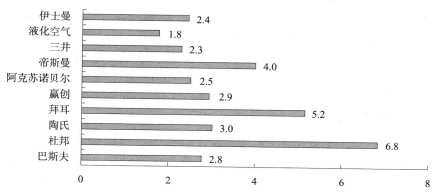

图 11 -3　2012 年世界大型化工企业研发投入占销售额比重(单位:%)

数据来源:美国化学学会(ACS),*Chemical and Engineering Data*。

　　化工行业的技术进步与创新,离不开两个投入因素,科技人员和科研经费。我们认为这两个投入因素不仅能衡量企业对技术进步与创新的重视程度,也是一个企业技术发展与创新潜力的衡量指标。在这方面,内外资企业的表现差异巨大。

　　表 11 -2 显示,内资企业(包括国有和民营)共占据了行业各年约 3/4的销售额,但技术研发融资比例仅占全行业的 1/5 左右。2011 年,内资企业销售总额为行业的 72.8%,同年的研发融资占比仅为 23.4%;相反,外

资企业销售额只有全行业的 27.2%,却在全行业科技活动融资中占有 76.6% 的份额。这表明,内资企业与外资企业之间在研发动机和能力上都存在巨大的差距。

如果以美国同行业研发资金投入为参照,化工产业中不同行业内资部门的研发投资又有所差异。较差的是塑料制品业和化纤制造业,其研发资金投入占行业销售额的比例分别只相当于美国相关行业的 23.6% 和 27.9%;化学原料及制品业情况稍好些,平均相当于美国同行业 46.0% 的水平,而橡胶制品业的研发力度相对是最大的,达到了 68.8%。[①]

三、外商投资厂商与本地厂商的市场地位

外资对我国化学工业的发展起着越来越重要的作用。外资所带来的高新技术、先进的管理模式、广阔的全球市场使得国内的化工行业受益匪浅。随着我国化工产业不断的对外开放以及全球化工产业竞争的加剧,进入我国化工行业的外资在数量和质量上都在不断提高,相应地,其在我国的市场地位也在不断加强。以下,从固定资产投资、进出口情况及其他一些主要经济指标对比来说明在华化工行业外资厂商的市场地位。

1. 销售产值

从销售产值的情况来看,化工产业产值在近年来呈现增长态势,销售产值从 2011 年的 88475.7 亿元上升到 2012 年的 97345.9 亿元,增长率约为 10.03%。其中内资企业占据了较大的市场份额,在 2011 年,内资化工产业的销售产值占到了全行业工业销售产值的近 73%,2012 年又进一步上升到 75.36%。相比之下外资企业的销售产值在行业中的份额则维持在 20%—30% 左右。而在内资企业当中,民营企业又占据了绝对优势的市场地位,在 2011 年,民营化工产业实现销售产值 51356.5 亿元,占全行业销售产值的 58.05%;2012 年民营化工产业销售产值 59875.53 亿元,在行业中的比重上升到了 60% 以上(见表 11-2)。

---

① 我国化工行业的研发数据来自《中国统计年鉴》,为 2005 年数据;美国相关行业数据来自美国国家科学基金(NSF)于 2003 年所做的工业研发普查结果,为 2002 年和 2003 年两年研发数据的均值。

表 11 - 2　2011—2012 年化工产业销售产值变动

企业性质	2011		2012	
	占行业比例(%)	销售产值(亿元)	占行业比例(%)	销售产值(亿元)
全行业	88475.7	100.00	97345.9	100.00
内资	64397.1	72.79	73359.9	75.36
国有	13040.6	14.74	13484.4	13.85
外资	24078.6	27.21	23986	24.64
民营	51356.5	58.05	59875.53	61.51

数据来源：《中国工业经济统计年鉴》，中国统计出版社 2012—2013 年版。

2.固定资产投资

化工行业固定资产投资逐年递增，全行业 2011 年的固定投资为 13317.85 亿元，2012 年为 16452.26 亿元，增长 23.53%，可以看出增长非常迅猛，但外资企业在其中的地位近年来呈下降态势：2011 年外资企业固定资产投资 1446.31 亿元，约占全行业固定资产投资的10.86%，2011 年外资企业固定资产投资在全行业整体投资规模迅速增长的背景下反而下滑至 1437.32 亿元，在行业中的比重也降至8.74%。而从国内企业来看，国有企业在全行业固定资产投资中的比重也由 2011 年的 15.56% 下降到了 13.07%，与之相对应的则是民营企业规模的成长，在 2012 年完成固定资产投资 12863.92 亿元，较上一年增长31.27%，在行业中的比重也由 73.58% 提升到 78.19%（见表 11 - 3）。

表 11 - 3　2011—2012 年化工行业固定投资变动

企业性质	2011		2012	
	占行业比例(%)	销售产值(亿元)	占行业比例(%)	销售产值(亿元)
全行业	13317.85	100.00	16452.26	100.00
内资	11871.55	89.14	15014.94	91.26
国有	2072.33	15.56	2151.02	13.07
外资	1446.31	10.86	1437.32	8.74
民营	9799.22	73.58	12863.92	78.19

数据来源：国家统计局。

3．从业人口

从从业人口情况来看，我国化工产业在近年来的从业人口呈现出一定的下降态势，在 2011—2012 年期间，化工产业的从业人口从 848.85 万人降至 822.3 万人，对比销售产值方面的增长，这一情况意味着行业总体的劳动生产率呈现比较明显的提升趋势。进一步从各类所有制企业的市场地位来看，外资企业的从业人口约占行业全部从业人口的 1/4；国有企业和民营企业的从业人口在行业中的比例分别约为 15% 和 60%；均与各自在销售产值方面的市场份额大体相同（见表 11 -4）。

表 11 -4　2011—2012 年化工产业从业人口比例变动

企业性质	2011		2012	
	占行业比例（%）	销售产值（亿元）	占行业比例（%）	销售产值（亿元）
全行业	848.85	100.00	822.3	100.00
内资	631.73	74.42	617.684	75.12
国有	121.35	14.30	121.866	14.82
外资	217.12	25.58	204.616	24.88
民营	510.38	60.13	495.8189	60.30

数据来源：《中国工业经济统计年鉴》，中国统计出版社 2012—2013 年版。

4．出口

从出口情况来看，我国化工产业的出口交货值除 2009 年受国际金融危机冲击而出现下滑之外，总体上仍呈现出增长态势。在 2001—2012 年期间，化工产业出口交货值从 1355.77 亿元上升至 7664.24 亿元，年均增长率达到 15%（见图 11 -4）。

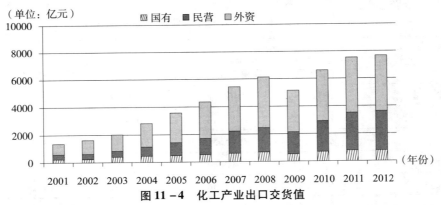

图 11 -4　化工产业出口交货值

数据来源：根据《中国工业经济统计年鉴》（中国统计出版社 2002—2013 年版）整理。

其中,民营企业出口增速最快,在2001—2012年期间由305.12亿元上升至798.57亿元,年均增速达到21.43%,在行业出口中的比重也由22.51%上升到37.68%。外资企业出口增速落后于民营企业,但也呈现出较快的增长态势,2001—2012年期间出口交货值年均增长率约为13.49%。一直以来,外资企业在我国化工产业出口中占据主导地位,其出口额占全行业出口比重一度达到60%以上。随着近年来民营企业出口的迅速增长,外资企业在产业出口中所占的比重有所下降,但在2012年仍占据了全行业出口总额的52.32%。相比之下,国有企业出口增速最为缓慢,在2001—2012年期间的年均增速仅为6.69%,在行业出口中所占的比重也从21世纪初的15%以上下滑到了目前的10%左右(见表11-5)。

表11-5 全国化工产业各经济类型企业出口交货值及比重

企业性质	2002		2007		2010		2012	
	金额（亿元）	占比（%）	金额（亿元）	占比（%）	金额（亿元）	占比（%）	金额（亿元）	占比（%）
全行业	1600.19	100.00	5433.18	100.00	6628.43	100.00	7664.24	100.00
内资企业	621.81	38.86	2185.62	40.23	2918.36	44.03	3653.94	47.68
国有企业	243.18	15.20	634.29	11.67	685.84	10.35	766.2	10.00
民营企业	378.63	23.66	1551.33	28.55	2232.52	33.68	2887.74	37.68
外资企业	978.38	61.14	3247.56	59.77	3710.07	55.97	4010.3	52.32

数据来源:《中国工业经济统计年鉴》,中国统计出版社2003—2013年版。

5.外资主要经济指标所占比重

表11-6显示了我国外资企业在销售产值、资产总额、从业人口以及利润方面所占比重的情况。从该表可以看出,我国化工类外资企业目前占据了我国化工产业1/4左右的市场份额,但总体的市场地位却呈现下降态势,其在我国化工行业的销售产值以及利润方面的比重在2001—2012年期间均有明显的下滑,但在资产总额和从业人口方面的比重却呈现一定的上升态势,表明外资企业总体的投入产出效率可能在近年来出现萎缩。同时,从不同角度的市场地位比较来看,外资企业在资产总额方面的比重要明显高于其在销售产值和从业人口以及利润方面的比重,由此意味着外资

企业的生产相对于国内企业可能具有更明显的资本密集型特征。

表 11-6　2001—2012 年化工行业外资企业占总行业主要经济指标比重　（单位:%）

年度	销售产值	资产总额	从业人口	利润
2001	27.12	24.07	17.03	43.37
2002	27.96	24.66	18.91	43.53
2003	28.14	26.73	20.49	41.91
2004	28.04	27.97	21.54	35.40
2005	30.35	31.99	25.19	35.82
2006	30.80	33.43	25.80	37.22
2007	30.88	33.37	26.77	35.84
2008	30.04	32.49	26.74	31.92
2009	28.17	31.30	25.53	36.07
2010	28.18	31.25	25.35	34.71
2011	27.21	30.54	25.58	30.09
2012	24.64	28.01	24.88	24.15

数据来源:《中国工业经济统计年鉴》,中国统计出版社 2002—2013 年版。

第二节　外资厂商与本地主要厂商的技术对比

中国化学工业的发展同其他技术含量高的产业一样,主要是得益于产业技术的创新。纵观 20 世纪 90 年代以来中国化工产业的发展历程,技术进步是产业发展的根本动力,综合技术创新是产业技术进步的基本轨迹。外资的引进、外资企业的发展对我国化工行业的技术进步与创新有着巨大的推动作用。尤其是外商独资企业,以其技术优势引领整个行业的先进生产力,通过关联产业和竞争效应对我国化工行业技术进行外溢。

接下来,本章通过一些有用指标,区分出化工行业内资与外资的企业,对它们进行指标对比,试图揭示我国化工行业的一些技术发展情况、内外资企业之间的关联及未来的发展趋势。

一、总资产贡献率

计算公式:总资产贡献率 = $\dfrac{\text{利润总额} + \text{税金总额} + \text{利息支出}}{\text{平均资产总额}}$

总资产贡献率反映企业资金占用的经济效益,说明企业运用全部资产的收益能力,是企业经营业绩和管理水平的集中体现,是评价和考核企业赢利能力的核心指标。因此,总资产贡献率也同样能反映一个企业包括技术在内的综合优势大小。

图11-5显示了我国各类企业的总资产贡献率变化情况。从历年的总资产贡献率来看,处在第一位的是民营企业,第二位的是外资企业,最差的是国有企业。这反映出民营企业在这方面的优势,运用全部资产的收益能力比较强。

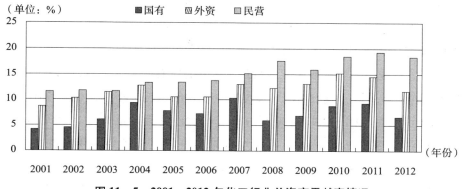

（单位：%）　■国有　▨外资　▨民营

图11-5　2001—2012年化工行业总资产贡献率情况

数据来源：《中国工业经济统计年鉴》,中国统计出版社2002—2013年版。

2001—2011年,民营企业的总资产贡献率稳步增长,从11.63%提升到18.49%,仅在2009年呈现短暂下降,随后又缓慢地开始增长,并持续到2012年之前。除去国际金融危机带来的影响,总趋势一方面说明,民营企业在经营业绩和管理水平方面日益成熟;另一方面,国家对民营企业重视和鼓励,并采取了相应的放宽政策,保障了民营企业的不断发展。

2001—2012年,国有企业总资产贡献率基本维持波动性上升态势,在2005年和2008年均呈现出不同程度的下降;但在整体上仍呈现一定的改善,总资产贡献率也由4.13%提升至6.62%。

外资企业的总资产贡献率变化也呈现出了与国有企业类似的变化趋势,在2004年之前保持了稳步增长的态势,在2004—2006年期间以及2008年均在经历小幅下滑后保持了一定的增长态势,2010年其总资产贡献率达到15.24%的最高水平,但在2010年之后,其总资产贡献率进入了比较明显的下滑通道,表明受外部经济环境的影响,外资企业的整体经营效率出现了一定的下降。

二、人均资本存量

人均资本存量是体现企业的资本深化程度与装备程度的指标,同时也是与企业劳动生产率密切相关的指标。图 11－6 显示了我国各类所有制化工企业人均资本存量的变化与比较情况。从比较来看,国有企业凭借其在资金获取方面的优势,其人均资本存量增长最为迅速,在 2001 年还以 32.14 万元／人的人均资本存量位居外资企业之后,但在 2002 年便已赶上并超过外资企业的水平,随后其人均资本存量继续保持迅速增长态势,在 2012 年已经达到 146.28 万元／人,超过外资企业近 40%。

外资企业在人均资本存量方面曾位居各类所有制企业之首,在 21 世纪初被国有企业赶超后一直位居次席。但外资企业的人均资本存量也呈现出持续增长的态势,在 2001—2012 年期间由 36.79 万元／人提升至 103.05 万元／人。

相对而言,民营企业因其在资金获取方面的劣势地位而使其在人均资本存量方面位居末位。从 2012 年来看,民营企业的人均资本存量仅有 73.32 万元／人,相当于国有企业的 1/2 和外资企业的 70%。但从增长速度来看,民营企业人均资本存量的增速却是各类企业中最高的,其年均增速达到 14.83%,显著高于国有企业 12.21% 和外资企业 5.49% 的年均增速,由此使得民营企业在人均资本存量方面同国有企业以及民营企业之间的差距呈现一定的弥合趋势(见图 11－6)。

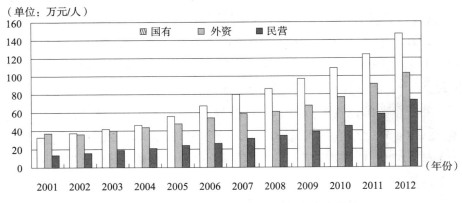

图 11－6　2001—2012 年化工行业人均资本存量情况

数据来源:《中国工业经济统计年鉴》,中国统计出版社 2002—2013 年版。

三、成本费用率

计算公式:成本费用率 $= \dfrac{营业利润}{成本费用总额}$

成本费用利润率,反映了企业在当期发生的所有成本费用所带来的收益的能力。其中,成本费用总额包括:主营业务成本、主营业务税金及附加、营业费用、管理费用、财务费用。该指标反映了企业控制成本的能力,也在一定程度上体现了企业技术水平的高低,因为技术水平越高,企业的产出成本越低。该指标越高,表明企业为取得收益所付出的代价越小,企业成本控制得越好,企业的获利能力越强。

2001—2011 年,化工行业中的外资企业的成本费用率一直高于国有企业和民营企业,但在 2012 年被民营企业赶超;国有企业成本费用率在 2008 年经历大幅度的下降之后,恢复速度较缓慢,并在短暂的上升后,在 2010 年以来继续出现了下降;民营企业的成本费用率波动不是很大,保持了稳步增长的态势,并在 2012 年超越了外资企业成为成本费用利润率最高的企业类型(见图 11 - 7)。

(单位:%)

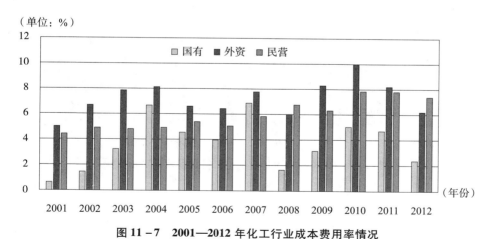

图 11 - 7　2001—2012 年化工行业成本费用率情况

数据来源:《中国工业经济统计年鉴》,中国统计出版社 2002—2013 年版。

四、新产品推出情况

技术发展与创新的一个重要方面是新产品的开发和生产。新产品一般都具有高附加值,是企业利润的一个源泉,新产品的研发和生产是一个企业综合实力特别是技术优势的体现。新产品的推出情况也是衡量技术发展的指标。这里用新产品产值与总产值的比例作指标,反映新产品的研发与生产情况。

图 11-8 显示,在 2002 年以前,外资企业还是我国化工行业产品创新的主体力量,但到了 2003—2007 年间,行业内产品出新情况在内资部门更为明显,内资企业的新产品产值比例每年都较外资企业高,但从进一步的细分情况来看,国有企业尽管在初期的新产品产出比例不高,但增长迅速,在 2004 年已经超过民营企业成为产品创新能力最强的一类企业,而民营企业在近年来的产品创新能力逐渐走低,到 2008 年甚至落后于外资企业成为产品创新能力最差的一类企业,其新产品产值比例仅相当于国有企业的 1/3。相对而言,外资企业新产品产值占总产值的比例在 2007 年前呈逐年上升趋势,在 2008 年有所下滑。

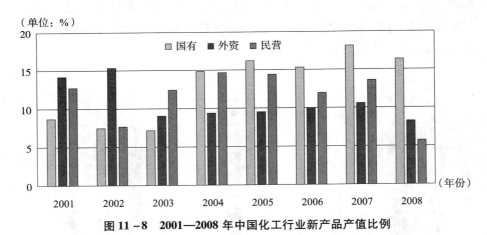

（单位：%）

图 11-8　2001—2008 年中国化工行业新产品产值比例

数据来源:《中国科技统计年鉴》,中国统计出版社 2002—2009 年版。

五、R&D 经费投入

图 11-9 显示了我国化工行业各类企业的 R&D 经费内部支出占总产值的比例,即研发投入强度。从对比情况来看,内资企业的研发强度要明显高于外资企业,其中在 2002 年以前,民营企业的 R&D 投入强度一直处于最高水平,但在 2003 年之后,国有企业的研发投入强度不断增加,而民

营企业的研发投入强度则不断减弱,由此使得国有企业在 2004 年超越了民营企业成为研发投入强度最高的企业类型。到 2008 年,民营企业的研发投入强度仅相当于国有企业的 1/4 强。相对而言,由于生产所需的技术主要依靠母公司的技术转移而非自主研发,外资企业的研发强度在 2008 年以前一直处于最低水平,但一直较为稳定,在 2008 年虽有所下滑,但在民营企业研发投入强度大幅下降的情况下,外资企业在此方面的表现超越了民营企业。

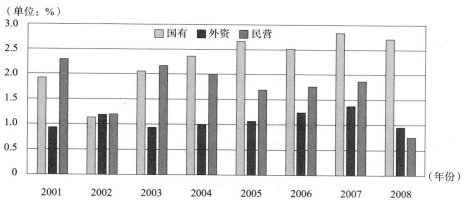

（单位：%）

图 11 - 9　2001—2008 年中国化工行业科技活动经费支出强度

数据来源:《中国科技统计年鉴》,中国统计出版社 2002—2009 年版。

六、技术引进与改造

化工行业的技术进步除了自己对科研的投入外,还需要进行技术引进。通过引进直接缩小了同先进国家的技术差距。当企业的技术力量得到加强以后,企业开始注意技术研究与开发(R&D)的资金投入,加大技术研发的力度,并逐步走上了技术发展的良性循环之路。应该说化工产业的技术"引进—改造—研发—合作"是中国近年来技术进步的有效路径。

图 11 - 10 反映了 2012 年化工行业的技术引进、吸收与改造费用的使用情况。相对于外资企业,内资企业更依赖于外部的技术引进,其中国有企业和民营企业的外部技术引进经费支出分别占其全部技术引进与改造经费支出的 88% 和 91%;相对而言,外资企业对于外部技术引进的依赖性较低,其技术引进经费仅占全部引进和改造经费的 65%。但同

时,外资企业将29%左右的相关经费用在了消化吸收方面,大大高于国有企业(6%)和民营企业(4%)的水平,显示了外资化工企业在技术的消化吸收能力建设方面具有更高的意愿。

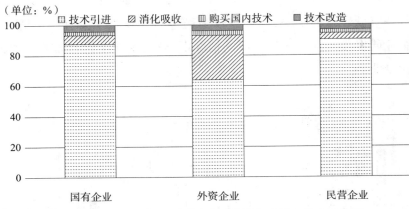

图 11-10   2012 年中国化工产业引进与改造各类支出比重

数据来源:《中国科技统计年鉴》,中国统计出版社 2013 年版。

第三节   全要素生产率的 DEA 分析

一、样本选择与价格调整

本节选取化工行业固定资产净值和从业人员数为投入变量,以化工行业工业增加值为产出变量,以规模报酬不变的投入—产出为模型。由于需要的数据为可比数据,对工业增加值和固定资产投资进行价格调整(价格指数以 1999 年为基期,调整环比价格指数。其中工业增加值使用化学工业工业品出厂价格指数;固定资产净值使用的是固定资产投资价格指数,调整部分是其每年增加部分)。相关数据来源于历年《中国统计年鉴》资料整理。在全部全要素生产率的计算中,均使用数据包络分析软件Onfront Ver. 2.01。

由于资料的限制,将化工行业企业类型分为国有、民营、外资等企业,求解出行业的技术边界,再比较不同经济类型的技术边界。

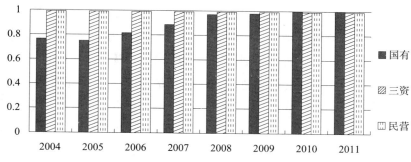

图 11-11 化工行业不同类型企业生产率水平情况

数据来源:课题组计算。

二、行业技术前沿的测定

首先,对化工行业技术前沿进行测定,表 11-7 是测算的结果。从中可以看出,2004—2011 年外资企业与民营企业一直处在生产边界上,这也表明外资企业和民营企业是化工行业技术上的领先者和推动者。虽然外资企业与民营企业都处在边界线上,但两者的比较优势是不同的,外资企业在个人生产率上有比较优势,而民营企业在总资产贡献率上有比较优势;由国有企业与外资和民营的生产率进行比较可以看出,国有企业的差距还是比较明显,2005 年为最低,只有 0.75;但在随后开始年明显回升,2011 年上升到了 0.98。可见,行业内国有企业生产效率的确较低,但近年来它们与外资和民营企业的差距已逐步在缩小。

表 11-7 化工行业不同类型企业相对生产率水平

	2004	2005	2006	2007	2008	2009	2010	2011
全行业	0.89	0.89	0.96	0.98	0.98	0.99	1	1
国有	0.76	0.75	0.81	0.88	0.97	0.98	1	1
外资	1	1	1	1	1	1	1	1
民营	1	1	1	1	1	1	1	1

数据来源:课题组计算。

通过对我国化工行业内资和外资部门生产率的考察,可以得到一些基本结论:化工行业中外资与民营企业各有自己的比较优势,外资企业由于在管理水平、生产技术水平和从业人员素质方面处于优势,其投入自然是以高资本、低劳动投入为主，而民营企业一方面面临融资的困难，另一方面我国有大量的廉价劳动力，故主要是以低资本、高劳动投入为主；国有企业在资本和劳动两方面都没有比较优势，所以生产率相比较而言很低，但2005年后，有了明显的边界追赶，这一时期，是国有企业战略性改组阶段，政府提出了"抓大放小"的改革思路："以资本为纽带，通过市场形成具有较强竞争力的跨地区、跨行业、跨所有制的跨国经营的大企业集团；采取改组、联合、兼并、租赁、承包经营和股份合作制、出售等形式，加快放开搞活国有小型企业的步伐。"

由于外资企业与民营企业都处在生产边界上，外资企业的技术溢出对民营企业来说就变得不明显；就国有企业而言，其对效率边界的追赶是明显的，这里外资企业的溢出效应是显著的，但这种追赶不能全部归功于外资的技术溢出效应，因为这种追赶所处的时期是国有企业改革力度加大的时期，这种制度变化的作用也是显著的。

三、全要素生产率的变动及其分解

以上从静态角度考察了不同时期化工行业内外资部门的生产率水平变化情况。为了进一步考察内资部门及外资部门全要素生产率变动的具体情况，在接下来的研究当中利用2005—2011年中国各地区的总量数据、内资部门以及外资部门的数据计算了化工行业生产率变动的曼奎斯特指数，通过曼奎斯特指数把生产率的变化分解为技术效率变化（EC）和技术进步变化（TC）。结果见表11 – 8。

表11 – 8　2005—2011年全国化工行业全要素生产率变动情况

年度	曼奎斯特指数				EC				TC			
	全行业	国有	外资	民营	全行业	国有	外资	民营	全行业	国有	外资	民营
2005	1.02	1.12	0.92	0.99	1.10	1.18	1.00	1.00	0.93	0.95	0.92	0.99
2006	1.07	1.09	1.06	1.11	1.01	0.99	1.00	1.00	1.06	1.10	1.06	1.11
2007	1.15	1.22	1.12	1.09	1.02	1.09	1.00	1.00	1.12	1.12	1.12	1.09
2008	0.91	1.01	0.91	0.82	1.01	1.09	1.00	1.00	0.91	0.92	0.91	0.82

续表

年度	曼奎斯特指数				EC				TC			
	全行业	国有	外资	民营	全行业	国有	外资	民营	全行业	国有	外资	民营
2009	1.09	1.22	1.17	1.02	1.01	1.01	1.00	1.00	1.08	1.21	1.17	1.02
2010	0.93	1.04	0.97	0.90	1.01	1.02	1.00	1.00	0.93	1.02	0.97	0.90
2011	0.99	1.06	1.06	0.97	1.00	1.00	1.00	1.00	0.99	1.06	1.06	0.97
平均	**1.02**	**1.11**	**1.03**	**0.98**	**1.02**	**1.05**	**1.00**	**1.00**	**1.00**	**1.05**	**1.03**	**0.98**

数据来源：课题组计算。

图 11-12 直观显示了 2005—2011 年期间我国化学工业生产率、技术边界和技术效率的变动情况。全行业的曼奎斯特指数整体平稳，2008年最低，为 0.91，2007 年达到最大，为 1.15。从导致生产率提高的原因来看，各个年份都是 EC 和 TC 接近持平，这表明我国近年来生产率提高一方面依赖于采用先进的技术设备而导致潜在的产出水平上升，另一方面也依赖于行业对前沿技术的学习和追赶。值得注意的是 2009 年的 TC 要明显大于 EC，这表明在国际金融危机过后，行业的潜在生产能力得到充分的释放。

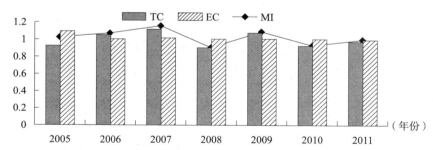

图 11-12　2005—2011 年全国化工行业生产率、技术边界及生产效率累计变动率
数据来源：课题组计算。

从行业内不同所有制的企业看，国有企业生产率变动速度要明显快于外资部门，而后者又略快于民营部门。国有部门的生产率高增长首先表现为较高的技术边界变动率 TC——考虑到政府的支持，国有企业在 TC 上的表现应当是十分自然的，它不仅可以在设备改造和升级等方面依赖于政府的力量,而且还在研发资金融通方面寻求银行系统的支持;相较之下,民营经济领域中来自财政和金融的支持要弱得多,同时又不像跨国公司子公司那样有母公司强大的技术后盾,因此民营企业的 TC 增长已属不易。值得注意的是,除了较高的 TC 值,国有部门技术效率的变动率 EC 值也较高。由于外资和民营企业一直在技术边界上,EC 值维持不动,增长率为零;相较之下,国有企业生产率起点较低,但也在逐年增长,这表明其对现有技术资源的利用效率在不断改善,并逐渐向行业技术边界靠近。从这个意义上讲,近年来国有企业的内部改革已经产生了显著的效果。

第四节　行业内技术外溢的实证检验

本节将采用计量模型对我国化工行业外商直接投资技术外溢的存在性及其对内资企业的影响轨迹进行实证研究。

一、模型设定

评价外商直接投资的行业内溢出效应存在性,本章通过建立一个能够测度外资影响的内资企业的生产函数来进行。吸收新制度经济学的思想,建立包含制度因素的生产函数形式:

$$Y_d = F(K_d, l_d, K_f) = AK_d^\alpha l_d^\beta K_f^\gamma \tag{11.1}$$

其中 Y_d 表示化工行业国内企业的总产出,K_d 表示内资企业的资本投入,K_f 为化工行业内的外资企业的资本投入,l_d 为"有效劳动"。令 $l_d = L_d Z^\lambda$,L_d 为内资企业的劳动投入量,Z 是"制度变量",以行业内企业的所有制结构来构造制度代理变量:选取 1999 年民营企业劳动力数量在全行业中比重最低的行业为"基准行业",设定其 1999 年的制度指数为 1,其他年度和其他行业的制度指数定义为:

$$Z_{it} = \frac{\text{行业 } i \text{ 第 } t \text{ 期民营企业劳动力占比}}{1999 \text{ 年"基准行业"民营企业劳动力占比}} \tag{11.2}$$

这样前面的生产函数可改写为:

$$Y_d = AK_d^\alpha L_d^\beta K_f^\gamma Z^\xi \tag{11.3}$$

其中 $\xi = \lambda\beta$。

对上式进行单调变化,两边取对数可得:

$$\ln Y_d = \ln A + \alpha \ln K_d + \beta \ln L_d + \gamma \ln K_f + \xi \ln Z \qquad (11.4)$$

等式两面进行微分可得:

$$\frac{dY_d}{Y_d} = \frac{dA}{A} + \alpha \times \frac{dK_d}{K_d} + \beta \times \frac{dL_d}{L_d} + \gamma \times \frac{dK_f}{K_f} + \xi \times \frac{dZ}{Z} \qquad (11.5)$$

其中 α 和 β 分别表示内资企业资本与劳动的边际产出弹性,ξ 表示"制度因素"对内资企业的边际产出弹性,γ 表示外资企业的资本积累对内资企业的边际产出弹性,它的正负与大小反映了外商投资企业溢出效应的方向和力度。这样就分离出了"制度因素"与 FDI 技术外溢对内资产出的各自影响系数。

在进行参数估计时,具体采用如下回归模型:

$$\ln Y_d = \delta + \alpha \ln K_d + \beta \ln L_d + \gamma \ln K_f + \xi \ln Z + \upsilon \qquad (11.6)$$

之所以选择对数形式,原因之一在于方程两边同时取对数以后,解释变量的系数所表示的就是弹性的概念。此外,由于计量采用的是化工行业不同的细分行业的数据,因此取对数也在一定程度上减小了回归结果中出现异方差问题的可能性。

二、计量估计方法及数据选取

由于统计资料的限制,化工细分行业(外资)统计数据的年度不长,本章为保证样本的数量,采用面板数据模型进行估计。面板数据模型是依据不同个体的时间序列来构造和检验的方程模型,相对于时间序列数据和截面数据而言,可以增加可估计的数据量,增大自由度,减少解释变量的多重共线性,提高估计的准确度。所用数据来源于历年《中国统计年鉴》,根据《中国统计年鉴》行业分类,把化工行业分为化学原料及制品制造业、化学纤维制造业、橡胶制品业、塑料制品业等四个细分行业,时间跨度仅为1999—2010 年 12 年时间。

在数据的选取中,外资工业企业的资本存量选取的是行业内三资企业的固定资产;内资企业的总产出通过行业内全部国有及规模以上非国有工业企业的总产值减去行业内三资企业的总产值计算得出;内资企业的固定资产也是通过行业内全部国有及规模以上非国有工业企业的固定资产减去行业内三资企业资产而得出,采用同样的方法计算出内资企业的就业人数。

先进行时点（period）固定效应和随机效应的豪斯曼检验。时点随机效应检验结果显示，χ^2 统计量的值为 233.33，相对应的概率是 0.0001，说明检验结果拒绝了随机效应某些原假设，应选用固体效应模型。接下来，进行个体固定模型和混合模型的检验。检验个体固定效应的原假设与检验统计量是：

原假设 H_0：不同个体的模型截距项相同（建立混合估计模型）。

备择假设 H_1：不同个体的模型截距项不同（建立个体固定效应模型）。

F 统计量定义为：

$$F = \frac{(SSE_r - SSE_u)/[(NT-2)-(NT-N-1)]}{SSE_u/(NT-N-1)} = \frac{(SSE_r - SSE_u)/(N-1)}{SSE_u/(NT-N-1)}$$

其中 SSE_r 和 SSE_u 分别表示约束模型（混合估计模型）和非约束模型（个体固定效应模型）的残差平方和。通过 Eviews 5.1 的运算，混合估计模型的残差平方和为 1.066444，固定效应模型的残差平方和为 0.139561，因此：

$$F = \frac{(SSE_r - SSE_u)/(N-1)}{SSE_u/(NT-N-K)} = \frac{(1.066444 - 0.139561)/(4-1)}{0.139561/(32-4-4)} = 53.1$$

由于 $F > F_{0.05(3,24)} = 3.01$，拒绝原假设，应该建立个体固定效应模型。

三、回归结果分析

在分别包含制度变量和不包含制度变量两种情况下的估计结果见表 11-9。

表 11-9　化工行业技术外溢效应估计结果

解释变量	不含制度变量			含制度变量		
	系数	t 检验	概率	系数	t 检验	概率
C	-1.851060	-2.946821	0.0053	-2.282844	-7.193874	0.0000
$\ln K_d$	1.274305	4.199185	0.0001	0.833002	5.296965	0.0000
$\ln L_d$	-0.413101	-1.209399	0.2334	0.756991	3.763863	0.0005
$\ln K_f$	0.450969	3.254307	0.0023	-0.003306	-0.040991	0.9675
$\ln Z$	—	—	—	1.284360	11.09534	0.0000
$R^2(adj-R^2)$	0.976701(0.973291)			0.994286(0.993286)		

续表

解释变量	不含制度变量			含制度变量		
	系数	t 检验	概率	系数	t 检验	概率
s. e.	0.171406			0.085937		
D – W stat	0.458791			1.079572		
F – stat	286.4561 [0.0000]			994.3717 [0.0000]		
AIC	– 0.555528			– 1.919386		
SC	– 0.282645			– 1.607519		

很显然,加入制度变量 $\ln Z$ 之后的估计结果更为理想:拟合度有所提高,回归残差和也较小,D – W 值从 0.45 提升至接近 1 的水平,F 统计量更大,而赤池信息标准统计量(AIC)和施瓦兹标准统计量(SC)的值也更小。由此可见,在制度变迁背景中建立的模型更为可靠。

对于未加入制度变量的模型,在内资部门要素投入中,资本投入的系数为正,而且是显著的;劳动投入的系数为负且缺乏显著性。这可能是由于模型中缺乏重要解释变量所带来的估计结果偏误。在模型中引入制度变量后,我们发现,资本投入与劳动投入的弹性系数均显著为正,具有一定的合理性。

制度变量系数显著为正,其直观解释是民营经济的发展来说更有利于提高产出,但由于该变量可以视为是特定行业产业政策等制度的一个综合结果,因此它实际上反映的是制度变迁对生产率的促进。这一效应我们在第四章全国工业行业的实证分析中已经有了清晰的揭示。

进一步观察外资变量 K_f 的系数。在未引入制度变量的模型中,其对产出的弹性系数为 0.45,且通过了 1% 的显著性检验,这一结果意味着 FDI 流入可能在化工行业中产生了较为明显的技术溢出效应,然而在纳入制度变量之后,FDI 变量的系数变为 – 0.0033,且不具有显著性,因此可以认为,化工行业技术进步的效果主要由制度变迁所推动,在不考虑制度变迁因素的情况下,会高估 FDI 的技术溢出效应,而在考虑了制度变迁的技术进步效应后可以发现,FDI 在该行业并未能够产生明显的正向技术溢出作用。

附表

附表11-1 2012年世界化工50强排名情况　　　　（单位：百万美元）

全球化工50强	公司名称	化工销售收入	总部所在地	化工业务利润	化工资产额
1	巴斯夫	79760	德国	6522	68403
2	陶氏化学公司	56786	美国	4425	69605
3	中石化	56442	中国	58	23117
4	壳牌	42715	荷兰	—	—
5	沙特基础工业	42201	沙特阿拉伯	12481	72322
6	埃克森美孚	38726	美国	4885	26124
7	Formosa Plastic	36412	中国台湾	1466	39600
8	莱昂德	32847	荷兰	4329	—
9	杜邦公司	30216	美国	4688	16243
10	三菱化工	28427	日本	281	26707
11	拜耳	25570	德国	2747	24832
12	英力士集团	23387	卢森堡	633	—
13	乐金化学	20897	韩国	1696	14724
14	阿克苏诺贝尔	19789	荷兰	1197	23098
15	住友商事	19042	日本	355	19448
16	液化空气公司	18698	法国	3419	28412
17	布拉斯科	18179	巴西	630	21072
18	瑞来斯实业公司	17646	印度	1341	9160
19	三井化学公司	17617	日本	54	16763
20	东丽株式会社	17289	日本	1150	18549
21	赢创工业集团	17217	德国	3073	—
22	苏威	16499	比利时	1502	23567
23	林德	16190	德国	4376	—
24	亚拉公司	14525	挪威	2580	13966
25	PPG集团	14168	美国	2199	10990

全球化工50强	公司名称	化工销售收入	总部所在地	化工业务利润	化工资产额
26	乐天化学	14121	韩国	330	9210
27	雪佛龙菲利普斯	13307	美国	—	9409
28	信越化学	12847	日本	1967	24065
29	旭化成	11880	日本	373	11699
30	帝斯曼	11741	荷兰	638	15386
31	朗盛	11693	德国	1047	9668
32	普莱克斯	11224	美国	3460	18090
33	亨斯迈	11187	美国	931	8884
34	鲜京创新	11163	韩国	667	2788
35	马赛克	11108	美国	2675	16690
36	萨索尔	10748	南非	793	5586
37	先正达	10208	瑞士	—	—
38	北欧化工	9702	奥地利	203	8944
39	空气化工	9192	美国	1582	15574
40	DIC	8817	日本	482	8682
41	东曹	8375	日本	306	9209
42	阿科玛公司	8223	法国	872	7125
43	伊士曼	8102	美国	920	11619
44	钾肥公司	7927	加拿大	3011	18206
45	埃尼集团	7724	意大利	−878	4052
46	Styrolution	7715	德国	—	—
47	托塔尔	7329	法国	494	—
48	奥尔派克	7283	墨西哥	568	4690
49	迈图	7113	美国	465	6229
50	昭和电工	6855	日本	419	7704

数据来源：Global Top 50 chemical Companies，*Chemical&Engineering News*，90（20），May 14，2012。

第十二章　行业研究：汽车制造业

世界机械工业领域里,汽车制造业占据绝对优势,是名副其实的支柱产业。汽车制造业生产技术具有典型的规模经济特征,因此其市场多被少数几家企业垄断,这无论是在全球市场还是国内市场均如此。汽车行业是我国对外资开放较早的行业,巨大的市场和成长预期吸引了世界所有著名汽车制造企业来华投资生产。由于国内汽车市场的迅速增长,中国已于2009 年超越美国,成为全球汽车产销量最大的国家。

第一节　我国汽车行业吸引外资概况

一、我国汽车业概况

(一)中国汽车行业现状

在国家宏观经济发展形势向好的大环境下,我国汽车工业继续保持快速发展。2009 年中国汽车产销分别为1379.1 万辆和1364.5 万辆,首次超过美国成为世界第一汽车生产和消费国。2012 年全国汽车产销分别达到1927.18 万辆和1930.64 万辆,同比分别增长4.6% 和4.3% ,再次刷新全球纪录,连续四年蝉联世界第一。预计未来较长一段时期,中国都将保持汽车产销大国地位。

由中国机械工业企业管理协会主办调查公布了"2012 中国机械500强",上海汽车、东风汽车和一汽集团分别位居《中国机械500 强研究报告》前三名;前20 名大企业中,有12 家属于汽车制造行业;前50 名中有27

家是汽车制造企业。此次调查对企业的销售收入、利润总额、资产利润率、增长率等数据,结合行业差异、声望指数等因素进行综合分析研究。可见汽车工业为整个社会创造了很大的经济效益,促进和拉动了国民经济持续、健康、快速发展,体现了汽车制造在机械工业中的重要地位和贡献。

2012 年全国汽车业产品销售收入总额为 3.64 万亿元,较 2011 年增长了 8.20% 。前十名企业销售收入占到了全国总额的 57.22%,超过了全行业总收入的一半,前五名企业占到整个行业总销售收入的 44.8%,包罗了中国汽车业近一半的市场份额。而上海汽车工业(集团)总公司、东风汽车公司和中国第一汽车集团公司位居汽车业前三甲,占据了企业销售收入的 35.14%,并且三家公司的主要产品均为轿车以及一部分中轻型客车,轿车市场主要在三家寡头间角逐。到了 2012 年,上海汽车工业(集团)总公司、东风汽车公司和中国第一汽车集团公司这三家企业的产销量仍牢牢占据前三名的位置,其市场占有率分别达到 23.1% 、15.9% 和 13.7%。由此可见,近一段时期以来,我国汽车业与世界汽车市场的结构相似,呈现明显的垄断竞争的格局。

表 12 - 1　2012 年中国汽车工业企业(集团)主营业务收入统计前十名

企业名称	主要产品	营业收入(亿元)
上海汽车工业(集团)总公司	乘用车、商用车、汽车零部件	4809.80
中国第一汽车集团公司	乘用车、商用车、汽车零部件	4077.01
东风汽车公司(集团口径)	乘用车、商用车、汽车零部件	3894.21
北京汽车集团有限公司	乘用车、商用车、汽车零部件	1917.76
中国长安汽车集团股份有限公司	乘用车、商用车、汽车零部件	1597.90
广州汽车工业集团有限公司	乘用车、商用车、汽车零部件	1366.58
万向集团公司	汽车用万向节、制动系统等	958.74
三一集团有限公司	矿山、冶金、建筑专用设备	823.69
潍柴控股集团有限公司	汽车用柴油机	808.54
中国重型汽车集团有限公司	大型货车、半挂牵引车	560.07

数据来源:中国汽车工业协会:《中国汽车工业年鉴》,2013 年。

（二）近年汽车业走势

根据中国汽车行业最新报告的分析,中国加入世界贸易组织以来,我国汽车工业发展呈现出如下特点:汽车工业快速发展,轿车所占比例持续提升;轿车市场从"井喷"到"萧条",价格调整步伐加快;各大型汽车集团不断加大投资;新品推出空前加快,品种显著增加,普通、中级轿车成为热点;个人消费助推轿车工业步入新阶段,同质化竞争新品后来居上;汽车相关服务市场迅速兴起。

从我国1991年以来汽车产量的变化趋势可以看出,中国加入世界贸易组织后产量高速增长,2001年出现产量骤增的拐点。从图12-1中看出,在中国加入世界贸易组织后我国汽车产量高速增长的同时,轿车产量的变化趋势几乎与总产量趋势一致,而载货汽车和客车产量增长非常缓慢,并且中国加入世界贸易组织后绝对量要远低于轿车,完全改变了中国加入世界贸易组织前轿车产量最低的面貌。轿车显然对整个汽车业产量增长的贡献率最高。

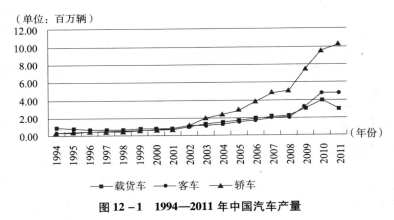

（单位：百万辆）

—■— 载货车　—●— 客车　—▲— 轿车

图 12 - 1　1994—2011 年中国汽车产量

数据来源:中国汽车工业协会;《中国汽车工业年鉴》。

中国汽车产业主要集中在五大区域板块,即上海和长江三角洲地区、京津环渤海地区、广州及珠江三角洲地区、重庆及西南周边地区、吉林和东北地区,这五大板块生产了全国90%的轿车。2011年我国汽车销售收入的70%来自于东部地区,约20%的销售收入源于中部,西部仅占10%的比例。由此可见,东部经济发达地区是我国汽车业利润的最核心来源。

从我国汽车产业的出口情况来看,2011年全国汽车产业出口744.3亿美元,继续高速增长。而且,随着出口规模的快速提高,出口地区分布也发生了深刻的变化。图 12 - 2 显示,2006 年我国汽车工业出口的主要国际市场为亚洲、欧洲、非洲,但随后五年在传统市场得到有效巩固的同时,美洲(尤其是北美洲)市场也得到了大力的开发,美洲已经成为我国汽车出口的主要市场之一。美洲市场的高速增长主要来自美国、加拿大和墨西哥这三个主要国家:2011 年我国对三国的汽车出口金额占整个美洲市场的 95%。按洲别统计,以出口金额排序已经发生了变化,我国向亚洲出口仍为第一位,北美排名第二,其次分别为欧洲、南美洲、非洲和大洋洲。

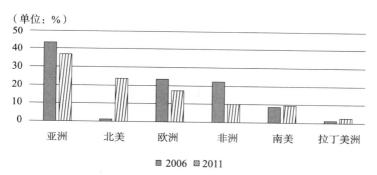

（单位：%）

■ 2006　▨ 2011

图 12 - 2　2006 年与 2011 年我国各汽车出口市场的出口份额

数据来源:2006 年数据来自中国机电产品进出口商会汽车分会统计数据,2011 年数据来自中国汽车工业协会。

二、中国汽车业吸收 FDI 的情况

改革开放三十多年里,中国汽车工业通过直接利用外资,先后引进国外技术 300 余项,引进车型涉及除中型载货车以外的几乎所有车型。与此同时,300 余家汽车工业的重点企业,还通过直接引进外资进行了技术改造。截至 2011 年,我国共签约成立合资汽车公司 262 家,其中整车企业 49 家,零部件企业 139 家。来我国汽车行业投资的外商主要来自日本、德国、美国、韩国、法国、英国和意大利,其中尤以日本、德国和美国的企业最多,韩国、英国的企业近几年参与合资项目也较多,已成为众多国内企业寻找合作伙伴的新目标。

近年来汽车业中外企业合作中更注重节能环保产品的开发、更重视科技含量产品的研制。例如,上汽集团和沃尔沃客车公司的合作,专注

于开发新能源客车的动力传动系统;上汽集团与德国大众集团的合作,注重支持上海大众在新能源技术领域的发展;长安标致雪铁龙汽车公司的产品也是将环保产品列入重点。在注重环保的同时,产品的技术层次提升也是合资的特色之一。在2011年签约合作的11家零部件项目中,有3家生产的产品是与新能源汽车有关的。合作向更高层面、更深程度发展。如北汽与戴姆勒集团在2011年签订的合作协议,包含双方在集团层面的合作,而不只是停留在合资建立某个工厂、生产某个产品的方面,双方将在深层次的投资、技术以及新能源等领域开展全方位合作。合作领域更加宽泛。在2011年原有合资企业扩大或深入合作中,双方企业不仅仅局限于某个车型、某种产品的合资与合作,还拓展到高层定期交流、建立信息共享平台及多个产品的共同研发等。

三、外资企业与本地企业的市场地位

1. 销售产值

外资企业在我国汽车产业当中一度占据很高的市场份额,但近年来随着国内本地企业的强势崛起,外资企业的优势已有所削弱。2010年外资企业的销售产值达到9769.31亿元,占全国汽车产业市场销售额的32.6%;2012年外资企业销售产值虽进一步提升至9543.45亿元,但占国内市场份额则降至26.97%。相比之下,民营企业在我国汽车产业中占据了主体地位,2010年和2012年分别实现产值12151.20亿元和15492.18亿元,占据了近44%的市场份额(见表12-2)。

表12-2　2010年和2012年汽车产业内外资企业销售产值　　（单位:亿元;%）

销售产值	2010	所占比例	2012	所占比例
全行业	29964.03	100.00	35383.13	100.00
内资	20194.72	67.40	25839.68	73.03
国有	8043.52	26.84	10347.50	29.24
外资	9769.31	32.60	9543.45	26.97
民营	12151.20	40.55	15492.18	43.78

数据来源:《中国汽车产业年鉴》各期。

2. 固定资产投资

全行业 2012 年的固定投资为 1509.29 亿元,比 2010 年增长 18.09%。分所有制情况看,民营企业仍然是行业内固定投资的主力,而外资企业的投资节奏则是稳中有升。具体地,在全行业的固定资产投资中,2012 年外资企业完成固定资产投资 407.08 亿元,占全行业的比重为 26.97%,民营和国有企业分别完成固定资产投资 904.88 亿元和 197.33 亿元,分别占全行业的 59.95% 和 13.07%(见表 12-3)。

表 12-3　2010 年和 2012 年汽车产业内外资企业固定投资额　(单位:亿元;%)

固定资产投资	2010	所占比例	2012	所占比例
全行业	1278.12	100.00	1509.29	100.00
内资	961.98	75.27	1102.21	73.03
国有	207.74	16.25	197.33	13.07
外资	316.13	24.73	407.08	26.97
民营	754.25	59.01	904.88	59.95

数据来源:《中国汽车产业年鉴》各期。

3. 从业人数

表 12-4 显示,2012 年汽车产业全行业从业人口数量为 250.76 万人,较 2010 年增长 10.56%。以从业人数来看,其格局与销售产值类似,民营企业吸收了一半以上的行业从业人口。但比较 2010 年和 2012 年各不同所有制企业的情况,就业情形又与投资和销售的情况不同:主要是民营企业就业人数比重有较大的下降,而同时外资企业的就业比重则大幅上升。由此看出,近年来汽车行业内民营企业的资本装备水平在提高,并提高了劳动生产率和缩小了与外资企业的差距。

表 12-4　2010 年和 2012 年汽车产业内外资企业从业人口　(单位:万人;%)

从业人数	2010	所占比例	2012	所占比例
全行业	220.27	100.00	250.76	100.00
内资	174.53	79.23	190.43	75.94
国有	39.89	18.11	49.45	19.72
外资	45.75	20.77	60.33	24.06
民营	134.63	61.12	140.98	56.22

数据来源:《中国汽车产业年鉴》各期。

4. 出口

汽车产业并不是我国制造业出口的主要领域,2012 年汽车产业全行业实现出口交货值 1710.94 亿元,约占全国当年制造业全部出口交货值总额的 1.61%。根据表 12 – 5,2002 年以来汽车行业内不同所有制企业的出口情况表现出两个明显的特征:第一外资企业的出口比重自 2002 年以来一直在下降。这一现象的背景在于,外资企业在华投资的主要目的还是占领国内庞大且不断增长的市场,出口第三国并不是它们的主要任务;另外,随着内资企业技术进步和产品质量的提升,其产品在亚非等低端消费市场逐渐积累了一定的竞争优势,因此带动其出口快速增长。第二,在内资部门中,2008 年成为不同所有制出口业绩走向的一个拐点,具体表现为 2008年之前民营企业出口快速增长,但之后却受国际金融危机的影响而迅速下滑;相反,国有企业的出口金额反而在 2008 年之后大幅提升,基本填补了民营企业同期的出口损失。初步猜测,我们认为这可能与 2008 年之后政府主要针对国有企业的财政救助有关。

表 12 – 5　全国各经济类型企业汽车产业出口交货值及比重

企业性质	2002		2005		2008		2012	
	金额(亿元)	占比(%)	金额(亿元)	占比(%)	金额(亿元)	占比(%)	金额(亿元)	占比(%)
全行业	232.67	100.00	523.49	100.00	1810.13	100.00	1710.94	100.00
内资企业	131.04	56.32	354.57	67.73	1393.13	76.96	1322.50	77.30
国有企业	21.52	9.25	49.81	9.52	185.27	10.23	494.87	28.92
民营企业	109.52	47.07	304.76	58.22	1207.86	66.73	827.63	48.37
外资企业	101.63	43.68	168.92	32.27	417	23.04	388.44	22.70

数据来源:《中国汽车产业年鉴》各期。

5. 外资主要经济指标所占比重

作为我国较早对外资开放的行业,外资企业曾在我国的汽车产业中占据比较重要的地位。但在近年来,随着国内汽车产业技术能力和竞争力的增强,外资企业在汽车产业中的比重出现了持续性的下降。表 12 – 6 显示了我国汽车产业在 2001—2012 年期间销售产值、资产总额、从业人口以及利润的比重变化情况。在 2001 年,汽车产业外资企业的资产规模约占全国的 23%,而从业人员仅占全行业的 10.87%,显示了外资企业在过去曾具有较国内企业更高的资本密集度和装备水平;同时外资企业的销售总额占到了全行业的 30.59%,利润总额更是占到了全行业的 70% 以上,显示外资企业具有比国内企业更高的产出效率和利润水平。而在随后的发展中,外资企业在国内各类指标中的比重都呈逐渐下降态势,且各类指标之间也渐趋平衡,表明国内企业同外资企业在资本装备、生产效率以及赢利能力等方面的差距在逐步弥合。到 2012 年,外资企业在我国汽车产业中的总体市场地位维持在 26% 左右的水平上。

表 12 - 6　汽车产业外资企业占总行业主要经济指标比重　　　　（单位:%）

年度	销售产值	总资产	从业人口	利润总额
2001	30.59	23.04	10.87	70.75
2002	25.99	21.25	12.20	50.30
2003	29.71	22.77	13.19	60.69
2004	27.33	21.27	13.50	51.58
2005	37.24	29.50	19.93	65.07
2006	40.11	31.87	23.94	57.45
2007	37.28	31.53	24.01	53.24
2008	28.49	23.95	19.95	40.19
2009	29.40	25.24	17.11	40.54
2010	32.60	28.08	20.77	45.02
2011	26.97	26.97	26.97	26.97
2012	26.97	26.70	24.06	29.28

数据来源:《中国汽车产业年鉴》各期。

第二节　外资企业与本地主要厂商的技术对比

　　尽管并不是传统意义上的高科技产业,但汽车产业是我国较早向境外资本开放的产业之一,同时也是"市场换技术"战略执行的主要领域和最有代表性的行业。为此,了解我国国内企业与跨国公司之间的技术差距及其动态变化情况,对于我们审视过去一段时间的开放战略,明确跨国公司在该产业技术进步过程中起到的作用具有一定的启发意义。为此,在本章中我们将通过一些有用指标对我国汽车产业内外资企业的情况进行对比,以此揭示我国汽车行业的动态技术发展情况、内外资企业之间的关联及未来的发展趋势。

一、总资产贡献率

图 12 - 3 显示了我国汽车产业各类企业的总资产贡献率变化情况。从历年的总资产贡献率来看,外资企业的总资产贡献率一直位居行业中的领先地位,历年的总资产贡献率除个别年度之外基本上维持在 20% 以上,2010 年甚至达到 32.80%,显示出外资企业在资产运营效率方面具有较国内企业更强的优势。

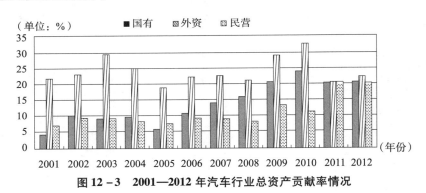

图 12 - 3　2001—2012 年汽车行业总资产贡献率情况

数据来源:根据《中国汽车产业年鉴》各期整理。

相比之下,国内企业的资产贡献率尽管总体上仍落后于外资企业,但从动态发展的角度来看,却呈现出不断增长的态势,与外资企业之间的差距也在逐渐缩小。其中,民营企业 2001 年的总资产贡献率为 6.95%,仅相当于同期外资企业的 1/3;国有企业 2001 年的总资产贡献率更是低至 4.01%,不足外资企业同期指标的 1/5。但到 2012 年,民营企业和国有企业的总资产贡献率则分别上升至 20.24% 和 20.67%,与外资企业 22.11% 的水平已十分接近。特别是国有企业,在 2005 年后总资产贡献率出现了大幅度的提升,并于 2006 年超越民营企业成为内资企业中总资产贡献率最高的企业类型。

二、人均资本存量

人均资本存量是体现企业的资本深化程度与装备程度的指标,同时也是与企业劳动生产率密切相关的指标。图 12 - 4 显示了我国各类所有制汽车企业人均资本存量的变化与比较情况。从比较来看,三资企业在2009 年以前的人均资本存量基本上处于领先水平,其人均资本存量也呈现出缓慢增长的态势,从 701 万元/人上升到 1076 万元/人;但 2010 年开始,由于外部经济环境的恶化,外资企业的人均资本存量开始呈现下滑态势,到 2012 年回落至了 759.82 万元/人。

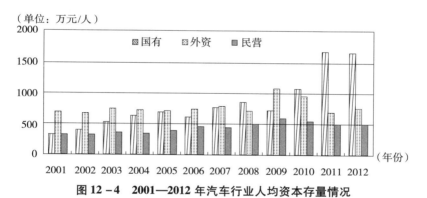

（单位: 万元/人）

图 12 - 4　2001—2012 年汽车行业人均资本存量情况

数据来源: 根据《中国汽车产业年鉴》各期整理。

与此类似,民营汽车企业在人均资本存量方面与外资企业存在一定的差距,在 2001 年其人均资本存量约为 326.54 万元/人,仅相当于同期外资企业的 46%。但在近年来,民营企业的人均资本存量呈现缓慢提升的态势,尽管在 2009 年后同外资企业一样在外部环境的冲击下出现了人均资本存量的下降,但到 2012 年,民营企业总体的人均资本存量仍达到了504.72万元/人,与外资企业之间的差距已经大大地缩小。

相对而言,国有企业凭借其在资金获取方面的优势,其人均资本存量增长最为迅速,2001 年的人均资本存量还仅有 331.52 万元/人,不足外资企业同时期水平的 50%,但在 2008 年便已实现对外资企业的超越而成为人均资本存量最高的企业类型。在近年来外资企业人均资本存量持续下降的背景下,国有企业的人均资本存量仍保持了增长的态势。到 2012 年,国有企业的人均资本存量已经高达 1654.86 万元/人,超出外资企业和民营企业一倍以上。

三、成本费用利润率

计算公式:成本费用利润率 $= \dfrac{营业利润}{成本费用利润总额}$

成本费用利润率,反映了企业在当期发生的所有成本费用所带来的收益的能力。其中,成本费用总额包括:主营业务成本、主营业务税金及附加、营业费用、管理费用、财务费用。该指标反映了企业控制成本的能力,也在一定程度上体现了企业技术水平的高低,因为技术水平越高,企业的产出成本越低。该指标越高,表明企业为取得收益所付出的代价越小,企业成本控制得越好,企业的获利能力越强。

图12-5显示了我国汽车产业各类企业的成本费用利润率情况。2001—2012年,汽车产业中外资企业的成本费用利润率一直处于全国最高水平。其中在2001—2012年期间,外资企业的成本费用利润率甚至高达14%以上。近年来尽管其利润率水平有所下降,但也基本维持在11%以上。

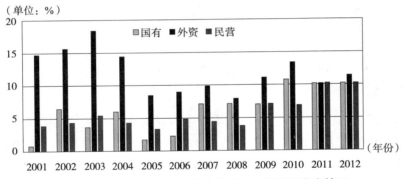

图12-5 2001—2012年汽车行业成本费用利润率情况

数据来源:根据《中国汽车产业年鉴》各期整理。

从民营企业的情况来看,其成本费用利润率尽管低于外资企业,但在2006年以前仍要高于国有企业。在随后的发展过程中,民营企业的成本费用利润率呈现缓慢增长态势,到2012年已经达到10.27%,与外资企业的差距已经大幅缩小。

相对而言,国有汽车企业的成本费用利润率曾在各类企业中垫底,在2001年其成本费用利润率仅为0.81%,仅相当于外资企业同时期利润率的5%和民营企业同时期利润率的21%。但在随后的发展中,国有企业的成本费用利润率实现了快速的增长,到 2007 年开始全面超越民营企业,到 2012 年其成本费用利润率已经达到 10.27% ,与民营企业基本持平,同外资企业之间的差距也缩小到了外资企业的 89% 。

四、劳动生产率

劳动生产率是反映一个企业技术水平和竞争能力的重要指标。由于《中国汽车工业年鉴》完整地披露了汽车产业各类企业历年的增加值数据,利用该数据以及各类汽车企业的从业人员数据可以计算不同所有制企业的劳动生产率情况(见图 12 - 6)。

从图 12 - 7 反映的情况来看,外资企业的劳动生产率在相当一段历史时期内(2010 年以前)处于绝对的领先地位,并且处于阶段性的上升态势。在 2001—2010 年期间,外资汽车企业的劳动生产率从 22.94 万元/人提升至 55.68 万元/人,年均增长率为 10.35% ;但在 2010 年之后,由于国际经济环境的恶化,外资企业的劳动生产率出现了大幅度的下滑,到 2012 年下降至 34.29 万元/人。与之形成对照的是,国有企业的劳动生产率在近年来出现了快速的增长。在 2001 年,国有企业的劳动生产率还仅有4.8 万元/人,相当于同期外资企业的 21% ,但在随后的发展过程中,其劳动生产率水平持续性地快速提升,到 2010 年达到了 48.76 万元/人,年均增长率达到了 29.38% ,与外资企业劳动生产率的比例也提升到了87.57% 。尽管在 2011 年后,受外部经济环境影响,国有企业的劳动生产率同样出现了停滞甚至略有下降,但由于外资企业劳动生产率的大幅下滑,国有企业的劳动生产率实现了对外资企业的超越。

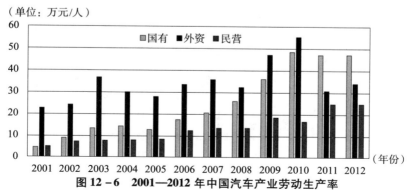

（单位：万元/人）

图 12 - 6　2001—2012 年中国汽车产业劳动生产率

数据来源:根据《中国汽车产业年鉴》各期资料整理。

相对而言,民营企业的劳动生产率基本上处于平稳增长的态势,在2001—2012年期间,其劳动生产率从5.33万元/人提升到了24.97万元/人,年均增长率约为15.08%,但从绝对水平来看,仍位居外资企业和国有企业之后居于末位。

五、R&D 经费投入

图12-7显示了我国汽车行业各类企业的R&D经费内部支出占总产值的比例,即研发投入强度。从对比情况来看,在2002年以后,民营企业的R&D投入强度一直处于最高水平,且在2008年之前基本呈现逐年递增的态势,R&D投入占销售收入的比重从2002年的1.53%上升到了2008年的2.34%;在此后虽略有下降,但在2010年,其研发投入强度仍有2.21%。相对而言,外资企业的研发投入强度低于民营企业,但在多数年度里要高于国有企业。在2008年之前,外资企业的研发投入强度也基本呈上升态势,从2002年的1.04%提升到了2008年的1.78%;随后因外部环境恶化,外资企业的研发强度也开始下降,其降幅也要明显高于民营企业,到2010年,外资企业研发强度回落至1.11%,仅相当于同期民营企业的50%。国有企业的研发强度在多数时间内处于各类企业的最低水平,且变化幅度不大,基本上处于1%—1.5%左右的水平。但在2008年后,随着外资企业研发强度的急剧下降,国有企业的研发强度在2010年超越了外资企业的水平。

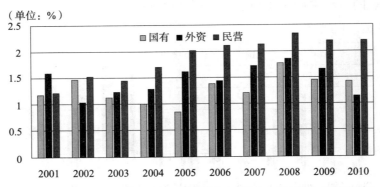

图12-7　2001—2010年中国汽车行业科技活动经费支出强度

数据来源:根据《中国汽车产业年鉴》各期整理。

六、研发人员投入

与科技活动经费投入一样,研发人员作为企业技术活动的一种人力资本方面的投入,同样反映了企业在技术创新方面的动力和活力。图 12-8 反映了我国各类所有制企业的研究与发展人员占从业人员的比重情况。其中,民营企业的研发人员占比在绝大多数的年份中处于各类所有制企业的领先地位,且总体上呈现出明显的增长态势。在 2001—2012 年期间,民营企业的研发人员占比从 2.88% 提升到了 8.91%。相对而言,国有企业研发人员占比的增长则相对缓慢。在 2001 年,国有企业研发人员占全部从业人员的比重为 2.88%,与民营企业还处于基本相当的水平,但国有企业研发人员占比到 2010 年仅提升到 7%,随后又出现了大幅度的下滑,到 2012 年回落至 4.37%,仅相当于同期民营企业的外资企业研发人员投入占比的不足 50%。

相比之下,外资企业的研发人员占比则呈现出阶段性的上升态势。在 2001—2005 年期间,该指标从 3.81% 提升至 7.17%,尽管在随后的 4 年当中出现了一定的下滑和调整,但在 2010 年开始重新呈现了增长的趋势,到 2012 年,其研发人员占从业人员比重提升到了 9.01%,超越了民营企业成为研发人员投入比重最高的企业类型。结合外资企业在其他方面的表现,该情况表明尽管外资企业在近年来的竞争力和市场份额受到了一定的冲击,但相对于以往更为重视技术方面的创新,同时也意味着中国正在从以往外资企业的加工组装车间向研发创新等更高的产业链环节转变。

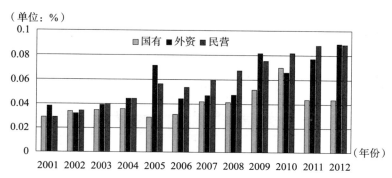

图 12-8 2001—2012 年中国汽车行业科技活动人员占从业人员比重

数据来源:根据《中国汽车产业年鉴》各期整理。

第三节　DEA 分析

这里主要是用 DEA 的方法来构造在每一个时期中国生产最佳实践前沿面。分析中国汽车产业主要的经济类型:内资企业、港澳台投资企业和外商投资企业的技术状况。把每一经济类型生产同最佳实践前沿面进行比较,从而对效率变化和技术进步进行测度。在下面的分析中,我们先求解出各经济类型企业的生产率变化率(曼奎斯特指数,MI),再将曼奎斯特生产率变化指数分解为相对技术效率的变化(EC)和技术边界(TC)的变化。

这里分析用的数据主要来源于各年的《中国汽车工业年鉴》,以工业增加值为产出变量,以固定资产净值平均余额和从业人员作为投入。其中,用固定资产价格指数将固定资产平均余额进行了价格调整,对于工业增加值的价格调整,由于找不到合适的行业价格指数,这里我们利用的是交通运输设备制造业价格指数。

一、全要素生产率

我们用 2005 年到 2011 年的数据,通过 DEA 软件得出的主要经济类型企业的全要素生产率水平情况见表 12 -7,更直观的对比见图 12 -9。

表12 -7　各主要经济类型企业生产率水平情况

年份	内资企业	民营经济	外资企业	全行业
1999	0.53	0.66	1	0.59
2000	0.37	0.42	1	0.44
2001	0.65	0.74	1	0.74
2002	0.76	0.78	1	0.81
2003	0.52	0.48	1	0.63
2004	0.62	0.58	1	0.7
2005	0.63	0.6	1	0.74
2007	0.7	0.78	1	0.81
2008	1	0.78	1	0.89
2009	1	0.73	1	0.82
2010	1	0.58	1	0.8
2011	1	1	1	1

数据来源:课题组计算。

DEA 的分析结果显示,汽车行业中民营企业全要素生产率水平相对较低,在 2006—2008 年间虽有所提高,但并不明显;2009 年产生一个峰值,2010 又达到最低水平;内资企业总体情况与民营企业类似。对于外资企业来讲,这些年外资企业一直处在生产率的边界位置,并且遥遥领先于全行业的平均水平,这说明外资企业是我国汽车行业技术上的领先者;国有企业自 2007 年也达到了生产率的边界位置,说明国有企业的生产率水平趋近于外商投资企业。通过比较可以看出,2009 年民营企业的生产率水平只有 0.58,2011 年最高水平达到 1,因此,尽管民营企业占多数的内资企业与外资企业在生长率水平上还存在差距,但是差距在逐步缩小。

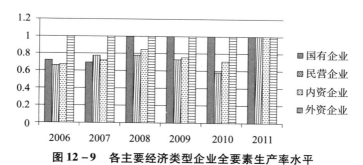

图 12 - 9　各主要经济类型企业全要素生产率水平

数据来源:课题组计算。

通过上述分析可知,我国汽车行业中,外商投资企业处于技术领先地位,国有企业技术水平其次,民营企业相对较低,这突出表现在民营企业一直低于全行业平均水平,尤其在 2010 年处于行业内的最低水平上,说明我国民营企业的技术水平与其他类型企业相比还存在较大的差距。这也在一定程度上反映了 2002 年以来我国尽管将投资项目审批制度改革为备案审核制度后,放松了对汽车行业民营企业的进入,但同时采取了促进产业重组、鼓励发展大型汽车企业的产业政策,就民营企业总体看,这并没有促进其技术水平的提高。民营经济的发展仍存在很大的障碍。

二、生产率增长及分解

表 12 - 8 是汽车制造业近年来的生产率增长情况。从全行业的情况

看,生产率增长速度各年间水平相当:最高是 2006 年,该年全要素生产率增长达 32%——这与 2002 年我国家庭轿车消费启动、市场火爆有极大关系;最低是 2008 年,该年的 TFP 值较上年下降了 10%。2006—2011 年间,平均 TFP 增长率达到了 5.6%,增长速度非常快。

表 12 - 8　近年来行业及分部门曼奎斯特指数

年份	全行业	内资企业	民营	国有企业	外资企业
2011	1.01	1.13	1.39	0.75	0.8
2010	1.08	1.05	0.85	1.13	1.07
2009	1.22	1.17	1.24	1.29	1.34
2008	0.9	0.99	0.85	1.23	0.83
2007	1.02	1.04	1.15	0.98	1.02
2006	1.32	0.7	1.4	1.42	1.57
2005	0.93	1.43	0.88	0.77	0.69
几何平均	1.056	1.053	1.084	1.054	1.007

数据来源:课题组计算。

　　行业内各类企业间的 TFP 增长情况差异十分大:尽管外资企业各年的研发投入不低,但其 TFP 增长速度是最慢的,年均增长 0.7%。这表明,外资企业的研发活动效率并不尽如人意;相对而言,民营企业的 TFP 增长率是最高的,年均水平达到了 8.4%。由于外资企业本来就处在技术前沿上,同时增长率又较高,因此行业中内外资企业间的技术差距显然有进一步扩大的趋势。

　　将曼奎斯特生产率变化指数(MI)分解为相对技术效率的变化(EC)和技术边界的变化(TC),我们得到各类型企业的技术分解结果。从我国汽车业全行业的技术分解情况来看(见图 12 - 10),全行业的生产率水平经历了 2006 年、2007 年和 2009 年、2010 年两个增长阶段,在 2006 年增长最快,达到 1.32;技术效率除了在 2005 年和 2011 年有大幅增长,在其余年份都维持在 1 左右;而技术进步的速度在各年差异较大,且增幅不明显,2006 年增速最快,达到了 1.69,其次是 2009 年和 2010 年,分别达到 1.32 和 1.1,其余的年份均呈下降趋势。

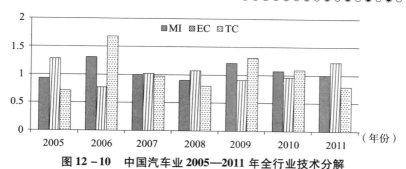

图 12 - 10 中国汽车业 2005—2011 年全行业技术分解

数据来源:课题组计算。

图 12 - 11 关于内资企业技术分解的情况显示,除去 2006 年和 2008 年生产率出现下降之外,其余各年企业生产率一直处于上升的趋势,在 2005 年最高,为 1.23。技术效率也只有在 2006 年和 2008 年出现下降,其他年份均有所改善,2005 年最为明显;技术水平则有三年出现了水平的下滑,2010 年最高,为 1.32。

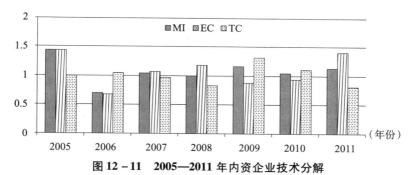

图 12 - 11 2005—2011 年内资企业技术分解

数据来源:课题组计算。

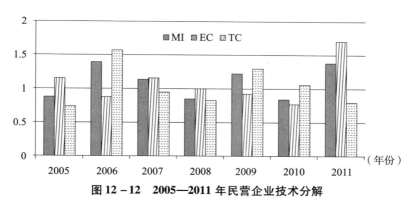

图 12 - 12 2005—2011 年民营企业技术分解

数据来源:课题组计算。

图 12 – 12 显示,民营企业的生产率波动较大,从 2008 年和 2010 年的最低值 0.85 到 2006 年的最高值 1.4。而在相对技术效率方面,民营企业与内资企业相反,在 2010 年最低,为 0.79;2011 年最高,为 1.72。在相对技术水平的变化上,民营企业与内资企业在 2006 年取得最高值,为 1.58。

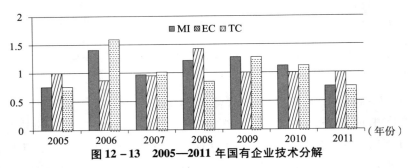

图 12 – 13   2005—2011 年国有企业技术分解

数据来源:课题组计算。

国有企业总体表现良好(见图 12 – 13),在 2005 年和 2011 年的生产率水平最低,分别为 0.77 和 0.75,其余年份均有较大增长;在技术效率方面,除了 2006 年和 2007 年,其余年份均在 1 以上;而相对技术水平与民营企业类似,在 2006 年取得最高值 1.6。

对于外商投资企业,生产率水平在 2005 年、2008 年和 2011 年出现下降,其他年份一直在提高。我们可以看出,其生产率水平的变化主要来自于其相对技术水平的变化,其技术水平也在相同的年份出现下降。而其相对技术效率一直保持稳定状态,各年均为 1(见图 12 – 14)。

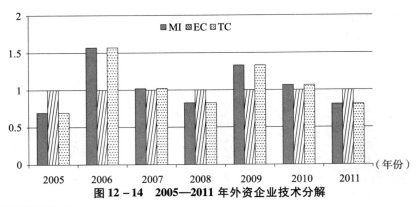

图 12 – 14   2005—2011 年外资企业技术分解

数据来源:课题组计算。

综合以上各类型企业的技术分解情况,我们可以看出,我国的汽车行业自从中国加入 WTO 之后,生产率和技术水平一直都在进步。但我国汽车行业中各种经济类型的企业其技术水平进步的幅度在某些年份也出现下降。突出表现为 2004 年和 2005 年。这可能是由于 2004 年和 2005 年两年间我国汽车行业由于经过价格大战和宏观调控后产出效率的下降和利润率的降低。由于前几年国内汽车行业发展过猛,企业盲目乐观导致投资过热增长,国内汽车市场面临着产能过剩的压力,2004 年的汽车库存实际数字达到 60 万辆以上。从国内 15 个较大轿车生产厂商销售规模的集中度(CR15)看,始终处于下降趋势中:CR15 从 2005 年 1 月的 89% 下降到目前的 69%,仅仅两年多时间就下降这么大的幅度。汽车行业当前已经进入一个竞争异常激烈的格局。2004 年 4 月开始,汽车市场出现低迷,厂家库存不断增加,产销率一度下降到 90% 左右。2004 年的过剩已经达 16%—20% 左右。在这种情况下,价格战成为必然。2004 年价格战波及全行业上百种产品,年平均降幅 13.1%,最高达 25.4%。联合证券及毕马威的联合研究报告显示:2003 年,由于我国的汽车产能利用率达到一个高峰 68%,因此不少汽车企业在该年纷纷决定扩产。而汽车产能形成周期通常需 18 个月以上,较长的周期容易引起阶段性的产能过剩,因此,我国汽车产能大幅增长预计将在 2005 年出现。但由于当年销量有限,2005 年我国轿车产能利用率将跌至 55%,成为 2002 年至 2010 年期间产能利用率的最低谷。此外,随着汽车企业普遍的技术更新和技术改造之后,汽车行业单位产出的资本投入大大增加,但与此同时,劳动投入却没有明显减少,而企业的利润率在 2004 年和 2005 年又出现了较大幅度的下降,从而也导致了这两年生产的高成本与低效率。

第四节　汽车行业外商直接投资技术外溢的实证检验

本节将对我国汽车行业外商直接投资技术外溢的存在性及其对内资企业的影响轨迹进行实证研究。首先,我们采用面板数据计量模型对技术溢出效应的存在性进行测算及检验,其次将采用全要素生产率的 DEA 分析,对不同经济类型的汽车企业进行对比分析,以探求外资技术外溢的产生轨迹。

一、研究思路与模型设定

沿用前文中对有关化工行业外商直接投资技术外溢的实证研究思路,本节将对我国汽车产业中 FDI 的技术溢出效应进行存在性检验。本节仍采用以产值或者产值增长率等传统的增长指标为被解释变量,将 FDI 与国内资本分离开,作为独立的生产投入要素纳入到内资企业的生产函数,这样投入要素就包括内资资本、内资劳动投入和 FDI。

根据《中国汽车工业年鉴》中对我国汽车工业的分类,我们把汽车工业分为汽车制造业、改装车制造业、车用发动机业、摩托车整车生产业和汽车摩托车配件行业五个子行业,并且按照经济类型将汽车行业的企业分为内资企业和外资企业两类。并且考虑到"制度因素"对技术溢出效应的影响,我们将"制度因素"分离出来进行考察。因此,与前文中化工行业所分析的类似,我们将采用 1999—2011 年的面板数据对我国汽车行业外商直接投资产生的技术外溢进行分析,将其模型设定为:

$$\ln Y_d = \delta + \alpha\ln K_d + \beta\ln L_d + \gamma\ln K_f + \xi\ln Z + \upsilon \qquad (12.1)$$

其中,Y_d 表示汽车行业内资企业的总产出,L_d 为内资企业的劳动投入量,K_d 表示内资企业的资本投入,K_f 为汽车行业内的外资企业的资本投入,Z 是"制度变量",以行业内企业的所有制结构来构造制度代理变量:选取 1999 年内资企业中民营企业劳动力数量在内资企业中比重最低的行业为"基准行业",设定其 1999 年的制度指数为 1,其他年度和其他行业的制度指数定义为:

$$Z_{it} = \frac{\text{行业 } i \text{ 第 } t \text{ 期民营企业劳动力占比}}{1999 \text{ 年"基准行业"民营企业劳动力占比}}$$

在数据的选取中,我们采用内资企业的工业总产值来衡量其总产出,采用不同类型企业的固定资产来衡量其资本存量,采用内资企业的从业人员数来衡量其劳动投入量,并用固定资产价格指数将固定资产进行了价格调整,对于工业总产值的价格调整,由于找不到适合的行业价格指数,这里我们利用的是交通运输设备制造业价格指数。全部数据均来自于历年的《中国汽车工业年鉴》并根据其计算所得,价格指数来自于历年的《中国统计年鉴》。

二、回归结果与分析

为考察制度因素对外商直接投资技术溢出效应的影响,我们分别对包含和不包含制度变量的计量模型进行回归,即两个回归模型分别为:

$$\ln Y_d = \delta + \alpha\ln K_d + \beta\ln L_d + \gamma\ln K_f + \upsilon \qquad (12.2)$$

$$\ln Y_d = \delta + \alpha\ln K_d + \beta\ln L_d + \gamma\ln K_f + \xi\ln Z + \upsilon \qquad (12.3)$$

　　由于样本的数据限制,不能进行随机效益模型估计,因此,首先对应采取个体固定模型还是混合模型估计进行检验。我们使用 Eviews 5.1 对上述模型进行回归分析,模型类型检验结果及回归结果见表 12－9。其中,修正的模型(12.2)加入了自回归项,目的是为了消除原模型回归残差序列的自相关。检验结果表明,其自回归项均达到了 1% 的显著水平。

表 12－9　面板数据模型类型检验结果

	模型(12.2)	修正的模型(12.2)	模型(12.3)
C	-1.600003 (-0.144051)	-28.353461 (-0.920398)	-11.293140 (-0.783316)
$\ln K_d$	2.811322 (6.839070***)	0.885342 (1.686130*)	1.903650 (1.985689**)
$\ln L_d$	-1.872785 (-1.642229)	2.135707 (1.496291)	-0.157527 (-0.079042)
$\ln K_f$	-0.141342 (-1.279190)	-0.004773 (-0.059440)	-0.233281 ($-2.209660**$)
$\ln Z$			0.788199 (1.670483*)
AR(1)		0.784166 (2.156083**)	
AR(2)		-0.269173 (-0.920398)	
s.e.	0.187003	0.155584	0.186017
调整后的 R^2	0.938127	0.936815	0.959186
F 值	61.64887	30.653110	47.002493
DW 值	1.914260	2.053003	1.963262

注:括号中的数字为各估计参数的 T 统计量,＊＊＊、＊＊、＊分别表示通过 5%、10%、15% 的显著性水平。模型类型的 F 检验表明对模型(12.2)和模型(12.3)均采用固定效应模型,而修正的模型(12.2)则采用混合估计模型;回归结果中截距的固定效应在此表中省略。

对比两模型的回归结果,我们可以看出,在不考虑"制度因素"时,而外资企业的边际产出效应为 -0.0048,在统计上并不显著。这说明即便不考虑制度因素,外资企业似乎也未能产生一定的积极技术溢出效应。但在考虑"制度因素"后,该边际产出弹性下降为 -0.2333,且在统计上显著。可见如果忽视制度因素的影响,回归分析会夸大外资企业对内资企业产生的边际影响,使得其明显的消极影响变得不显著。因此,为客观反映我国汽车行业的外资技术溢出效应,我们应考虑加入制度因素的影响。

最终的估计结果表明,1999—2011 年,汽车行业部门中外资企业对我国的技术溢出效应并不显著,甚至还可能会由于其外资企业自身的技术优势形成的垄断力量阻碍我国国内企业的生产。这主要是因为跨国公司为了保持自己高额利润,往往对东道国产业发展进行限制,极力控制核心技术的扩散,阻碍国内本地企业的技术发展。很多地区采取各种优惠政策引进外资,但是引进的技术很多都是已经标准化的技术,根本不能获得国外的核心技术。跨国公司一般是在母公司进行技术研发,将东道国仅仅看成是市场和生产装配车间。跨国公司的这种行为使我国企业往往陷入被动境地,往往寻求通过合资来获得短期利益,丧失自主研发能力。缺乏自主开发能力的中国各地汽车企业争相扩大生产规模,引进汽车生产流水线,当几千亿投资完成后,形成的只是数百万辆生产能力的装配车间,而不是竞争力强大的汽车工业。

附表

附表 12－1　进入中国的主要跨国汽车企业

汽车厂商	在中国投资的主要公司	在中国生产的车型	进入中国的时间	未来投资额	中国生产基地分布	中国合作伙伴
通用汽车	上海通用汽车有限公司 上海通用北盛汽车 泛亚汽车技术中心 上汽通用五菱汽车	别克、赛欧、雪佛兰、凯迪拉克	1997 年	30 亿美元	上海、山东、广西、山东、辽宁	上汽、金杯、五菱、东岳、北盛
福特汽车	长安福特汽车 江铃汽车 长安福特马自达发动机 福特汽车信贷	马自达、福特嘉年华、蒙迪欧、全顺、长安福特	2001 年	10 亿美元以上	重庆、江苏、海南、长春	长安汽车、江铃公司
戴姆勒—克莱斯勒	北京吉普汽车 北汽福田汽车 福建东南汽车 亚星－奔驰	北京吉普、大切诺基、亚星、奔驰	2003 年	12 亿欧元	北京、福建、江苏	北汽、东南汽车
丰田汽车	四川丰田汽车 天津丰田汽车 广汽丰田发动机	威驰、霸道、巡洋舰、花冠、金杯、金龙、柯斯达、佳美	1998 年	38.21 亿元人民币	四川、天津	广汽、一汽、川旅、天汽
大众汽车	上海大众汽车 一汽大众汽车 大众汽车金融(中国)	奥迪、帕萨特、宝来、高尔夫、波罗、桑塔纳、捷达、高尔	1978 年	90 亿元人民币	上海、吉林	上汽、一汽

续表

汽车厂商	在中国投资的主要公司	在中国生产的车型	进入中国的时间	未来投资额	中国生产基地分布	中国合作伙伴
本田汽车	广州本田 东风本田	雅阁、飞度、奥德赛、SRV	1997 年	1.93 亿美元	广 东、湖北	广 汽、东风
日产汽车	郑州日产 东风蓝鸟	日产、帕拉丁、蓝鸟、阳光	1993 年	3.3 亿元人民币	河 南、广州	东风集团、郑州轻型汽车
PSA	神龙汽车公司	富康、爱丽舍、毕加索、广州标致、凯旋	1985 年	6 亿欧元	广东	东 风汽车
宝马	华晨宝马	宝马、MINI	2003 年	2.3 亿欧元	辽宁	华 晨汽车

资料来源:世界汽车研究院网站(http://motor.icxo.com),由课题组整理。

参考文献

一、中文部分

1. 陈涛涛:《影响中国外商直接投资溢出效应的行业特征》,《中国社会科学》2003 年第 4 期。

2. 程惠芳:《国际直接投资与开放型内生经济增长》,《经济研究》2002 年第 10 期。

3. 程涛、邓一星:《后发国家技术进步的陷阱:从后发优势到自主创新》,《南方经济》2007 年第 10 期。

4. 戴淑庚:《美国高科技产业融资模式研究》,《世界经济研究》2003 年第 11 期。

5. 段晓峰:《非正式制度对中国经济制度变迁方式的影响》,经济科学出版社 1998 年版。

6. 樊纲:《中国各地区市场化相对进程报告》,《经济研究》2003 年第 3 期。

7. 樊纲、王小鲁:《中国市场化指数——各地区市场化相对进程 2004 年度报告》,经济科学出版社 2004 年版。

8. 樊纲、王小鲁、朱恒鹏:《中国市场化指数——各地区市场化相对进程 2006 年报告》,经济科学出版社 2007 年版。

9. 高春亮、周晓艳、王凌云:《"市场换技术"策略能实现吗》,《世界经济》2007 年第 8 期。

10. 高梁:《外资对中国企业的大兼并与大收购——外资对我国企业兼并控制概况》,国家发改委体改所国有资产研究中心资料,2007 年。

11. 国务院发展研究中心企业研究所企业技术创新课题组:《中国企业技术创新报告》,《新华文摘》2007 年第 11 期。

12. 何洁:《外国直接投资对中国工业部门外溢效应的进一步精确量化》,《世界经济》2000 年第 12 期。

13. 胡志坚、冯楚健:《国外促进科技进步与创新的有关政策》,《科技进步与对策》2006 年第 1 期。

14. 黄静:《对我国技术外溢吸收能力的研究——基于工业行业排名分析》,《经济问题》2007 年第 11 期。

15. 黄孟复:《中国民营企业发展报告 2004》,社会科学文献出版社2005 年版。

16. 黄新华:《市场化改革以来中国经济制度变迁的内容探析》,《经济纵横》2004 年第 8 期。

17. [美]黄亚生:《改革时期的外国直接投资》,钱勇、王润亮译,新星出版社 2005 年版。

18. 江小涓:《体制转轨与产业发展:相关性、合意性以及对转轨理论的意义——对若干行业的实证研究》,《经济研究》1999 年第 4 期。

19. 蒋殿春:《跨国公司与我国民族企业的技术创新》,载冼国明、张岩贵主编:《跨国公司与民族工业》,经济科学出版社 1997 年版。

20. 蒋殿春:《跨国公司与市场结构》,商务印书馆 1998 年版。

21. 蒋殿春:《跨国公司与发展中东道国企业的技术创新博弈》,《世界经济》2001 年第 9 期。

22. 蒋殿春:《跨国公司对我国企业研发能力的影响:一个模型分析》,《南开经济研究》2004 年第 4 期。

23. 蒋殿春、黄静:《外商直接投资与我国产业内技术二元结构》,《数量经济技术经济研究》2006 年第 9 期。

24. 蒋殿春、张宇:《行业特征与外商直接投资的技术溢出效应:基于高新技术产业的经验分析》,《世界经济》2006 年第 10 期。

25. 蒋殿春、张宇:《经济转型与外商直接投资技术溢出效应》,《经济研究》2008 年第 7 期。

26. 蒋殿春、夏良科:《外商直接投资对中国高技术产业技术创新作用的经验分析》,《世界经济》2005 年第 8 期。

27. 金玉国:《宏观制度变迁对转型时期中国经济增长的贡献》,《财经科学》2001 年第 2 期。

28. 赖明勇、包群、彭水军、张新:《外商直接投资与技术外溢:基于吸收能力的研究》,《经济研究》2005 年第 8 期。

29. 蓝庆新:《FDI 风险重重,拷问引资政策》,《中国社会导刊》2007 年第 6 期。

30. 梁志坚:《跨国研发"黑箱"》,《环球财经》2007 年第 7 期。

31. 林江、骆俊根:《港资对广东技术进步的影响分析》,《世界经济》2005 年第 4 期。

32. 刘小玄:《中国转轨过程中的产权和市场——关于市场、产权、行为和绩效的分析》,上海三联书店 2003 年版。

33. 刘云、夏明、武晓明:《中国最大 500 家外商投资企业在华专利及影响的计量研究》,《预测》2003 年第 6 期。

34. 卢中原、胡鞍钢:《市场化改革对我国经济运行的影响》,《经济研究》1993 年第 12 期。

35. 南开大学证券与公司财务研究中心:《价值创造与经济增长》,上证研究课题报告,复旦大学出版社 2003 年版。

36. [美]D. C. 诺斯:《制度、制度变迁与经济绩效》,杭行译,上海三联书店 1994 年版。

37. 潘文卿:《外商直接投资对中国工业部门的外溢效应:基于面板数据的分析》,《世界经济》2003 年第 6 期。

38. 彭澎:《政府治道变革——跨国公司对我国政府治理方式的影响与对策》,人民出版社 2004 年版。

39. 秦晓钟、胡志宝:《外商对华直接投资技术外溢效应的实证分析》,《现代经济探讨》1998 年第 4 期。

40. 沈坤荣、耿强:《外商直接投资的外溢效应分析》,《金融研究》2000 年第 3 期。

41. 舒元、徐现祥:《中国经济增长模型的设定:1952—1988》,《经济研究》2002 年第 11 期。

42. 宋焕军:《正确评价外商投资的体制效应》,《管理现代化》1997 年第 5 期。

43. 孙杰:《外商直接投资与制度创新》,《中国改革》2006 年第 11 期。

44. 孙捷、王斐波、朱艳、杜威漩:《市场制度创新、技术创新及其互动机制》,《商业研究》2006 年第 15 期。

45. 王成岐、张嫚:《外商直接投资对中国制造业内资企业绩效的影响》,《世界经济》2005 年第 9 期。

46. 王红领、李稻葵、冯俊新:《FDI 与自主研发:基于行业数据的经验研究》,《经济研究》2006 年第 2 期。

47. 王霞:《FDI 对中国制度变迁的影响——兼论中国外资政策的选择》,南开大学 2007 年博士学位论文。

48. 王志鹏、李子奈:《外资对中国企业生产效率的影响研究》,《管理世界》2003 年第 4 期。

49. 魏权龄:《数据包络分析(DEA)》,科学出版社 2004 年版。

50. 吴林海、范从来、彭纪生:《中国技术模仿创新问题新思路》,《江苏科技信息》2002 年第 6 期。

51. 湘君、陈羽:《跨国并购的技术溢出效应分析——基于市场结构的一个新思路》,《当代财经》2006 年第 1 期。

52. 谢富纪:《技术进步评价》,上海科技教育出版社 2004 年版。

53. 徐春骐、周建、徐伟宣:《外商直接投资与我国三次产业技术进步相关关系研究》,《中国管理科学》2005 年第 4 期。

54. 徐俊武:《制度环境与 FDI 互动机制及路径分析——基于新制度经济学的一个初步框架》,《学习与实践》2006 年第 6 期。

55. 严兵:《外商在华直接投资的溢出效应——基于产业与地区层面的分析》,南开大学 2004 年博士学位论文。

56. 颜鹏飞、王兵:《技术效率、技术进步与生产率增长:基于 DEA 的实证分析》,《经济研究》2004 年第 12 期。

57. 姚洋、章奇:《中国工业企业技术效率分析》,《经济研究》2001 年第 10 期。

58. 叶飞文:《要素投入与中国经济增长》,北京大学出版社 2004 年版。

59. 喻世友、史卫、林敏:《外商直接投资对内资企业技术效率的溢出渠道研究》,《世界经济》2005 年第 6 期。

60. 张海洋:《R&D 两面性、外资活动与中国工业生产率增长》,《经济研究》2005 年第 5 期。

61. 张建华、欧阳轶雯:《外商直接投资、技术外溢与经济增长——对广东数据的实证分析》,《经济学季刊》2003 年第 2 卷第 3 期。

62. 张新、蒋殿春:《中国经济增长:GDP 数据的可信度与增长的微观基础》,《经济学季刊》2002 年第 2 卷第 1 期。

63. 张宇:《外资企业股权结构与 FDI 技术外溢效应——理论与实证》,《世界经济研究》2006 年第 11 期。

64. 张宇:《FDI 技术外溢的地区差异与吸收能力的门限特征——基于中国省际面板数据的门限回归分析》,《数量经济技术经济研究》2008 年第 1 期。

65. 郑京海、胡鞍钢:《中国改革时期省际生产率增长变化的实证分析(1979—2001 年)》,《经济学(季刊)》2005 年第 4 卷第 2 期。

66. 中华人民共和国商务部:《中国外商投资报告》,中国财政出版社 2005—2013 年版。

67. 周海冰:《隐性承诺:转型期证券市场的制度特征》,南开大学 2005 年博士学位论文。

68. 周双萍、武文奇:《国有企业人才流失状况及对策研究》,《治淮》2006 年第 12 期。

69. 朱华桂:《跨国公司在华子公司技术溢出效应实证研究》,《科研管理》2003 年第 24 卷第 2 期。

70. 邹德萍、铁金伟:《撩开商业贿赂的面纱》,《决策与信息》2006 年第 8 期。

二、英文部分

1. Aitken, B. and A. Harrison, "Do Domestic Firms Benefit from Foreign Investment? Evidence from Venezuela", *American Economic Review*, Vol. 89, No. 3, 1999.

2. Alfaro et. al., "FDI and Economic Growth: The Role of Local Markets", OECD Working Paper, 2000.

3. Archibugi, D., Howells, J. and Michie, J., "Innovation Systems and Policy in a Global Economy", *Technology Analysis & Strategic Management*, Vol. 11, No. 4, 1999.

4. Asiedu, E. and S. E. Hadi, "Ownership Structure in Foreign Direct Investment Projects", *Review of Economics and Statistics*, Vol. 83, No. 4, 2001.

5. Balasubramanyam, V. N., "The MAI and Foreign Direct Investment in Developing Countries", Lancaster University Discussion Paper EC10/98, 1998.

6. Balasubramanyam, V. N., Salisu, M. and D. Sapsford, "Foreign Direct Investment and Growth in EP and IS Countries", *The Economic Journal*, Vol. 106, No. 434, 1996.

7. Benjamin, G. C., "Ownership Structures of Foreign Subsidiaries: Theory and Evidence", *Journal of Economic Behavior and Organization*, Vol. 11, No. 1, 1989.

8. Bernstein J. I., "International R&D Spillovers between Industries in Canada and the United States, Social Rates of Return and Productivity Growth", *The Canadian Journal of Economics*, Vol. 29, Apr., 1996, pp.

9. Bernstein J. I. and X. Y. Yan, "International R&D Spillovers between Canadian and Japanese Industries", *The Canadian Journal of Economics*, Vol. 30, No. 2, 1997.

10. Bhagwati, J., "Protectionism: Old Wine in New Bottles", *Journal of Policy Modeling*, Vol. 7, 1985.

11. Bischoff, A., *Die Strategie der Produktimitation in der Konsumgü Terindustrie*, Ph. D., Berlin, 1980.

12. Blomström, M., "Foreign Investment and Productive Efficiency: The Case of Mexico", *Journal of Industrial Economics*, Vol. 35, No. 1, 1986.

13. Blomström, M. and A. Kokko, "Policies to Encourage Inflows of Technology Through Foreign Multinationals", *World Development*, Vol. 23, No. 3, 1995.

14. Blomström, M. and F. Sjöholm, "Technology Transfer and Spillovers, Does Local Participation with Multinationals Matter?" *European Economic Review*, Vol. 43, Apr., 1999.

15. Blomström, M., A. Kokko and M. Zejan, "Host Country Competition, Labor Skills, and Technology Transfer by Multinationals", *Weltwirtschaftliches Archiv*, Bd. 130, H. 3, 1994.

16. Blomström, M. and E. Wolf, *Multinational Corporations and Productivity Convergence in Mexico*, Oxford: Oxford University Press, 1994.

17. Blomström, M. and H. Persson, "Foreign Direct Investment and Spillover Efficiency in an Underdeveloped Economy: Evidence from the Mexican Manufacturing Industry", *World Development*, Vol. 11, No. 6, 1983.

18. Blundell, R. W. and S. Bond, "Initial Conditions and Moment Restrictions in Dynamic Panel Data Models", *Journal of Econometrics*, Vol. 87, No. 1, 1998.

19. Borensztein, E., De Gregoriob J., and J – W. Lee, "How does Foreign Direct Investment Affect Economic Growth?", *Journal of International Economics*, Vol. 45, Jun., 1998.

20. Brander, J. A. and B. J. Spencer, "Export Subsidies and International Market Share Rivalry", *Journal of International Economics*, Vol. 18, Feb., 1985.

21. Branstetter, L., "Is Foreign Direct Investment a Channel of Knowledge Spillovers? Evidence from Japan's FDI in the United States", *Journal of International Economics*, Vol. 68, Mar., 2006.

22. Buckley, P., Clegg, J., and C. Wang, "Is the Relationship between Inward FDI and Spillover Effects Linear? An Empirical Examination of the Case of China", *Journal of International Business Studies*, Vol. 38, No. 3, 2007.

23. Bulow, J., Geanakoplos, J. and P. Klemperer, "Multimarket Oligopoly: Strategic Substitutes and Complements", *Journal of Political Economy*, Vol. 93, No. 3, 1985.

24. Caselli, F., W. J. Coleman, "Cross – country Technology Diffusion: The Case of Computers", *The American Economic Review*, Vol. 91, No. 2, 2001.

25. Caves D. W., L. R. Christensen and W. E. Diewert, "The Economic Theory of Index Numbers and the Measurement of Input, Output and Productivity", *Econometrica*, Vol. 50, No. 6, 1982.

26. Caves, R. E., "Multinational Firms, Competition and Productivity in Host – Country Markets", *Economica*, Vol. 41, No. 162, 1974.

27. Caves, R. E., *Multinational Enterprise and Economic Analysis*. 2nd ed. Cambridge: Cambridge Univ. Press, 1996.

28. Chan, K. S., "Consistency and Limiting Distribution of the Least Squares Estimator of a Threshold Autoregressive Model", *The Annals of Statistics*, Vol. 21. No. 1, 1993.

29. Cheung, K. Y. and P. Lin, "Spillover Effects of FDI on Innovation in China: Evidence from the Provincial Data", *China Economic Review*, Vol. 15, No. 1, 2004.

30. Chung, W., W. Mitchell, B. Yeung, "Foreign Direct Investment and Host Country Productivity: The American Automotive Component Industry in the 1980s", *Journal of International Business Studies*, Vol. 34, No. 2, 2003.

31. Coase, R. H., "The Nature of the Firm", *Economica*, Vol. 4, Nov, 1937.

32. Cohen, W. M. and D. A. Levinthal, "Innovation and Learning: The Two Faces of R&D", *The Economic Journal*, Vol. 99, No. 397, 1989.

33. Damijan, J. P., B. Majcen, Knell, M. and R. Matija, "The Role of FDI, R&D Accumulation and Trade in Transferring Technology to Transition Countries: Evidence from Firm Panel Data for Eight Transition Countries", *Economic Systems*, Vol. 27, Jun., 2003.

34. Das, S., "Externalities and Technology Transfer through Multinational Corporations: A Theoretical Analysis", *Journal of International Economics*, Vol. 22, Feb., 1987.

35. Dasgupta, P., "The Theory of Technological Competition", in Stiglitz, J. E. and G. F. Mathewson (eds), *New Developments in the Analysis of Market Structure*, London: Macmillan, 1986.

36. Davis, L. E. and D. C. North, *Institutional Change and American Economic Growth*, Cambridge Univ. Press, 1971.

37. Demsetz, H., "Towards a Theory of Property Rights", *American Economic Review*, Vol. 57, No. 2, 1967.

38. Dimelis, S. and H. Louri, "Foreign Direct Investment and Efficiency Benefits: A Conditional Quintile Analysis", *Oxford Economic Papers*, Vol. 54, 2002.

39. Djankov, S. and H. Bernard, "Foreign Investment and Productivity Growth in Czech Enterprises", *Word Bank Economic Review*, Vol. 14, 2000.

40. Dunning, J. H., *International Production and the Multinational Enterprise*, London: Allen & Unwin, 1981.

41. Dunning, J. H., *Multinational Enterprise and the Global Economy*, Wokingham: Addison – Wesley publishing Co., 1993.

42. Fare, R., Grosskopf, S. and C. A. K. Lovell, *Production Frontiers*, Cambridge: Cambridge University Press, 1994.

43. Findlay, R., "Relative Backwardness, Direct Foreign Investment and the Transfer of Technology: A Simple Dynamic Model", *Quarterly Journal of Economics*, Feb, 1978.

44. Freeman C., *Technology Policy and Economic Performance: Lessons from Japan*, London: Pinter Publishers, 1987.

45. Fudenberg, D. and J. Tirole, "A Theory of Exit in Duopoly", *Econometrica*, Vol. 54, No. 4, 1986.

46. Gatignon, H. and E. Anderson, "The Multinational Corporation's Degree of Control over Foreign Subsidiaries: A Empirical Test of a Transaction Cost Explanation", *Journal of Law, Economics and Organization*, Vol. 4, No. 2, 1988.

47. Girma, S., "Absorptive Capacity and Productivity Spillovers from FDI: A Threshold Regression Analysis", *Oxford Bulletin of Economics and Statistics*, Vol. 67, Jun., 2005.

48. Girma, S., D. Greenaway and K. Wakelin, "Who Benefits from Foreign Direct Investment in the UK?", *Scottish Journal of Political Economy*, Vol. 48, 2001.

49. Girma, S. and H. Görg (2002): "Foreign Direct Investment, Spillovers and Absorptive Capacity: Evidence from Quantile Regressions", GEP Research Paper 02/14, University of Nottingham.

50. Girma, S. and K. Wakelin, "Regional Underdevelopment: Is FDI the solution? A Semi – parametric Analysis", GEP Research Paper, No. 11, 2001.

51. Girma, S. and K. Wakelin, "Are there Regional Spillovers from FDI in the UK?", in Greenaway, D. et al. (eds.): *Trade, Investment, Migration and Labour Markets. Basingstoke*: Macmillan, 2002.

52. Globerman, S., "Foreign Direct Investment and Spillover Efficiency Benefits in Canadian Manufacturing Industries", *Canadian Journal of Economics*, Vol. 12, No. 1, 1979.

53. Görg, H. and E. Strobl, "Multinational Companies and Productivity Spillovers: A Meta – Analysis", *Economic Journal*, Vol. 111, No. 475, 2001.

54. Görg, H. and D. Greenaway, "Much Ado about Nothing? Do Domestic Firms Really Benefit from Foreign Direct Investment?", *World Bank Research Observer*, Vol. 19, No. 2, Autumn 2004.

55. Haacker, M., "Spillovers from Foreign Direct Investment through Labour Turnover: The Supply of Management Skills", London School of Economics Discussion Paper, 1999.

56. Haddad, M and Harrison, A., "Are There Positive Spillovers from Direct Foreign Investment? Evidence from Panel Data for Morocco", *Journal of Development Economics*, Vol. 42, 1993.

57. Hale, G. and C. Long, "What Determines Technological Spillovers of Foreign Direct Investment: Evidence from China", *Federal Reserve Bank Working Paper*, Vol. 13, 2006.

58. Hall, R. E. and C. I. Jones, "Why Do Some Countries Produce So Much More Output Per Worker Than Others?", *The Quarterly Journal of Economics*, Vol. 114, No. 1, 1999.

59. Haskel, J. E. , S. C. Pereira and M. J. Slaughter, "Does Inward Foreign Direct Investment Boost The Productivity of Domestic Firms?", NBER Working Paper 8724, 2002.

60. Hermes, N. and R. Lensink, "Foreign Direct Investment, Financial Development and Economic Growth", Groningen University working paper, No. 00E27, 2000.

61. Hu, G. Z. , H. J. Gary and J. C. Qian, "R&D and Technology Transfer: Firm – Level Evidence from Chinese Industry", *The Review of Economics and Statistics*, Vol. 11, 2005.

62. Hymer, S. H. , *The International Operation of National Firms: A Study of Investment*, Ph. D. dissertation, Cambridge, Mass: MIT Press, 1976.

63. Jaccard, J. and R. Turrisi, *Interaction Effects in Multiple Regression* (2nd Ed.), Thousand Oaks, Calif: Sage Publications, 2003.

64. James, R. and J. Hines, "Taxes, Technology Transfer and the R&D Activities of Multinational Firms", NBER working paper, No. 4932, 1994.

65. Johnson, S. , R. La Porta, F. Lopez – de – Silanes and A. Shleifer, "Tunneling", *American Economic Review Papers and Proceedings*, Vol. 90, No. 2, 2000.

66. Javorcik, B. S. , "Does Foreign Direct Investment Increase the Productivity of Domestic Firms? In Search of Spillovers through Backward Linkages", *The American Economic Review*, Vol. 94, No. 3, 2004.

67. Kamien, M. I. and N. L. Schwartz, *Market Structure and Innovation*. Cambridge: Cambridge University Press, 1982.

68. Kathuria, V. , "Foreign Firms and Technology Transfer: Knowledge Spillovers to Indian Manufacturing Firms", UNU/INTECH Discussion Paper, No. 9804, January, 1999.

69. Kathuria, V. , "Productivity Spillovers from Technology Transfer to Indian Manufacturing Firms", *Journal of International Development*, Vol. 12, No. 2, 2000.

70. Katz, J. M. , *Production Functions, Foreign Investment and Growth,*

Amsterdam: North Holland, 1969.

71. Keller, W., "Absorptive Capacity: On the Creation and Acquisition Technology in Development", *Journal of Development Economics*, Vol. 49, Apr., 1996.

72. Koizumi, T. and K. J. Kopecky, "Economic Growth, Capital Movements and the International Transfer Of Technical Knowledge", *Journal of International Economics*, Vol. 7, 1977.

73. Kokko, A., "Technology, Market Characteristics and Spillovers", *Journal of Development Economics*, Vol. 43, Apr., 1994.

74. Kokko, A., "Productivity Spillovers from Competition between Local Firms and Foreign Affiliates", *Journal of International Development*, Vol. 8, 1996.

75. Kokko, A., *Foreign Direct Investment, Host Country Characteristics, and Spillovers*, Stockholm: The Economic Research Institute, 1992.

76. Kokko, A., Tansini, R., Zejan, M., "Local Technological Capability and Productivity Spillovers from FDI in the Uruguayan Manufacturing Sector", *Journal of Development Studies*, Vol. 32, 1996.

77. Kreps, D. and J. Scheimkman, "Quantity Precommitment and Bertrand Competition Yield Coumot Outcomes", *Bell Journal of Economics*, Vol. 14, No. 2, Autumn 1983.

78. Langdon, S., *Multinational Corporations in the Political Economy of Kenya*, London: Macmillan, 1981.

79. Lapan, H. and Bardhan, P., "Localised Technical Progress and Transfer of Technology and Economic Development", *Journal of Economic Theory*, Vol. 6, 1973.

80. Lee, F. C. and O. Shy, "A Welfare Evaluation of Technology Transfer to Joint Ventures in the Developing Countries", *The International Trade Journal*, Vol. 2, 1992.

81. Levin, R. C. and R. C. Reiss, "Cost – reducing and Demand – creating R&D with Spillovers", *Rand Journal of Economics*, Vol. 19, 1988.

82. Levine, R. and R. G. King, "Finance, Entrepreneurship and Growth: Theory and Evidence", *Journal of Monetary Economics*, Vol. 32, 1993.

83. Li, X., Liu, X. and D. Parker, "Foreign Direct Investment and Productivity Spillovers in the Chinese Manufacturing Sector", *Economic Systems*, Vol. 25, 2001.

84. Liu, X. and H. Zou, "The Impact of Greenfield FDI and Mergers and Acquisitions on Innovation in Chinese High – tech Industries", *Journal of World Business*, Vol. 43, Jul., 2008.

85. Mansfield, E. "Technical Change and the Rate of Imitation", *Econometrica*, Vol. 61.

86. Mansfield, E., M. Schwartz and S. Wagner, "Imitation Cost and Patents: An Empirical Study", *Economic Journal*, Vol. 91, 1981.

87. Markusen, J. R., "Foreign Direct Investment as a Channel of Knowledge Spillover? Evidence from Japan's FDI in the United States", NBER Working Paper Series, No. 8015, 1997.

88. Mattooa, A., Olarreagaa M., K. Saggi, "Mode of Foreign Entry, Technology Transfer, and FDI Policy", *Journal of Development Economics*, Vol. 75, 2004.

89. Moran, T., *Foreign Direct Investment and Development: The New Policy Agenda for Developing Countries and Economies in Transition*, Washington, D. C.: Institute for International Economics, 1998.

90. Narula, R., "Understanding Absorptive Capacities in an 'Innovation Systems' Context: Consequences for Economic and Employment Growth", DRUID Working Papers, No. 04 – 02, 2004.

91. National Science Board, *Science and Engineering Indicators* 2006, Arlington VA: National Science Foundation, 2006.

92. National Science Board, *Science and Engineering Indicators* 2014. Arlington VA: National Science Foundation, 2014.

93. OECD, *National Innovation System*, 1997.

94. OECD, "Main Determinants and Impacts of Foreign Direct Investment on China's Economy", Working Papers on International Investment, No. 4, 2000.

95. OECD, *OECD Factbook* 2013: *Economic, Environmental and Social Statistics*, 2013a.

96. OECD, *OECD Science, Technology and Industry Scoreboard*, 2013b.

97. Perez, T., "Multinational Enterprises and Technological Spillovers: An Evolutionary Model", *Evolutionary Economics*, Vol. 7, 1997.

98. Rugman, A. M., "New Theories of the Multinational Enterprise: An Assessment of Internalization Theory", *Bulletin of Economic Research*, Vol. 38, 1986.

99. Schumpeter, J. A., *Capitalism, Socialism and Democracy*, New York: Harper & Row, 1942.

100. Schwartz, M. A., *The Imitation and Diffusion of Industrial Innovations*, Ann Arbor, 1978.

101. Sembenelli, A. and G. Silotis, "Foreign Direct Investment Competitive Pressure and Spillovers: An Empirical Analysis on Spanish Firm Level Data", CEPR Working Paper, No. 4903, 2005.

102. Shapiro, C., "Theories of Oligopoly Behavior", in Schmalensee, R. and R. D. Willig (eds), *Handbook of Industrial Organization*, Elsevier Science Publishers, 1989.

103. Sjöholm, F., "Technology Gap, Competition and Spillovers from Direct Foreign Investment: Evidence from Establishment Data", *Journal of Development Studies*, Vol. 36, 1999a.

104. Sjöholm, F., "Productivity Growth in Indonesia: The Role of Regional Characteristics and Direct Foreign Investment", *Economic Development and Cultural Change*, Vol. 47, 1999b.

105. Sjoholm, F., "Technology Gap, Competition and Spillovers from Direct Foreign Investment: Evidence from Establishment Data", Working Paper Series in Economics and Finance, No. 211, 1997.

106. Spence, A. M., "Cost Reduction, Competition and Industry Performance", *Econometrica*, Vol. 52, 1984.

107. UNCTAD, *World Investment Report* 1999: *Foreign Direct Investment and the Challenge for Development*, New York and Geneva: United Nations, 1999.

108. UNCTAD, *World Investment Report* 2000, New York and Geneva: United Nations, 2000.

109. UNCTAD, *World Investment Report* 2006, New York and Geneva: United Nations, 2006.

110. UNCTAD, *World Investment Prospects Survey* 2007 – 2009, New York and Geneva: United Nations, 2007.

111. Wang, J. and M. Blomström, "Foreign Investment and Technology Transfer: A Simple Model", *European Economic Review*, Vol. 36, 1992.

112. WIPO, *Convention Establishing the World Intellectual Property Organization*, Stockholm, 1967.

113. World Bank, *Managing Capital Flows in East Asia*, Washington, D. C., 1996.

114. Xu, B., "Multinational Enterprises, Technology Diffusion, and Host Country Productivity Growth", *Journal of Development Economics*, Vol. 62, 2000.

115. Zhou, D., Li, S. and Tse, D. K., "The Impact of FDI on the Productivity of Domestic Firms: The Case of China", *International Business Review*, Vol. 11, 2002.

策划编辑:郑海燕
封面设计:徐　晖
责任校对:吕　飞

图书在版编目(CIP)数据

外商直接投资与中国产业技术进步/蒋殿春,张宇 著. —北京:人民出版社,
　2017.5
(FDI与中国制造业产业发展系列丛书)
ISBN 978-7-01-017408-2

Ⅰ.①外…　Ⅱ.①蒋…②张…　Ⅲ.①外商直接投资-关系-产业-技术进步-
　研究-中国　Ⅳ.①F279.23②F832.6

中国版本图书馆 CIP 数据核字(2017)第 037048 号

外商直接投资与中国产业技术进步

WAISHANG ZHIJIE TOUZI YU ZHONGGUO CHANYE JISHU JINBU

蒋殿春　张宇　著

人民出版社 出版发行
(100706　北京市东城区隆福寺街 99 号)

北京文林印务有限公司印刷　新华书店经销

2017 年 5 月第 1 版　2017 年 5 月北京第 1 次印刷
开本:710 毫米×1000 毫米 1/16　印张:26.5
字数:407 千字

ISBN 978-7-01-017408-2　定价:82.00 元

邮购地址 100706　北京市东城区隆福寺街 99 号
人民东方图书销售中心　电话 (010)65250042　65289539